图 8-1　小吴的第一次沙盘作品（正文 P245）

图 8-2　小吴的第二次沙盘作品（正文 P246）

图 8-3　小吴的第三次沙盘作品（正文 P248）

图 8-4　小吴的第四次沙盘作品（正文 P249）

图 8-5　小吴的第五次沙盘作品（正文 P250）

图 8-6　小吴的第六次沙盘作品（正文 P251）

图 8-7　小吴的第七次沙盘作品（正文 P252）

图 8-9 丙烯画——欢乐（正文 P259）

图 8-10 丙烯画——愤怒（正文 P259）

图 8-11 水粉画——轻松与紧张（正文 P260）

图 8-12 "初吻"的感觉（正文 P260）

图 8-13 团体绘画作品（正文 P260）

图 8-14 绘画示例一 （正文 P263-P264）

图 8-15　绘画示例二（正文 P264）

图 8-16　盒子内外的自我表露示例（正文 P265）

上海市学校心理咨询考试用书

学校心理咨询
技术与实务

XUEXIAO XINLIZIXUN JISHUYUSHIWU

张　麒◎主编

华东师范大学出版社

前　言

　　心理健康是学生成长发展的重要主题,也是学校开展全面素质教育的重要内涵。随着社会转型和生活节奏的加快,社会竞争愈加激烈,学生在学习、生活、人际交往、自我意识和升学就业等方面的压力日益凸显,而这些都给学生德、智、体、美等方面的发展带来了新的严峻的挑战。在这种情形下,加强学生心理健康教育不仅是社会和时代发展的需要,也是促进学生心理健康成长与终身发展的关键之处。

　　近年来,上海市高度重视学生的心理健康教育,把心理健康教育工作作为学校德育工作的重要内容纳入到了教育工作的整体规划当中。在市教委德育处的指导下,通过心理健康教育大中小学(含中职校)一体化的系统构建,不断完善体制机制,健全工作网络,加强队伍建设,扩大心理健康教育工作的覆盖面,提升心理健康教育工作的专业水平,建立了高校"心理健康教育示范中心和达标中心"、"区县中小学生心理辅导示范中心和达标中心"、"中小学心理健康教育达标校和示范校"工作体系及"生命教育"、"生涯规划教育"等一系列初具影响力的心理健康教育品牌特色,积极针对不同学段学生的身心发展规律与特点,开展重点围绕预防性和发展性的心理健康教育工作,在促进学生身心健康发展、培养学生健全人格、建设和谐校园等方面发挥了重要的、不可替代的作用。

　　专业队伍建设是扎实推进学生心理健康教育事业的基础保障条件与前提。早在2005 年 12 月,上海市教育委员会为贯彻落实《中共中央国务院关于进一步加强和改进大学生思想政治教育的意见》(中发〔2004〕16 号)、《中共中央国务院关于进一步加强和改进未成年人思想道德建设的若干意见》(中发〔2004〕8 号)和教育部《普通高等学校大学生心理健康教育工作实施纲要(试行)》(教社政厅〔2002〕3 号)、《中小学心理健康教育指导纲要》(教基〔2002〕14 号)、《中等职业学校学生心理健康教育指导纲要》(教职成〔2004〕8 号)等文件精神,制定并下发了《上海市教育委员会关于开展上海市各级各类学校心理健康教育教师培训的通知》(沪教委人〔2005〕89 号),决定于 2005 年开始,每年分期分批对全市各级各类学校从事心理健康教育与咨询的教师进行专业理论知识和专业技能的培训,并形成以学校心理健康教育与咨询的独特目标、任务、对象、实施途径等为基本出发点,以实绩和能力为导向的社会化学校心理健康教育与咨询人才培养和评价体系,同时推行学校心理咨询专业技术水平认证考试。

在以上海市学校心理健康教育教师培训领导小组和上海市学校心理健康教育专家委员会为核心的组织架构下,在上海市教委德育处的直接领导下,学校心理健康教育与咨询专业培训在上海市各大中小学(含中职校)大力推进。学校心理健康教育教师培训采用集中授课与实践实习相结合的形式,根据《上海市学校心理咨询专业技术水平认证考试标准》,将主要培训与认证内容分为《学校心理咨询基础理论》、《学校心理咨询专业理论与技术》、《学校心理咨询实务》等三个模块,并组织专家编写了配套的三本教材作为培训考试用书。自2005年启动上海市学校心理咨询专业技术水平认证与心理健康教育教师培训工作(以下简称"学校心理咨询师认证与教师培训工作")以来,至今已10余年,为全市各级各类学校的心理健康教育事业发展和各级各类学校学生的心理健康成长培养了一支素质过硬的心理健康教育与咨询专业队伍,取得了较为明显的成效。

2016年,习近平总书记在全国卫生与健康大会上强调,要加大心理健康问题的基础性研究,做好心理健康知识和心理疾病科普工作,规范发展心理治疗、心理咨询等心理健康服务。为适应时代发展的新要求,在深化改革、转变政府职能的总体发展趋势下,上海市学校心理咨询专业人员任职资格、教育培训与继续教育工作被确定为由上海市教育人才交流协会、上海高校心理咨询协会、上海市中小学心理辅导协会和上海学生心理健康教育发展中心共同组织实施。本次教材的重新编写汇集了上海市学校心理健康教育与咨询的专家资源,在对原有的三本教材进行了深入评价、研究的基础上,对它们做了较大幅度的调整改进。新出版的《学校心理咨询基础理论》、《学校心理咨询专业理论与技术》以及《学校心理咨询技术与实务》三本书将作为上海市学校心理咨询考试用书,其内容涵盖了普通心理学、发展心理学、社会心理学等与学校心理咨询密切相关的心理学学科领域的基础知识;心理测量与评估、异常心理学、心理咨询的理论与技术、心理咨询专业伦理以及学校心理健康教育等有关心理咨询专业的理论与技术;还有面谈沟通技术、个案处理技术、学校心理咨询的半结构化流程与效果评估以及尤其适用于学校心理健康教育和咨询专业实践的诸如完形治疗、沟通分析理论、心理剧和表达性艺术治疗、家庭治疗等专业实务指导。**相关考试大纲和考试模拟试题,考生可登录网址 www.ehrea.cn 下载。**

期待我们的努力能为学生心理健康发展和学生心理健康教育事业的进步发挥重要的推动作用。在此感谢上海市教委德育处、上海市教育人才交流协会和上海学生心理健康教育发展中心为本套教材的撰写、出版提供的帮助和大力支持。

编者

2017 年 5 月

目　　录

第一章　学校心理咨询师的成长 ⋯⋯⋯⋯⋯⋯⋯⋯⋯⋯⋯⋯⋯⋯⋯⋯⋯⋯ 1
　　第一节　关于心理咨询的几个问题 ⋯⋯⋯⋯⋯⋯⋯⋯⋯⋯⋯⋯⋯ 1
　　第二节　咨询实践初期要面对的困难 ⋯⋯⋯⋯⋯⋯⋯⋯⋯⋯⋯ 9
　　第三节　成为咨询师的 10 个成长作业 ⋯⋯⋯⋯⋯⋯⋯⋯⋯⋯ 13

第二章　学校心理咨询的面谈技术 ⋯⋯⋯⋯⋯⋯⋯⋯⋯⋯⋯⋯⋯⋯⋯ 37
　　第一节　倾听的技术 ⋯⋯⋯⋯⋯⋯⋯⋯⋯⋯⋯⋯⋯⋯⋯⋯⋯⋯⋯ 37
　　第二节　言语反馈与指导技术 ⋯⋯⋯⋯⋯⋯⋯⋯⋯⋯⋯⋯⋯⋯ 50
　　第三节　提问技术 ⋯⋯⋯⋯⋯⋯⋯⋯⋯⋯⋯⋯⋯⋯⋯⋯⋯⋯⋯⋯ 63

第三章　学校心理咨询的半结构化流程与效果评估 ⋯⋯⋯⋯⋯⋯ 75
　　第一节　学校心理咨询的半结构化流程 ⋯⋯⋯⋯⋯⋯⋯⋯⋯ 75
　　第二节　学校心理咨询的效果评估 ⋯⋯⋯⋯⋯⋯⋯⋯⋯⋯⋯⋯ 84

第四章　家庭治疗技术在学校心理辅导中的应用 ⋯⋯⋯⋯⋯⋯⋯ 98
　　第一节　家庭治疗理论及其发展简介 ⋯⋯⋯⋯⋯⋯⋯⋯⋯⋯ 98
　　第二节　家庭治疗的主要理论流派 ⋯⋯⋯⋯⋯⋯⋯⋯⋯⋯⋯⋯ 107
　　第三节　家庭治疗技术在学校中的应用 ⋯⋯⋯⋯⋯⋯⋯⋯⋯ 118

第五章　沟通分析理论在学校心理辅导中的应用 ⋯⋯⋯⋯⋯⋯⋯ 135
　　第一节　沟通分析及其人格与沟通理论 ⋯⋯⋯⋯⋯⋯⋯⋯⋯ 135
　　第二节　沟通分析的脚本理论 ⋯⋯⋯⋯⋯⋯⋯⋯⋯⋯⋯⋯⋯⋯ 145
　　第三节　沟通分析理论在学校中的应用 ⋯⋯⋯⋯⋯⋯⋯⋯⋯ 158

第六章　完形治疗技术在学校心理辅导中的应用 ⋯⋯⋯⋯⋯⋯⋯ 168
　　第一节　完形治疗的基本理论 ⋯⋯⋯⋯⋯⋯⋯⋯⋯⋯⋯⋯⋯⋯ 168
　　第二节　完形治疗的常用方法和技术 ⋯⋯⋯⋯⋯⋯⋯⋯⋯⋯ 171
　　第三节　完形循环圈在心理辅导中的应用 ⋯⋯⋯⋯⋯⋯⋯⋯ 188

第七章　心理剧、心理情景剧与教育戏剧在学校心理辅导中的应用 ⋯ 201
　　第一节　心理剧在学校心理辅导中的应用 ⋯⋯⋯⋯⋯⋯⋯⋯ 201
　　第二节　心理情景剧在学校心理辅导中的应用 ⋯⋯⋯⋯⋯⋯ 217

第三节　教育戏剧在学校心理辅导中的应用 ………………………………… 222

第八章　表达性艺术治疗技术在学校心理辅导中的应用 ………………… 233
　第一节　沙盘游戏在学校心理辅导中的应用 ………………………………… 233
　第二节　绘画治疗在学校心理辅导中的应用 ………………………………… 253

第九章　学校心理健康教育课程与团体心理辅导的实施 ………………… 270
　第一节　学校心理健康教育课程的组织与实施 …………………………… 270
　第二节　团体心理辅导活动的组织与实施 ………………………………… 287
　第三节　团体心理咨询的技术与应用 ……………………………………… 299

第十章　学校心理咨询个案概念化与个案报告的撰写 …………………… 319
　第一节　个案记录报告的撰写 ……………………………………………… 319
　第二节　个案概念化 ………………………………………………………… 330
　第三节　个案概念化示例 …………………………………………………… 333

后记 …………………………………………………………………………… 347

主要参考文献 ………………………………………………………………… 348

第一章　学校心理咨询师的成长

心理咨询在形式上似乎就是两个人在谈话,是一件看似很容易的事情,不需要道具,也不需要什么装备。其实,正是因为形式上的简单,心理咨询对咨询师的内在要求才更高。咨询师没有太多外在设备的辅助,完全要借助语言与非言语的交流去影响来访者的思想与情感。所以,看似简单的谈话过程,需要咨询师事先做好充分的准备。成功的咨询是理论知识与人生经验积累的结果,绝非一两天可以造就。就像一位拳师,没有平时的苦练,临场随意想出一些招式是战胜不了对手的;又像一位中医对病人望闻问切,如果没有若干年的行医经验也不可能医治患者。所以,心理咨询师在服务来访者之前,个人修炼和必要的准备是不可或缺的,不然非但医治不好来访者,甚至会把自己的身家性命都"搭上"。这绝非危言耸听,一些心理热线的服务人员、心理辅导人员曾因此患上抑郁症等严重的精神疾病,甚至走上自杀的不归路。若真正想成为一名优秀的学校心理咨询师,从专业知识储备到个人的自我成长,都要为即将开展的心理咨询工作做好准备。本章作为本书的第一章,旨在帮助大家在开始咨询实习之前,在知识装备上再做一点回顾、澄清和梳理,并帮助大家从个人成长的角度,为咨询实践做好准备。

第一节　关于心理咨询的几个问题

当完成了基础理论和专业理论的学习之后,你是否开始准备心理咨询实习实践了? 稍等一下,不妨先看看以下这些关于心理咨询的问题,看看自己是否已经有了明确的答案。你的答案跟之前学习的理论是否对应,跟你的生活经验一致吗?

下面就来看看这些问题。

一、心理咨询真的有用吗

这个问题是否是多余的?

也许你的答案是"没用"或者是"不确定"。首先,应该肯定你的诚实与勇气,假如你没有亲自体验过心理咨询与治疗对你的帮助,也没有真正见识过心理咨询对你身边亲友的治疗作用,又不明白心理咨询的作用机理的话,要真正相信心理咨询对心理疾病的作用是很难的。只是,如果你不能相信心理咨询的作用,那你怎么成为一名真正的心理咨询师呢?

心理咨询最主要的形式是两个人或两个人以上的语言或非言语交流。心理咨询通过一个人来影响另外的一个人或一群人,或者多个人之间相互影响,最终使被影响者学习到一些认识问题的新的视角和处理心理问题的方法,消极情绪得到改善。所以从某种意义上说,它类似于某种产品或服务的推销过程,只是这里的产品是一种认识和处理心理问题与困惑的方法。不难想象,如果推销员连自己推销的产品都不相信,且从不使用,那么"顾客"又怎会信任并使用这一产品呢？心理咨询也是一样，如果你作为一名咨询师，自己从不实践自己的咨询理论，也不能相信自己的方法能给来访者以有效的帮助，那么，你的来访者就很难对你产生信任，没有了这份信任，来访者就很难真正去接受心理咨询与治疗，你们的治疗也就很难取得实质性的进展。

也许你的答案是："正是因为相信心理咨询有用才来学习的，至于心理咨询的原理，有些玄妙，这也是来学习的另一个原因。"在你的身边，也许就有朋友通过心理咨询获得了改变，或者在学习心理咨询后得到了个人的成长，这些事例让你看到了心理咨询的真实作用，但是你对咨询理论还停留在理论的学习阶段，虽然你能够用一些概念来解释一些心理现象，但是缺少有效的咨询方法。也许你是各类咨询技术的"粉丝"，但是那些原理堆在你的头脑中，你还理不出一个真正的头绪。虽然你对咨询的效用坚信不疑，但是对于咨询的原理却不能很好地贯通并加以应用。所以你的答案背后的真实信息是："心理咨询有用，但是我不知道它为什么有用。"当你抱着这样的心态去接待来访者时，他们会为你的精神所感动、受你影响，但是他们也会从你那里感受到无序和无助，在面对自己的问题时，依然迷茫。更糟糕的是，你并不清楚你的来访者是否真的有改善，常常在得到来访者状况反复的信息后，开始怀疑自己的咨询辅导，为此不断改换咨询、治疗技术；来访者则慢慢对问题的解决失去信心，认为自己无药可救。

如果你的答案是："我确信心理咨询的作用，我从我的咨询中获得成长并受益，而且我能真正理解咨询理论中的那些原理，我了解咨询的过程。"那么，你将成为一名有力量的咨询师。也许你的技术比较单一，但是你知道自己的限制，面对来访者，你自信，也知道边界，你能明确地告诉你的来访者你能给予他什么、在你们的治疗关系中他将获得什么。来访者从你的态度中获得希望，也能意识到他自己的责任，这本身就有着治疗的功能。

心理咨询尝试帮助来访者获得一种内在的、人际的和社会的资源以有效应对人生中的各种问题、增加问题解决的体验，从而积极看待自我的价值，坚定生活的信念。对于青少年学生而言，更好地认识自我、认识周围环境正是成长的主要课题，心理教育和辅导可以促进他们更加全面地评价自己的能力、情绪、价值、需要、兴趣以及和他人的关系，推动他们在生活中与他人的交往，使他们积极了解社会、经济、文化、传统等影响个人生活的因素，从而提高他们的生活技能。

了解了心理咨询的作用后，我们接着来看看怎样才能真正掌握心理咨询的理论。一方面，这是一门实践的科学，需要个人的成长体验；另一方面，我们在学习的时候，需要带着问题去思考，这样可以加速对知识的理解。那么，可以思考哪些问题呢？

二、什么是心理问题

这是一个看似简单，却没有统一的标准答案的问题，然而对于这个问题的回答却决定了咨询的方向。世界上存在着不同的语言，尽管表达着同样的意思，却有着迥然不同的发音、语法规则。心理咨询与治疗理论也是如此，目前有 400 多种流派、技术。不同的流派、技术使用的专用名词各不相同，解释的角度也不一样，但是每种理论、技术背后都有对一个共同问题的解释与探讨——心理问题。所以，当你在学习咨询理论的时候，需要了解每一种心理咨询、治疗理论对这一问题的假设，以及由此问题的成因所引发的讨论。

心理是个体知、情、意、动机、人格、自我意识等心理现象的总称，心理问题便是指个体在其各种心理现象上出现的不适应：有生理原因导致的感知觉、意志行为等的障碍，也有如情绪消沉、心情不好、焦虑、恐惧、人格障碍、变态心理等适应不良的状况。精神分析把心理问题更多地看成是人格成长的问题，行为主义则把心理问题更多地概括为行为习得的问题，人本主义则认为心理问题是自我意识的发展问题，认知心理治疗更强调心理问题是个体认知模式的合理性问题。

不同的咨询理论有着不同的视角，意味着不同的解释语言，对心理问题有着不同的界定，对心理问题的解构也各有不同。每种理论都有自己相对完整的结构，与此相对应的咨询治疗的目标、策略、途径也有很大的差别。精神分析治疗师更强调探索潜意识，平衡人格结构中本我与超我的心理能量。行为主义的治疗师更看重行为的习得与改变，应用通过实验获得的人类行为学习规律来塑造个体的适应性行为。人本主义的治疗师注重安全、积极的咨访关系，通过提供无条件的接纳与关爱，帮助个体找回"真我"、统合"自我"。认知治疗师关注个体的内在价值信念与情绪的关系，帮助个体找到调节自己情绪的方法。家庭治疗师则不断推动个体所在的人际系统中人与人的关系，试图通过个体的改变来影响系统的改变，促成个体形成新的人际适应模式。最终的咨询结果可能都是促进个体的成长，但是各自切入的角度却有着很大的差别。

这就要求你作为一名咨询师，在使用这些技术时，要对相应的理论有完整的认知与体验，具备该理论的视角。但是初学者常常特别好学，总想"博采众长"，并美其名曰：折衷主义的综合。但是，初学者容易把"混乱"美化为"多元化"。一些初学者常用动力分析的眼光来解析个案，使用的却是人本的或是认知的治疗技术，他们的咨询思维往往是混乱的，这将导致他们分析案例时头头是道，实际咨询时，却无法为来访者构建合适的咨询目标，结果什么技术都用不上，变得不知所措。诸如此类的问题常常出现，以致咨询师在咨询、治疗过程中感觉非常无助。

因此，建议你在真正从事咨询工作之前，将你持有的理论和你对心理问题的定义写下来，常常提醒自己，并在咨询治疗过程中关注个案解释与治疗方案中概念的一致性。

你可以在记录本上写下你的心得，例如：

我对心理问题的界定是……

导致此类心理问题的因素是……

处理此类心理问题的主要方法有……

范例：

（1）我认为我能处理的心理问题主要是人的情绪问题，如常常表现出长时间不能控制和调适的消极情绪，以致影响正常的生活和工作。

（2）形成情绪问题的主要因素是个体对环境、事物产生的消极认知。

（3）环境无法改变，认知可以调整，认知改变，情绪也随之改变。

有了这样的提醒，咨询师在咨询中会更加聚焦诱发事件、情绪、认知之间的关系，帮助来访者了解自己的想法是怎样影响自己的情绪的、认识的改变又会与他的情绪产生怎样的联动效应,从而帮助来访者了解调控自己情绪的方法,并通过对情绪改变的觉察、评估来强化对咨询治疗效果的肯定。这样,咨询的路径将变得清晰和明确。

三、心理咨询有哪些局限

心理咨询是疏解心理问题的有效途径,但因其理论、实施者与对象的特点的差异性,心理咨询有着自身的局限,心理咨询不是万能的。主要表现在以下一些方面:

第一,心理咨询理论的差异性决定了每种心理治疗理论及其技术都有其所长。每一种理论都发现了某种特定的心理现象,也许这一心理现象的改变会引起其他心理现象的变化,但是,每一种理论也都有其无力的方面,不能包治百病。认知治疗对于继发的恐惧、焦虑、抑郁等情绪的自主调节很有帮助,行为治疗对于减轻一些人类的原始恐惧和创伤后的应激情绪反应非常有操作性,精神分析对于一些顽固的疑难杂症颇具治疗功效,存在主义治疗对于处理选择性焦虑有现实的推动作用,但它们都不是万能的。

第二,心理咨询对于个体的问题、症状而言,不像生物医学治疗那么立竿见影,配上几颗药丸或打上几针就能解除症状,心理咨询更需要来访者自身长期的努力来面对改变带来的焦虑。来访者的情绪问题、人格问题尽管由当前事物所引发,但根源还是在过去的个体经历中,症状的存在也往往不止十天半个月。一两次的咨询难以撼动来访者多年的行为与思维习惯,虽然一时也能缓解来访者的情绪,但是,过几天来访者可能又会恢复到咨询前的状态中。来访者个性、行为的改变需要一个过程。心理咨询并非一种心理急救,它有着自身的局限性,人们不了解这一点,就会对咨询师抱以过高的期望,容易对心理咨询产生误解,咨询师自己如果也承接这样的期望,就会形成过度的压力,反而失去价值的中立,对咨询不利。

第三,心理咨询作为助人自助的一种服务模式,非常强调来访者自身的求助意愿和对改变的渴望。来访者本身是主体,这不同于心理战,咨询师不是用心理战术战胜来访者、制服来访者,所以当来访者拒绝咨询时,咨询师往往是被动的,缺乏对来访者的主动干预能力。比如,当来访者执意要自杀而且不愿被救助的时候,即使他被绑在医院的病床上,依然可以找到自杀的方法,看护人员稍有疏忽,他便趁机实施。对于一些缺乏自知力的患者而言,心理咨询是难以奏效的。对于被父母强行带进咨询室的学生来说,咨询师要和他们建立起积极的咨访关系是非常困难的,这时咨询师的角色可能还不如这些学生的带教老师,这也是心理咨询的一个局限。

第四,心理咨询能为来访者提供心理支持,帮助来访者更加积极地适应环境,却不能为来访者直接解决具体的问题或困难。心理咨询可以为学习成绩不佳的来访者分析存在的问题,提出改进学习方法的建议,但是,却不能直接帮助来访者提高学习成绩。毕业生找不到合适的工作,心理咨询可以帮助他们分析其择业存在的问题和困难,提供一些建设性建议,但是,却无法直接提供工作机会。心理咨询可以帮助贫困的来访者分析其处境,甚至提出一些有助于其应对经济困难的策略性建议,却不能为其提供直接的经济援助。

第五,心理咨询可以帮助来访者了解问题的有关情况,对问题的实质形成正确的认识,也可以提供有关的应对方法,但是不能为来访者的重大问题,诸如升学、就业、恋爱、婚姻等直接做决定,来访者也无法与咨询师共同商量出一个直接的决定,最终需要学会自己做出正确的决定。来访者在咨询中获得的是心理支持和个人内在的整理，问题最终还是需要通过来访者自己的行动去解决。

四、关于有效咨询

这里提供一组被西方咨询培训所认同的、有效的心理咨询的基本原则：

（1）人们的行为只能在社会及文化背景中被理解；

（2）来访者的成长是咨询成功与否的判定标准；

（3）积极的咨访关系是来访者改变的基础；

（4）咨询过程是一种紧张的工作体验；

（5）来访者在咨询过程中必须是积极的参与者；

（6）遵循伦理标准是咨询师的基本职责。

本书的第三章将对此有更多的介绍。

五、形成自己的咨询风格

心理咨询是一项涉及为人们精神世界的发展提供服务的实践工作，对从业者的人格、思想道德与理论技术水平有着很高的要求，同时非常强调实践经验和个人的领悟，所以学习掌握心理咨询并非一件易事，光考取心理咨询师的资质是远远不够的。今天心理咨询理论在西方已经比较成熟，理论流派及技术都非常丰富，初学者面对那么多的理论、技术时往往不知从哪里开始，真正在实践中掌握心理咨询技术并形成自己的风格，的确是不容易的事。

仅有知识的准备是不够的。了解某种技术并不代表你能真正使用这一技术，就如同仅仅阅读烹饪食谱无法使你成为一名真正出色的厨师，仅仅看一些武功秘籍不能让你成为一名武林高手一样。在咨询实践中，要能根据来访的情况和你掌握的多种咨询技术进行整合，形成你自己的咨询风格，这除了必要的知识学习之外，还需要一个完整的咨询师的成长历程。

（一）咨询师的个人成长

心理咨询的过程，是咨询师和来访者互动的过程，是咨询师给予来访者心理包容和支持的过程，是咨询师用自己的人格去接纳和影响来访者的过程。所以，咨询师个人人格的健全与成熟是影响咨询效果的重要因素，甚至超越了咨询师所学习和掌握的心理治疗技术。而每一个心理咨询师也是在不断成长的个体，个性在不断地完善和成熟，他们在经历生活的挫折后，也会留下一些伤痛、疤痕，所以在开始咨询工作时，咨询师有必要了解自己人格成长中的问题，以避免在咨询过程中受到来访者的影响，诱发自己成长中被压抑的问题，导致自己的心理危机。当然，有时咨询师也会因此更多地置身在自己的问题中，无法顾及来访者，从而影响咨访关系，破坏咨询的进程与效果。

那咨询师需要怎样的成长呢？不妨从咨询师的自我体验、自我探索开始，发现那些可以促进或阻碍咨询过程和效果的个人的态度、理念，以及个人的优势与不足等，然后选择个人偏好的咨询理论和技术，学习帮助的技能，通过咨询实践的检验，确认咨询是否是朝着最佳方向发展，最终把个人偏好、个性特征、多元化问题和来访者特征等整合在一起，形成自己的风格。

通过个人成长的历程，希望你能对以下一些问题有自己清晰的回答：

（1）关于心理咨询，我最感兴趣的是什么？

（2）我真的想成为一名心理咨询师吗？

（3）就心理咨询的发展而言，我对哪些治疗大师最感兴趣？什么事情让我对他们那么感兴趣？

（4）如果想要成为一名有效的心理咨询师，我需要具备什么样的个人特质？这些特质为什么那么重要？

咨询师需要了解自己："我是什么样的人？我的人格特点是否适合从事咨询工作？我从事心理咨询辅导前有哪些需要注意的地方？……"咨询师需要通过个人成长中的自我体验与自我探索，更多地自我觉察，了解自己的特点，包括优势、弱势和缺陷，觉察自己的愿望和欲求，以免在自我发展和满足自我需求时对来访者和咨询进程造成负面的影响。

自我觉察涉及许多与自我有关的概念，包括自我接纳、自我尊重、自我实现等。

自我接纳是自我意识的基础，没有自我接纳，自尊常常成为容不得批评的畸形的自恋，也就不会有客观的自我意识。没有自我的接纳，自我实现常常会脱离实际、难以达成，最终将成为自我意识的坟墓。自我接纳就是既能接受自己好的部分，也能接受自己不好的部分。一个人在工作、生活上总会有一些不如意，在个人成长和发展方面也总有可以提高的方面，现实的自我和理想的自我之间肯定会有差距，不能接纳自己的不足、过分地焦虑在所难免，由此产生不当的自我防御就会阻碍个体的自我觉察。

自我尊重能够帮助个人处理好个人生活和职业生活并保持情绪的稳定。那些不能积极对待自己的咨询师，不仅会给自己的生活蒙上阴霾，还会在咨询中寻找来访者的负面因素，并大加渲染，甚至通过贬低来访者来获取自我的满足。无疑，这对咨询师和来访者都极具伤害性。

自我接纳可以强化来访者的自我尊重，从而推动自我实现。自我实现以对生活的悦纳为基础，需要激情和"必须努力成长"的信念。自我实现是实现个人全面成长和发展的历程，需要来访者努力、冒险，并经受一定的磨难！

个人成长可以借助心理测验、冥想、个人自省、同行交流等方式进行，有条件的话最好能有接受正式的心理咨询的经验。在心理咨询发展成熟的国家、地区，心理咨询师在取得独立工作资格之前，必须接受数百小时以上的心理咨询和督导培训，某些理论流派的咨询学员的分析治疗甚至长达数年，这样的培训、管理设置对咨询师和来访者来说都是负责的行为。我们国家的心理咨询专业人员的培训经过了十多年的发展，在学科培养和社会认证培训上，也都已具备了基本要求，当然，由于督导资源的缺乏，在一些方面尚不如西方发达国家。以上海的学校心理咨询师培训为例，它提出了160个学时的"心理咨询实践与个案督导"要求，包括学员的个人体验内容。近年来，全国应用心理学专业学位研究生教育指导委员会对于心理服务方向的心理专业的实践培养环节也提出了体验和督导课程的具体要求。本章中提供了10个成长作业，供大家自己练习或者在某些督导、专家的带领下练习。

（二）相关学科的学习

心理咨询技术和方法从多种学科中汲取了营养，所以，要学习心理咨询就需要了解这些学科的背景和知识，丰富自己的知识框架，以支持自己的咨询理念与技术。与心理咨询关系密切的学科有：心理学、医学、社会学、文学、哲学、宗教学，等等。而每一门学科中，还包括了很多分支学科，比如在心理学中，与学校心理教育相关的主要分支学科，就有咨询心理学、学校心理学、发展心理学、社会心理学、心理测量学、教育心理学、异常心理学、普通心理学、跨文化心理学，等等。其实心理教育和咨询作为心理学的应用，几乎与绝大多数的心理学分支学科都有关系。在你学习这些知识的时候，不知道你是否思考过以下问题：这些知识对你理解心理咨询有什么帮助？这些知识让你对人的共性和特性有了哪些新的认识？在心理咨询中，这些知识将如何影响你对来访者的认识？也许你还没有总结过，没有关系，你可以从现在开始进行思考，这将有助于建构自己的咨询理念。

（三）全面深入地理解咨询理论

学习每种心理咨询的理论时，我们要思考：这一理论产生的背景是什么？这一理论的基础是什么？创始人是怎样发展出这一理论的？这一理论的基本概念有哪些，核心概念是什么？基本原理又有哪些？涉及的咨询技术有哪些？理论可以概括为怎样的一个逻辑陈述？理论的适用条件及限制是什么？等等。当你能清楚地回答这些问题后，你对这一理论应该有了基本的了解，并可以开始尝试将其应用于不同的来访者身上。

当你比较全面地了解了心理咨询的理论后，你可以继续询问自己以下问题：我可以列举出哪些心理咨询的理论流派呢？这些流派的理论基础是什么呢？这些流派的技术有哪些，哪些是我偏好的，哪些是我反对的？为什么？

你可以在全面了解的基础上，进一步深化理解，并根据个人的偏好，结合个人实践，形成个人的咨询风格，最终成为一个自信、有底蕴的优秀心理咨询师。作为一种练习，你可以整理一份自己的详细的咨询记录，对自己的咨询风格进行检查和分类，辨别自己对具体技术的应用的特点。

（四）来访者中心的关注

当你确定了理论取向，并形成了自己的技术风格，你就需要尽快把注意力转移到来访者身上，把来访者作为中心加以关注。

在咨询中，你要常常提醒自己："来访者可能与我有着很多不同的经历，他们希望探索的方面可能与我有许多不同。"因此，你要意识到你所喜欢的可能不被你的来访者所接受。咨询师是独特的，咨询师所服务的来访者也是独特的。来自不同背景和氛围的人不可能拥有相同的观点。一个有效的咨询师，应能够灵活改变自己的咨询风格以适应不同来访者的需要，而不是让各种各样的来访者去适应"专业的咨询模型"。在给那些不喜欢你的人进行咨询辅导时，你要增进对来访者个体差异和文化差异性的理解，包括民族、性别、宗教、年龄、生活方式和社会经济地位等。当然，当你感觉到，即使你已经很努力，但仍然无法继续与来访者一起工作，来访者和他的问题已经触及你自己的边界时，转介就是必要的，这既是保障来访者的权利的需要，也是你保护和发展自己的契机。

（五）实践整合形成自己的风格

进入咨询实践后，才能真正理解咨询理论，此时你会发现，一些理论其实只是使用的概念名称不同，但是背后的核心思想可能是相似的，或者，几种理论其实表述的是同一事物的不同层次、不同方面，彼此间相互补充，并不矛盾。慢慢地，你开始有了豁然开朗的感觉，这预示着你已经入门了。

在咨询实践中，你不断回答自己或来访者："心理问题是什么？心理问题的成因是什么？解决方案是什么？……"在实践的过程中，你开始鉴别方法的有效性，探索适合自己的方法，并进行效果的评估，再反馈到理论与技术的学习中，并进一步地学习新的知识和技能，在这个过程中，你也逐步形成自己的咨询风格。

将一种心理咨询技术与其他的技术进行比较，可以发现，效力差异甚微。没有稳固的咨询关系，任何的治疗技术和理论都是苍白的，任何的技术都离不开积极信任的咨访关系，也与来访者和咨询师的人格密切相关。其中咨询师的个人成长源于咨询师自身，是影响咨询成败的一个关键因素。"我是谁？我的定位在哪里？我的价值是什么？"这一系列问题都是在个人成长中需要回答的。做好咨询，达成较好的咨询效果，并不是一件容易的事，需要有内省能力、学习能力、良好的心理能力、成长能力。

作为一个真实的人，咨询师自身也可能存在各种问题和弱点：认知上的，如对人、对事、对己、对社会的认识和归因上的偏差，非理性认知；情绪上的，如反应过度，过于敏感；人格上的，如固执，追求完美，自我意识不健全，同情心过强；行为上的，如行动力不强。而且，作为现实中的人，咨询师个人生活中也会遇到问题：职业枯竭、才智衰竭、情感耗竭、冷漠、麻木、有攻击性行为（对内、对外），心理障碍、遭遇创伤事件等。作为一个生物体，身体健康问题也无法避免。因此，作为助人者，咨询师的自我成长是极为必要的。

好的心理咨询师的十大特征为：[①]

（1）擅长与人交往。咨询师能够积极倾听来访者的情绪、信念、假设及生活中的相关事物，避免使来访者产生防御的反应行为，鼓励来访者开放、诚实地交流。

（2）能激发来访者的信任、信赖和信心。咨询师能被来访者看作专家，来访者认为咨询师有吸引力、值得信任，而不是从咨询师的行为中看到责备、拒绝或忽视。

（3）能传达给来访者关心和尊重。咨询师能把自己的时间和精力奉献给来访者，积极倾听，以符合来访者的社会文化背景的方式来表达对他们的关心和尊重，相信来访者的学习能力。

（4）能很好地审视自己。咨询师能觉察自我和自我的需要，以非防御的理解和反省来觉察自己焦虑情绪的起源，而不是将它们排除在意识之外；能自我接纳，而不会利用来访者满足自己的需要；能不断滋养自我，关心自己和自己的家人，合理应对职业倦怠。

（5）能有效处理咨访冲突。咨询师可以觉察表现出负面情绪的来访者背后的情绪表达的困难，并以相应的技巧与来访者进行非防御性的、开放的讨论。

---

① ［美］Elizabeth Reynolds Welfel, Lewis E. Patterson 著，高申春等译：《心理咨询的过程——多元理论取向的整合探索（第六版）》，高等教育出版社 2009 年版，第 13—18 页。

（6）努力理解来访者的行为，不对来访者做价值评判。咨询师能理解人们行为的目的性，从发展的视角接受来访者应对环境的反应模式，帮助来访者觉察反应模式的有效性，而不是做出好与坏的评判。

（7）能识别来访者的自我欺骗行为，帮助他们发展更为有益的个人行为模式：咨询师能熟练地帮助来访者做出自我觉察而非防御性地回答"我是谁"，帮助来访者接受自己的阴郁面、消除坦诚面对痛苦的恐惧，推动来访者的成长。

（8）拥有某些领域对来访者有特殊作用的专门技术。咨询师能通过继续教育和请教专业人士不断更新自己的专业知识，从而在来访者问一些特殊问题时，有能力给予来访者必要的支持，尽到作为专业咨询师的责任。

（9）能用"系统"的视角整体地去思考问题。咨询师能明白来访者所处的不同社会系统与来访者之间是如何相互影响的，能找到打破原有系统的着力点。

（10）能理解自己和所有其他人所生活的社会、文化和政治背景。咨询师能了解当下来访者生活背景中的事件，清楚其意义和对来访者的影响，能觉察社会偏见以及对某些特殊群体的歧视给来访者带来的影响。

第二节　咨询实践初期要面对的困难

心理咨询工作是实践型工作，仅有理论知识没有感性经验是难以做好咨询工作的。所以，心理咨询实践的初期会遇到一些无法预计的困难。这里给你一些提醒，希望你在实践中有所准备，但是最后还是要依靠你自己的实践去面对。

一、咨询重点的选择

刚从事心理咨询工作时，我们往往会过于关注每次面谈时来访者提到的第一个问题，即使这个问题是来访者不愿意问、不必要或者不能解决的。当来访者向我们咨询一个问题的解决方法时，通常这个问题已经困扰来访者很久，他也已经设想过很多方法，甚至征询过很多人的意见，但是显然这些方法都没有真正帮助他解决目前的问题，所以，如果我们不能发现其背后的真正问题，而直接回应他"应该怎么办"，那么我们很容易地就会掉进陷阱，偏离来访者真正的问题。

同时，对于很多来访者来说，由于他们从未有过心理咨询的经验，所以会很紧张，或者还没有做好准备去陈述自己真正的问题，或者尚未理清自己的思路来表述自己的问题。所以来访者在每次面谈开始时所抛出的问题不一定是他真正想要处理的问题，甚至是与咨询完全无关的问题。

例如，来访者告诉咨询师，他这两天睡得不好，失眠……这并不表明来访者就是要来咨询睡眠问题的，因为他可能只是临时有这样的状况，希望得到咨询师的关注。

要克服这个障碍，你需要培养自己倾听的耐心，对来访者保持充分的好奇，你需要不断地在自己的心里问自己："来访者所表述的这个问题对来访者的生活到底造成了什么样的影响？还导致了其他哪些影响……"尽可能地让自己对来访者了解得多一点，而不要急于解决问题。而且，当你尝试着选择某一个问题作为咨询目标时，可以征询来访者的意见："听起来，你目前的主要问题是……，我们下一阶段主要来探讨这个问题，你是否赞同？"如果来访者接受，可以把对这个问题的探讨作为下一阶段的重点目标。

二、缺少医学诊断常识

大多数的学校心理辅导人员都不具备医学背景，所以对于来访者生理问题和精神问题的鉴别是他们的弱项。刚开始接触咨询实践工作的人员，很难把书本上对心理疾病症状的描述与现实生活中来访者的表现联系起来。所以对他们来说，特殊精神问题和生理疾病的医学诊断是难点。由于缺少经验，初次从事心理咨询的人还可能会有这样的预设：来寻求心理咨询的多半就是需要心理咨询的，从而忽略了来访者实际上是受生理问题或者精神问题的困扰。这个问题的解决需要咨询师在有经验的咨询师的督导下逐步积累经验。

咨询师可以参与一些接待辅助工作和个案记录的整理等工作，学习识别一些问题行为的表现。有条件的还可以到各级精神卫生中心见习，这对临床心理问题的诊断大有裨益。

咨询师可以在督导师督导下实习，接触咨询诊断的过程，熟悉心理问题的临床表现，学习如何问诊、鉴别精神和生理的病变。

及时准确的诊断有助于对来访者进行及时的干预。学校心理咨询师不具有诊断的资历，所以，诊断的重点在于分清轻重、识别危机，便于及时转介到相应的机构，诊断名称的确切性并不是最主要的。

三、取悦来访者的倾向

咨询师刚开始从事心理咨询工作时，常把心理咨询看成是让来访者快乐起来的过程，在咨询中就不免带上了取悦来访者的倾向，咨询结束后如果来访者情绪好转会觉得很有成就感，如果来访者愁眉不展、情绪依然低落，会感到很失败、气馁。当然，咨询师也常常会因为来访者表现出来的悲哀、无助等强烈的消极情绪而恐慌，陷入不知所措的状态之中，导致咨询的停滞。

事实上，心理咨询的主要目标是帮助来访者自我了解、自我控制和自我实现。在实现这个目标的过程中，来访者会经历曲折，情绪也会经历高峰和低谷，时而高涨，时而低落。心理咨询师需要帮助来访者了解自己的不足和体验自我挫败的行为模式，这些也许会让他们感到不舒服或者难过。也许来访者在获得共情、找回自我等时刻会表现出快乐、兴奋，但是咨询的过程却并不是仅仅为了唤起快感，咨询师不必为一次咨询结束后来访者没有表现出释怀的感觉而产生挫败感。帮助来访者接触内心的真实感受，不论是积极的还是消极的，都是心理咨询过程的重要组成部分。

例如：

　　来访者：这两天作业经常有不会的，可别人都会，我好难过（啜泣）。

　　咨询师甲：不要担心，事情会好起来的。

　　咨询师乙：可不可以请教一下老师，让老师帮你一起找找原因？

咨询师丙：嗯，那最近有没有一些很开心的事情呢？

咨询师甲的这种回应，更像是朋友的安慰，并没有让来访者对心理咨询的过程有一个现实的认识，来访者不做出改变，情况不会好转，事实上，还会越来越糟。咨询师乙在来访者对自己的情况感觉不舒服时，提供了及时的建议来帮助来访者，希望来访者走出情绪低谷。但在心理咨询中，提建议通常是徒劳无益的做法，只会让来访者产生依赖心理，让咨询仅停留在问题的表面。咨询师丙在来访者情绪强烈的时候，转移视线，设法让其平静，而不让来访者体验这种强烈的情绪。这种把来访者从挫败中拯救出来，取悦他们的做法反而阻止了来访者自己处理自己的情绪。

面对来访者的问题，你会怎样回应呢？

四、完美主义倾向

一些刚开始从事心理咨询工作的咨询师害怕犯错误，有完美主义倾向。这会导致很多问题，如：因为担心学得不好或者不能正确运用，而不敢尝试；怕别人发现自己的不足，而避免或拒绝接受督导；担心别人怀疑自己的能力，而不愿意让自己的来访者转介。其实，心理咨询中并没有绝对的对与错，咨询师如果能够明白这一点，就不会那么担心犯错误了。

这种完美主义倾向也表现在当来访者没有取得平稳的进步时，咨询师会感到沮丧。当来访者有所退步或者回归的时候，咨询师就会认为自己的工作已经失败。并且，咨询师可能会把这种负面的感觉传递给来访者。其实，咨询师需要在乐观和现实之间保持一定的平衡，要相信来访者的情况会有所改善，并认识到改变是需要时间的，俗话说：时间是医治创伤的良药。

五、痴迷"新"技术

一些从事心理咨询工作不久的咨询师，热衷于学习那些可以快速"控制"来访者的"新"技术。他们可能会在参加过某个治疗技术的工作坊后，立刻沉浸到对这些技术的痴迷中去，比如催眠、NLP、舞蹈疗法等（这些技术听起来很有诱惑力）。之后他们会对来访者不分情况地使用这些技术，认为来访者都能接受这些技术，或者这些技术适用于所有的来访者。过一段时间，他们又参加了一个新的工作坊，之前学习的技术还没真正了解、掌握，又改投新的技术门派之下。这导致他们一直在听课、参加培训，成为培训"粉丝"，而咨询中的来访者仅仅是试验对象，甚至因此遭受伤害。其实这是违背咨询伦理的，学习一种新技术，就需要相应的规范指导和督导，很多技术还需要获得相应的认证。浮于表面的学习，非但不能提高自己的咨询技能，反而会把自己搞得越来越混乱，甚至误走偏门，成为一个江湖术士，而不是一个真正的咨询师。

六、过于投入

刚开始咨询工作时，很多咨询师都很兴奋，对工作满怀激情，既欣喜，又紧张。他们对工作非常投入，也容易被来访者的故事所吸引，因而对咨询的过程过于投入。

感情的投入会影响判断的客观性,使得咨询师难以保持价值的中立,最后仅仅成为来访者的朋友,难以给来访者带来新的发现,从而影响咨询的效果。对来访者故事的痴迷,同样会让咨询师失去客观的判断力,难以给予来访者必要的指导,听完故事,仍不知从何下手。

为了避免过于投入,咨询师需要增加对自己的敏感度,了解自己在进程中的情绪反应,判断是哪个情节引发了自己的情绪,以致自己的情绪投入。同时,咨询师要及时反馈对来访者的感受,并请来访者不断澄清他的感受与他的困惑。不要试图直接帮来访者解决问题,要尝试启发来访者寻找解决问题的方法,并鼓励他们自己处理好自己的问题。

七、急于助人

很多人想要从事心理咨询职业就是因为他们确实想帮助他人,有时,他们显得比来访者还着急,咨询师有时会比来访者还努力,这个时候,他们会失去职业的客观性,甚至心力交瘁。心理咨询师不是救世主,不应该包揽来访者所有的问题的解决,而是要帮助来访者尽可能自己去解决问题。

因此,你需要考虑自己当心理咨询师的动机到底是什么。积极的动机是帮助来访者克服自我挫败、朝向自我实现发展的力量。消极的动机可能源于渴望获得被人需要的感觉。这种渴望会引起心理咨询过程中来访者不必要的依赖心理。另一种消极的动机可能是权力欲或控制他人的欲望造成的。一旦心理咨询师发现自己有不恰当的心理咨询的动机时,就要及时将来访者转介,自己也需要寻求心理咨询或督导。

八、言语不当

在心理咨询中,有些话语是不适用的,会引起来访者的阻抗,或者给咨询过程带来消极影响,比如:"你为什么……?"

这个问题常常会被理解成质问、不信任甚至是否定,因此会引起防御性的回答。当咨询师询问来访者"你为什么会和同桌打架",来访者可能解读出"和同桌打架是不应该的"。不如问"你能不能告诉我,你和同桌之间发生了什么事?"这个提问没有价值评判,更关注事件对来访者的影响。

又比如:"我知道你的感受。"

心理咨询师可能会用这个说法表示他们也有过类似的经历,可以理解来访者。但事实上,正如同世界上没有两片一模一样的叶子,也没有哪两个人会对同一件事有完全一样的想法。因此,当心理咨询师说这句话的时候,来访者可能会产生反感的情绪。他们会认为:"你不可能知道,你又不是我,你以为你是谁啊?"也有来访者可能会想:"既然你知道,为什么还要问我的感受呢?"所以,一个更好的说法可能是直接表达自己听后的感受:"听起来你很……"

总之,言语不当的问题在开始咨询时,常常会不自觉地出现,咨询师需要督导提醒,也要自己留心记忆。随着咨询时间的增加、经验的增加,言语不当的问题会逐步减少。

九、咨询缺少必要的设置

对心理咨询设置缺乏基本的理解,在治疗实践中缺乏相关意识,这也是很多咨询师开始做咨询工作时普遍存在的一个问题。

心理咨询的设置就是心理咨询机构和咨询师对心理咨询的实际操作过程的具体安排，是为保证咨询伦理的落实、保护咨访双方而事先安排、精心设计的，要求咨询师和来访者共同遵守。学校的心理咨询设置主要包括：咨询的预约方法、咨询的场地、开放的时间、每学期提供咨询的次数、面谈的频率、每次面谈的时间、请假和违约的处理、咨询中的保密、非咨询时间的接触与联系、治疗无效时的转介、是否同时使用药物、在何种情况下以及如何更改设置，等等。商业机构当然少不了关于收费标准及收费方式的约定。

心理咨询设置的重要性，相对于治疗技术而言，容易被初上岗的咨询师忽视。事实上，这与咨询的伦理密切相关，而咨询的伦理对于咨询工作极为重要。一个良好的咨询设置，对于一个新上岗的咨询师来说就是一个灵敏的、可比较的、甚至是量化了的检测工具。

以每次咨询时长为例，假设事先的设置为每周一次，每次 50 分钟，此时咨询师在咨询过程中就很容易观察到：每次面谈是否准时开始？来访者是否迟到？迟到的频率如何？迟到多长时间？在咨询的哪个阶段迟到？来访者如何解释迟到的原因？咨询师对此如何感受？每次治疗是否准时结束？面谈时间是拖延还是提前结束？是否经常拖延时间？谁在拖延时间？拖延多长时间？咨询师是感到时间过得很快还是很慢？一次治疗结束后，咨询师头脑中是否还盘旋着来访者的情况，还是很快就将来访者忘掉？咨询师是期待着下一次的咨询并早早地为下一次咨询做准备，还是对下一次咨询充满了担心和不安？来访者是否付费？来访者是否在咨询以外的时间试图保持联系？来访者是否要将其他人带进咨询室？每次咨询的模式是否过于僵化？

总之，咨询师可以通过观察自己和来访者是否遵守设置的规定，发现咨询过程中所发生的问题。相反，如果没有咨询设置，咨询师不可能如此清楚地认识到咨询过程中究竟发生了什么，也不可能理解此段咨询关系的真正意义。

另外，不恰当的自我袒露、个人化的偏执、咨询伦理把握不当等等，也都是初上岗的咨询师可能出现的问题，他们需要在工作中常常提醒自己。请有经验的咨询师督导是非常好的发现上述不足的方法。常常回顾个案记录，对照上面提到过的一些问题了解自己的咨询过程和心态，也有助于及时发现自己的问题，克服成长道路中的困难。

第三节　成为咨询师的 10 个成长作业

本节是为了帮助心理咨询的学习者在正式开展咨询服务实践前，对自身有更多的了解，例如了解自己的认知特点，了解自己的价值观特点，了解自己的情绪触发点，了解自己的创伤，了解自己的心理防御模式，了解自己的人际互动模式，了解自己的边界……从而对在咨询中可能触及的危险有充分的思想准备，不至于陷入由来访者带来的情绪陷阱中而难以自拔。咨询师若能通过对自我的更全面的了解为自己设定安全区，准备好必要的自救途径，就能在陷入自身的负面情绪时帮助自己解脱，获得一种积极的咨询经验。

这 10 个作业是必要的，尽管它们不能涵盖自我成长的全部内容。这些作业可以一个人做，也可以在稳定的小组中与他人一起做、一起讨论分享，后者的效果可能会更好。

为了让参与者增长个人的体验,这些练习活动不设标准答案,也没有绝对答案,练习的关键在于思考、分享的过程,那是属于你自己的对咨询中的人际互动的经验,而并非是对错、输赢的体验。所以练习时要尽可能地放松、投入,这里没有比较,只有分享,每个参与者的体验都是珍贵的经验,可以帮助你进一步地学习、思索。

一、活在当下

(一)练习的目的

在学习咨询的过程中,我们非常关注对他人的觉察和分析,但是常常会忽略对自己的觉察。然而咨询的过程是人际互动的过程,咨询师自身的一些特点会影响来访者。所以,咨询师需要了解自己的一些特点,包括自己的认知方式的特点。希望下面的这个练习能帮助你了解自己对外界事物和对自我进行观察、感受的能力及其特点。

(二)个人练习的方法

完成这一练习需准备一个计时器、一支录音笔、一张白纸和一支笔。

个人完成此练习的程序如下:

(1)计时器定下 5 分钟时间,当计时开始后,用"我看见"开头,连续报告,用录音笔录下,如:"我看见桌上有一本书。我看见房间里有两张椅子。……"中间尽可能不要断,直到计时器响起。然后,在白纸上写下"我看见",之后在边上用 1—10 的数字标出你认为的完成这一作业的难度(见表 1-1),"1"表示没有难度,"10"表示难度极高,几乎难以完成。

表 1-1 "活在当下"个人练习记录表

	难度评分	练习内容记录
我看见		
我想		
我感到		

(2)计时器继续定下 5 分钟时间,当计时开始后,用"我想"开头,连续报告,用录音笔录下,如:"我想读完这本书。我想喝点水。……"中间同样尽可能不要间断,直到计时器响起,5 分钟的报告完成。然后,在白纸上写下"我想",之后同样用 1—10 的数字标出你认为的完成这一作业的难度。

(3)计时器再定下 5 分钟时间,当计时开始后,用"我感到"开头,连续报告,用录音笔录下,如:"我感到无聊。我感到烦躁……"5 分钟后结束报告,同样,在白纸上写下"我感到",并标出你认为的完成这一作业的难度。

(4)个人的思考:①思考以上三个作业对于你来说哪一项更有难度,在笔记上写下你对这三项作业的感受,写下完成作业后你对自己的发现。②整理录音,将自己看到的、想到的、感受到的事物写在纸上,看看你对自己又有些怎样的发现。或许你可以由此对自己做一些分析,如:你对哪些事物敏感?你是强于观察的外倾型还是善于内省的内倾型?你能区分自己的感受和想法吗?哪些是你对事物的认识,哪些是你的情绪体验?感性与理性,你更倾向于什么？等等。

你还会有许多思考,这些都有助于你更好地认识自己、了解自己的所长所短,从而增加自己在人际交往中,尤其是在咨询中的敏感性。

（三）团体练习的方法

团体练习时,组员可以围圈坐,准备一块黑（白）板或一张白纸和相应的笔,以及一支录音笔、一个定时器,完成以下的练习:

（1）计时器定下5分钟时间。当计时开始后,小组中任意一员开始用"我看见"开头造句,造完一句后,他左边或右边的一人继续下去,同样用"我看见"开头造句。大家就这样按顺时针或逆时针方向轮流造句。要求是:不重复前人的句子,尽量地流畅,尽可能靠自己的第一反应造句。用录音笔录下全部的练习过程,直到5分钟后计时器响起,结束练习。

（2）每个人报告自己认为的完成这一作业的难度,用1—10的数字表示（"1"表示没有难度,"10"表示难度极高,几乎难以完成）,记录在自己的笔记本上。然后计算小组平均难度,记录在白纸上（见表1-2）。

表1-2　"活在当下"团体练习记录表

	小组难度平均分	小组成员个人难度评分	造句内容记录
我看见			
我想			
我感到			
我想你感到			

（3）参考步骤（1）、（2）,用"我想"造句,对作业难度进行评分,并加以记录。

（4）参考步骤（1）、（2）,用"我感到"造句,然后评分、记录。

（5）参考步骤（1）、（2）,用"我想你感到"造句,然后评分、记录。

（6）个人思考完成以上四个作业的难度是否一样,并将以下问题的答案记录在笔记本上:

● 你对这四个作业的感受是什么？此外,你对自己有什么发现？
● 你是强于观察的外倾型还是善于内省的内倾型？
● 你能区分自己的感受和想法吗？
● 感性与理性,你更倾向于什么？
● 你对他人的想法敏感吗？

（7）参照表1-2,记录对小组的观察:

● 平均难度情况如何？
● 有什么发现？
● 小组成员对作业的想法与自己一样吗？

（8）小组内讨论步骤（6）（7）中每位成员的个人观察和体悟。

（9）整理录音,分享大家的新发现,讨论：这个练习与咨询的关系,对心理咨询有什么启发。

以上的分享和记录将有助于练习者更好地认识自己,了解自己的所长和所短,从而增加人际敏感性。

二、滋味在心头

（一）练习的目的

在上一个练习中,也许你对自己感知事物的能力与特点有了一定的了解,也许你还发现,在整理录音的时候,可以了解自己的一些认知过程,甚至可以探索一下自己无意识层面的信息,这其实是一个不错的练习方法。下面这个练习将进一步协助你探索自己的意识与潜意识,唤起你对感知觉的记忆,从而增加你在现实层面的感受性,不断洞察自我。你可以一个人反复练习,如果你与一个咨询师训练小组一起来练习,有一些彼此的分享,那么你也许会有更多的收获。

（二）个人的两个练习

准备一样可以含在口中、有些滋味的零食,比如蜜饯、糖果,等等。找一个安静的场所,留给自己半小时以上的时间不受打扰,再准备一支录音笔、一个计时器,以及一本笔记本。

（1）定时 5—15 分钟。准备就绪后,往嘴里放入一颗你准备好的糖果或蜜饯,含在口中慢慢品尝它的滋味,注意体验自己的感受和头脑中出现的任何想法,如"酸,流口水了,口水浸润了我的牙床……"不断地捕捉出现在头脑中的想法,无需批判,任其展开,口头报告并用录音笔记下,计时结束,停止报告。

（2）定时 5—15 分钟。再一次口含糖果或蜜饯,这一次无需报告、录音,从第三者的角度来关注自己的感受、思想和行为,如："我正在慢慢把话梅放进我的嘴巴,我在关注自己的思想和行为,我在……我感到温暖的感觉流过脚心……"5—15 分钟之后,结束练习,把整个过程中对自我观察的体验记录下来。

（三）记录与反思

把练习（1）的录音整理成文字材料,了解自己的意识流,区分不同的心理过程,思考以下问题：

（1）哪些是感觉？

（2）各种感觉对应的感觉器官是什么？

（3）你由感觉引申出哪些想法？

（4）哪些是感受？

（5）出现哪些事件？

（6）事件、感受、想法之间有着怎样的关系？

（7）哪些感受由外在的刺激引起？

（8）哪些是内在的感受体验？

……

（四）觉察与探索

请你思考在练习（2）中，你能否在全心体验的过程中保持对自我的醒觉，是否既能体验自己的感受，也能了解在自己身上发生了一些事情，以及自己是如何应对的。

这两个练习可以经常做，它们在某种意义上讲是一种修炼，如同中国武术中的气功修炼，可以增加功力，也可以自我疗伤。在咨询中，既要保持对来访者的敏感，同时又要保持中立的判断，知道来访者对自己的影响，了解彼此的互动关系。当然这绝非一日之功。经常练习，查看整理的记录，可以帮助你探索自己的心理世界，同时更多地发现生活事件是如何激发我们的感受的，了解自己的人际互动模式，寻找自己的情绪触发点——一些已经被遗忘的生活事件、经历，探索自己的情感反应模式。

（五）团体的练习、分享程序

这两个练习的团体练习方式与个人练习基本相似。对于初学者团体，小组带领者可以先做示范。小组一起练习增加了团队的氛围和人际的支持。有些学员喜欢大家一起做练习，一个人可能很难坚持做完整个练习。而对于初学者来说，小组练习还是一种学习的机会。当然，团体的练习会缩短一些个人体验的时间，同时涉及成员的安全感问题，练习的成果也受团体成员间熟悉程度和人际信任感的影响，尤其是第一个练习。所以，团体可以只做第二个练习，不用报告出现的所有想法、感受，不用录音，成员只在体验结束后用笔记下自己在过程中的总体感受，然后在团队中分享自己的体验过程，以及体验过程带给自己的发现。

（1）每个成员可以依次轮流做，每人做 3—5 分钟，一个人在做时，其他成员可以听他的报告，尝试感受他的体验，在他结束后，把自己在听他报告时的感受回馈给他。这里需要注意的是：分享的是感受，而不是贴标签式的对成员的分析。

（2）团体成员可以口含同一种食品，也可以是不同种类的食品，练习时间为 5—10 分钟。由团队的带领者计时和引导分享。大家可以用"我感觉……"、"我想到……"、"我的反应是……"来轮流分享自己的体验过程，其他成员倾听即可，不一定要进行反馈，当然反馈一些类似的或不同的体验也可以。仍然需要注意的是：不要分析他人。我们所谓的理论分析常常会成为一种不自觉的攻击，会破坏团体的安全感。

（3）练习结束后，成员在笔记本上写下这个练习所带来的自己对心理咨询和自身的一些思考。

三、对情绪的觉知

（一）练习的目的

情绪管理是心理咨询的核心，情绪是更为个体化的心理状态。对来访者情绪的洞察与关怀是同感的基础。体现对来访者的人本关怀，是咨访关系建立的一个基础，这也恰恰是在心理咨询的学习过程中最困难的。情绪管理的第一步是对情绪的识别与命名，它不单是对知识的记忆，更是一种对情绪的洞察，这个练习就是帮助我们在体验中学习对情绪的感知和表达。多人的游戏更有乐趣，也更具建设性，是生动的体验学习过程。

（二）个人练习的程序

（1）阅读表 1-3 中的 200 个与心情、感受有关的词汇，看看是否都能理解。

表 1-3　与心情、感受有关的词汇

哀伤	慌张	难过	喜悦
哀痛	惶恐	难为情	羡慕
安全	混乱	恼火	祥和
懊恼	激动	恼怒	消沉
暴怒	激愤	疲惫	歇斯底里
暴躁	激怒	疲倦	泄气
悲惨	急躁	平静	心悸
悲观	嫉妒	凄凉	心旷神怡
悲伤	寂寞	奇妙	心神不宁
被出卖	坚强	气愤	心碎
被忽视	煎熬	气恼	心疼
被坑害	骄傲	气馁	心痛
被冷落	焦急	轻松	欣喜
被理解	焦虑	屈辱	信服
被排挤	解恨	热心	兴奋
被算计	紧迫	柔和	兴高采烈
不寒而栗	紧张	洒脱	幸福
不满	惊骇	丧失	幸运
不耐烦	惊慌	伤感	羞愧
不平	惊恐	伤痛	羞怯
不爽	惊奇	伤心	羞辱
超脱	惊喜	生气	虚假
沉重	惊讶	失败	压力
痴迷	精神抖擞	失望	压抑
迟疑	窘迫	释放	厌恶
担忧	揪心	释怀	厌烦
得意	沮丧	受挫	扬眉吐气
丢脸	绝望	受辱	遗憾
堵	开心	受伤害	疑惑
烦乱	空虚	受奚落	抑郁
烦闷	恐慌	舒服	勇敢
烦恼	恐惧	舒适	忧虑
放心	枯燥	撕裂	犹豫
愤怒	苦闷	酸楚	忧郁

疯狂	苦恼	酸涩	友好
尴尬	快乐	忐忑	愉快
感动	宽慰	同情	愉悦
感激	困惑	颓丧	郁闷
感兴趣	困扰	退让	晕
高兴	浪漫	歪曲	责备
隔阂	乐观	完美	憎恨
孤独	冷淡	委屈	折磨
鼓舞	冷漠	萎靡	振作
害怕	麻木	温柔	震惊
害臊	满意	窝囊	窒息
后悔	满足	窝心	惴惴不安
怀疑	矛盾	无奈	自豪
欢乐	闷闷不乐	无望	自信
荒唐	迷惑	无助	自由
慌乱	内疚	希望	自在

（2）将表中的词汇按照正向积极的、负向消极的进行归类。

（3）将两类词汇再分别按照情绪的关注点的时间差异分成指向过去、现在、将来的情感体验的词汇。

（4）选择不常用的、陌生的词汇，记录在笔记本上，在词汇后面写上使人产生相应情绪、情感的生活情境和事例。

（5）个人的思考：

- 这些词汇我熟悉吗?
- 我能准确地应用这些词汇吗?
- 我能用这些词汇来描绘自己的心情吗?
- 当我与人交谈的时候，能应用这些词汇来回应他人的感受吗?
- 这个练习对于我认识心理咨询有什么帮助?

（三）团体练习的程序

（1）从表1-3中挑选20—50个词汇，分别写在小纸片上（每张纸片上写一个），将小纸片折叠起来（写了字的一面叠到里面，所有折叠后的小纸片外面都是空白的），将它们放在一个袋子里。

（2）小组成员围在一起。每次轮流请一位成员从袋子中抽取一张小纸片，自己一个人打开查看，注意不让小组其他成员看见小纸片上所写的词，然后不说话，用表情或一个动作来表达小纸片上的词所体现的情绪、情感，让小组其他成员猜。只要有一位小组成员完全猜对,就算过关,换下一位成员从袋子中抽纸片、表演、让大家猜,不断依次轮流。

（3）如果表演两次都没有被猜出,或者三次猜错(猜的与纸条上的词要完全一致,不然还是算错),则将纸片重新折好,放回袋子,由下一位组员从袋子中继续抽纸片,方法同步骤(2)。

（4）重复步骤(2)、(3),抽纸片、表演、猜词,直至所有纸片上的词都被猜对,结束游戏。

（5）游戏中也可以用讲故事来替代无声的表演,组员抽到词后,讲一个与词描绘的情绪、情感有关的情境,让大家猜人物的心情或感受。

（6）游戏后小组分享、讨论:

- 游戏中你的感受如何? 猜中别人的心情时感觉如何? 被人猜中心情时感觉又如何?
- 游戏中,你的困难在哪里,猜,还是让人猜? 由此你对自己有什么发现?
- 哪些心情词汇大家容易猜? 哪些大家都觉得有困难?
- 当别人说出的词与你要表达的词完全一样时或比较接近时,你的感觉怎样?
- 对于那些难以表达的词,你们小组最后是怎样完成的? 有些什么经验?
- 同一个词被不同的组员抽到后,是否增加了被猜中的概率? 对此你有什么思考?
- 这个游戏对心理咨询的操作有什么启发?

（7）在个人的笔记本上写下这个游戏带给自己的对心理咨询的一些思考,如:游戏对来访者的情绪觉察方面有些什么作用,等等。

四、日常思维记录

（一）练习的目的

对一名认知治疗取向的咨询师来说,这个练习是需要练上几年的。其他取向的咨询师可以通过这个练习了解自己的日常思维怎样影响自己的情绪。上一个练习帮助我们学习识别、命名情绪,这个练习帮助我们了解影响情绪的最直接的因素。

（二）个人练习

准备一本情绪日记本,可以在练习期间,参照表1-4"情绪日记表",记录每天的情绪:

表1-4　情绪日记表(举例)

事件	情绪	情绪程度 1—10	引发情绪的想法	支持想法的证据	背后可能的 价值观念
雪天出门,汽车的手刹冻住了,影响出行。	急	9	要迟到了,影响很不好,可能会影响以后的发展前景。	手刹冻住,无法启动汽车,等热了、化了冰出发,就过了点,而过了点出门,到单位肯定迟到15分钟以上。以往领导评价过迟到的职员,认为他们不敬业,不适合提拔。	上班不能迟到。 上班迟到是不敬业的行为。 有迟到行为的人不能被提升。 凡事都应该事先做好准备。 ……
	后悔、懊恼	8	昨天已经下雪了,汽车停在外面,应该事先做好准备。不知道做哪些准备的话,应该上网查一下。	以前遇到没有经验的事,通过上网查阅相关信息,就成功地解决了。事先做好准备的话,一些问题是可以避免的。	

（1）对你而言，引起你较强情绪反应的生活事件，可以是积极的，也可以是消极的。

（2）当时你的心情可以用哪些关于情绪、情感的词来表达？

（3）当时的情绪强度是多少？（按 1—10 分评分，1 分最平淡，程度最低，10 分最强烈，程度最高）

（4）你的这些情绪背后对应的想法是什么？或者说，当时你是怎样看待那个生活事件的？

（5）支持你的这些想法的证据有哪些？

（6）从这些想法中是否可以发现你的一些稳定的价值观念？它们是从哪里来的？

（三）团体的练习

小组围坐，每人带上情绪日记本和学习笔记本，从自己的个人情绪日记（参照个人练习）中选取一篇，准备与小组成员一起分享。

（1）小组成员轮流向大家分享自己的作业，首先分享引出情绪的生活事件和场景。

（2）小组成员一起分享组员所述的生活事件带给自己的感受和情绪，并记录在各自的笔记本上。

（3）对于每个人报告的生活事件一一讨论，不用解释，不用质疑。大家各自说出自己的感受、心情，并尝试说出在这样的感受背后自己的一些具体想法。

（4）倾听其他成员的反馈，尤其是对自己所述的事件的反馈。比较别人的感受与自己的感受的异同，并记录在自己的笔记本上。

五、败中求胜

（一）练习的目的

在上一项练习中我们发现认知对情绪的影响作用是非常直接的，一个人观念的改变可以改变一个人的情绪。所以有弹性的观念可以带来情绪调节的空间，而缺少弹性的观念会引起情绪的固着、绝对化。面对今天多元的文化，让自己的观念不再绝对、刚性，能有助于调控自己的情绪。这个练习能使你在负面的事件中寻找积极的因素，在面对困境时不再沉浸于负面情绪，而能看到机会与希望。经常做这个练习能帮助我们养成一种在逆境中寻找出路的思维习惯，有助于我们面对困难、解决困难，而这也是在咨询中我们希望带给来访者的新视角。这个练习有助于你与来访者产生同感而又不被他的问题所困。

个人的练习不受时空限制。个人而且可以根据生活的实际来直接处理自己当下的困境，难点在于个人的视角总是有限的，在处理困境的时候可能会感觉困难重重。而团体练习可以弥补个人视角的局限，气氛活跃，使人相互激发，较有氛围，带来的启发比较大。但是受时空限制，对于一些个人化的困境的讨论会涉及隐私、威胁到个体的安全。因此，团队练习更适合讨论公众性的题目。将个人练习与团体练习结合，能使个人的成长速度更快。

（二）个人练习

（1）参照表 1-5 的示例，在笔记本上列出几件你所认为的绝对消极的事件。你可以做对消极事件的分析的作业。

表 1-5　个人作业示例

消极事件	负面影响	视角	改变的视角	新的经验
丢了 U 盘,一个晚上赶出来的总结和很多还没有备份的材料都在里面。	1. 白干了一个晚上,曾经的灵感不会再有。 2. 来不及重写,要耽误汇报工作了,会影响部门的工作考评成绩。 3. 另外,还不知道有哪些重要文件没了,要到用到时才知道。 ……	1. 希望部门的工作成绩得到肯定。 2. 希望个人得到领导赏识。 3. 希望个人在同事中有威信。 4. 希望个人过去的工作不要白干。 ……	1. 领导的全局视角。 2. 临时的汇报内容修改。 3. 同事的期待。 4. 日后工作的发展。 ……	1. 汇报主题更加简练、突出,给人的印象可能更特别。 2. 在犯错的时候,要为同事减轻工作压力。 3. 要做好备份,避免更关键的时刻出现类似问题。 ……

(2) 在要分析的消极事件下面列出你认为的所有负面影响。

(3) 概括这些负面影响是站在哪一个或哪一些角度看到的。(提示:可以是不同的人、不同的时间阶段、不同的事件、不同的需要,等等)

(4) 接下来你可以问自己:除了这些角度以外还有没有其他自己认为同样很重要的角度?

(5) 从这些新的角度,你能发现哪些新的、有建设性的、积极的观念?

(6) 是否有一些过往的证据可以证明从另外一些视角所看到的积极面?

(7) 个人的思考:多次练习之后,你有怎样的体会? 负面事件真的那样可怕吗? 事物是不是那么绝对? 你对"危机"是否有"危"与"机"的认识? "塞翁失马"的故事是否离我们的生活那么遥远?

(三) 团体的练习程序

准备一个黑(白)板。

(1) 开始时,团体成员在各自的笔记本上列出一件自己认为的绝对消极的事件。

(2) 将成员写下的事件概括、命名后罗列在黑(白)板上,然后请所有成员投票,记下每个事件的认同人数。

(3) 根据投票结果,从大家最认同的负面事件开始,将一个个事件改编成一个个辩论辩题:"某某事件利大于弊"或"某某事件弊大于利"等。

(4) 把小组成员分成两个辩论组,可以自由组合,也可以随机分组,准备 20—30 分钟。

(5) 开始辩论,两个组轮流阐释自己的观点,首先分别阐述各自所谓的"利"或"弊",记录员可以记在黑(白)板上。

(6) 然后双方各自阐述看待"利"、"弊"的出发点,也就是各自是站在什么立场上来讨论利弊的。

（7）接着双方轮流列举生活事例来证明各自的观点。

（8）最后，双方派代表总结各自的观点，可以提出新的观点来完善最初的命题假设。

（9）结束辩论，所有成员回顾辩论历程，写下各自的体验与感受，依次轮流分享：

- 讨论时个人的困难是什么？
- 讨论中对命题有什么发现？
- 通过讨论有什么体悟？
- 讨论对于自身的启发是什么？

（10）结束后，成员各自在个人的笔记本上写下辩论过程带给自己的启发，尤其是带给自己的对心理咨询过程及目标的思考。

六、个人成长史

（一）练习的目的

我们每个人今天的状态都不是一夜铸就的，是长期的生活影响和个人内在条件相互作用的结果。所以，我们每个人都有各自的生命历史。就像每棵树都有自己岁月的痕迹一样，我们每个人都有各自不同的成长记忆。我们通过观察、了解自身的生命历史，可以更好地了解自己今天的很多特性是怎样形成的。当我们了解了自己的发展史，就能更好地接纳自己。如果能了解其他人的生命故事，我们对他们的接纳程度也会提高。

每个人在生命历程中，都曾遭受过不幸的伤害。外伤能得到医治，但一些"内伤"却难以处理，每当我们接触这些"内伤"时，就会产生剧烈的伤痛，影响我们正常的生活。所以，在咨询工作开始之前，有必要先完成下面的几个练习，这些练习可以帮助你更好地了解自己，甚至发现自己尚未愈合的一些创伤，找机会加以处理。不然，带着创伤开始咨询生涯却又不自知的话，咨询过程就常常会触及你自己过往的一些伤痛，影响你的生活，如同风湿病人从事冷库工作比不从事这份工作更容易诱发伤痛一样。

（二）个人练习

准备一些 A4 打印纸，一些彩笔。

（1）画成长轴线图。在一张 A4 纸上纵向画一根轴，在轴上以 5 年为单位，标出从出生开始一直到目前的时间刻度（如图 1-1 所示）。

（2）闭上眼睛，让自己安静下来，逐年往前回忆自己的生命历程，感觉一下有哪些生活事件给你留下了深刻的印象，一直慢慢回忆到你有最初记忆的那一刻。

（3）睁开眼睛，把每五年中你留有最深刻记忆的事件的发生年月标记在轴线上，可以用不同颜色的笔标注，同时在旁边为那个记忆命名。

（4）用另一张 A4 纸按时间顺序列出一张个人成长时间表（参照表 1-6），在表内记录下事件的简介、涉及的人、发生的地点，以及对自己的影响。可以记下发生前后自己的情绪、想法、生活状态的具体改变，尤其可以概括总结一下事件发生后自己形成了怎样的概念、学到了什么样的经验、个人的行为方式有了怎样的改变，等等。

图 1-1 成长轴线图示例

表 1-6 个人成长时间表示例

时间	事件	当时对我的影响	当时的想法	我的改变	学到的经验
1993 年	被关黑屋子	恐惧、怕老师	要做乖孩子	躲在同学背后	听老师的话
1997 年	去美国	开心	在美国玩很开心	认真学英语	学习需要动力
2003 年	奶奶去世	难过、有点恐惧	亲人会离开我的	听父母的话	珍惜身边的亲人
2007 年	与男友分手	好像有点麻木	感情靠不住的	大学不谈恋爱	学业比感情靠得住
2012 年	父亲出车祸	悲痛、不知所措	以后只有靠自己了	加紧考外语,准备出国读博	没有可以永远依靠的人
2016 年	订婚	释然	我终于有机会嫁出去了,可以找人靠一靠了	要学习跟另一个人一起生活	敞开心扉,就有男人愿意走近你
……					

（5）阅读自己的成长时间表,作进一步的整理和思考:

● 我的成长经历可以分为几个阶段? 如何命名这些阶段?

● 我的成长经历中,哪些问题成功地被解决了? 哪些问题始终没有解决?

● 在我的成长经历中,哪些事件对我以后的发展产生了积极的影响? 哪些事件的影响是消极的?

● 对照艾里克森的毕生发展阶段理论,我自己已经处理了哪些阶段的发展矛盾? 又有哪些矛盾还没有解决? 哪些阶段的问题还没有面临?

● 通过对自己生命树的分析,我对自己有哪些新发现? 这些发现对我又有怎样的意义?

（6）这个练习也可以过一段时间重复再做，记录的事件可以发生变化。可能你觉得记忆最深刻的事件已经变了，或者你觉得让你印象最深刻的还是那些事，都没有关系。当然你愿意把单位时间从 5 年缩减为 2—3 年也可以。

（三）团体练习

小组每个人准备 A4 打印纸和笔（彩笔更好），围坐在一起，最好有可供每个人书写的桌子。

（1）参照个人练习步骤（1）—（3），每人画一张成长轴线图。

（2）回顾图中标出的一些重要事件，列出对自己今天的生活影响最大的 1—2 件，并进行简单介绍，包括事件中涉及的人、对自己的影响（着重于对自己情绪、观念、行为的影响）。

（3）在小组中，成员一一展示、分享各自的成长轴线图，介绍对自己影响深刻的事件。其他成员给予各自的反馈，尝试与组员产生同感，澄清事件对于组员成长的意义，判断哪些事件是积极的，哪些是有消极影响的。

（4）组员在听取大家的反馈后可以看看自己是否有新的发现，愿意的话可以反馈给大家。

（5）大家逐一分享在听了所有小组成员的生命故事后的感想、小组成员的生命故事对自己的启发。

（6）在笔记本上写下个人的感悟。

（7）这个练习也可以和不同的朋友一起做，每次你可以有意识地选择讨论不同的生活事件。

七、放松与练习

（一）练习的目的

放松技术是在行为治疗中使用最多的一种技术，许多其他的技术如脱敏练习也都建立在放松技术的基础上。放松技术对于我们控制自己的情绪很有帮助，但是放松状态一般不受我们主观控制，是自主神经活动的功能。想要可控制地进入放松的机体状态，就需要借助经典的条件反射机制，使某一可自我控制的外在刺激的设置与自己内在的放松状态关联起来，形成条件反射。这样我们可以通过外在刺激促使个体快速进入放松状态。

希望你能在的头脑中构建一个安全舒适的世界，并以此想象来引导自己的放松状态，帮助自己调节情绪。这个练习与下一个冥想练习相似，可以作为冥想练习的前一步，只是这个练习的目的在于构建一个稳定的意象，而冥想练习在此基础上会进一步进行自我探索、激发自身的潜能。

当然，如果你更接受冥想放松的方式，那你可以直接选择下一个冥想练习。如果你不习惯天马行空地想象，更乐于接受行为暗示的话，你也许更适合进行这一个练习。

（二）个人练习

找一个安全、舒适、温暖的环境坐下或躺下。可以将放松练习的引导语录制下来，在每

次练习时播放,跟着录音中的指导语练习。练习可以按照以下步骤进行:

(1) 做几次深呼吸,缓慢地呼气,缓慢地吸气,吸气和呼气的时候心里都从1默数到10。

(2) 接着在慢慢吸气的同时,慢慢地握紧拳头,一点一点地握紧,直到双手微微发抖,屏住呼吸3秒钟,然后缓慢均匀地呼气,呼气的同时放松双手的拳头。(下面的呼吸方法相同,配合肌肉的紧张与松弛)

(3) 再次吸气,在从1默数到10的过程中,伸展五指,尽可能地张开手掌,同样在双手微微发抖的时候,屏住呼吸3秒钟,然后缓慢呼气,放松两个手掌。

(4) 慢慢吸气,同时收紧手臂的肱二头肌,一直到双臂微微颤抖,保持3秒钟,然后呼气,放松双臂。

(5) 继续缓慢吸气,绷紧肱三头肌,直到双臂微微颤抖,保持3秒钟,然后呼气,放松双臂。

(6) 慢慢吸气,双肩向后耸,直到全身有些发抖,保持3秒钟,呼气,放松双肩。

(7) 吸气,双肩上提,努力靠向双耳垂,屏住呼吸3秒钟,慢慢呼气,放松双肩。

(8) 吸气,保持肩部平直,转头向右到极限,保持3秒钟,呼气,放松头部。

(9) 吸气,保持肩部平直,转头向左到极限,保持3秒钟,呼气,放松头部。

(10) 吸气,低头,尽量用下巴触及胸部,保持3秒钟,呼气,放松头部。

(11) 吸气,尽力张大嘴巴,保持3秒钟,呼气,放松。

(12) 吸气,咬紧牙关直到头部发抖,保持3秒钟,呼气,放松。

(13) 吸气,舌头用力抵住上腭,保持3秒钟,呼气,放松。

(14) 吸气,舌头用力抵住下腭,保持3秒钟,呼气,放松。

(15) 吸气,用力睁大眼睛,保持3秒钟,呼气,放松。

(16) 吸气,用力闭紧双眼,保持3秒钟,呼气,放松。

(17) 吸气,收紧臀部肌肉,保持3秒钟,呼气,放松。

(18) 吸气,尽力弯脚趾,保持3秒钟,呼气,放松。

(19) 吸气,尽力翘起脚趾,保持3秒钟,呼气,放松。

(20) 吸气,伸直双腿,绷直脚尖并抬高,直到腹部颤抖,保持3秒钟,呼气,放松。

(21) 吸气,收起双腿,并拢,尽可能贴近腹部,脚背上勾,保持3秒钟,呼气,放松。

(22) 吸气,挺腹,身体尽可能后躬,保持3秒钟,呼气,放松。

(23) 放松,保持均匀呼吸,闭上眼睛,体会全身肌肉放松的感觉。想象自己插上了翅膀,慢慢地飞了起来,看到楼宇……城市……乡村……河流……慢慢飞向一个安静、美丽的地方,那里让你感到安全、舒适、宁静,那里是你的世外桃源,你慢慢地欣赏着,你可以在那里建设你的家园,可以种植你喜欢的植物,可以养殖你喜欢的动物,在那里你可以随心所欲……你可以停留在那里,慢慢欣赏……你感觉非常安逸、放松(想象5—10分钟)

(24) 把美好的景象印在你的记忆里……现在,慢慢离开你的世外桃源,你感觉你正躺着或坐着,你感到非常地放松,你感到一种清凉的感觉,你充满了精力,当数到3的时候,你完全清醒了,你可以继续躺着或坐着,也可以慢慢动动你的肢体,1……2……3,你完全地清醒了!

（三）团体练习

这个练习可以在团体辅导人员的带领下，以小组的形式一起进行。团体练习与个人练习的指导语相近。团体练习的好处在于有人陪伴，不孤独，对于一些朋友来说，更有安全感；不利的地方在于如果小组成员多的话，会有一些相互的干扰，另外每个人的进入程度不同，团体的带领者可能无法顾及每一位练习者。总体而言，这个练习以个人练习或少数几个人一起练习为好，指导语可以基本参照个人练习，这里不再重复。多人一起多次练习时，可以轮换引导员，便于每位学员熟悉指导语和引导员的整个带领过程。

八、冥想练习

（一）关于冥想及练习的目的

冥想是一种有漫长历史的开启心灵的精神修习方法。有实验证明，在冥想过程中，大脑皮质的意识活动停止，脑干和丘脑的活动开始变得兴奋，个体开始更多地觉察自主神经活动，潜意识活动也更加敏锐与活跃。此时，我们的想象力、创造力与灵感便会源源不断地涌出，对事物的判断力、理解力都会大幅提升，同时身心会呈现安定、愉快、心旷神怡的感觉。冥想是一次很好的心灵旅程。如果你学习过催眠技术的话就能体会到，其实冥想就是一种自我催眠的过程，先让自己放松，然后进入催眠状态，在催眠状态中更好地体验与观察自己，更好地了解自己，从而成为真实的自己。

研究表明：冥想和深呼吸可以明显地改善人的健康，让身体得到放松。冥想时的耗氧量甚至低于睡眠状态，能量得以储蓄，生命因此延长。冥想时，大脑分泌出"内啡肽"，除保持脑细胞的年轻活力之外还能使人产生心情愉快的感觉，使免疫功能增强，有助于防止老化。冥想时，大量出现的β波使脑中枢感到爽快、调合，而血液中压力荷尔蒙降低，可以抵消压力带来的不利影响。冥想还有防癌、减缓衰老、美容、自我修复基因等作用。所以，了解冥想的方法，经常做冥想练习，可以提高我们的自我觉察能力，也可以帮助我们处理一些自身的情绪与压力问题。

冥想的关键在于有意识地叫停大脑中所有想法而让人集中关注自己的感受，从而让人平静。平时，我们已经习惯于思考，且总是将注意力集中在外部发生的事件上，我们喜欢用看电视、上网、阅读等来消磨闲暇时间，用外部的事件来取悦自己，而常常忽略身体的感觉，一直要等到有了强烈的躯体反应才会关注自己的身体感受，可那时常常为时已晚，落下了一些疾病。我们往往不能给自己留出一点安静的空间，这让我们情绪不能自控，时刻受外界环境影响而变得起起伏伏，以致休息、睡觉的时间都为种种事件所困扰。长此以往，我们迷失了自己，心灵世界动荡不安，心理、精神的问题接踵而来。所以，为了健康，我们需要有一些时间让自己彻底地放弃思考而体验身体的感受，关怀自己，用感觉带动自觉，而不是用意识引导感觉，前者是冥想，后者是自我暗示。

瑜伽冥想技术告诉我们：身体的有些生理行为变化是可以控制的，如移动身体、眨眼、吸气、闭气等；而有些是不可控制的，比如指甲、头发的生长，等等。冥想应从可控行为入手，尽量做出身体的极限动作，当到达身体的极限后，身体的感觉开始变得异常强烈。于是，我们的大脑就会暂时停止工作，进入纯感觉状态。例如你可以让手做一个高度的弯曲，当你弯曲伸展到极限的时候,思维在这个时候就停止了。所以瑜伽练习中,很多体式都要求无限伸展以致极限,但不用刻意超越极限。例如烛光冥想要求长时间注视烛光火焰而不眨眼,当眼睛疲劳了,需要眨眼来保护眼睛时,要控制住不眨,这时头脑除了控制这一行为外,其他任何的思维都停止了。呼吸控制也一样,深吸一口气后屏息,在屏息这一瞬间头脑进入真空状态,无法进行思维。头脑的这种真空状态就反映了身心的统合过程,是一种冥想状态。

冥想没有地点约束,可以在家做,走路的时候做,做饭的时候做,工作的时候做。冥想没有姿势限制,可以站着,可以坐着,可以躺着,可以盘腿,也可以采用各种瑜伽姿势,只要环境相对安静、衣着不要太紧即可。因此,冥想很容易操作。

在冥想练习中,可以不必拘泥于冥想的形式,静心、自觉是练习的关键。如果你已经在练习冥想的话,就按照你自己的方式做,如果你从没做过又不知道如何做,可以参看下面关于瑜伽冥想的方法。

(二) 个人练习

(1) 练习前,先做好以下一些准备:

① 先了解整个冥想程序、冥想的原理和注意事项,记熟冥想的过程与步骤,也可以使用录音带,可以是现成的一些冥想放松录音带。熟悉了整个过程以后,可以不用完整的指导语,而配上一些悦耳、柔和的音乐。

② 选择一个让你感到舒适、安宁、不受打扰的个人空间,空气流通,光线柔和不刺眼,尽量无外界杂音的干扰,关闭手机等个人通讯设备。

③ 选择一个理想的时段,进行5—20分钟的练习即可。尽量不要在冥想前进食,因为这会影响你集中精神的状态。请暂时将所有的事务搁在一旁。

④ 穿宽松的运动服装,但也要注意保暖,天凉可以使用毯子。练习前伸展全身的筋骨,至少三次,让气血顺畅,从而更易放松自己。

⑤ 你可以躺下也可以舒服地坐下,可能的话,有意识地让背部、颈部和头部保持在一直线上。稳定的坐姿很重要,它会影响你的思想、意识状态,否则不宜于较长时间的练习。

⑥ 先做三个深呼吸,然后建立一个有节奏的呼吸结构——吸气数1、2、3,呼气同样数1、2、3,让呼吸变得越来越缓慢而且均匀,慢慢地引导自我放松,等待进入一个轻松的意识旅程。

(2) 开始冥想练习:

① 眼睛向上看眼睑、眉毛、额头、头皮(约8秒),慢慢闭上眼睛,然后深呼吸,吸气吸到满时,屏住呼吸3秒钟,然后吐气,眼睛保持闭着。让眼睛放松,让身体放松,想象全身的力气都蒸发了,身体、双手及双脚的力气都蒸发了。

② 想象全身轻飘飘的,身体飘浮起来,飘浮在一大朵安全、舒适的白云里,同时全身软绵绵的。你觉得非常舒服,非常轻松,自觉地进入了深沉的放松状态。

③ 想象有一柱光由头部进入自己的身体,白色的光笼罩着自己的额头,有一股暖流进入自己的额头;白色的光笼罩着自己的眼睛、鼻子、嘴巴,整个头部都充满了这股暖流。你觉得更加放松。

④ 想象白色的光往下扩散到颈部、肩膀、双手,使颈部、肩膀、双手都温暖了起来。你更

加放松。

⑤ 想象白色的光进入胸腔,进入肺部与心脏,让肺部与心脏都温暖了起来。想象白色的光随着血液循环,扩散到全身,感觉扩散到的部位都温暖了起来。想象背部、腹部、腰部、臀部、双腿、双脚都充满白色的光。此时,所有的紧张压力完全消失。

⑥ 现在,你全身都笼罩在白色的光里,白色的光让全身的肌肉、神经、皮肤完全放松,你越来越放松,越来越平静,越来越舒服,这时候自觉地进入了深沉的潜能状态。

⑦ 自行从 10 倒数到 1(数数时可以想象成在乘电梯,电梯往下,降至最底层),数到 1 的时候,就进入了冥想状态。

(3) 进入冥想状态后可以进行的练习:

① 在冥想状态下你可以静静地什么都不想,此时的境况最佳,是一种无念无想的状态,可以净化自我。你可以想象白色的光不断地进入体内,自己不断地吸收补充能量,并开启无限的潜能与智慧。

② 你可以在冥想状态下,作为一名旅游者去参观你个人的历史展览馆,观看你过往的一些生活事件,但是要保持一个身份——旅行者,你在观看自己而不是变成自己,进入历史后,也不要去改变什么,你可以不断提醒自己:"我在参观我的历史展览。"

③ 你也可以在冥想状态下,回答类似下面的一些问题:

- 最愿意和什么样的人在一起?
- 最讨厌什么样的人?
- 为什么会这样?
- 什么样的事最会打动你?
- 什么事最让你厌恶或讨厌?
- 为什么会这样?
- 我到底是什么样的人?
- 在别人眼中我又是什么样的人?
- 为什么会有这种不同?
- 到底哪个更接近现实?
- 我的性格是?
- 为什么会形成这样的性格呢?
- 在过往的生活事件当中有哪些事件对我的影响很大呢?
- 我现在的性格和这些事件有什么关系吗?

......

(4) 想结束练习时,自行从 5 数到 1,在数数的过程中,你会感到越来越清醒,越来越精神,数到 1 的时候,就睁开眼睛,大大地睁开眼睛,这时你完全地清醒了,感觉非常舒服。

(5) 你在进行冥想练习时,还需要注意以下事项:

① 最好选择精神状况良好且无外界干扰的时段,通常早上刚起床时练习的效果较佳。若不行,则可利用午休时段。

② 冥想练习是自我练习,不适合进行治疗,如果要进行病症、人际关系或其他问题的探

索与治疗,需要有另外的咨询师来引导你。

③ 冷气或电风扇勿直对人体,尤其是后脑及膝盖。放松状态下风寒容易入侵,导致躯体疾病。

④ 练习时,四肢会有酥麻或沉重感,偶有头晕或头部麻、胀的感觉,身体也有痒、颤动或温热感,都属正常现象。

⑤ 除上述一些现象外,若感觉任何不适,随时可以停止练习,睁开眼睛,完全清醒过来。

⑥ 当意识开始游离不定时,顺其自然,不必强迫自己安定,经过一段时间的练习,游离的思想状态会慢慢消失,最终进入纯净的冥想状态。

(6) 开始时,试着每天做一次,以后可以增加到每天两次,冥想的时间可以由5分钟慢慢地增加到20分钟或者更长,但不必强迫自己长时间地静坐。

(7) 如果你利用一种冥想方式练习几次都感觉不舒服,你可以放弃这种方式而选择另外一种更合适自己的方式。

(8) 不要急于求成,不要期望在很短的时间内就达到预期的效果。

这里需要再次强调冥想并非只有这一种练习方法,这里只是抛砖引玉而已,你完全可以另外修习。

(三)团体练习

有些人喜欢一个人静静地练习,尤其是一些身体伸展到极限的动作练习,可能会考虑到个人形象问题;而有很多人则喜欢团体练习,团体练习更能帮助他们坚持练习,而且练习中可能还会有相互的指导或者请人引导。团体的练习方法与个体的自我练习基本相似。

(1) 找一个安静的场所,有足够的练习空间,大家可以选择不同的姿势,可以躺下,也可以坐着,可以围圈,也可以完全自由,衣着宽松、安全、舒适。

(2) 由一位有经验的练习者或指导者引导大家做放松练习,然后引导大家进入冥想状态,指导语可以参照下面列出的,也可以用自己喜欢的或是根据大家的需要重新处理过的。

(3) 放松与冥想指导语示例:

① 冥想是停止意识之外的一切活动,使人沉心静思,获得心灵满足的一种状态。但冥想并不是要意识消失,而是在意识十分清醒的状态下,让潜意识的活动更加敏锐与活跃。也就是说冥想中的个体全身进入一种深度休息的生理状态,精神平和沉稳。在冥想中,往日美好的回忆给你注入阳光,失败的教训让你更睿智,你会更清楚地反思过去,认识现在,憧憬未来。最美好的和最失败的时刻都在我们身边,我们就是居中的平衡点。

② 冥想最关键的一点就是关注你真正做的事情。在冥想的过程中可能有很多思绪进入大脑,但不要刻意压制,放松地请它们进来。如果不刻意压抑,你就可以看清你的不断变换的思维。但切记不要根据你的思维来判断自己是好还是坏,而是再请这种思维出去。可能这种思维很强烈,你被这种思维纠缠住,你可以对自己说"让它们走",重新注视着你现在正在做的事情。

③ 现在一起做10次快速的呼吸……然后慢慢地吸气,屏住呼吸5秒钟……缓慢地呼气,心中慢慢默数1、2、3、4、5,数到5,吐完全部的气。接着继续深吸一口气,屏住,默数自己

的心跳,从 1 默数到 10……然后,缓慢地把气呼干净,再吸一口气,这次尝试屏住更长一些的时间,尝试数到 30,把气呼出,转入正常、缓慢的自然呼吸。

④ 现在开始跟自己的身体打招呼,感受身体的各个部位,你常常忽略它们的存在。当听到我报出的身体的部位后,用心感受那个部位,不用始终停留在那里。接着感受下一个听到的部位就可以。可能你会感到那个部位有些发热、发麻或有其他感觉,没有关系,这些都是正常的。如果你错过了一些部位,也没有关系。你可以让自己完全放松下来,我们开始练习。

⑤ 跟你的脚掌打招呼,它每天都在支撑着你,跟它说:"脚掌,你辛苦了!"然后是脚趾(每两个部位之间,间隔一个缓慢的呼吸时间)、脚背、脚踝、小腿、膝盖、大腿、臀部、小腹、胸部、整个后背、肩膀、上臂、胳膊肘、前臂、手腕、手掌心、所有的手指、手背、胳膊、脖子、后脑勺、头顶、额头、眉毛、眼睛、脸颊、耳朵、颧骨、鼻子、嘴唇、牙齿、舌头、下巴……

⑥ 现在你感到浑身都放松了,同时有温暖的感觉,你感觉越来越放松……你感觉正坐在客厅的沙发上,客厅里有一台落地的大电视,电视里正在播放你的个人影像材料,你静静地观看你的成长历程,记录是倒叙的,从你现在开始,一年一年往回播放着……你静静地观看着,那些都已经成为历史,不用评价,你只是一个观众,看着曾经发生的那一幕幕……你不用悲伤、愤怒……也不必兴奋、喜悦……你就是你,你正在观看一部你个人的历史记录影片,不需要停留在哪一个时间冥思苦想,只需要观看自然进入你视野的影像,也不要停留在一些画面上……影片一直在放,你越来越自由、平静。

⑦ 10—15 分钟以后,你慢慢感到自己开始回到客厅,回到练习场所,你能感受到你的身体,你感觉到有一股清泉没了了你的脚踝,继续向上,没过小腿、大腿,你的整个身体都感受到泉水的清凉。你感到精力充沛。我数 3 个数,当我数到 3 时,睁开你的眼睛,你会感到头脑十分清醒,1……2……3,欢迎你回到我们中间。

(4)小组围成圈,分享练习的感受,如:

● 练习中你有哪些感受?

● 冥想过程中,你是否能保持平静? 是否有什么困难?

● 这个练习对咨询辅导有什么启发?

(5)在笔记本上写下这个练习所带给自己的一些发现。

九、家族与我

(一)练习的目的

不管大家是否学过家庭系统治疗,家庭对个人成长的重要性,相信大家都是认同的。家庭对我们而言,无论是有趣的、令人舒心的,还是压抑的、令人不快的,甚至是令人厌烦的,我们都无法回避。所以,在这个练习中,大家将通过画自己的家谱图来觉察自己的家庭是如何影响自己的心理发展的,以及家庭的关系对自己的人际互动模式产生了怎样的影响,以促进自我的发展与成长。同时,你可以把相关的概念和经验带进你未来日常的学生工作,而你如果对成为一名家庭治疗师有兴趣的话,家谱图也是必定要用到的工具。

家谱图的使用,源于家庭系统治疗。家谱图是用视觉的方式呈现家庭中的各种关系及各种有关家庭的信息。因此,在一般的心理咨询中,以家谱图作为工具可以很方便、快捷、有效地收集横向维度上的有关家庭的信息,以探索、解释、分析来访者的困扰或问题,分析家庭结构和家庭关系模式。在本次练习中,我们用家谱图来觉察自己以及呈现自己与家庭的关系。

在家谱图中,图形代表人,线代表关系。不同的家谱图使用者可能会用不同的符号绘制家谱图,我们这里借用目前使用得比较普遍的麦戈德里克(M. McGoldrick)和格尔森(R. Gerson)的标准化家谱图符号。

家谱图(如图1-2所示)用特定的线条和图案来描述基本家庭成员以及彼此之间的关系,如:

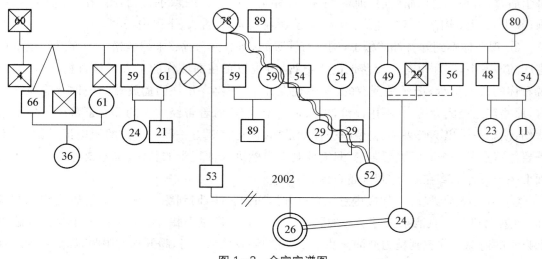

图1-2 全家家谱图

(1)每一个家庭成员都用一个正方形或圆形表示,正方形表示男,圆形表示女。

(2)用双线的正方形或圆形表示我们主要分析的来访者(在这个练习里就是你自己)。

(3)离世的成员,以在正方形和圆形中画X表示。

(4)横实线表示婚姻关系。

(5)横虚线表示同居关系。

(6)在横实线上加双斜线表示离异。

(7)在横实线上加单斜线表示分居。

(8)竖实线表示血亲关系。

(9)竖虚线表示收养关系。

(10)折线表示关系紧张。

(11)家谱图中兄弟姐妹从左向右、从大到小依次排列。

(二)个人练习

画出自己的家谱图(如图1-3所示):

(1)分别画出父亲、母亲,并在框里写下他们的"名字"、"年龄"(如已过世,写出过世的年龄,并在方框或圆圈中打X)、"职业"、"嗜好或兴趣"等信息(可选择性地加上"信仰"、"籍贯或

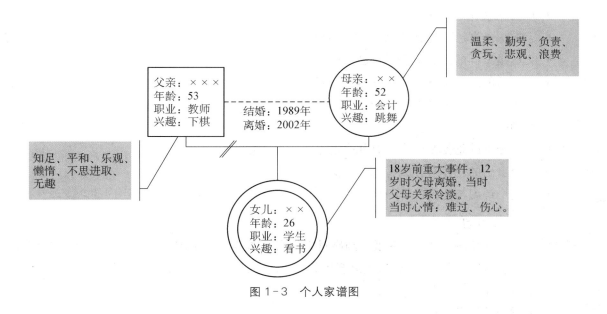

图 1-3 个人家谱图

出生地"、"教育程度"等信息)。

(2) 写上父母的结婚日期,如已分居/离婚,加上分居/离婚的日期。

(3) 依排行序,写出你的兄弟姐妹及自己的信息,要求同(1)。

(4) 如有兄弟姐妹夭折,也依序写入,写出你所知道的有关他们的任何事实,如:出生日期、名字、性别等。

(5) 回想你"18 岁之前"的心情,并依据当时你对每位家庭成员的记忆,写出他们的个性形容词(每个人 2—3 个正向的个性形容词,以及 2—3 个负向的个性形容词)。

(6) 先找出在你"18 岁之前"家里发生的重大事件,画出在此时刻下家庭成员间的关系线,如果某两人之间有不只一种明显的关系,则同时加上第二种关系线。关系线分成下列四种:

● 细实线:代表普通的、互相接纳的、少冲突的、正向的关系。

● 粗实线:代表纠缠不清的关系。

● 曲折线:代表风暴般的、憎恨的关系。

● 虚　线:代表有距离的、负向的、冷淡的关系。

(7) 你完成了自己的"个人家谱图"。当然,我们不可能知道所有的信息,当你无法询问亲人或是以其他方式取得实际的情况时,你可以"猜测"与"想象",看看最可能的情况是什么,比如:你不知道父母结婚的日期,你就想象一下,可能会是哪一年。这样的"猜测"与"想象"也是很有意义的。

(8) 如果你有兴趣和时间,可以再画出父亲、母亲的"个人家谱图"以及你"现在"的家谱图,这样就会有四张家谱图了。

(9) 用家谱图探索自己和家庭,并在笔记本上记下:

● 在自己的家庭中看到了什么?

- 自己的家庭是怎样的？

- 家谱图让自己联想到什么，带出了哪些回忆？

- 父母是怎样的人？他们对自己的影响是什么？

- 在自己的原生家庭中，自己的角色是怎样的？

- 家庭曾发生了怎样的变化，对整个家庭产生了哪些重大的影响，对自己产生了什么样的影响？

- 自己当下的感受是什么？有什么情绪生成？

- 此时自己的身体有什么特别的感觉吗？

- 把这个练习与之前的练习比较后，对自己有哪些共同的发现，有哪些不同的新发现？

（三）团体练习

（1）两人一组，相互采访，在纸上画出对方的家谱图，家谱图的绘制方法同个人练习时相似。以下是供借鉴的基本信息点，注意要用朋友式的交谈，避免审问式的生硬的提问。

- 出生日期；

- 结婚、分居、离婚；

- 死亡日期（包括原因）；

- 排行；

- 经济情况；

- 职业；

- 教育程度；

- 所在地；

- 宗教信仰；

- 性格特点；

- 目前的关系状态；

- 产生的任何转变；

- 其他重大事件。

（2）家谱图绘制完毕后，铺在桌面上，准备与大家一起分享讨论。

（3）如果没有准备好与大家分享自己绘制的家谱图，可以听听团体中其他成员的分享，体会自己的感受，记下对自己最有触动的部分。

（4）小组分享。

- 愿意分享的成员，可以在团体里展示自己绘制的家谱图，报告自己在绘制家谱图时的感受。

- 如果前面个人练习也做了，可以说说绘制自己的家谱图与绘制他人的家谱图有什么不同。

- 说说从家谱图的绘制和分享中，你获得了哪些新的觉察和体悟，对自己有什么新的发现。

（5）在笔记上写下练习后的感受和体悟。

十、说长论短

(一)练习的目的

在开始咨询的时候,你最好能认识自己的资源状况,例如有哪些优势,又有哪些弱项和待解决的问题。对于优势,你如何在咨询实践中发挥?对于问题与弱项,你能否接纳?这个练习能让你思考你自身作为咨询师的一些特点,评估自身的长短,增强作为咨询师的自信,同时也能让你了解自己的特点,便于形成适合自己的咨询风格。个人的练习会带来更多的自我体察与自我发现,而团体的练习,会带来更多启发,是对个人练习的补充,有助于帮助大家理解咨询师的人格特质对咨询可能的影响,从而形成自己的风格。

(二)个人练习

留给自己30分钟安静的时间,也为自己找一个不受打扰的空间。练习前也可以做几分钟的放松练习,当自己能安静下来后,开始下面的练习。

(1)在纸上写下对自己最欣赏的10个特点,比如:漂亮、聪慧、人缘好等等。

(2)写出自我欣赏的10个特点分别对咨询工作有什么影响,是有利的还是不利的。比如:漂亮可以增加自信,可以让来访者有视觉享受,可以促进咨访关系,但是,对于某些自卑的来访者,可能会带给他们更大的压力,让他们更加不自信,不利于来访者良好自我意识的形成……

(3)在纸上写下自己作为一名咨询师外在的有利条件,比如:心理学学位、在大学工作的职位、外表老成,等等,只要是你认为的有利条件都可以。

(4)在每个有利条件后面写出它对来访者会有怎样的积极影响,或者这些条件对你自己从事咨询工作有什么帮助。比如:大学教师的身份,能使来访学生产生信任感,在咨询中更容易理解学生的情况……

(5)在纸上写下作为一名咨询师,你有哪些内在的有利条件,比如:我阅读了大量的相关书籍、我有丰富的阅历、我曾经从重大的感情创伤中恢复过来,等等。写下你认为这些优势能整合成你怎样的咨询风格,它们对你的咨询会有怎样的帮助,比如:我擅长倾听,朋友们都觉得我是一个好的听众,倾听能让我理解别人,能让来访者感觉受到尊重,对我形成人本的咨询模式有帮助……

(6)在纸上写下自己作为一名咨询师,有哪些内在或外在的不利条件,比如:没有经过专业系统的培训、个人经历简单、缺乏自信,等等。

(7)指出不利条件对咨询会有怎样的影响,并尝试发现有什么可以弥补这些不利条件对咨询的影响,比如:不够聪明,逻辑思维不够强,对咨询可能的不利影响是:不敏感、洞察力不够,缺少帮助来访解决问题的能力,等等。就个人咨询风格而言,非指导性的咨询模式可能可以弥补这方面的不足带来的不利影响。可以承认自己的弱势,放弃在来访者面前表现自我和求取尊重,而完全关注来访者,倾听、信任来访者,在情感上积极地给予来访者支持,等等。

(8)根据对自己的分析,在笔记本上写下你对自己的咨询理念的一些新的发现和思考。

（三）团体练习

小组围坐，每人都有纸笔，小组的带领者先带领大家做个人练习中针对自我觉察的一些作业，然后主持讨论分享。具体过程可以参照以下示例。

（1）在纸上写下对自己最欣赏的3个特点。

（2）每个人在小组内轮流介绍这3个特点，其他成员一起讨论这些特点对咨询工作可能产生的影响，积极的和消极的都可以。

（3）在纸上写下5个自己作为一名咨询师已经具备的有利条件。

（4）小组成员一起分享每位成员的优势有利条件，并探讨有利条件带来的积极影响，也可以分享与其他人不同的看法。

（5）在纸上写下自己作为一名咨询师，有哪些内在或外在的不利条件。

（6）小组成员一起讨论每位成员自己认为的不利条件，并可以从积极和消极两个方面来思考每位成员的不利条件，并借助小组讨论尝试探讨不利条件可能带来的积极意义。

（7）及时记录小组分享所带来的对个人从事心理咨询的思考，另外可以在结束后把重要的体会整理记录下来。

第二章　学校心理咨询的面谈技术

　　心理咨询最基本的方式是面谈,通过面谈传递的咨询师对于来访者的态度和给来访者带来的领悟是十分重要的。咨询师尊重和接纳的态度可以给来访者带来信任的感觉,帮助来访者增加对自我与自己的人际关系、行为的觉察和领悟,这份觉察和领悟则可以帮助来访者增加内在的心理资源,改善情绪状态,提高生活的适应能力。那怎样实现这样的面谈效果呢? 为什么日常生活中朋友间的谈话不能总是达到这样的效果呢? 这里就涉及心理咨询面谈技术。谈话最基本的便是听、说、问,所谓的面谈技术便是:怎样听? 怎么说? 问什么? 这便是这一章要介绍的内容,是心理咨询最基本的技术,超越心理咨询与治疗的理论流派,普遍适用于一般的心理辅导和心理咨询过程。

第一节　倾听的技术

　　倾听作为心理咨询的基本功,是咨询师最基本、最重要的能力。倾听的作用贯穿于心理咨询的各个阶段。倾听不是被动地坐在来访者的对面听他讲述自己的故事、自己的困惑,而是包含了主动的含义,是指能听懂来访者讲述的故事背后的情绪、观念、想法、期待、渴望等。倾听传递对来访者的关注,在人际互动中,听的行为更能传递听者对说者的尊重,因此在人际关系中,倾听行为本身具有疗愈的功能。同时倾听也是收集来访者信息、深度理解来访者的基础,可以为咨询师后续的干预提供必要的素材。有效的倾听需要搜集以下四个层次的信息:

　　(1) 感知、理解来访者的言语与非言语行为。

　　(2) 了解、把握来访者的需要。

　　(3) 觉察、判断来访者所面临的问题。

　　(4) 寻找、探知来访者的优势、资源与发展机会。

　　倾听,其实不只是"听到",也包括了听者对言语者的关注和对听到的内容的反馈。繁体字"聽",《说文解字》中将其解释为由"耳、壬、直、心"四字会意。"壬"就是人直立的样子,整个字的意思就是声音通过耳朵直达于心,用心领悟。由此我们可以看出古时候的人们从造字开始已经非常重视"听"的行为。现代也有人将"聽"字拆解为:左侧"耳听为王",右侧"十目一心",意为在听的过程中要一心一意、全神贯注地关注着对方,这样能体现出对对方的恭敬尊重。所以,对倾听技术的介绍也将从听的关注和反馈方面展开。

一、倾听的关注技术

　　关注,又称专注、贯注,指咨询师以身体姿态表现出心向来访者,目的是告诉来访者:咨询师正在注意他们,并鼓励他们开放地谈论自己的想法和感受。当咨询师关注着来访者的时候,来访者会感觉自己是值得被倾听的,自己是有价值的,从而积极地投入到会谈中去。关注可以增加来访者作为主体的参与度,这是咨询起效的基础。

关注技术包含了言语的、非言语的,而且多数时候,关注是通过非言语行为来传递的。这些非言语行为能传递出咨询师想要表达的和不打算表达的,甚至可能是试图掩盖的信息。比如,一个咨询师面对着一个陷于混乱、表达不清的来访者,尽管很努力地想表现出关注行为,但是他的哈欠和抖动的脚流露出了无趣和不耐烦,把他真实的感受给出卖了。

（一）非言语行为技术

这里借用希尔(C. E. Hill)提出的九种非言语行为来介绍倾听的关注技术。[①]

1. 接触的目光

目光接触是一种重要的非言语行为。注视和目光转移往往起到发起、维持或回避交流的作用。通过注视,可以传达亲昵、兴趣、顺从或控制(Kleinke,1986)。目光可以用来控制谈话、提供反馈、表示理解、调节谈话轮次(Harper et al. ,1986)。相反,避免注视或中断目光接触经常是焦虑、不舒服或不想与别人交流的信号。

咨询师和来访者会通过目光接触来协商他们什么时候看对方、看多长时间,这不是一个有意识的协商,而且它发生在非言语的层面上。太少的目光接触会让来访者感觉咨询师没有兴趣并且是在回避参与,而太多的目光接触也会使对方感觉不舒服、被侵犯、被支配、被控制,甚至是被吞没。

目光接触的规则会因文化的不同而不同。美国的研究显示:人们的目光接触习惯同样受东西南北地域文化的影响,也有城乡差异、性别差异、时代差异、身份地位差异等等,有些目光泼辣、热情、直接,有些则矜持、含蓄、回避。宗教文化、身份地位等会影响目光接触的规矩。当然,随着社会发展与开放,今天我们在正常情况下已经接受了目光的接触,并用它传递对对方的态度。家长教训孩子时,常常要求孩子看着自己,一些演讲者在演讲时非常在意听众的眼神,这些都告诉我们,目光接触,尽管没有言语,但是依然传递着大量的信息。

总之,咨询师最好使用适度的非侵犯性的目光接触,让来访者感受到被关注,但并不需要目不转睛地注视和凝视。同时,咨询师也需要意识到"要在来访者的文化准则里去看待目光接触"。

2. 应景的表情

面部最能帮助我们进行非言语交流的,人们可以通过面部表情表达很多的情绪和信息,也可以通过对面部表情的观察来辅助理解言语信息的意义。情商高的人,能更准确地识别表情情绪;而自闭症儿童等一些特殊群体,往往因为缺乏表情的识别能力而陷入人际交往的困境和其他一些困境中。

有研究列举了一些常见的面部表情及其可能传达的意义:皱眉头可能表示不高兴或是困惑,眨眼可能暗示着亲密或一些私人化的内容,收紧下巴肌肉有可能是反映敌意,向上转动眼睛可能表示不信任或是恼怒(Nirenberg & Calero,1971)。大多数的面部表情具有跨文

---

① ［美］Clara. E. Hill 著,胡博等译:《助人技术:探索、领悟、行动三阶段模式(第三版)》,中国人民大学出版社 2013 年版,第 60—66 页。

化的一致性。但是尽管不同文化的人分享着共同的面部表情，他们在表达感受的方式和深度上仍然是有差异的。比如，情绪表情在东方文化中会更加含蓄一些（Ekman & Friesen，1984）。亚洲人经常表现同情、尊重、害羞这些情感，但很少展现可能会影响到公众感受的自我炫耀或是负面的情绪（Markus & Kitayama，1991；Matsumoto，Kudoh，Sherer & Wallbott，1988）。

咨询师的一个重要的面部特征是微笑。尽管微笑使人看起来很友好，而且能够鼓励探索，但还是要警告咨询师，在咨询辅导中不要笑得太多，因为微笑也可能被认为是讨好或不适宜于当事人的严肃话题。

咨询师在对来访者的表情信息保持敏感的同时，也要意识到自己的表情需要与来访者所说的内容、情感匹配，表达积极的情绪和关心是重要的。

3. 适度的点头

点头在绝大多数文化里，表达同意、接纳、鼓励、赞许等肯定信息，恰当地点头，特别是在一句话结束时点头，还可以让来访者感受到咨询师正在专注地倾听并且跟随着他所说的内容。事实上，言语信息有时候是不必要的，咨询师可以通过点头向来访者传达他们正和来访者"在一起"，鼓励来访者继续讲下去。点头传递的肯定信息对咨询关系的建立具有非常积极的意义，如果能配合其他的接纳行为、表情和言语就更好了。

当然，点头也需要适度。点头太少可能让来访者缺少肯定的非言语反馈，从而感觉焦虑，他们可能认为咨询师并没有在集中注意力听，或咨询师对自己不感兴趣，等等；而点头太过频繁，即使没让来访者产生咨询师在敷衍自己的感觉，也可能让来访者分心，失去了点头传递信息的功能。

4. 灵活开放的坐姿

许多书中推荐给咨询师的一个身体坐姿就是向来访者倾斜，并且保持胳膊和腿都不交叉，身体姿势呈开放状态。这种姿势配合着咨询师与来访者120°的座位夹角，构成理想的咨询的物理空间设置，可以有效地传达咨询师对当事人开放、接纳和专注的态度。不过，这些并不是机械的要求，座位关系应配合具体的场地环境和家具陈设，而咨询师的身体姿势，应根据咨询时长和进入的阶段进行调整。始终保持一个姿势显得机械、僵硬，而且并不能呈现对来访者的共情。

心理学的相关研究表明，在沟通过程中，当沟通双方的身体姿势呈镜像状态、趋向一致时，双方的关系也会趋向积极合作，情感上容易产生共感。

总的来说，姿势和座位关系是固定的，人是灵活的，所以身体姿势需要根据咨询的过程有所调整。开始时，应尽可能呈现开放的状态，手或脚指向来访者，如果座位大的话，不坐满整个椅子，使得身体的重心在座位的前部，身体略微前倾，而少用抱臂、搭腿等封闭的身体姿态。随着咨询的进行，可以在理解、接纳、不批判的态度下，自由地呈现对来访者的关注。当无法与来访者共情时，则可以有意识地观察着来访者的情绪和身体姿势，与其同步或者保持初始的开放姿势。

5. 接纳的肢体动作

肢体动作也是传递非言语信息最可能的来源，可以提供从言语和面部表情中不能获得的信息,尤其是腿和脚的动作,因为它们都很少受制于有意识的觉察和抑制。如果一个咨询师发现自己不停地抖脚,就很有必要觉察一下自己当下的感受,问问自己:潜意识中是否对来访者的言语感到不耐烦?是否想要离开?此时应关注一下当前的话题以及来访者的言语态度和传递的情绪,这是通过自己反移情的觉察来了解来访者的好时机。

研究者对一些肢体动作做过相关的研究,列举了它们的可能意义:把手做成尖塔状可能显示这个人感觉有信心、得意或是傲慢;碰触或摩擦鼻子可能是一种负性反应;两手抱着或是两腿交叉可能是一个防御或是批评的姿势;用手捂住眼睛可能是一种回避的姿态(McGough,1975)。所以咨询师在咨询过程中觉察自己的手脚和身体的姿势、动作时,请留意自己的手指、手掌、腿脚运动的指向、身体的佝、直与前后移动等。邀请时应尽可能伸开手指,用手掌,不用单根食指和中指,不指向来访者。应避免攻击性的肢体动作,如握实拳、用力挥舞等,也不要架"4 字腿"。肢体动作的变化频率则不宜太高、太快。

6. 适合的空间距离

人们在互动中使用的空间距离对个体心理和行为会产生影响,人与人之间需要保持一定的空间距离。每个人都需要在自己的周围有一个自己可以把握的自我空间,一旦这个自我空间被人触犯,就会有不舒服、不安全感,甚至会恼怒。爱德华·霍尔博士(E. T. Hall)的研究显示[①],亲密距离、个人距离、社交距离和公众距离是四种人际间的空间距离。

(1) 亲密距离大致在半米以内,是人际交往中的最小间隔,可以用"亲密无间"来描述这种距离。亲密距离近的能感受对方的体温、气味和气息,远的也可以挽臂执手、促膝谈心。关系未达到该程度,闯入这一空间,会引起对方反感。

(2) 个人距离为半米到 1.2 米之间。陌生人之间保持 1 米左右的距离更能给双方带来安全和舒适感。

(3) 社交距离为 1.2 米到 2 米左右,通常表现出社交性、礼节性,一般的工作环境和社交聚会大多在这个距离上。更加正式的社交关系,比如招聘面谈、论文答辩等,则需要 2 到 4米,以增加庄重的气氛。

(4) 公众距离为 4 米以上,适合公众演讲之类的情境。

心理咨询中,相对适合的是个人距离,便于实现有效沟通,又保持相对的边界感。当然,这个距离到底是多少,还要视咨询的空间大小、来访者的性格、民族和文化背景等的差异而定,也跟咨询过程中咨访关系的发展、咨访性别状况、来访者的心境等因素有关。通常人们对自己与人的空间距离的调整是无意识的,所以,我们可以根据来访者在咨询中对空间距离的调整来了解来访者的心理特点与状况。

一些咨询师会在他们的办公室里放多个椅子,这样既可以让他们的来访者自由选择坐在哪里,也可以通过来访者选择的座位信息来推测来访者的需要。比如:首次咨询选择给自己留出更大空间的来访者,可能更在意自己的形象和地位,或者性格相对内向、孤僻,不愿主动接近他人;主动坐得比较靠近咨询师的来访者,相对可能对权威有些依赖,或者性格比较

---

① 1963 年美国人类学家爱德华·霍尔在《近体行为的符号体系》一文中提出了"近体学"的概念,用以进行对人际交往空间距离的研究。

开朗,喜欢交往,更乐意接近别人;那些不排斥较近的距离安排的来访者,可能在以往的人际交往中缺少边界感,性格相对懦弱被动,可能长期处在受支配地位。

当然,这些都只是参考,帮助咨询师觉察与来访者的关系等,咨询期间,必须考虑文化差异因素,而不是模式化地套用、贴标签。

7. 变化的音调语速

在咨询过程中,当咨询师轻柔地、温和地而不是大声地、命令式地说话时,来访者更愿意去探索自己。此外,咨询师需要在一定的范围内配合来访者谈话的语速。当来访者语速慢时,咨询师也要放慢说话的速度。相反,当来访者讲话快时,咨询师也可加快语速。然而如果一个来访者是急切的,说话速度过快,咨询师要使用慢一点的语速来鼓励来访者放慢速度,或者当来访者完全沉浸在自己痛苦的情绪中时,也不妨突然地提高音量,把来访者"吓醒",带回到咨询中。

8. 配合的语言风格

咨询师可以以一种配合来访者的语言风格向来访者传达专注,这里的语言风格指的是咨询师的用语符合来访者特定的文化经历和教育水平,比如用一些方言,或者在跟青少年来访者交谈时使用一些青少年常用的网络流行语,等等。这些都能帮助咨询师和来访者更快地建立联系。咨询师可适当调节一下自己的风格,以便和来访者的风格更接近,但是也不必刻意使用让自己很不舒服的语言风格,比如跟着某些来访者使用平时自己难以出口的"下流"语言等,毕竟我们每个人都有一个行为舒适的范围,作为咨询师可以探索一个合适的尺度,在这个尺度里与来访者构建关系。

9. 温暖平和的沉默

沉默是咨询师和来访者都不说话时的一个停顿。不说什么并不意味什么都不做,而是留给来访者一个跟自己在一起的空间,也给咨询师更多观察来访者、与来访者共情的空间。沉默可以让来访者在没有被打扰的情况下反省或思考他们想说什么。一些来访者会停顿很长时间,因为他们思考的速度很慢,或者他们需要时间去接触自己的想法和感受。"此时无声胜有声",不被打扰的沉默空间可以不给来访者带来非得说些什么来回应咨询师的压力。咨询师温暖的、共情的沉默所体现出来的耐心、平静,可以留给来访者足够的空间来倾听自己内心想流露的任何东西,咨询师可以通过给予来访者这样的空间,鼓励来访者去觉察、表达那些可能转瞬即逝的感受。

沉默可能发生在来访者陈述之后、陈述之中或简单地表示接纳之后。例如在来访者说了诸如"我感觉很混乱,很生气,但是我不知道怎么说"之后,咨询师不妨停下来,留给来访者一些时间,并观察来访者对这些描述的情感反映,看看来访者是否还有新的内容要增加。又比如:来访者在说一事情时突然停下来,并且显然在处理情感时,咨询师可适当保持沉默,不打断来访者的思绪。而如果来访者对咨询师所说的话没有反应,咨询师也可以适当地沉默,注视来访者,看看他是否还有其他的想说。

有时候沉默也可能增加来访者的焦虑和不适感,因为来访者不知道咨询师想要什么、有何感受。虽然挑战性的沉默对来访者也是有帮助的,能迫使来访者依赖自己的内在资源去检视自己的想法。但是,它通常应出现在良好的工作同盟关系建立之后。如果咨访的工作同盟关系没有建立,来访者不相信咨询师,或者,不了解沉默的目的,那么这种挑战性的沉默就有潜在的破坏性,可能会威胁到那些感到孤立、与咨询师失去联结的来访者,以及那些不知道如何表达自己的来访者。咨询师需要去评估沉默时来访者身上正在发生什么,确定是继续沉默还是打破这种沉默。

在掌握以上九种传达关注的非言语行为的同时,也应力求避免两种可能会破坏咨访关系的非言语行为:打断和记录。

当来访者进行富有成效的探索时,比如,谈到内心深处的想法和感受时,打断便是一种缺乏关注的行为。咨询师在关系还没有建立时,一定要培养听的耐心。

部分心理治疗技术要求咨询师在咨询问诊中填写一些表格和记录一些要点。当咨询师专注地做记录时,来访者就被晾在了一边,被动地等待咨询师写完,好奇咨询师记录的内容。如果得不到回应,记录便会成为一种潜在的缺乏关注的行为,减弱了来访者当下体验的强度。所以,对于这些咨询师,建议记录尽量限制在最小范围,同时确保和来访者保持目光接触。如果只是想记住咨询中的对话和发生的事情,那么干扰最小的做法就是对咨询内容进行录音,之后听录音并回忆咨询中一些具体的细节。

这些非言语关注行为技术具有操作性。模仿和学习只是粗浅的,作为心理咨询师,需要更多地觉察自己的非言语行为,通过对自己身心状态的调控来对来访者做出恰当的非言语的反应。比如,当感到自己肌肉的紧张程度后,咨询师可以通过"我焦虑了?紧张了?是什么使我产生这样的感觉呢?我的肢体行为正在向来访者传递怎样的信息呢?"等类似的问题来觉察和调整自己的身体语言,一旦能熟练自如地觉察、理解自己的身体反应,咨询师就能更加积极地应用自己的非言语信息去传递对来访者的关注态度。

(二)简单言语技术

倾听的关注技术除了非言语的行为技术,还有两种简单的言语技术,它们可以促进来访者进行探索:语词鼓励和认可。

1. 语词鼓励

语词鼓励是指咨询师通过没有实际意义的声音、插入语或简单的词语对来访者的叙述做出回应,如"嗯"、"是的"、"哦"等,以及来访者谈话语句的最后的关键词。咨询师可以用点头和与来访情绪相适应的语气来鼓励来访者继续说下去。语词鼓励可以帮助咨询师确认来访者说的话,并表达专注、提供非侵害的支持、引导咨询的走向。对于来访者来说,轻微的鼓励表明咨询师放弃自己说话的机会,而希望他能够继续讲下去。

不过,语词鼓励使用的频率需要留意,用得太少会有距离感,使用得太多,则会让来访者分心或厌烦,特别是打断来访者的语词鼓励。建议咨询师注意使用的时机,可以在一段对话结束或是转换到来访者谈话时使用。

2. 认可

认可是咨询师对来访者言语中的内容、观点、情感等给出肯定的言语反应,可以是简短的语句,比如:"那确实很难对付","那真是个难得的机会",等等。认可是一种偶尔使用的助人技术。对来访者的认可可以为来访者提供情感上的支持和保证,让来访者知道他的感觉是正确的并且是可预料到的,也可以帮助咨询师表达对来访者的共情。使用认可的重点是促进探索,让来访者感觉足够安全,从而去谈论他们深层次的问题。对大多数来访者,咨询师需要帮助他们明白自己的问题是很常见的,他们的感受并不是独有的,这将有助于增强来访者的力量,并帮助他们进一步探索自己的问题。例如:"碰上这种事,我也会跟你一样犹豫、烦躁的,没有多少人能坦然面对!"同时,认可可以起到强化的作用,表明咨询师重视来访者所说或所做的事情,并鼓励来访者继续努力改变。例如:"很高兴,你已经开始尝试跟同学表达你的需要了。"

使用认可时,咨询师对来访者要有足够的了解,知道来访者哪些行为是可以被认可的。咨询师还要小心,不要试图淡化来访者的情感或缩短探索的过程,即试图通过认可来减轻来访者的焦虑和压力、弱化或否认来访者的情感。例如,"就这样,不要在意任何人的想法,做你自己,让自己高兴起来",这样的认可似乎在暗示来访者他的消极体验需要被替代,从而可能阻止来访者自我探索、妨碍他们接纳自己的感受,对咨询工作会起反作用。

咨询师使用认可向来访者保证"一切都 OK"也是一种误导,因为问题并不会因为弱化和否认而消失。在一定程度上,觉察、接受和表达感受能够帮助来访者理解那些痛苦的情感(这也是咨询目标中重要的一部分),而不是弱化和否认自身的情感体验。在一些情形下,使用认可确实是有帮助的,但是如果过度、过早或者不真诚地使用,就会让人们听起来觉得"假",觉得是在奉承。另外,当认可被用来表达咨询师的偏见时,也同样是有问题的。

积极的关注行为通常会打开沟通之门,鼓励来访者自由表达;消极的关注行为则相反,会关闭沟通之门或抑制表达。在区分积极和消极的关注行为时,很少有普遍的规则,由于来访者的文化背景和学习经验的差异,他们对同一关注行为的认识可能是不同的。对某一位来访者适用的规则,不一定适用于另一位来访者。今天的跨文化心理咨询理论强调咨询师对来访者的关注方式必须依据每个来访者的个人需要、个性风格和家庭、文化背景而变化。咨询师必须尊重个体的文化差异,而不是僵化地、机械地使用所谓的咨询技术。

真正的关注其实是一种内在的态度,是心理咨询师人格的一部分,而非所谓的技术或者行为表现。从根本上来讲,心理咨询师必须对来访者持尊重态度,并特别注意觉察来访者显性或隐性的情绪、情感变化,积极地表达发自内心的对来访者的关注态度,与来访者真诚相待。

二、倾听的言语反馈技术

倾听不只是要听,呈现对来访者的关注,让来访者知道咨询师在听,而且要听到,让来访者知道咨询师能够听懂他的故事。所以,仅仅关注技术中的简单言语技术是不够的,咨询师还需要在事实层面和情感层面用言语对听到的来访者的陈述做出反应,这里常用的技术有关键词重复、重述等。

(一)关键词重复

咨询师要及时地发觉来访者的一些陈述语句中的关键词,并及时地回馈来访者,可以告诉对方"我已经听到了你想表达的主要意思",同时又不破坏对方语言的连贯性,也可以带上

一定的语气,比如疑问、好奇等,甚至可以减少开放式提问,避免把咨询谈话演变成一场"情感审讯"。比如:

> 来访者说:"我也不知道从何说起,最近一直睡不好觉,心里慌得很……"
> 咨询师用带着疑问语气重复:"慌得很?"

当然,用一些有力、肯定的语气来重复一些关键词,也可以强化来访者的积极暗示。配上"嗯"、"是的"等语气词一起表达会更好。如:

> "是的,很开心!"
> "嗯,全忘了!"

（二）重述

相较于关键字词的重复,重述指咨询师用自己的话对来访者讲过的内容、表述过的意思加以复述或者转述。重述就相当于咨询师告诉来访者:"我不但听了你说的,而且听懂了、理解了你的意思了。"

重述聚焦于问题最重要的方面,并使双方在这一问题上有机会更深入地探讨,而不能让来访者获得领悟或有所行动。重述有澄清、聚焦、支持、鼓励宣泄的作用。重述的内容可以是即时的,也可以是之前的会谈内容。

1. 重述的方式

重述时不需要转述来访者所有的言语内容,用语要简短、精确,要抓住来访者言语内容的本质、精髓,更清晰、具体地表达来访者的意思,努力使来访者感觉到自己正在被人倾听,从而鼓励他们继续讲下去,帮助他们讲述、探索事情的经过。

重述的表述句式可以是:

- 我听到你说……
- 听起来……
- 我想……
- 是不是……
- 你是说……

……

2. 重述的注意事项

重述并非重复来访者已经明白的内容,而是去捕捉来访者不确定的、未曾探索过的或尚未完全理解的内容。重述信息的线索来源于来访者对关注最多的、卷入最深的、感到疑问或矛盾的、尚未解决的问题的描述,以及对来访者的声音特征、语气表情等非言语信息的观察。

重述的重点在来访者的想法,而不是其他人的想法。重述有助于让来访者聚焦于自己的内心而不是去责怪他人或者担心他人的想法,给来访者更多的机会来核对咨询师是否完

全明白自己的叙述。使用重述技术时,语气可以是试探性的,也可以是直接、肯定的。需要注意以下几点:

(1) 重述基于咨询师对来访者的共情、理解,而不是机器人般的简单重复。

(2) 重述聚焦于来访者而不是其他人。

(3) 重述聚焦于来访者试图传达的内容。

(4) 重述的内容应是来访者叙述中最重要的、最有能量的、敏感的部分。

(5) 重述应跟在来访者一段内容讲完后,最好有些许的停顿。

(6) 重述应用支持性的语气。咨询师要善于变换表述的句式,不要千篇一律地重复。

(7) 重述时要用积极的词汇来替代来访者语言中的消极措辞,在不经意中,调整来访者对事件的认知视角,调节来访者的情绪。

(8) 重述时要抓住来访者叙述的重点,不要过于努力地去抓取内容的完整性,而忽略了表达为理解来访者所做的努力,这可能让来访者感觉自身的感受被忽略,会破坏之前的信任、安全的咨访关系。

3. 重述技术的案例

范例1:

> 来访者:在忙碌了一天的工作后,我喜欢到健身房去跑步,这让我感觉放松很多。
>
> 咨询师:哦,去健身房跑步是你缓解压力的一种好方法。
>
> (咨询师用了缓解压力这个近义词来替代放松,重述了来访者要表达的整体意思。)

范例2:

> 来访者:我爸爸认为我应该自己挣钱。
>
> 咨询师:你是说你爸爸不想再给你提供经济支持了。
>
> 来访者:当我遇到麻烦时,没有人会和我谈谈。
>
> 咨询师:好像每个人都忽视你。
>
> 来访者:我终于让自己的生活变得井然有序了,大多数时候我都感觉非常好,我学习也有兴趣了。
>
> 咨询师:你现在一切都很顺利。

(三)情感反映

情感反映就是非常清楚地触摸到来访者的具体情绪和情感,同时将这种情绪和情感反映出来。这样的做法会让来访者感觉到自己的感觉被理解了,内心的感觉得到了共鸣。如:来访者诉说自己的妈妈总是唠叨她,咨询师可以说:"妈妈的唠叨一定让你非常心烦吧?"

情感反映技术的使用是建立在共情的基础上的,共情技术在下一节中还会有具体展开,这里只是简单地提出情感反映的概念。

来访者往往对自己的情绪是不觉察的,对话中往往只有对事件内容的描述,而没有对自己感受的表达,这就需要咨询师能觉察来访者言语背后的情绪和情感,通过言语反馈给来访者,这样能很好地让来访者感受到咨询师在认真倾听自己并关注了自己,而不只是事件本身。情感反映到位的话,可以极大地促进咨访关系。

需要提醒的是,情感反映也需要用试探性的措辞,以便给予来访者空间来核对咨询师的反映是否恰当、到位。在反映来访者的情感情绪的时候要具体,直接用情绪词如"悲伤"、"无助"等,避免用一些带否定表达的含糊的词,如"不舒服"、"不开心"等。

咨询师要真正听懂来访者,并让来访者知道自己理解了他,就要想象自己处在来访者的位置,从来访者而不是自己的角度去理解来访者的体验。也许有些连来访者自己都没有觉察到的,即使在叙述的过程中都未意识到的东西,咨询师却能敏锐地听到并听懂,甚至还能从来访者的叙述当中"听"出来访者的个性特征、人格特质、在面对问题和冲突时候的解决模式、在人际互动中的模式等更深层次的信息,从而全面地了解来访者产生困惑甚至心理疾病的原因。而来访者会因为咨询师到位的倾听而产生被理解、被了解、被关心的感觉,从而能畅所欲言,让咨询师听到更多。这是倾听的高层次境界,这部分在共情技术中会有更多介绍。倾听是行为,共情是倾听需要达到的境界。

三、影响倾听的行为

在倾听过程中,咨询师如果不断思考接下来该说什么,就只能听到来访者说的内容的一部分了,随意插话则更会打断来访者。诸如此类的行为都需要注意避免,否则就会破坏咨访关系、导致歪曲事实真相的"听"而不闻现象的发生。咨询师要注意倾听的主观性问题,以及倾听行为不当的问题。

(一)避免道德说教和评判

心理咨询不同于思想道德品质的教育,应避免陷入道德说教的模式当中。道德说教脱离来访者的现实体验,容易让来访者产生反感、心理防御,导致一些想法的表达受阻,咨询师也就无法了解来访者真实的想法和感受,不能理解来访者的困惑和苦恼。如:咨询师说,"你怎么能这样对待你的父母呢?这样做岂不是让你的父母很伤心?"来访者听了咨询师这样的反问后,也许会产生羞愧、愤怒等感觉,但是很难再说出自己的真实想法和感觉了。

评判指在听取来访者叙述的过程中,带上自己的主观评判、臆断,如进行"好—坏"、"对—错"、"喜欢—不喜欢"、"有关—无关"、"可接受—不可接受"之类的判断。这样做不能真正了解事实真相和来访者的感受。个人心理层面上的评判是基于个体的内在需要的满足与适应,个人的好坏评价不同于社会道德的评判,它着重于是否合乎需要。咨询师不应单纯用自己的好恶标准来评价和区分,这样的评价只会让来访者心理负担加重,产生一些不必要的负面的感受,导致来访者远离咨询师,损害咨访关系。因此在建立关系之前和未真正了解来访者之前,咨询师应尽可能避免对来访者提到的内容做出直接的评判。尽管"真"也是咨询师需要具备的素质,但是宽容、接纳更是一名咨询师在咨询中需要传递给来访者的。真诚和接纳、允许不同的存在,在心理咨询的设置下是可以共存的,并不冲突。

（二）避免只听情节和过早分析

咨询师在听取来访者叙述的时候，如果是像听一个颇有情节的故事那样听，而没有去认真体会和反映来访者的情绪、情感，就会造成对来访者了解得不全面、肤浅，让来访者感到不被理解，甚至觉得心理咨询师仅仅在满足自己的好奇心，从而与咨询师心生隔阂，产生心理防御，因而影响咨访关系和信息的收集。

在没有完全了解和掌握来访者及其生活工作的环境的情况下，用心理咨询的理论对来访者做出理论分析，这是很多心理咨询的初学者容易犯的一个"动机良好"的错误。咨询理论是帮助我们理解来访者的一个假设，也是一个工具。没有一个人是完全适合某一种理论的，每个当事人都有自己特殊的情况，需要做详细的了解和心理探索才能准确把握问题所在。在咨询初期还没有全面了解信息的情况下，过早分析往往会偏离方向，而且会给来访者带来一种自己被当作实验品的感觉，因此，咨询初期一定要避免过早分析的发生。

（三）避免同情和投射

同情不同于共情，咨询师把自己完全放在同情来访者的位置上去倾听，会代入更多咨询师自身的情绪，产生想要拯救来访者的不恰当立场，从而失去了作为心理咨询师的觉察，失去对案例的客观判断能力。

咨询师的投射是咨询师自身的情感体验而不是对来访者的共情。如果咨询师把自己的情感和想法当作来访者的情感体验和认知观念，就会失去对来访者真正的洞察，如果与来访者的体验冲突，非但不会让来访者产生被关注、倾听的感受，反而会激起来访者被侵犯、强加的感受，从而激发来访者的心理防御。

（四）避免机械模仿和缺少情感反映

所谓机械模仿就是"鹦鹉学舌"或"录音回放"。不同于倾听技术中的关键词的重复，它是不带任何感情色彩、不加采择地将来访者说的话进行简单的重复和模仿，这将给来访者带来呆板的感受，来访者会觉得在与一台机器说话，或者是在空旷的场所听自己的回音，感觉自己说的话没有得到理解和支持。

前面已经强调过对来访者的情绪情感的反映的重要性。情感是个体最独特、最深刻的体验，对一个人情绪、情感的关注，最能让当事人感受到被关怀，所以在倾听过程中如果忽略了对情感的反映，倾听的效果就会大打折扣。

下面用两段案例对话来呈现正、反倾听表达。

反例：

咨询师：（身体向后靠，双手环抱，看着天花板）那么，你今天为什么来这里呢？

来访者：（很低的声音）我不确定，我只是最近感觉不怎么好，但是我不知道你是否能帮我。

咨询师：（向前移动一下，专注地看着来访者）嗯，到底发生了什么？

来访者：（长时间停顿）我只是不知道要怎么……

咨询师：（打断）只需告诉我真正发生了什么。

来访者：（长时间停顿）我想我真的不知道有什么能说的。很抱歉耽误您的时间了。

这里咨询师没有关注来访者的情绪，只是询问来访者"发生了什么"，来访者没有被关注和被倾听的感觉，也就不知道该如何表达。如果咨询师能像下面这样，来访者的感受就会不一样了。

正例：

咨询师：今天我们有一些时间来交谈，你想谈些什么呢？

来访者：（很低的声音）我不确定，我只是最近感觉不怎么好，但是我不知道你是否能帮我。

咨询师：（配合来访者很低的声音）哦，听起来你有点害怕。能告诉我一些你最近的情况吗？

来访者：我最近很消沉。我不能入睡，吃得也少了。每件事情我都拖拉，并且我也没有精力做作业。

咨询师：（停顿一下，轻柔地说）听起来你感觉像被压垮了。

来访者：（轻轻地叹息）是的，那的确是我的感觉。看起来似乎我的大一充满了压力。

咨询师：嗯。（点头）

来访者：……

这里咨询师"听"到了来访者有点害怕的情绪，配合着来访者较低的声音进行回应，也关注到了来访者的压力，于是来访者就自然而然地讲出了自己的烦恼。

为了帮助大家更好地感性地认识倾听技术，下面呈现四位咨询师听了同一段案例后做出的回应，我们一起来看看他们的倾听是否做到位了。

来访者：我有好多天都没有和我妈说话了，我看到她就心烦（用自己的手烦躁地抓自己的头发），为了能避免和她见面，我一到学校就连续几周不回家，我妈打电话给我，我就说周末有辅修课，要么就说和同学约好了要外出。我就是讨厌看到她，她那么唠叨，让我的两个耳朵都快起茧了，烦死了！

咨询师1：你很讨厌你的母亲，你甚至为了避免这样烦人的唠叨而逃避面对母亲。

分析：咨询师1的回应是一种归纳总结，但未倾听到来访者内心烦躁、苦闷与困惑的情绪。

咨询师2：你好多天都没有和你的母亲说话，如果我是你的母亲，心里要伤心死了。只是唠叨这一个毛病怎么会让你产生这么大的反感呢？有没有想过是不是自己的反应太过分了呢？

分析：咨询师2反问的语气，强烈地表达了"孩子应该孝敬母亲，不能说母亲的缺点"的"社会价值观"和咨询师个人的价值观，并以此来衡量来访者的言行。价值观的批判让来访者产生不被理解的感觉，甚至是反感。最后的反问句带有明显的指责和不满。来访者在对母亲的情绪尚未宣泄完时，被咨询师看成不孝、不顺，这可能导致来访者与咨询师的对立，破坏咨访关系。

咨询师3：想想，你从小到大是怎么长大的？如果没有你的母亲，你可能长大吗？更不用说读大学了。如果你能这样想，就能够忍受母亲的唠叨了。

分析：咨询师3的反应像传统的教育者的反应，引导来访者看到母亲的难处，却没有关注到来访者内心的苦闷和烦躁。一味帮着母亲说话、教育当事人，会让来访者明确咨询师不是站在自己这边的、无法体会自己的感觉，导致后面的咨询难有进展。

作为咨询师，以上三个回应，都不恰当。尤其是后面两个回应，更像是德育教师的说教。其实作为班主任、辅导员，这样的回应也常常难以起到教育作用。

咨询师4：能感受到你很害怕妈妈的唠叨，听起来，你跟妈妈之间的不和有一段时间了，能跟我具体说说你跟妈妈的关系吗？

分析：咨询师4的回应，概括总结了来访者和母亲的关系状况。咨询师用"害怕"这个中性的情绪词来标记来访者的情绪，不带道德色彩的评判，更从来访者的角度体察他的情绪感受。这样可以增进来访者和咨询师之间的关系，使来访者放下心理防御，有机会进一步地去探索跟母亲的关系，觉察其间自己的感情。

即使已经了解倾听对于咨询的重要性和倾听的相关技巧，当人们在一起交谈时，往往还是难以做到真正的倾听。影响倾听行为的核心因素，还在于对沟通对象的认识和态度。生活中，我们与重要人物、敬重的领导和长辈等交谈时，若我们真的放平自己的心态、去听清对方的语意，那么所有的技巧就都不再是需要学习的技巧，每个人都会本能地体现出来。然而，当我们面对处在情绪困境中的来访者时，往往有莫名的有优越感和心理优势，就容易失去对对方的尊重，这也使得倾听变得不容易，咨询师甚至需要通过倾听技巧的训练来觉察自己对待来访者的态度，用咨询目标不断敦促自己努力倾听。

当然，刚开始咨询时容易产生这样或那样的问题，随着咨询经验的丰富，咨询师会逐步将心理咨询背后人本的理念内化。倾听被内化为个人的品质，与咨询的理念相一致，这时便无招胜有招，倾听技巧也就化于无形。如果那些干扰倾听的行为仍然不断出现，那一定不是技巧的问题，而是个人的心理成长问题，这时咨询师需要的不再是技巧的训练，而是个人成长的心理辅导和督导。

倾听对于构建积极的咨访关系、全面收集来访者的信息是至关重要的,倾听本身就具有一定的治疗功能。但是,仅仅靠倾听行为还是不够的,来访者需要的不仅是被关注,还是被理解、接纳,并通过咨询师的指导建议获得领悟和改变。所以言语反馈和指导的技术同样是心理咨询的基本技术。这一节将介绍共情、情感反映、自我表露、叙事等心理咨询面谈技术,以及行动反馈指导微技术。

一、共情技术

共情(empathy)也被翻译成"共情"、"同理心"等,最初由罗杰斯(C. R. Rogers)提出,现在已经被咨询心理学界普遍接受,已经成为心理咨询的基本技术。作为心理咨询的基本技术,其实在咨询过程中关注、倾听、共情并不是独立的,而是始终同步进行着的,只是为了学习和研究的方便,才把它们分开来讲解的。倾听技术不可能脱离关注,而共情技术也不可能脱离关注和倾听的过程。倾听强调听的行为,而共情则突出强调了倾听要达成的目标——能共情来访者,充分理解来访者和他们的困扰,并把这种理解以恰当的方式反馈给他们,从而帮助来访者更充分地理解他们自己。

共情可以理解为感同身受,就是咨询师通过来访者的言行等,并借助自身的知识和经验来深入体验来访者的情感、思维,准确理解与其体验相关的经历、人格以及问题的实质,然后把恰当的言语等反馈给来访者,让来访者感受到被咨询师接纳和准确地理解。共情的过程也可以看成是咨询师将自己视作来访者,身临其境地进入来访者的生活中,同时却没有丧失作为独立个体的意识,时时保持着敏感的心,跟随着来访者,感受来访者情感的变化,感受来访者所感受到的一切:恐惧、愤怒、温柔和困惑等等,却不对来访者作任何评价。共情可以增进来访者对咨询师的信任,促进积极的咨访关系的建立,并鼓励来访者自我表达、自我探索、深入觉察,从而获得领悟和选择,可以说共情是进一步心理干预的基础。

(一)共情的作用

1. 建立良好的咨询关系

初级共情不涉及对来访者的建议、批评和安慰,主要是为了让来访者体验到被了解、被尊重、被支持的温馨与感动。来访者的种种感觉和想法能从咨询师那里得到共鸣,因此被感动或触动,敞开心扉,与心理咨询师建立起携手合作的良好咨访关系。

2. 深入了解来访者

共情可以帮助咨询师逐步加深或修正对来访者的认识和了解,更深入地了解来访者,将自己所了解到的来访者的事件、情绪等呈现给来访者。来访者如果感到自己的信息未被准确掌握,可以通过纠正或澄清,帮助咨询师完善和加深对自己的了解。咨询师要明了来访者被"卡"在了什么地方、为什么会产生这样的情绪、现在的症状传递了什么象征意义,以及背后的非理性信念或者心理动力的原因等重要的议题,这将极大地保障和推动心理咨询的开展。

3. 协助来访者自我探索

高级共情能将来访者隐含的情绪情感和思想观念反馈给来访者,引导来访者觉察自己未曾觉察或者正在逃避的一些经验、情感、想法,从而协助来访者进一步了解自己。

（二）初级共情和高级共情

根据咨询师所反馈的信息是"表层的"还是"深入的",可将共情技术分为两个层次：初级共情技术和高级共情技术。

1. 初级共情技术

初级共情反映的内容,往往是来访者明显的言语表达的感觉与想法,也可以是非言语信息,适合在咨询关系建立的初期,或者咨询师与来访者之间关系尚未建立好的阶段使用。例如：

> 来访者：我父母之间最近关系出现了危机,父亲出轨了,我母亲感到如果和父亲离婚将会是一件很可耻的事情。而且她几十年来一直默默奉献,操持这个家,很辛苦,一直把父亲当作是她的希望和生活的重心所在,父亲在家里好像是被母亲服侍的主人。现在居然到了这步田地,我觉得我母亲好可怜,我自己也觉得好凄凉。
>
> 咨询师：你父母关系出现了危机,你母亲为你父亲付出了太多,因此不能接受离婚这样的结果。你很同情你母亲,自己心中也感到凄凉。

初级共情主要还是为了促进积极的咨访关系的建立。

2. 高级共情技术

高级共情的内容是来访者叙述中隐含的深层感觉与想法,它不仅传递了咨询师对来访者的了解,同时还有助于来访者认识到自己先前无法接受或未觉察到的感觉或想法。因为高级共情涉及来访者尚未意识到的、隐讳的、冲突的情绪与想法,在咨访关系没有很好地建立起来的情况下,它会让来访者感到心理咨询师过早、过深地触及到他们内心不愿面对的东西,他们没有得到足够的理解和支持。因此来访者立即把自己保护起来,形成防卫和抗拒,从而影响咨询的推进,甚至导致原本不甚牢固的咨询关系遭到致命破坏,导致咨询中断。因此,高级共情技术适用于咨询的中、后期,以及良好的咨询关系建立好之后。

以上面初级共情的示例来说,高级共情的表述可以是："你觉得你父亲对不起你母亲,你觉得不公平,家庭处于破碎的边缘,你因此感到凄凉。作为女儿,你觉得自己应该为母亲,也为自己能继续有一个完整的家而做点什么,但你似乎还没有找到很有效的办法,因而觉得无助和沮丧。"

咨询师在言语中点出了来访者没有直接说出来的对父亲的不满以及自己的无助,而不仅仅是对母亲的同情和鸣不平。对来访者自身的内在情绪和想法的表述,可以让来访者感受到被深深地洞悉和接纳,无需掩饰。

咨询师使用高级共情时常常会发现,要从来访者的叙述中感受出来访者深层的感觉与想法很困难,这时候需要对来访者的非言语行为进行敏锐观察,帮助自己增加对来访者的觉察。

高级共情的主要目的还是促进来访者深入探讨自己的问题。

（三）共情技术的辨析

无论是使用初级共情技术还是高级共情技术,心理咨询师都必须以来访者为中心,以来访者呈现的事实、真切的感受、真实的想法为根本,回应的内容都必须反映来访者的真实状态,而非心理咨询师自己随意猜测、主观臆断的结果。

1. 共情不是投射

来访者和咨询师作为不同文化背景下的两个完全不同的个体,要真正做到共情是非常困难的。咨询师更容易做出的是对来访者的"投射",而不是对来访者的真实感受和想法的反映。投射不但起不到增进咨访关系的作用,反而还会引起来访者的反感、阻抗、心理防御等消极的情绪及行为,从而使咨询过程停滞、进入困境。例如:

> 来访者:我和我女朋友正式交往快半年了,当初认识之后,我花了很多心思去追求她,由于我追求她的方法比较有效,她终于答应和我确定恋爱关系了。要知道之前有很多挺优秀的男生追求过她,都被她一一拒绝了,所以我觉得她还是很喜欢我的,要不然也不会答应我。可是寒假期间她居然提出要和我分手,我真是一下子懵了,我们之间不是好好的吗?(声音提高)怎么会突然有这样的事情发生,真是想不到啊!(双手捂着自己眼睛和额头几秒钟)……我最近一直在想,我们之间到底出了什么问题,我不知道是不是她父母对我或我的家境有看法,反对我们交往。(语速略快)但她的说法是我们不合适,很多问题上看法都不一致,而且她还认为我们在情感表达方面有很大的差异,对感情的预期和步调也不一致,她说她担心将来可能会有很多矛盾出现,不如先分手算了。我一直觉得两个人之间的这些差异根本不算什么问题,为了挽回这段感情,我反复跟她说以后会注意、会改变,可是她还是很坚决。我该怎么办?
>
> 咨询师1:辛苦追来的女朋友莫名其妙地跟你分手,态度还很坚决,你一定很挫败、很伤心,甚至还有一些愤怒吧。很正常,换了谁都不会开心,你把你的愤怒吼出来吧!

咨询师1把被女友舍弃后的感受投射到了来访者身上,没有核对来访者的真正情绪体验,来访者会因为咨询师的诱导,用愤怒情绪替代内在受伤害的感觉,从而错过了对这段交往过程的觉察,失去了一次亲密关系相处的学习机会。

2. 共情不是简单的重述

咨询师仅仅概括、复述来访者说过的经历与事件本身,表达来访者的表面的或已经明确的信息,不能反映来访者字面下隐含的信息、情绪情感和内在想法,就不能算作应用共情技术。这样的复述无益于来访者对问题的探索。例如:

面对上面这个案例,咨询师2反馈:其实,两个人谈恋爱一段时间后,慢慢会发现彼此的差异和不一致,开始大家都可能会容忍,可时间长了就有一方可能受不了,就会提出分手,这也很正常。谈恋爱就是通过比较密切的交往去检验彼此是否合适的过程，不合适就分手啦，这对双方都好。

咨询师2显然没有专注地倾听来访者的语言和非语言信息，所做的是评论性或劝解性的回应，与来访者的想法和感受都相反，相当于是在否定来访者，认为他不应该有这样的苦恼。这不是共情。

咨询师3反馈：你和女友之间的关系突然莫名其妙地出现变故，这让你措手不及，不知道如何是好，很是苦恼！

这样的回应虽然关注到了来访者的情绪和想法，但是这些情绪和想法是来访者明白地表露出来的，而且也不是其想法的全部或关键点。这也达不到初级共情。

3. 共情不是认同

认同是咨询师对来访者的相关言语、处境表示肯定和同意的态度，传递了价值评判上的肯定，会让咨询师跟着来访者一起进入来访者的"死胡同"，而无法自拔。共情要表达的是对来访者心情、情绪、想法的理解，让来访者得到心理上的支持，而不是去赞同来访者的想法、行为等，尤其是无助、无力的行为和想法。

例如，咨询师4回应上面的来访者：人心隔肚皮，我们无法知道你女友生活中到底发生了什么，这突然的变化的确让人无所适从，我也无法帮你解释她拒绝你的原因。

咨询师4这样的回应，虽然认同了来访者的无助，但是，带给来访者的"咨询师也解决不了"的信息对来访者没有帮助，反而会让他因此感到更加无力。

4. 共情不是同情

同情是看到来访者的状况后产生的一种怜悯、可怜的情绪，它有可能让咨询师做出安慰来访者或试图帮助来访者解决实际生活学习中的困难的行动。

比如，咨询师5回应：你很用心地对待这份感情，在你女朋友身上一定倾注了很深的感情，现在她用你们情感表达方式不一致、担心以后的发展来拒绝你，甚至都不给你机会，真是太残酷了。对你太不公平了！

咨询的过程当中，产生同情也是常事，从事咨询服务工作的人员，往往很有悲天悯人的爱心，很容易被来访者勾起同情心。然而，同情会让咨询师丧失中立的客观视角，让咨询师无法从情绪中抽身出来看来访者的问题所在，影响对来访者真实人际关系、行为、观念、情绪等问题的洞察，这会阻碍咨询的进程。

此外，同情对于不同的来访者，也会带来不一样的情绪反应。对于一些内心已经非常脆弱的来访者来说，看到咨询师的同情的目光的时候，极可能产生"自己实在太差了，真的就是无可救药"的负面感觉；一些来访者会觉得咨询师也这样认为，看来自己的遭遇真的太糟糕了，从而增加了无力感；对一些极度自卑、外在又希望表现良好的来访者来说，咨询师的同情会让他们产生愤怒和不满，他们不能容忍别人可怜自己，他们不能接受让自己感觉卑微的言行；而对于依赖型的来访者，这样的同情正好让他们捉住了一个可以依赖的机会，他们就会"靠"在咨询师的身上，显示出自己的无能为力，让咨询师来拯救他们，将自己生活的责任扔给了咨询师。在我们列举的案例中，来访者在得到咨询师的同情、关心后，可能失去对自己在与异性相处时的情绪表达的方式的洞察，失去成长的机会，这比失恋损失更大。

5. 共情不是过度分析

在与来访者的互动过程当中，咨询师基于个人的理论取向，可以听出、读出很多信息，会在头脑中形成关于来访者的不同理论假设、分析。如果咨询师陷于自己的理论假设，过度分析，会让来访者产生莫名其妙的感觉，甚至觉得自己只是咨询师用来分析的试验品，没有得到咨询师的尊重，从而使咨访关系产生伤害。

在上面的案例中，咨询师可能认为来访者是一个"理工男"，思维方式比较直接，缺乏对细腻感情的觉察和把握，虽然专业等方面表现很优秀，但是无法满足女孩被体贴、呵护的情感需要。这样的分析，未必没有道理，但在这时候直接解释给来访者的话，并不能安抚来访者、让他有被支持的感觉。这样的分析可能会让来访者知道自己身上的问题，但是，这不是一时可以改变的，无望的关系修复只会让来访者感到更加无力，陷入失败的消极情绪中，而不会真正引导他去反思自己的个性和情感的表达等问题。

另外，解释和分析无论听起来多么完美，都有可能与来访者的情况不相符、有偏差，因此，建议咨询师用一些探询的语气，给予来访者一个空间来核对自己的信息，也给自己一个机会核对自己的假设和感觉是否与来访者合拍，而不要把自己的分析强加于来访者。

前面介绍过初级和高级的共情技术，在这一个案例的对话中，初级的共情可以是这样的："你本来对你们的关系很有信心，没想到其实早已有了危机，你开始并没有觉得问题在你们之间，对感情危机的真正原因似乎还不很清楚，你为此感到困惑，也不知道如何是好，很是苦恼！"

心理咨询师通过共情技术回应了来访者所讲述的比较完整的信息，以及他比较明显的情绪感受和想法，但似乎还没有触及来访者的深层感受或想法。当然，这一层次的共情也在一定程度上有助于来访者去探讨自己的问题，而且对于咨询关系的建立有明显帮助。

咨询师可以这样回应："你原本以为自己的恋情是美满的，突然的变故让你十分惊讶。女友觉得你们之间的不协调让她很难继续下去，并因此提出分手。你并没有觉得彼此的差异是大问题，觉得她有点小题大做，但为了挽回，你还是向她表达了去做出改变的承诺，她却没有丝毫妥协，你因此感到非常沮丧！"

这不仅涉及来访者更为深入的想法和感受，也发掘到他一直没有把双方的差异，尤其是女友非常看重的问题当作一件重要的事情来对待。这一问题上的分歧反映了他对女友的感受的缺乏重视，也不够敏感，这是一个恋爱中的重要课题，有待来访者进一步成长。这样的共情是高级层次的共情。

二、情感反映技术

情感反映与共情密不可分，情感反映是咨询师对来访者的共情的具体言语表达，共情是情感反映希望达成的目标。情感反映指非常清楚地触摸到来访者的具体情绪和情感，同时将这种情绪和情感反映出来。这样的做法会让来访者感觉到自己的感觉被理解了，内心的感觉得到了共鸣。

如：来访者诉说自己的妈妈总是唠叨她，咨询师可以说："妈妈的唠叨一定让你非常心烦吧？"

来访者往往对自己的情绪是不觉察的,对话中往往只有事件内容的描述,而没有对自己感受的表达,这就需要咨询师能觉察来访者言语背后的情绪和情感,通过言语反馈给来访者,这能很好地让来访者感受到咨询师在认真倾听自己,并关注了来访者本身,而不只是事件本身。所以情感反映也需要用试探性的措辞,以便给予来访者空间来核对咨询师的反映是否恰当到位。

需要提醒的是,在反映来访者的情感情绪的时候要具体,如用"悲伤"、"无助"等词,要避免用一些笼统含糊的表达,如"不舒服"、"不适"等。

（一）什么是情感反映

如果说共情强调的是对来访者情绪的体验,那么情感反映强调咨询师将对来访者的共情反映给来访者。情感反映基于良好的共情,恰当的情感反映可以体现共情,它是共情技术应用中的一部分。情感反映是指咨询师将来访者的感受和情感以陈述的方式清楚地向来访者表明,这种感受和情感可能是来访者曾经说过的,咨询师可以使用相同或相近的词来表达。

咨询师要通过情感反映帮助来访者识别、澄清并且更深入地体验情感,还要鼓励来访者沉浸于他们的内部体验。除了给情感命名,咨询师还要重视协助来访者体验当下的情感,即体验比解释重要。情感反映的另一个用意是鼓励情感宣泄。

1. 情感反映的四种线索来源

（1）来访者的情感表达,即来访者自己在言谈中表达的对事物的态度体验。

（2）来访者的言语内容。来访者在言谈中虽然没有直接描述自己的情绪,但是可以从他提到的情境,或者他表述的情感体验来推测。

（3）来访者的非言语行为。通过观察来访者言语内容和非言语的表情之间的一致性,可以感受来访者的情感体验。

（4）咨询师自己的情感投射。咨询师可以把自己放入来访者描述的情境中去感受自己的体验,来觉察来访者的情感。

2. 情感反映的表达句式

当咨询师感受到了来访者的情感体验后,可以用试探性的问询或肯定的陈述来做情感反映,使用的句式可以有以下一些:

（1）你觉得……,（因为）……

（2）听起来你感到……

（3）我想知道你是否觉得……

（4）也许你感到……

（5）如果我是你,我可能会觉得……

（6）从你……我猜你觉得……

（7）那使你感到……

（8）听你说你觉得……

（9）你给我的直觉是你感到……

咨询师可以用探索性的疑问语气直接说出反映来访者情绪的词,例如,"愤怒"或"你感到愤怒"；也可以说出情感和产生情感的原因，如："你感到沮丧，因为你没能按照你想的去做。"

咨询师可以用一些比喻来反映情感，比如："感觉像掉进了海洋球堆里，使不上劲儿"、"你感觉心口上像压了一块石头"。

（二）非指导性情感反映和解译性情感反映

情感反映根据反映目的的不同分为非指导性情感反映和解译性情感反映。

1. 非指导性情感反映

非指导性情感反映的主要目的是通过一句对情绪方面的重述，使来访者知道咨询师听懂了他们的情绪表达；另一目的是使来访者更能感受到他们得到了咨询师的理解，并鼓励来访者进行进一步的情绪表达。非指导性情感反映主要应用在初级共情中。

非指导性情感反映的基本原则是，只复述或反映咨询师已经清晰地听到的来访者说过的内容，不探究、不解释、不猜测。在建立咨询关系的初期阶段，尝试使用非指导性情感反映能够最大限度地减少情感反映可能带来的消极反应。

2. 解译性情感反映

解译性情感反映是指咨询师做出超越来访者的外在情绪表达的情感陈述，目的在于揭露来访者的情绪。更具体地说，解译性情感反映用于揭露来访者自己只能部分地意识到的情绪。这种技术可能引发来访者的顿悟，也就是说，来访者会意识到某些以前未能意识到或只有部分被意识到的东西，尤其是与强烈情绪有关的内容。解译性情感反映揭露的情绪是隐藏的、潜在的或深层的——而非指导性情感反映是外显的、明确的和表层的。解译性情感反映更多地出现在高级共情中。

（三）情感反映技术的使用

1. 情感反映技术的使用要点

（1）咨询师要注意倾听来访者潜在的感受，选择来访者当下最突出的情感来反馈给来访者，也要尽量注意来访者情感的强度。

（2）聚焦来访者当前的感受，而不是仅仅探讨过去的故事，比如："你一想到曾经被他欺骗过，就会像现在这样有恶心的感觉，是吗？"

（3）一次只反映一种情感，留给来访者思考和感受的空间，而不要急于处理下一个情感。通常一种情感被充分体验和表达后，自然会有新的情感呈现。

（4）解译性情感反映需要在足够安全的咨访关系基础上才能做到。来访者只有在自我表露时不会觉得被贬抑、受窘或羞愧，而是觉得被接纳、有价值以及被尊重，才会冒险去探究自己的情感，这是以共情为基础的。

（5）由于情感反映需要咨询师的共情能力，就无可避免地涉及咨询师对自己的情绪的接纳和处理。咨询师对自己的情绪的压抑、不接纳对来访者将是消极的示范，所以，咨询师需要保持对来访者及其感受的关注，而不是把中心落在自己的感受上。

（6）情感反映的线索可能来源于咨询师的个人投射，所以，咨询师需要区分反映的情感是否真的来自来访者。

（7）一些时候,咨询师也可能因为无法把自己的情感跟来访者的情感区分开来,过度认同来访者,而无法保持咨询中的客观中立与觉察。所以,咨询师需要对自己的情感保持觉察,此时个人的督导就显得十分必要了。

2. 情感反映技术使用的时机

情感反映的使用,需要在治疗同盟形成的基础上,在咨访双方就来访者的情感探索达成一致后开始,这是必要的前提,但是在之后的咨询中,具体需要使用到情感反映技术的还有下列情况:

（1）来访者做出某种情感逃避反应时。

（2）来访者因为缺乏情感体验的感知,产生不协调的情感反应行为时。

（3）来访者需要重新处理过去的一些创伤体验时。

情感反映有适合的时机,当然也就有不适合的使用时机:

（1）咨访关系不牢固时。

（2）来访者因为药物滥用或精神疾病发作,存在明显的阳性精神障碍症状反应时。

（3）来访者正在经历严重的情绪危机,无法承受压力时。

（4）来访者对情感表达强烈抗拒时。

（5）咨询时间不够处理即将"打开"的情感时。

（6）咨询师自己的情绪不稳定,或者无力处理来访者情绪时。

3. 情感反映技术案例

下面是使用情感反映技术的案例,粗体字部分为技术使用部分。

来访者:我不愿去上课,考试也有好几门没考,觉得没什么意思。老师说这样下去,我要被退学的。我自己觉得退不退都无所谓,但我又不想让我妈妈知道,所以我挺烦的。

咨询师:听起来你烦的不是退学问题,而是怕妈妈知道?

来访者:是,反正我以后也不想做体育老师,现在学的课程都没什么用,什么运动解剖啊,运动生理学啊,我一点兴趣也没有,我不适合。

咨询师:嗯,对学科没兴趣,又想不到想做的,感觉很迷茫。

来访者:是的,我不知道要干什么,干什么其实都没劲。

咨询师:这样的状况多久了? 一进校就这样吗?

三、自我表露技术

自我表露是指咨询师向来访者主动开放自己的生活经历和情感体验。恰当的自我表露,可以拉近咨询师和来访者的心理距离,对来访者的心理问题起到一般化的作用,帮助来访者接纳自己:"咨询师也有同样的困惑,所以我存在这样的情况也还是可以接受的。"同时,咨询师走出心理困境的方法或结果可以给来访者信心和示范,鼓励来访者战胜困难,增强来访者的自信心。

自我表露有领悟性的自我表露和情感性的自我表露两种。

（一）领悟性自我表露

领悟性自我表露是指咨询师表露自己获得领悟的个人经验。这种表露可以促进治疗关系的发展，因为来访者对自我表露的咨询师会感到更加友好和信任。表露也可以改变治疗关系的平衡从而提高来访者参与的积极性。因为表露会让来访者明白咨询师是普通人，也有自己的困扰，所以来访者不会再把咨询师看成知道答案的专家，并完全依赖其解决自己的问题。咨询师要促进来访者的改变，使其形成新的、更深层次的领悟。

咨询师在做表露之前要思考自己的意图，要明确自己的表露是为了让来访者更好地理解自己的经验，而不是为了解决自己的问题。为了做出合适的表露，咨询师可以思考当他们以前处在与来访者相似的情境时，是什么推动了自己的行为。

领悟性表露，顾名思义，即表露时将表露的焦点集中在了领悟上，而非对经验的细节描述上。表露时最好选择那些过去发生、现在已经解决好，并给自身带来了新见解的事情，这样不但能帮助来访者，也不会让咨询师感到自身的脆弱。短暂的并能够立即把焦点转回到来访者身上的表露是最有效的。

案例：

以下这个例子显示了在一次会谈中，咨询师基于领悟的表露（见粗体字部分）。

> 来访者：我真的不知道死后会发生什么。当然，我父母的信仰告诉我有天堂和地狱，但我并不完全相信。但如果我不相信宗教，那么我真的不知道死亡时会怎样。还有生命的意义究竟是什么？我的意思是说，我们为什么会在这儿？为什么每个人都要四处奔波？我知道这听起来很混乱，但我最近一直都在想这些。

> 咨询师：我明白你的意思。我想我们所有人都需要探究生命的意义以及我们都会死去这个事实。嗯，**让我来想想看。当我关注死亡和生命的意义时，我一般正处在一个转折期，并且试图弄清楚我想从生活中得到什么。我想知道你现在是否正是如此？**

> 来访者：嗯。这很有意思。我就快30岁了，对我来说好像是一个很大的转折点。我现在有一份我并不喜欢的工作，我该恋爱了但还没有找到合适的对象。

在运用领悟性自我表露技术时要注意以下几点：

（1）确定你的意图是帮助来访者获得领悟而不是关注自己的问题，切记不要把自我表露变成自我炫耀和自我卖弄，让自己成为谈话的中心。

（2）选择看起来与来访者相似的经历进行表露，这样的素材才对来访者有借鉴意义，才能带给来访者洞察和学习。

（3）表述要简短，能让来访者明白理解到就好，冗长的陈述容易让来访者抓不到重点，反客为主，让来访者成为听众。

（4）不要表露自己还没有处理好的事情，虽然这可以让来访者了解有人与自己有着同样的处境，把自己的问题一般化。没有处理好的问题不能带给来访者对问题解决的信心，反而会让其想到"连咨询师也束手无策，我的问题要解决是没希望的"，增加了担忧和恐惧。

（5）在表露完后,切记要把注意力和焦点转回到来访者身上,始终记得来访者是咨询谈话的中心。

（二）情感性自我表露

情感性自我表露指咨询师呈现自己在与来访者相似的情境下的感受或情感,其作用是帮助来访者识别并强化情感、鼓励宣泄、澄清、强化感受、注入希望、鼓励自我控制。情感反映的对象是来访者的情感体验,而情感性自我表露的对象是咨询师自身的经验和情感体验,这个技术强调了咨询师自我情感的开放。对咨询师来说,情感表露是避免把自己的感受强加给来访者的一种好方法。情感表露可以为来访者示范如何接纳可能体验到的一些感受,让来访者了解其他人与他们也有着类似的情感,从而使自己的体验正常化,这是情感表露技术不同于情感反映技术的特点。

做情感表露的咨询师要带着共情的态度,试探性地、不带评判地将情感表述给来访者,参考句式:

（1）如果是我,我会觉得……

（2）在你那种处境里,我会感到……

（3）换了我,我会感到……

（4）要是是我的话,我会……

情感表露可以是咨询师自己的真实经验,也可以是假设,还可以是咨询师听到来访者所说的话时自己的感受,但是要选择那些你觉得来访者正在经历的感受。在运用解释技术时可能会遇到一些困难:有些咨询师过于被动,害怕自己给出错误解释,因此不敢提出任何自己的想法;一些咨询师太急于给出解释,他们过于热衷运用自己的领悟力,忽略了共情同感的需要;有的咨询师在一次咨询当中提供了太多的解释;有的咨询师解释的经验不足,不能将所有细节整合形成解释。

因此,在运用解释技术时要注意以下几点:

（1）要注意小心谨慎、温和、尊重、深思熟虑、共情同感以及有节制。

（2）确保来访者准备好接受。

（3）仔细观察来访者的反应。

（4）与来访者共同构建解释。

（5）解释要简洁。

（6）解释之后,运用开放式提问询问来访者对解释的反应。

四、叙事技术

语言是帮助个体整理经验、进行头脑中的逻辑运算的基本工具,叙事便是语言的组织的外显运用,它既能透露个体的经验和思维,同时也能通过叙事方式的改变影响个体的思维,从而影响个体的生活态度与心情。叙事自然成为心理咨询不可或缺的技术路径。今天生活中不乏"心灵鸡汤",这些大多是生活中富有人生启迪意味的故事或名言警句。生涯叙事和故事觉悟是两种重要的心理咨询技术,即咨询师通过引导来访者讲他们自己的生命故事或通过引用一些心理故事来进行心理咨询工作。

（一）生涯叙事

生涯叙事是让来访者讲自己的故事。精神分析疗法关注的是来访者过去的故事，尤其是童年的经历；后现代的叙事疗法关心的是来访者讲故事的方式以及如何重新讲这些故事——解构和重构。生涯叙事技术，更看重对来访者生命历程的探索能力，并能再次强化以往生命中的积极经验。咨询师可以从来访者生命故事的分享中考察来访者童年的经历对其人格形成的影响，发现一些重复出现的行为模式，寻找来访者经历中的高潮和低谷的特征、规律，并了解来访者自己对生活事件的解读，从而掌握来访者的一些核心价值观。叙事中还可以加入对来访者积极生活体验的强化，帮助安抚来访者受伤的情绪。

生涯叙事除了可以让来访者叙述过去、现在的生命故事，也可以面向未来，让来访者设想、描绘未来的生活会发生哪些事件，由此考察来访者的需求和价值观，帮助来访者设立生活和咨询目标。咨询师可以借用画"生命树"、写"临终遗言"之类的活动或作业，帮助来访者完成生涯叙事。

具体使用生涯叙事技术时，可以先让来访者放松，然后请来访者捕捉他生命中对他产生重大影响的一些事件或人，然后选择一段开始讲述。咨询师开始倾听，给出积极的支持和鼓励，帮助来访者完整细致地讲述他的故事，并引导他讨论一些细节。

使用范例一：

> 咨询师：刚才你回顾生涯中发生的一些重要事件，并对它们标记上"好事"或"坏事"。在完成这个作业的过程中，你有什么想法？
>
> 来访者：有时我觉得很难标记那些事件，有些事原本应该属于"坏事"，但现在想想好像也不那么坏，甚至反而最后变成一件好事。
>
> 咨询师：比如哪件事？
>
> 来访者：比如我小时候学乐器的事……
>
> 咨询师：那件事给你的启发是？

使用范例二：

> 咨询师：你有没有发现你自己不满意的事件有什么共同点？
>
> 来访者：确实好像有些共性。
>
> 咨询师：能说说看吗？
>
> 来访者：它们都是……
>
> 咨询师：那你现在要做的事是什么呢？

（二）故事觉悟

故事觉悟技术，就是通过讲故事引发来访者觉悟的技术。德国积极心理治疗创始人佩塞斯基安(N. Peseschkian)在他的治疗中收集了大量的东西方故事供咨询师在咨询时使用，通过这些故事来引发来访者的觉悟。在心理治疗出现并被接受之前，人们是怎样处理自己的心理问题的呢？宗教故事其实起到了相当大的作用，其实这便是利用故事觉悟处理心理问题的现实例证。在中国文化中，佛学所谓的"禅悟"就有相应的功效。对于来访者来说，认知到的道理是抽象的、冷冰冰的，而觉悟到的道理则是生动活泼的，因为道理已经和具象的故事联结在了一切，甚至还伴随着觉悟时的快乐体验以及来访者个体与故事产生共鸣时的震撼。

寓言、禅说、解构和重构了的耳熟能详的典故、"心灵鸡汤"式的隽永小品等等，都是咨询师可以使用的工具。

使用范例：

> 咨询师：你有没有听过六祖慧能关于"风动和幡动"的禅话？
>
> 来访者：没有。
>
> 咨询师：那个禅话是这样的……（具体内容略）
>
> 来访者：（听完禅话，沉默了一会儿）对呀。确实是心动。我们怎么想，就会怎么看世界。我的心乱了，所以，看出来的世界就乱糟糟的！

这种讲故事的方法的效果，既依赖于故事的启发性，也依赖于讲故事的咨询师自身的觉悟能力，当然还与咨询师的人格形象有关。咨询师既需要对来访者的问题有精准把握，还要有能将相应的典故、小品与来访者目前问题处境相联系的能力，同时还要考虑来访者的认知水平和领悟能力。同样的故事可能有不一样的效果，感动你的故事不一定会感动来访者，生活中年轻学生已经有把"心灵鸡汤"贬义化的倾向。最关键的还是这些故事和来访者生命的联结问题。

五、行动反馈指导微技术

这里将介绍一组给予来访者反馈、指导的微技术。所谓微技术，也就是建立了心理咨询工作联盟关系后，采用的一些面谈小技巧，可能只是一句话，或者一个视角，但是对特定的来访者有意想不到的指点作用。当然这些技巧的使用必须结合其他的面谈技术，仅靠微技术是起不到咨询的效果的。

（一）"你已过得很好"假设

许多来访者来咨询时都认为自己的痛苦是天下最大的，让人难以忍受。同时，其中有相当比例的人，也知道有一些方法可以改善自己的处境，但仍不愿意改变行动。如小C很想改变自己的人际状态，但其改变仅限于几次咨询室中的模拟尝试，但在实际生活中却不做任何改变的尝试。这时，咨询师不妨用微技术，向来访者指出："你之所以不行动是因为你认为自己已经过得很好，否则你为什么不做改变的尝试呢？答案只有一个，改变会让你更痛苦。也许这恰恰表明，你原本的痛苦并不大，你已经享受了最好的生活。如果你不同意我的看法，你就拿出行动的勇气吧。"

这就是所谓的"你已过得很好"或"你的痛苦还不够大"假设。它一方面让来访者感恩生活,降低自己对生活的抱怨,缓解对生活的不满意;另一方面也有可能促进来访者的自我觉察,并增强来访者用行动改变处境的勇气,以此来启发来访者的自我洞察,激发来访者行为的动机。

当然这个技术必须建立在合作的咨询工作联盟关系上,需要基于对来访者的了解。

（二）行动反馈技术

使用向来访者提供行动改变反馈的微技术,可以强化来访者改变的意愿,在行为上推动来访者实际的改变,同时也能为咨询师提供有益的信息,让咨询变得更有的放矢。

1. 好事报告技术

好事报告技术也是一项把来访者的注意力从负性问题转向积极面的微技术。这是一项咨询后的作业,发生在两次咨询之间,报告在下一次的咨询中进行。咨询师在咨询后布置"进步报告"作业,要求来访者向咨询师报告自己的进步,而不是自己的问题。具体做法是让来访者报告他们生活中的好的情况、改善的状况、自己的进步等。

对于那些认知失调严重的来访者,自动化的非理性观念使得他们非常容易聚焦于自己的问题,通过作业可以有意识地将他们引导到生活中的积极面,更直接地影响和改变他们的认知焦点。下次再咨询时,咨询师将与来访者讨论他的作业,看看那些"好事"是如何发生的、是否越来越多,以及为什么会越来越多。这项作业练习更适合在咨询工作联盟已建立,来访者对自己的困扰、情绪问题有了基本的认知之后进行,完全沉溺于抑郁情绪的来访者在不能识别和控制消极的自动思维时,是较难完成这项练习的。

使用范例:

> 来访者又陷入了负性认知和情绪中,再次向咨询师求助。来访者进入认知改变的高原期,并对咨询师有依赖感,希望咨询师帮助她进行奇迹般的改善,而不是靠自己努力。
>
> 来访者:老师,你帮帮我吧,我又很难过,因为那件事。
>
> 咨询师:我们已经咨询了十次,我教了你那些方法,你也试了,似乎没有进步,每次你来还是抱怨同样的问题,看来我也无能为力了。
>
> 来访者:不是的,我还是有进步的。只是有时有些想法和情绪我还是控制不住。我相信您能帮我的。
>
> 咨询师:真的吗? 你真的有进步吗? 为什么每次你抱怨的问题还是差不多呢?
>
> 来访者:尽管我有抱怨,但也自己成功处理过不少问题。
>
> 咨询师:是吗? 那这样,为了让我对你、也对自己更有信心,请你以后更多地向我汇报你的进步。请你将有问题的情况记录下来,咨询时带来讨论,而平时若发现某一天或某段时间过得不错,或者某件事处理得让自己满意,请给我打电话,告诉我你的好事、你的进步,这样我也能对自己有信心,相信自己真的能帮到你。好吗?

当然这一技术的使用是有前提的,要在咨询师和来访者关系非常良好牢固的基础上使用,这样来访者才不会误解咨询师真的对自己已经失去信心。

2. 积极肯定技术

积极肯定是中国孩子在生活中接受得相对较少的。中国家长大多数都是望子成龙,常常盯着孩子的不足,采用批评的方式,或者使用激将法,比如"我看你是做不好的"、"你是不可能的"……许多学生因此渐渐丧失了对自己的信心。于是,在咨询中,咨询师应及时捕捉和发现来访者的积极面,通过赞许(Compliment)、欢呼(Cheerleading)等肯定技术,给予来访者积极的标签和定位,帮助来访者建立自信,并学习观察自身好的一面。

使用这一技术一定要真诚自然、发自内心,尤其是要能"无中生有",在一些令来访者不经意的地方,发现来访者值得肯定的方面,而不只是讲一些来访者在生活中也能听到的肯定,那些肯定已经不具备效用了。

咨询师在肯定来访者时,要注意激励、正向的语音、语调和身体语的运用,这是这个技术的一个关键。可以有适度的夸张,咨询师的 10 分可能让来访者觉得自己有 3 分,如果咨询师的肯定也只有 5 分,那么在来访者身上就看不到效果了。

使用范例一:

咨询师:你刚才向我描述了这么大的挫折打击,真难以想象你竟然能够撑到现在,你的韧性真的让我感动和佩服。快和我说说,你是怎样做到这一点的?

使用范例二:

咨询师:你说你来自农村,家境的贫寒让你自卑,你觉得自己的才识比不上城里的孩子。
来访者:是呀。
咨询师:你刚才还说到你生活很节俭,学习很拼命,很能吃苦。
来访者:对,不吃苦,又怎么能走到现在,走进大学呢?
咨询师:那么,吃苦是你的优势,是你未来的资源。人生是一条漫长的道路,这个资源会帮你一些什么呢?你能不能让它成为一个让你最终在竞争中胜出的资源或决定因素呢?
来访者:是呀,我为什么没这样想过呢?

心理咨询中还有很多关于咨询师说的技术,关键还是在于来访者要愿意听,能听进去,听后能有触动和感悟,并愿意做新的尝试,其中愿意听是最关键的第一步,这受到咨访关系的影响,与咨询师真诚关注、无条件接纳来访者的态度有关。尽管心理咨询有很多所谓的技术,最重要的还是咨询师本身的人格的成熟与健康水平。

第三节 提问技术

心理咨询中的提问是心理咨询面谈中另一项基本的技能,是搜集信息、促成领悟和改变的重要技术。好的、有创意的提问可以增进咨访的工作联盟,可以促进来访者的觉察和领悟,从而有助于做出新的选择。但是提问不得当,不但得不到想要的信息,起不到提醒、领悟的效果,还会破坏咨访关系,导致来访者的防御。本节将介绍心理咨询中常用的一些提问技术。

一、开放式提问

开放式问题是相对于封闭式问题提出的。封闭式的问题是让人选择答案,通常还是二维的,如"是"或"否","对"与"不对","可以"与"不可以"……封闭式提问的逻辑性很强,回答也确切,理解的准确性也高。在刑侦司法中,这是最重要的问讯技术。但是也正因为它逻辑性强、缺少情感表达、问询中隐藏的攻击性强,在心理咨询中,它不是最常用的技术,尤其在咨访关系没有构建好、咨询的同盟关系没有建立的时候,封闭式的提问会破坏咨访关系的建立,导致来访者的阻抗。

心理咨询中用的更多的是开放式提问:"你是怎么考虑的?""告诉我你当时的想法好吗?""你的心情是怎样的?"……开放式提问可以获得更加个体化的回答,体现来访者不同的思维方式和个体经验。开放式提问给了来访者个人空间和对事物进行不同反应的许可,能够体现心理咨询对来访者的人本关怀。当然,开放式提问也是很有技巧性的,问题太大、提问忽略了来访者的立场、态度和认识水平等,会导致来访者无从答起,从而影响咨询对话。

开放式提问的要求:

(1)咨询师对来访者陈述的态度是支持的、非评判的,对其所说的任何内容都给予鼓励,所探讨的主题以及问题的答案都没有所谓的"对"或"错"。

(2)咨询师要保持适当的专注,始终保持对陈述中来访者面对特定事件、人物时的想法、反应的敏感,善于捕捉影响来访者的关键事件。

(3)提问方式非常重要,要确保提问是开放的,不是封闭的,声音要温和而低沉,表达出关心和亲近,说话的频率要慢,问句要是试探性的,避免像是审问来访者似的。

(4)避免多重问题,一次提问只聚焦于问题的一部分,涵盖面不要太广。

(5)提问的焦点落在现在,而非过去。

(6)提问的焦点放在来访者身上,不要转换到他人身上。

(7)咨询师要注意观察来访者对问题的反应,也要注意适当地变换提问的方式,比如"请多说一点好吗"、"后来怎样了"……不要千篇一律。

(8)尽可能避免问"为什么"的问题,因为这种问题难以回答,而且容易引起来访者的防御。人们很少知道他们为什么这样做,如果他们已经知道为什么这样做,他们也许就不会来咨询了。

开放式提问会应用在心理咨询的不同阶段(从基本信息的问询到心理问题和背景信息的收集,再到觉察领悟),最后也贯穿在行为改变的规划和行动的评估上。

(一)针对想法的开放式提问

邀请来访者对其想法进行澄清或探索,是心理咨询问题探索信息收集过程中的常用技术,旨在帮助来访者澄清和探索想法、体验,让来访者辨别适应不良的认知。咨询师不必从来访者那里得到某个明确的答案,或者确认某个事实、想法,而是要显现对来访者的问题的兴趣,跟随来访者所说的重点、关键点,以此鼓励来访者继续说下去。

下面的案例中,咨询师针对想法的开放式提问用粗体字标识。

来访者认为自己的工作、家庭、个人情感等方面都不顺。

> 咨询师:**那你能跟我说说具体的情况是怎样的? 你希望中的生活是怎样的? 现在的生活又是怎样的?**
>
> 来访者:希望好一点吧。
>
> 咨询师:**好一点?**
>
> 来访者:嗯……,不像现在这样。
>
> 咨询师:**那你更愿意过现在的情况,还是希望的生活?**
>
> 来访者:我希望的。
>
> 咨询师:**好,那你希望的生活是什么样的?**
>
> 来访者:我希望……我希望我在家里跟爸爸妈妈能好好说话,上班的时候能得心应手一些,然后我自己个人的事情要……要好一点吧,我到现在还没有女朋友……(来访者继续探索)

(二) 针对领悟的开放式提问

这是围绕着来访者的认知、领悟展开的提问,它引导来访者对自己的想法、情感或行为的深层含义进行思考。开放式提问不是像登记表格时那样的僵硬的提问,提问方式和语言都可以是灵活的。开放式提问的典型句式有:

- 你对……有什么想法?
- 你对……有什么感受?
- 你在……体会到什么?
- 当……时,你是怎样想的?
- ……带给你什么启发?
- 你刚才的叙述中,有什么不合理的地方?

……

案例:

> 在一次会谈中,当来访者谈到她对男友莫名其妙地大发脾气时,咨询师问道:为什么你的男友能够容忍你对他突然发火? 这种问题直指来访者所谈论的话题,并帮助来访者获得她对发脾气的领悟。

在进入来访者思考、领悟的阶段的时候,咨询的目标在于获得领悟,所以咨询师不责备、指责或者命令来访者,就会对来访者理解自己的问题有切实的帮助。为此,咨询师在问"为

什么"时,要用一种尊敬、温和、真诚的态度来问,具体运用时要注意:

(1)在问题中传递共情、同感和好奇。

(2)尽量用温和的语气,并保持一种好奇的态度。

(3)专注于来访者而不是别人。

(4)确保你的提问是开放式而非封闭式的。

(5)要配合来访者的思路和领悟询问。

(6)观察来访者对问题的反应,避免提问过多。不要一次问很多问题,要确保来访者有一定的时间来反应。

(7)询问多个问题时,需要采用不同的方式提问,避免问题听起来显得重复。

(三)针对情感的开放式提问

针对情感的开放式提问主要针对来访者的情感,咨询师要邀请来访者对其情感进行澄清或探索。同样它作为开放式提问技术,使用方法和注意事项与针对想法的开放式提问相似,只是在表达句式上突出的是感觉、感受、体验。可以用以下的典型句式:

- 你对那件事感觉怎么样?
- 请告诉我你当时的感觉好吗?
- 你在那样的情况下,体验到了什么?

……

下面是咨询师在咨询中使用的三个例子(针对情感的开放式提问见粗体字):

(1)来访者:我的论文完不成了。

咨询师:**我想知道你对此有什么感受。**

(2)来访者:我不知道该说些什么。

咨询师:**你现在有什么感受?**

(3)来访者:我的好朋友都去了国外读高中。

咨询师:**这个让你有什么感觉?**

二、具体化技术

具体化技术是咨询中一项非常常用且重要的技术,它是帮助来访者将自己对问题和与问题相关的个人的想法、感受、情感等具体呈现的面谈技术,也被称为"澄清技术"。

语言能对生活中的事物、现象、经验等进行概念化,具有抽象与概括性,然而在谈到具体的人和事物时,人和人之间必然存在着个体的差异性,所以,说者和听者对于同一个概念在理解上可能有着本质的差别,比如面对面的两人同时说的"右面",是两个完全相反的方向。即使是同一个体,在不同的时间和环境里,或者因为不同的情绪体验,表述的同一个概念,也会有不同含义,比如年轻人完成了一天工作时,会感到一种解脱的轻松,而老人则会感到时日不多的忧伤,所以他们口中的"日落西山"含义不同。因此,在咨询中,咨询师就来访者的言语所表达的内容一定要跟来访者核对,不能想当然,来访者的表达与咨询师的专业术语表达的内涵差异,不具体化是无法看到的,咨询师很容易出现理解上的偏差,很多时候咨询师的理解是自己的投射,这是咨询中不容忽略的问题。

(一)具体化技术的使用

有的来访者叙述事件、思想、情感时,常常自己都感觉是模糊不清、矛盾、不合理的,这便使得来访者的问题变得更加复杂,也因此困扰来访者。因此,具体化技术是咨询师在咨询过程中必须掌握的一项面谈技术。

(1)具体化技术可以运用于咨询的任何时刻、任何阶段,只要咨询师觉得来访者的叙述含糊不清、必须深入探讨,就可以使用具体化技术帮助引导来访者说出他们的故事,咨询师的提问可以帮助自己获得咨询的素材。咨询师的询问可以围绕七个"W"展开,即:什么(What)、什么时候(When)、什么地方(Where)、什么情况下(Which)、为什么(Why)、如何(How)、谁(Who)。例如:来访者诉说自己心里很难受,咨询师就可以问:

- 所说的难受是什么意思,是焦虑、抑郁、烦躁、恐惧,还是心慌、气短、胃痛、腰酸⋯⋯?
- 这种难受是什么时候开始的,持续了多长时间?
- 通常它发生在哪里?
- 在什么情况下发生的?
- 发生时,能感觉到是因为什么原因吗?
- 这种难受的感受有什么变化吗?怎么变化的?
- 最后要了解求助者是怎样一个人,性格怎么样,家庭情况怎么样,经济状况怎么样,等等。

这就是具体化技术,当然这七个"W"只是一种提示,并非每个 W 都要时时被问及。之前的开放式提问,也是具体化技术的具体应用。这里特别提出具体化技术,也是为了强化这个概念,丰富它的一些维度,比如:时间、地点、人物、事件、事件中来访者的想法、感受、体验等等。

(2)不同于开放式的提问,具体化技术可以使用封闭式的提问,等待来访者的澄清,比如咨询师对来访者说:"你刚才说你准备好了,是指分手这件事吗?"当然在得到确切的回答后,可以用开放式的提问了解他的打算和感受,等等。

(3)具体化还包括给各种现象打分,也称量化或刻度化,例如当时的恐惧是几分(最高为10分,最低为 0 分,下同)、心慌是几分,等等。通过刻度化,当事人会敏感地觉察到种种细微的变化,以及引起变化的各种因素,从而获得"控制感"。

(4)行为分析也是一种具体化,它主要是评估一种不良习惯的性质、程度、变化和影响因素,以便查清前因和后果。行为主义认为,行为是受前因和后果控制的,改变了前因和后果,就能改变和纠正不良行为。

(5)危机干预的基本方法也是具体化,主要围绕"什么"展开,例如问当事人发生了什么事,看到了什么(视觉),听到了什么(听觉),闻到了什么(嗅觉),碰到了什么,摸到了什么(触觉),觉得冷还是热(温度觉),有没有感到震动(震动觉),有没有感到摇晃、失重或头晕(位置觉和运动觉),出现了什么生理反应(如头胀、心慌、胸闷、恶心、胃痛),当时的心情是什么(情绪变化),想到了什么(思维),采取了什么行动(行为),结果是什么,等等。

在回答这些问题的时候,当事人会想起当时的情景,以及自己的感受、身体变化、心情、思维和行为,仿佛重新经历了一次,因而会出现强烈的情绪反应和生理反应,从而达到宣泄和情绪释放的目的。

通过重新经历,当事人会发现一些由于当时心慌意乱而没有注意到的许多新的情况,从而对整个事件产生新的认识。

(二)具体化技术的作用

具体化技术指咨询师协助来访者清楚、准确地表达他们的真正意图、观点以及他们所用的概念、所体验到的情感以及所经历的事情等。来访者所面临的情境及对这些情境的反应十分复杂,牵涉到的问题的细节常常不是随便就能想象得到的,咨询师如果非要去猜测、推想、判断,难免加上许多主观臆想成分,不仅费时费力,劳而无功,错误不断,还可能远远脱离来访者的实际情况,不仅不能帮助来访者,还可能产生副作用,造成无法弥补的损失。所以最简单、节省、有效的方法还是作具体化反应。

俗话说:"当局者迷。"来访者往往没有认真、系统地思考过自己的问题,所以理不清头绪,不知道如何下手。通过具体化技术的运用,咨询师能弄清楚来访者的问题,来访者自己也能明白。知道了问题是什么、出在哪里,绝大多数求助者自己就能处理,不再需要咨询师了。

案例对话 1

> 来访者:昨晚我丈夫好像中邪了,令我沮丧、生气。
>
> 咨询师:怎么会令你那么沮丧?
>
> 来访者:当我看到他躺在沙发上的可怜样,同时也觉得自己可怜,一下子充满怨气,不知往哪儿出。
>
> 咨询师:看来真是件不同寻常的事⋯⋯

案例对话 2

> 来访者:有时我真想彻底摆脱它⋯⋯
>
> 咨询师:你能描述一下"彻底摆脱它"的含义吗?
>
> 来访者:我怕落后,负担重,我想摆脱这种难过的感受⋯⋯

(三)具体化技术使用的时机

在出现下面的一些情况时,通常需要使用具体化技术。

(1)当来访者表达的观念、情感、问题等模糊不清时。如来访者说:"我很烦"、"我很自卑"、"我最近很苦闷"、"我觉得没有前途"⋯⋯

咨询师为了明确事件、来访者的真实感受等,使来访者表达的信息更清楚、更准确,可以问：

"你能否告诉我你……的原因是……"

"你是因为遇到……问题，才感到……的？"

"什么事情使你……"

……

（2）当来访者有着过分概括化的思维方式的时候，即以偏概全，以点概面，把个别当作一般，把局部当作整体，把问题扩大化、绝对化，把偶然当作必然，将事情越搞越复杂的时候，如来访者说"谁都不喜欢我"、"男人没有一个好东西"、"我这个人太虚伪"、"我是个失败者"……

这时咨询师可以用具体化技术的提问来帮助来访者检验自己过分概括的倾向，问：

"不喜欢你的人都有谁？"

"不是好东西的男人？比如哪几个？"

"你有哪些事做得不够真心？"

"能告诉我你最近的失败事吗？"

……

（3）当来访者无法区分情境和对情境的反应时，为了促进来访者表达得更清楚，鼓励来访者将问题引向深入，可以这样提问："你说你觉得……，能更具体些吗？""你所说的……是指……"

（4）当来访者陷入情绪而搞不清自己的处境时，咨询师可以通过具体化，帮助来访者弄清自己的所思、所感，明白自己的真实处境。例如：一位想要离婚的妻子在咨询师这边不断抱怨丈夫懒，在家不做事，在外面有没出息，挣不来钱……咨询师便问："这么糟糕的一个男人呀，我很好奇，当初你是因为什么嫁给他的？结婚前他是这样的吗？能说说你们婚后的生活情况吗？"……通过一连串的具体化提问，能使得妻子慢慢明白丈夫懒是自己造成的，自己需要学习鼓励丈夫积极主动。

（5）当发现来访者常用一些概括性的表达来呈现自己的困惑时，咨询师需要运用具体化技术来看到更加具体的细节，以便作自己的判断。如来访者说："我的儿子情绪控制得不好，自控能力很差，我希望你可以告诉我一些方法让我知道该怎么帮助他解决这个困扰。"咨询师可以说："看得出来，现在儿子的问题让你有些焦急，你希望能知道一些方法来协助儿子控制好自己的情绪，我希望你能先举几个具体的例子让我更清楚你的儿子的哪些表现让你感觉到他自控能力不强，情绪控制不好，以便我们找到适合他的方法来帮助他。"

（6）一句话、一个词在不同人的心目当中有不同的含义，当来访者对某些概念、含义还没有搞清楚时，易产生一些不准确的理解，可以通过具体化澄清概念。比如：

> 来访者：老师，我下学期就不在这个班了。
>
> 咨询师：不在这个班的意思是？
>
> 来访者：因为我选的科目不同，所以，会去另一个新的班。
>
> 咨询师：噢，那你知道哪些同学跟你一块儿分去新班吗？
>
> 来访者：我们班有 4 个吧，其他都是女生，男生就我一个。

咨询师：知道这个情况，你的心情是怎样的？

来访者：说不清，我不想为了留在原来的班选我不擅长的科目，但是听说新班男生很少，以后很难一块儿打球了。

......

通过不断澄清"不在这个班"的含义，最终来访者的矛盾心理和失落感逐渐呈现出来了。

（四）具体化技术的使用策略

如果发现来访者概念零乱时，可以采用"剥笋"澄清的办法进行层层解析，由表及里：

（1）选择最关键的一个概念让来访者具体化。

（2）咨询师不仅要澄清问题，还要帮助来访者学习如何就事论事、对事不对人，让来访者明白自己的思维方式是如何影响自己的情绪和行为的。

（3）咨询师的应答要针对来访者此时此刻的情况。

下面是一个父亲刚刚因为车祸去世的学生在咨询中与咨询师的一段对话：

来访者：爸爸去世了……我没办法相信，我没办法想象没有爸爸的生活。

咨询师：爸爸的去世让你感到非常突然、非常悲痛，是吗？他走得这么突然，我能大概感受你的伤心和害怕。你刚才两次使用"没办法"，你能说说你对"没办法"是怎么想的吗？

这里咨询师通过引导来访者具体说说"没办法"来引导其寻找"办法"。

（五）具体化技术使用的注意事项

尽管具体化技术在咨询的不同阶段都可以使用，但是还是要依据对咨访关系的评估情况来使用。因为，具体化的过程难免会对来访者进行质疑和澄清，没有工作联盟基础，会引起来访者的心理防御，从而使其阻抗咨询过程，甚至破坏已经建立的关系。为此，咨询师需要注意：

（1）具体化技术必须建立在良好合作的咨访关系的基础上，需要搭配其他技术，如开放式的提问技术，使得具体化的提问和邀请更能贴近来访者的感觉，让来访者感受到被关注和尊重，从而愿意进一步说明。

（2）提问的语气温和，语调应是探索性的而不是质疑的、批判的。

（3）提问后能倾听来访者的叙述，发现来访者叙述中含糊不清和可能存在歧义的地方。

（4）如果来访者的叙述有多个不确定的地方，咨询师可以选择从关键性的部分开始，邀请来访者具体描述这部分的细节。

（5）敢于深入地、具体化地提问，不要因为怕给来访者留下"理解力不强"、"缺乏领悟力"的印象而不愿意提问，让自己去猜测、判断。

（6）避免用一些心理学术语给来访者贴标签，尤其是对来访者人格进行负面评价的标签，如"你是个悲观主义者"、"你的性格过于内向"、"我觉得你太自卑"，这样的标签对来访者的人格有强烈的批评、暗示、强化作用。

三、创意提问微技术

提问根据问题形式可以分为开放式和封闭式提问。下面就开放式提问在不同情境领域中应用的一些微技术，做一点介绍，以激发大家的创意，使得心理咨询的艺术性能得到更多体现。

（一）"装傻"技术

"装傻"是一种温和的提问技术，可以避免来访者产生太多被引领、控制的感觉，减少来访者的心理防御，使咨询更聚焦于来访者和他的问题的展现。往往直到最后，来访者才恍然大悟，这种"顿悟"的效果带给来访者更深刻的体验，由于是自己领悟的，来访者也更能接受和将其带回生活。

"装傻"靠的是咨询时语言和非语言表达的把握，比如恰当的好奇、憨憨的提问、诚恳的态度加上频频点头的动作，有时还有一些看上去是自言自语，但实际上是给来访者听的话。总之，在来访者看来，是咨询师有不明白之处，需要来访者帮忙，把来访者放到了"咨询师"的位置。咨询师就好像把控制权也交给了来访者，营造了一个有利于来访者表述的氛围。

以下是"装傻"技术的示例：

> 来访者：我担心不替她办这事她会不高兴。
>
> 咨询师：她不高兴又怎样？
>
> 来访者：她不高兴我们的关系就会受影响。
>
> 咨询师：然后呢？
>
> 来访者：我们会断交。
>
> 咨询师：（自言自语）是啊，这倒挺麻烦的。（问来访者）她要求其他人为她做事吗？
>
> 来访者：也要求。
>
> 咨询师：那别人面对她过分的要求会怎么做？
>
> 来访者：她们会拒绝她。
>
> 咨询师：然后呢？
>
> 来访者：她就不理她们了。所以，她来找我帮忙，因为她知道我会尽力去帮她的。
>
> 咨询师：（自言自语）原来是这样的。（问来访者，好像很好奇的样子）那么，别人为什么不怕与她断交呢？
>
> 于是，来访者开始思考自己的问题。

（二）例外技术

短期焦点疗法相信任何问题都有例外。换而言之，我们要相信通常情况下任何问题都有例外，来访者有能力解决自己的问题。咨询师要协助来访者发觉例外，让来访者看到凭借自己的能力和资源来解决问题的可能。例如，当来访者叙述其整日沉溺于忧郁的情绪中无法自拔,咨询师可以询问其例外情境,也就是"何时忧郁不会发生"或"何时忧郁会少一点",通过分析来访者如何使例外情境发生,以及如何使这种例外情境更多地发生,使这些小小的例外情境变成对改变的洞察。

范例1:

来访者告诉咨询师他的生活状况非常糟糕,心情也非常恶劣。

咨询师:什么时候你的心情会不那么糟糕呢?

来访者:没有,总是很差。

咨询师:你是说你一直一来都心情很差,从来没有例外的情况吗?

来访者:也不是,看漫画书的时候不是。

咨询师:看漫画书的时候有什么不一样?

来访者:它可以使我忘记所有的烦恼。

咨询师:你觉得有什么办法可以让自己在心情不好的时候,还可以想到去看漫画呢?

来访者:嗯……让我想想。(开始思考这种可能)

咨询师可以从找到的例外情境开始探索,尝试从其间发现改变的途径和可能,发现更多使心情改变的途径。

范例2:

咨询师:那你的生活是怎样的?

来访者:你知道的,我总是处于抑郁的状态。

咨询师:什么是抑郁状态?

来访者:情绪低落,什么也不想做,什么也不做……

咨询师:你是说你一睁开眼睛就抑郁,一刻不停地抑郁?

来访者:那倒不是。

咨询师:那就是说,还是有例外的,尽管这种例外不多。

来访者:是的,有一些例外的时间,但不多。

咨询师:好吧,请注意你的这些例外。当这些发生时,报告给我好吗?另外,和我谈谈以前发生的那些例外情况吧……

在咨询中例外技术聚焦于来访者内在资源和积极的一面,而不是聚焦来访者的问题,所以这个技术比较适合在来访者过分沉浸在自己的负面情绪里的时候使用,当来访者尝试改变和寻求解决方案时,挖掘资源可以帮助来访者增加改变的动力和信心。这个技术在咨询之初——咨访关系建立的时候使用就不一定理想,尤其是当来访者需要宣泄压抑已久的相关的负面情绪时,"报喜不报忧"会让来访者觉得咨询师忽视他的问题,并非真正理解和关切他的痛苦。

(三)"你是咨询师"技术

"你是咨询师"技术体现的是换位思考,是指邀请来访者扮演咨询师来分析和出主意。

"你是咨询师"技术的作用主要有两点：①将来访者从主观的位置置换出来，鼓励他从客观的角度看问题，减轻其痛苦和困扰的感觉；②让来访者尝试从咨询师的角度，去发现问题的解决之道，强化他按照正确的、能解决问题的方法行事的动力。

使用范例：

> 咨询师：听上去你的问题确实挺麻烦的。来，让我们假想这样一个场景：如果你现在成了咨询师，我是来访者，我来咨询，向你说了这么一堆看上去很麻烦的问题，你会对我说些什么，给我一些怎样的建议呢？
>
> 来访者：（陷入思考后）我想我会说……

（1）用于两难处境时：当来访者陷入两难困境，寻求两全其美的解决之道时，这一方式尤其适用。"你是咨询师"的换位思考能让他充分意识到正是自己的非理性观念让自己陷入了困境，要解开这个死结，一定要放弃追求完美的失调认知。

使用范例：

> 咨询师：对于刚才的问题，我们假想我们换一下角色，如果你是我的话，你会给我什么解决方案呢？
>
> 来访者：（陷入思考后）我发现我没解决方案。如果要求这么高的话，根本不可能有解决方案。这根本就是个无解的两难困境。
>
> 咨询师：看来也是。那我该怎么办呢？
>
> 来访者又开始思考……

（2）用于行动力的推动："你是咨询师"技术在某种程度上体现了后现代疗法中"来访者拥有解决问题的能力和资源"的思想。应尽量鼓励来访者自己提出解决方案，当相关解决方案由来访者自己说出时，其实施的行动力会有所加强。

使用范例：

> 来访者：经过这一段的咨询，我发现自己有的时候就会让自己像你一样，给自己做一些认知的调整。原来自己以前的一些想法不是很对……有时候把自己当成像你一样的咨询师，给我自己做一些调整，我感觉会好受很多。
>
> 咨询师：你会有这样的体验，很好。其实，你可以成为自己的"认知治疗师"，这也是自助的高境界，能够帮助你更好地去面对生活中的困难。

专业咨询师对来访者获取"咨询师"能力的肯定，能够促进来访者对自我功能的肯定及积极发展，更好地促进来访者的改变。

（四）水晶球技术

所谓水晶球技术，就是借由一个"水晶球"让来访者去预想未来，属于后设认知的实用技巧。它是未来导向的,引导来访者去看当自己的问题不再是问题时自己的生活景象。类似的技术还有"奇迹"技术、"时空转移"技术等,都是将来访者的焦点从现在和过去的问题转移到将来的理想的生活上。这样一方面能使心理咨询更有正向引导性和激励性,另一方面也能鼓励来访者深入地澄清自己的价值,建构自己生活的意义,从而强化来访者改变的意愿和动机。这样也会使正向的改变来得更快、更有效。

这个技术在职业生涯辅导中是很有效的方法。面对选择,人们当下常常很难做出决定,但是,如果能让时间后推,设想进行不同选择后的生活图景,那么来访者可能就能洞察他更需要怎样的生活、目前哪个选择会导向自己想要的生活。"失之毫厘,差之千里"就是告诉我们选择的当下没有太明显的差异,仅仅"毫厘"而已,但是一旦行动,不需千里就能发现毫厘的差别,因为差异在运动中被放大了。所以让来访者从现在静止的状态运动起来,看向未来、远方,帮助来访者发现问题、做出选择,这就是水晶球技术的奇妙之处。

使用范例:

> 来访者向咨询师抱怨自己一无是处,既没有什么特长,学习也不好。
>
> 咨询师:(适度同感后)假设你的面前有一个水晶球,它能让你看到你的未来。想象一下,当有一天,也许是 20 年之后,甚至是更久之后,你有所成就的时候,你是怎样的一个人呢?
>
> 来访者:让我想一下……我想那时候我是一个很好、很出名的中学老师,有了很多优秀的学生。他们都很尊重我。我对他们也很好。我有一个幸福的家庭,丈夫很照顾我,孩子也很听话……
>
> 咨询师:你想要有一个美满的家庭,而且成为一个受人尊敬的老师。
>
> 来访者:是的。那样该多好啊!
>
> 咨询师:你真的很向往有那样的生活吗?为什么呢?
>
> 来访者:当然!因为那样可以让我……

心理咨询的提问技术是引发来访者领悟和改变的重要技术,使用时往往不能仅仅考虑措辞,还要关注使用的语气、结合的语境,以及与来访者之间建立的工作同盟关系。咨询师自己也要有开放的思维和积极的心态,这同样对咨询师的个人成长提出了要求。

第三章　学校心理咨询的半结构化流程与效果评估

在我国,虽然学校不是在校学生的法定监护人,但是学校对在校学生有安全教育和提供危机预防与危机救助的责任,也有为学生提供心理健康教育和心理咨询服务的义务。但是,从学校心理健康教师目前的设置来讲,资源的有限性和对象的特殊性,使得学校的心理咨询服务有别于社会的心理咨询服务,这主要表现在咨询的时间难以保证、咨询服务的伦理也受影响上。因此,基于学校的心理咨询服务设置的特殊性,学校心理咨询不是从理论出发的,而强调工作实践。那么学校的心理咨询服务需要怎样的设置呢？这一章将介绍学校心理咨询的半结构化流程,它是一系列操作程序,但同时它也可以作为学校心理咨询师的基本技术。此外,半结构化的心理咨询流程对心理咨询的效果提出了可视化的评估要求,所以,本章也将介绍心理咨询效果的过程性评估,并提供可供参考的评估工具。

第一节　学校心理咨询的半结构化流程

近三十年来,我国的学校心理咨询取得了蓬勃的发展,为学生提供的心理咨询服务从数量少、咨询风格随意,逐渐走向了量大质优的专业化发展道路,不但心理咨询本身获得了学生群体的认可,学生心理咨询的有效性也逐渐得到了较为一致的好评。大部分进行咨询的学生,困扰于学业、人际、情感、职业发展等目前成长阶段所面临的发展问题,在咨询内容上具有相当程度的一致性。在此背景下,如何突破不同咨询理论流派的壁垒、综合考虑影响咨询效果的因素、为学生提供专业有效的短程咨询,已经成为了学校心理咨询发展的大问题。学校心理咨询的半结构化流程也正是在这样的背景下提出的。当然,学生主动寻求心理咨询,主要还是发生在高中和高校。初中生、小学生咨询的问题通常是一些更加具体的问题,有些是因为不了解信息而产生的疑惑,所以多数一次能解决。小学生的心理问题的咨询更加偏重于疏导和教育,和常规的咨询不太一样。所以,半结构化流程相对来说更适合于高中和高校的心理咨询服务工作,但在初中、小学未必适用,仅供参考。

一、半结构化的心理咨询

半结构化心理咨询流程是学校心理咨询的一个工作框架,该框架通过时间设置和咨询反馈,不断促进学校的心理咨询工作者与来访学生达成咨询目标。具体来说,在设置上注重在整个咨询过程中不断获得来访者的反馈,达成有效的工作同盟,在技术上要求咨询师根据来访者的反馈调整自己的咨询重点、咨询技术,以期与来访者达成最有效的合作,充分发挥学生的主观能动性。更重要的是,半结构化的心理咨询并不限制咨询师本身擅长的流派取向或是咨询技术,但整个过程中聚焦于与来访者合作关系的建立,并以最终带来的临床改变度作为重要的权衡标准,是一种以咨询效果为导向、有框架却无限制的工作模式。

（一）咨询的时间设置

以大学生心理咨询为例，大学生来访者具有咨询动机高、整体心理功能较好的特点，大多数学生在咨询过程中最为获益的部分往往是获得了足够的情感支持、掌握了一定的问题解决技巧，或是发展了内省觉知的能力。考虑大学生群体的心理特点，综合目前中国台湾、美国等高校心理咨询的经验，作为学校的常规咨询，半结构化的心理咨询应该为短程模式咨询，建议其在5—8次左右，跨时约两到三个月，总体控制在一个学期之内。咨询师应通过专业陪伴、目标澄清、促使行动，为来访者提供一个寻求改变与突破的空间。

（二）咨询的疗效因子

无论咨询师采用什么流派、什么策略、什么理论背景的工作方法，咨询效果本身最能反映短程咨询的实际作用。半结构化的心理咨询方案直击要害，同时关注在疗效研究中取得共识的参与者因素、关系因素及技术因素等三大类疗效因素的发生，在整个过程中关注与来访者的互动、反馈，促进这些因素的发生与培育。

具体来说，卡斯顿杰（Castonguay）和博伊特勒（Beutler）在2006年基于大量临床实证研究，把对心理咨询发生影响作用的因素分成了参与者因素、关系因素和技术因素。其中参与者因素是指来访者或咨询师所具备的独一无二的性格特点，即在治疗之外的生活中所显露出来的特质，如依恋风格、宗教信仰、期望等；关系因素是指咨询关系的一般性特质，以及咨询师促进或阻碍改变发生的人际交往技巧，如尊重、真诚、自我暴露等等；技术因素是指组成咨询模式的特殊过程。

（1）参与者因素包括了咨询师和来访者两方面的作用。其中对预测性变量的研究结果发现：年龄越大的来访者越少从一般心理治疗中获益；有宗教信仰的来访者从团体中获益更多；如果咨询师和来访者有同样或类似的宗教信仰，咨询脱落的比率较小，效果也更好；咨询师如能对不同的宗教观点持开放、宽容的态度，治疗效果会有所增加；对于那些容易冲动、抱怨的人格障碍患者，直接的行为改变和减轻症状的尝试（如学习新的技能、管理冲动）比引发洞察和自我觉知更加有效。

（2）从关系因素来看，有效的咨询最好界定为咨询师和来访者之间如何互动，即：改变源于咨询师和来访者带来的咨询的质量以及他们之间发展出来的关系。临床实践也表明，咨询过程中积极的关系可以增加咨询师对来访者的影响作用。在良好的咨询关系中，咨询师的建议、解释、家庭作业和其他活动更有可能被接受和遵守。从社会学习理论取向来看，来访者为了取悦咨询师也更愿意尝试改变（倪竞、侯志瑾、邵瑾，2011）。

（3）从技术因素来看，除一小部分心理疾病，如强迫症、焦虑症，很难找到某种优于其他方法的咨询方法外，对患有其他心理疾病的人来说，接受心理咨询显然是有益处的。研究结果表明，不同的咨询方法对改变所产生的影响作用不超过10%。值得一提的是，美国心理协会的疗效研究小组区分了大约150种不同的治疗方法或理论模型，每一种都有不同的指南和针对不同类型来访者的治疗方法，研究却表明，这些不同的方法或理论模型对咨询效果的影响微乎其微。由于这些方法都自认为建立在实验研究的基础上，许多人开始怀疑发展更多的指南是否有用或值得。

技术因素包括咨询师的定向程度、洞察程度、咨询的密集度（如长度、频率等）、干预的人际焦点、增强或支持情感等。越来越多的研究支持为来访者提供了各种不同的解释或者治疗原理，它们似乎都有积极的效果，只要咨询师以自信专业的态度呈现解释，并且来访者能够理解及接受这个解释，解释或原理到底是什么似乎并不重要（Garfield，1995）。总之，提供可供来访者选择的生活态度被许多理论家公认为是促进治疗性改变的共同因素。

综上所述，心理咨询如何发挥作用在一定程度上已经不再是个"谜"，已有的研究对其发挥作用的内在因素进行了系统的梳理。虽然从实证研究的角度对咨询的作用机制进行探索可能远远没有达到表达清楚的程度，但在咨询过程中对这些重要因素的关注已成为临床工作者不能忽略的工作重点。

（三）学校咨询的文化背景

大学生来访者大多数时候把咨询师作为"老师"、"专家"来看待，这些文化差异引发的角色定位同样是本土化心理咨询方案需要考虑的因素。目前心理咨询界受到普遍认可的理论与技术主要来自于西方，其主题、运作方式及目标取向深受欧美咨询状况的制约（汪新建，张秋霞，2003）。而东西方文化在思维方式上的差异渗透在不同的咨询理念与工作方法中。其中最典型的差异包括：

（1）东方文化更加重视人际关系，当人际关系发生矛盾冲突时更强调自我约束，即克己复礼，强调个人对自身的自省、自控，以达到人际关系中的和谐。而源自西方的心理咨询理念往往强调自我表达与情绪梳理，在面对注重人际和谐的东方人群时往往会遇到难以深入、难以表达的困境。中国大学生所要经历的自我发展之路更需要去考虑家庭、环境、师长等诸多因素的共同影响作用，更多地偏向"关系中的自我"。在工作方法上，东方人的情绪情感表达往往是深沉内敛的，更多地强调"言有尽而意无穷"，有时咨询师的沉默或非语言表达的共情反而比明确标注各种情绪词汇更能传递更为深入的理解。

（2）有关权力距离的跨文化研究发现（Hofstede & Hofstede，2001），中国属于较高权力距离国家，即社会等级结构的存在很自然，权力关系在日常生活、工作和交际中起到重要的作用，人们根据不同的权力关系来调整自己的言行。上下级之间的情感距离较大，下级较满意于命令式的管理方式，不太愿意与上级商讨问题或公然反驳。这种高权力距离的文化特性同样反映在咨询关系中。而在西方发展出来的咨询理念中，咨询师与来访者是平等的、互助的，所有工作的核心与理念也着重于发展这样的咨询关系，这种平等互助的咨询关系基于西方低权力距离的文化传统，可以说是水到渠成。但是，这样的咨询关系与理念移植到高权力距离的东方文化下，自然会出现水土不服的问题，比如来访者会自然地把咨询师当成心理专家，求建议、求方法、求改变，请他们对自己的人生进行指点。这也需要咨询师调整与来访者的工作方法，不只是强调平等的关系，而是在咨询中适当地承担"专家"的责任与身份，并在合适的时候把这种责任还给来访者。

为了更好地促进大学生来访者与咨询师形成有效"合作"，我们提出的短程方案在首次、中期咨询时均需要针对疗效因子得到反馈，以促进大学生来访者以平等互助的角色身份看待彼此的咨询，最大程度地投入咨询，最终与咨询师共同促进咨询效果的产生。

因此,半结构化的短程心理咨询方案同时考虑了大学生来访者的心理共性、疗效因子的培育以及文化差异带来的影响,以互动反馈促进咨询同盟的形成,进而促进咨询效果的最大化。

二、半结构化心理咨询的操作步骤

学校短程心理咨询方案,其特点是在6—8次的短程咨询过程中综合考虑来访者的特点、研究证据及咨询师的专业技能,根据首次咨询反馈、中期咨询反馈,不断调整咨询师与来访者的工作重点与工作风格,以促进咨询效果的最大化。

结构化咨询可针对高校学生常见的发展类问题,包括学业困扰、人际问题、情感困扰、个人成长等,制定相对系统的、一定程度上标准化的工作方案,突破流派和技术本身的差异,强调咨询师在工作过程中不断发展自身的反思性功能,作为一名反思性的实务工作者不断改进工作过程,促进短程咨询效果与临床满意度的最大化。

(一)半结构化心理咨询的阶段

半结构化的心理咨询方案主要针对大学生常见的发展类心理咨询。咨询一般为6—8次,在整个过程中咨询师对重要的疗效因子进行持续评估,以反馈促进临床行动,帮助自己成为反思式临床工作者,以合作、互惠的理念最大限度地促进大学生来访者的临床改变与咨询满意度。

1. 首次咨询前

咨询师应详细告知反思式短程心理咨询方案的基本设置、权利义务以及常规咨询的保密原则、知情同意原则以及涉及录音录像的保密协议等,并请来访者明确勾选想要解决、咨询的主题(1—2个),帮助自己从首次咨询开始即尽可能聚焦在来访者真正想要面对的问题上。此外,咨询师可引入常规临床咨询效果评估表(Evans等,2000),从主观幸福感、整体功能、问题症状、危机四个维度对来访者在开始咨询前的初始状态进行评估,帮助自己细致、快速地了解来访者目前的困境与心理状态,同时关注来访者初始状态的基线,以便与结束咨询时来访者的心理状态进行比对,关注临床改变度。(参考附录1)

2. 首次咨询后

咨询师应请来访者花3分钟左右的时间对来访者因素(包括投入程度、期待水平、依恋模式)和咨询师因素(包括咨询态度、同感程度、咨询技术)以及首次咨询的工作目标达成(包括明确设置、初步建立关系、明确目标三个方面)进行评估,帮助自己在首次咨询结束后,通过反馈了解首次咨询的进展情况,根据来访者特点制定后续咨询方案。此部分问题中还包括旨在评估来访者是否有效答题的题目,帮助咨询师注意那些无法对咨询师进行负性评价或进行掩饰的来访者。

咨询师可以通过首次咨询后来访者的评估结果有意识地关注一些来访者自身因素的影响,比如,来访者的投入程度是否足够,来访者是否对咨询有过高或过低的期待,以及影响工作同盟建立的依恋风格的作用。在依恋风格的评估中可使用简单有效的关系问卷,区分不同的依恋风格,这样能提醒咨询师根据来访者不同的依恋风格有意识地采用不同的工作方式。如对于回避型依恋风格的来访者,由于他们本来不太习惯和陌生人建立起亲密的关系,咨询师需要有足够的耐心,不要操之过急,但也要在一定程度上尝试主动与来访者就咨询的设置进行约定,给来访者一个空间,让其学习逐渐去信任咨询师,去分享自己的困扰;而对于矛盾依恋型的来访者,咨询师需要重视来访者想要靠近又害怕靠近咨询师的内在冲突模式,能适度地给予来访者挣扎矛盾的空间,注意在建立有效的工作同盟后再逐步推进咨询的进展。(参考附录 2)

3. 四次咨询后(中期评估)

咨询师应请来访者花 3 分钟左右的时间对来访者因素(包括投入程度、期待水平)和咨询师因素(包括咨询师的咨询态度、同感程度、咨询技术)再次进行评估,同时自我报告中期工作任务的达成情况(包括目标推进、关系深化、对下阶段咨询的共识)。此外,中期反馈还引入了工作同盟量表(WAIS,Hatcher & Gillaspy,2006),对四次咨询后工作同盟是否建立进行评估,旨在帮助咨询师了解此阶段咨询进展情况,并注意工作同盟的形成与否,及时调整后续工作目标与方案。

在四次咨询后,短程咨询进入中期阶段,咨询师在该阶段要请来访者再次评估自身的投入程度、期待水平及对咨询师的工作态度、同感能力和咨询技术的满意程度,以帮助自己看到来访者的动态变化,及时在后期咨询中调整工作方案。此外,引入工作同盟量表也是为了帮助咨询师与来访者共同关注咨询效果的关键性因素——咨询关系,通过评估促进临床工作。如果在四次咨询后工作同盟尚未形成,咨询师则需要再次反思关系的部分,有意识地与来访者讨论咨询关系,促进工作同盟的形成。(参考附录 3)

4. 结案反馈

咨询师要请来访者从五个方面对咨询各方面的满意度及咨询带来的改变度进行评估,根据高校心理咨询工作的特点,来访者要对助理工作和咨询师工作的满意度分别进行评估,同时关注咨询带来的改变及目标达成情况。此外,结案时要再次使用常规临床咨询效果评估表(Evans 等,2000)对咨询干预后的来访者状态进行评估,以便与咨询前的来访者状态进行比对;并请来访者对咨询工作提出具体意见,通过反馈不断改进临床工作。(参考附录 4 和 5)

以上半结构化的短程心理咨询方案旨在通过在整个咨询过程中不断获得来访者的反馈,及时调整工作重点。在首次咨询后即关注来访者的依恋风格、期待水平等影响工作同盟建立的因素,能引导咨询师突破流派壁垒,以来访者的反馈为中心调整工作方案。在中期咨询后应注意工作同盟的形成,将心理咨询中最为重要的疗效因素纳入临床实践中,以研究指导临床工作,并通过临床反馈进一步促进咨询效果的产生。

当工作对象变为小学生、中学生时,可以酌情调整首次咨询后、中期咨询后反馈的内容和篇幅,如:设计生动、有趣的反馈卡片,询问小学生的咨询感受;使用简单的五点评分问卷,请中学生反馈咨询后的满意度等。在最终咨询效果反馈上也可使用常规临床效果评估表的青少年版,该量表仅含 10 个问题,在表述上也可以根据青少年的特点做了口语化调整。

(二)半结构化心理咨询中咨询目标的构建

心理咨询目标的构建,一直是困扰初阶心理咨询师的一个难题,许多心理咨询的有效性低就是因为受到咨询目标不恰当的影响,所以咨询目标一定程度上也决定了心理咨询的疗效。咨询目标构建中最常见的问题是来访者的诉求和咨询师的需要不一致、没有重点,咨询师和来访者无法达成一致的目标,比如:来访者希望让男友回心转意,咨询师看到了来访者人格中的偏差,自己设定的目标是帮助来访者认识自己扭曲的依恋关系和人际相处模式,而在整个咨询过程中,咨询师自己的咨询目标没有得到来访者的确认,咨询师也没有就来访者人格因素和"恢复和男友的恋爱关系"建立起来访者认同的逻辑关系,所以咨询过程变成了没有交集的交谈,来访者感觉没有效果,咨询师则感到使不上劲儿,一旦强行建议,就违背了心理咨询助人自助的基本理念,变成了德育工作,引起来访者的抵触,个案也就很快脱落了。

为此,半结构化的心理咨询方案为咨询师提供了短程咨询目标的构建框架。

1. 半结构化心理咨询的四种咨询目标

半结构化的心理咨询方案尤其强调针对高功能、高动机的学生来访者尽快形成一致的咨询目标,这也是学校心理咨询的工作要点。具体来说,咨询目标有长期短期之分,有总目标与分目标之别,主要包括以下 4 种:

(1)总目标:即咨询师与来访者在相互沟通的基础上达成的整体目标,代表咨询师心中咨询的总体方向。有时总目标可能是咨询师根据来访者的心理状况设定的,但咨询师需要和来访者有一个达成共识的沟通。总目标一般来说概括性较强,如提升自尊、达到内心的和谐一致、自我成长、具备胜任生活的能力等。

(2)咨询的最终目标:即来访者在整个咨询过程结束后想要得到的结果,如希望强迫症状消失、不再恐惧与异性相处等。咨询的最终目标是咨询师同来访者共同协商的,可以是口头的约定。在整个咨询的过程中,这些目标可能会发生改变,来访者可能想要增加或调整原来想达到的目标,如希望强迫症状消失的来访者可能在咨询中将目标变为希望内心的冲突能够减少。

(3)会谈的目标:即每次咨询师和来访者会谈时所设定的一个目标,如在第三次会谈的时候主要是处理来访者对其过世父亲的愧疚的情感,在第五次会谈的时候主要是处理来访者对自己愤怒情绪的控制等。每次会谈的目标都会朝向最终目标迈进,每次会谈也会聚焦于来访者的内心困惑。

(4)逐步目标:即在每次会谈当中的一些小的、更具体的小目标,如在第三次会谈时主要是处理来访者对其过世的父亲的愧疚,而这个过程当中又有三个小目标:让来访者打开自己与父亲的情感闸门,让来访者通过各种方式将对父亲的情感宣泄出来以及在情感宣泄后进行正向情感的探讨。只有在这些逐步目标达成后才能完成会谈的目标。

案例说明:

来访者是一个文静的大二女生,困扰于自己对带有羽毛的一切动物的恐惧,最近泛化到开始对类似羽毛的物品产生恐惧感,如鸡毛掸子、衣服上装饰的鸡毛、鸡毛笔等。她看到这些物品的时候全身会出现不舒服的感觉,呼吸开始变得急促,整个人开始打哆嗦,无法移动脚步,感觉到心悸。她很小的时候被公鸡啄伤过,此后从来不吃鸡肉,后来不吃鸭肉、鹅肉等有羽毛的动物的肉。她在大学一年级的时候因为远离家人,产生了强烈的思乡情绪。大二的课程有实验课,需要解剖鸽子,这让她恐惧不已,特来咨询。

通过与来访者协商和确定,心理咨询师可以确定以下的咨询目标:

(1) 总目标:提升来访者面对压力时的处理能力,提升其内在的自尊,使其具备胜任学习和生活的能力。

(2) 咨询的最终目标:消除或降低来访者对于带羽毛的物体的恐惧,进而消除其对于带羽毛的动物的恐惧感。

(3) 每次会谈的目标需要根据来访者的情况进行详细的讨论,对于逐步的目标可以进行以下考虑:对于带有羽毛的物体的黑白图片进行脱敏,接下来对于带有羽毛的物体的彩色图片进行脱敏,再对实际的带有羽毛的物体进行脱敏,进一步对带有羽毛的动物的图片进行脱敏,并对带有羽毛的动物进行脱敏。对于童年创伤的处理可以根据情况安排在不同的时间段内进行。

这样的一个过程,能让心理咨询师对于整个个案的走向有一个整体的把握,这样就可以在大的总目标之下通过一步步完成逐步的小目标达成对心理问题的解决。

2. 咨询目标构建的注意事项

那么,对于一个咨询师而言,如何提高自己构建这些咨询目标的能力呢? 通常需要注意以下几点:

(1) 咨询师需要对来访者的心理问题有整体的把握与评估,这可能会花几次的时间,也可能只需要一次,因此,咨询师在确立咨询目标方面的第一步就是熟悉来访者、了解来访者的心理问题。

(2) 咨询师需要在评估与诊断的基础上进行最终咨询目标的构建,如帮助来访者消除他的强迫性行为、使来访者与配偶的沟通由负性的转为正性的良性沟通等。一般来说,咨询的最终目标的构建是相对简单的,因为来访者通常在第一次就会告诉咨询师自己希望能达成的咨询结果,这个结果就是两个人共同工作的最终目标。有时候,咨询师就这个目标可能还需要与来访者达成结构化,如这个目标的达成可能需要多长的咨询时间,在这其中需要一步步达成一些什么样的咨询效果,需要来访者做一些什么样的努力等。这个结构化的过程有助于来访者了解咨询是怎么回事、在咨询过程中可能经历什么、自己是否需要积极参与进来等。这也为来访者能够做好心理准备进入咨询的过程作了一个很好的铺垫。

(3) 咨询师需要对最终咨询目标进行分解。咨询师对最终咨询目标有多少的把握是影响目标细化的关键。在这个细化的过程当中,督导的协助对初学者而言是很好的帮助。若缺少督导的协助,则需要咨询师自己进行相应的训练和实践。

(4) 确定每次会谈的目标。这对咨询师而言是非常重要的,有些咨询师在咨询的过程中容易出现"爆米花综合症"(Nystul,1981)现象,就好像咨询师坐在电影院,一边吃着爆米花,一边听着来访者讲述他们生活中的琐事。有爆米花综合症的心理咨询师通常会很享受心理咨询的过程,但是他们也经常会感到没有达到什么目的。出现这种情况时,咨询师可能会感到自己迷失在连续的故事叙述当中了,这也恰恰反映了咨询师由于缺乏细化的咨询目标,被来访者的故事给"牵着鼻子走"了。这就需要咨询师能够承担起在心理咨询过程中的引导责任,每次咨询都与来访者积极总结以往咨询的效果,在总目标框架下,根据事先计划,设定每次会谈的目标。

三、半结构化短程学校心理咨询的个案示范

(一)接案

1. 个案背景

小丽是重点高校外语学院的大二学生,她在来寻求心理咨询之前的一周中鼓起勇气参加了班级里的英语达人比赛,但是竟然在比赛现场一句话都说不出来,这让小丽非常沮丧,又觉得丢人。小丽本来就是个内向的姑娘,自述在高中时就有在社交场合的焦虑反应,进校后自己非常努力地学习,写作和阅读能力都很不错。上了大二之后,老师要求学生们在口语及交流方面加强,小丽开始被自己在众人面前的紧张情绪所困扰,再加上这次的彻底说不出话来的糟糕体验,内向的小丽决定走进咨询室克服自己的问题。

2. 咨询开始前评估

咨询正式开始前,小丽在咨询助理的协助下完成了咨询情况告知书(见附录1),了解了咨询的基本原则并签了字。此外,小丽还完成了常规心理咨询效果评估表的前测,该量表帮助咨询师了解到小丽主要存在焦虑方面的问题,在整体功能的能力方面表现良好,但在社交、亲密关系方面存在困难,此外,小丽也没有涉及生命安全的危机情况。

(二)首次咨询

1. 首次咨询情况

首次咨询中,咨询师主要了解了小丽目前的困境,这种困境主要表现在她在众人演讲方面的困难上。咨询师与小丽商定了共同的咨询目标,希望通过8次咨询,一方面在咨询室内进行练习,另一方面在日常生活中按照和咨询师的约定进行尝试,逐渐克服在众人面前进行演讲以及主动和陌生人交流方面的困难。

此外,在首次咨询中,咨询师还和小丽一起探索了这种紧张焦虑感的来源,小丽提到了自己严苛的父母,他们总觉得自己表现得不够好,总觉得自己一举一动都可能做错,这也让小丽形成了对自己过于负面的核心评价,即"我总是会做错的"、"我不招人喜欢"。咨询师和小丽一起回忆了过去生活中几段重要经历,帮助小丽反思自己一直以来习以为常却会带来各种不适应反应的思维方式。

最后咨询师和小丽约定了接下来七次咨询的具体时间,并布置作业,请小丽在下周先尝试主动和班级同学打招呼,同时记得将自己的心理活动和打招呼的结果记录下来,回到咨询室后和咨询师一起来讨论和面对。

2. 首次咨询后评估与反馈

首次咨询后,小丽在咨询助理的引导下完成了首次咨询后评估表(见附录2)。通过该评估表,咨询师注意到小丽对咨询师在同感、理解以及技术方面都非常满意,但也自述自己难

以批评咨询师或表达自己的不满;此外,咨询师也注意到小丽在依恋模式上偏先占型,虽然想要和别人亲密,但总担心别人并不愿意。在接下来的咨询中,咨询师决定根据小丽的特点,一方面鼓励她在咨询师面前表达自己对咨询的期待以及进展过程中的担心和不满,另一方面主动和小丽进行各种约定,表达对小丽的肯定,并且说明如果小丽在完成咨询室外的作业时遇到困难,一定要回到咨询室里来和咨询师一起面对。

（三）中期咨询

1. 中期咨询情况

在接下来的 3 次咨询中,咨询师一方面在咨询室里和小丽进行各种现场模拟练习(如打招呼时同学们根本没注意到小丽、和陌生人主动说话、被陌生人拒绝、在 2—3 人面前用英语介绍自己等),在咨询师的不断鼓励下,小丽首先在咨询室里尝试应对各种困难的情况,结束咨询后的一周内在咨询室之外进行锻炼。小丽的进步非常明显。

另一方面,咨询师持续和小丽探索过往经历对她的核心信念的影响,讨论小丽觉得自己有价值、被人喜欢时的情况,也和小丽进行"我是什么样的人"的填空练习,不断挑战小丽本来习以为常的思维方式与核心信念,帮助小丽更加自信地面对大学生活。

2. 中期咨询后评估与反馈

第 4 次咨询结束后,小丽在咨询助理的引导下完成了中期评估表(见附录 3)。咨询师用该评估表再次请小丽评估对咨询师同感能力、咨询态度、咨询技术的满意程度以及中期目标的达成情况,并请小丽完成工作同盟量表,评估咨询师与其建立工作同盟的情况。咨询师通过反馈注意到自己和小丽之间形成了良好的工作同盟。在咨询师的鼓励和引导下,小丽完成了一个个她本来觉得无法达成的小目标,这让小丽增加了自信,也逐渐动摇了她觉得自己不招人喜欢、总是会犯错的想法。但咨询师也注意到,小丽对结束咨询有所担心。咨询师决定在后期咨询中和小丽讨论这种担心,以便平稳地结束咨询。

（四）后期咨询

1. 后期咨询情况

在第 4—8 次咨询的过程中,咨询师在和小丽建立了良好的工作同盟的基础上,和小丽开始共同挑战她最大的困境,即在众人演讲方面的困难。在第 5 次咨询中,咨询师鼓励小丽在咨询中操练演讲,引导她想象面对班级同学介绍她自己。第 5 次和第 6 次咨询的间隙,小丽在班级中进行了课程结果汇报,得到老师和同学的称赞,这给了她极大的信心。第 7 次咨询中,咨询师开始和小丽讨论以后如果再遇到社交场合的紧张可以做些什么,陪伴小丽一起完成了温馨提醒卡,并把小丽觉得最有帮助的部分逐一写了下来,为结束咨询做好准备。最后一次咨询时,小丽已经达成了咨询目标,咨询师和小丽讨论了整个过程中小丽付出的努力,完成了结案。

2. 结案后评估与反馈

整个咨询结案后,小丽在咨询助理的引导下完成了结案反馈表(见附录 4)。该评估表请小丽评估了对整体咨询的满意度以及咨询带给她的改变程度,并请小丽给出改进咨询及咨询接待工作的意见。此外,该评估表还请小丽完成了常规咨询效果评估的后测。与咨询开始前的前测结果相比,小丽在焦虑维度上的得分有显著性下降,在主观幸福感维度上的得分有显著性提升,综合小丽对咨询的满意度(9分)及咨询带来的改变度(9分),本次咨询较好地达成了小丽的咨询目标。此外,咨询师也完成了结案情况记录表(详见附录5)。

第二节　学校心理咨询的效果评估

上一节在介绍半结构化短程心理咨询方案的同时也呈现了如何在心理咨询过程中进行效果评估,你可能了解了心理咨询效果评估的重要意义,也知道了一些评估工具,这一节将围绕着心理咨询效果的过程评估,具体介绍相关的评估工具。

一、常见的心理咨询效果评估工具

经历了多年的心理治疗和心理咨询的发展过程后,从20世纪末开始,西方逐步把心理治疗和咨询纳入社会医保体系,也对心理治疗和咨询疗效的实证研究提出了要求,心理咨询的效果评估成为一个越来越受关注的主题,大量的临床实证研究得以展开,并取得了初步的结果。但是,我国心理咨询整体起步较晚,对于心理咨询效果的评估也处于初步发展时期,大多关注特定的症状,缺乏统一的标准。

目前学校心理咨询已有的评估方式多为主观评估,如来访者自评咨询满意度、咨询带来的改变度等,缺乏统一的标准。学生一方面对心理咨询还缺乏科学的认识,对心理咨询能起到的作用并不十分了解,难以作出客观的评价,另一方面,还容易在师生关系的影响下,向咨询师示好,给予好评。

此外,针对目前学生焦虑抑郁等严重心理问题频发的情况,有必要采用标准化的疗效评估量表,对危机风险、症状严重程度及自我功能等进行综合的评估与追踪,并对心理咨询的疗效及影响因素进行更为细致的研究,以促进学校心理咨询的专业发展。此外,精神科医院或私人机构提供的一般性心理咨询同样需要对咨询效果进行较为客观的评估,排除流派壁垒以及工作技术本身的不同,以疗效研究辅助、促进、指导咨询师的工作过程,并在首次咨询前通过评估对来访者的整体功能、危机情况等进行预检。

(一)常规临床咨询效果评估表

常规临床咨询效果评估表(the Clinical Outcomes in Routine Evaluation Outcome Measure,CORE-OM)是一个广泛使用的自评工具。最早该量表用于评估心理治疗的效果,旨在符合心理测量研究的标准,并满足临床常规评估的需要。目前英文版CORE-OM量表已被翻译成20多种语言,相关研究也证实了该量表在瑞士、意大利等西方国家具有良好的心理测量学特征,也有研究者进一步编制了该量表的简化版,用于常规心理评估中。该量表在中国人群中的应用正在进行中。

CORE-OM量表包括34个问题,4个维度:主观幸福感维度(4个问题)、问题/症状维度(12个问题)、生活/社会功能维度(12个问题)以及对自己和他人的风险维度(6个问题)。在研究和临床实务中,除了"对自己和他人的风险维度"外,其他维度建议参考该维度内所有问题的平均分数。

CORE-OM 量表主要应用于:

(1) 对于特殊病人的治疗。

(2) 对于个体的心理治疗。

(3) 在不同治疗中心的治疗及比较。

该量表用于评估服务质量、有效性和效率,可以用于心理健康机构、大学的心理咨询机构、工作场所的咨询机构、戒除药物和酒精成瘾的机构以及个人执业的咨询机构。并且,该量表适合于不同理论流派及不同心理治疗模式。

该量表的主要特点为:

(1) 具有主观幸福感的维度,能够反映心理咨询中当事人的整体状况,这是现有许多传统单一的评估工具所不具备的。

(2) 该量表的问题/症状维度包括焦虑、抑郁、创伤、躯体化四个子维度,能够对不同心理问题进行评估,适合学校、医院、私人诊所等一般性心理咨询的问题多样化的环境。

(3) 问卷相对简短,通常当事人可以在 5 分钟之内完成,在心理咨询机构中使用时花费的时间成本小,其施测、计分、解释都容易操作。

(4) 该量表还包括一个风险维度(其中又包括对自己和对他人两个子维度),可以对一般性心理咨询中的危机风险进行有效评估。

(5) 该量表可以在咨询开始前的预检时使用。在咨询过程中可通过重复地施测对来访者的治疗进程进行追踪。

此外,常规临床咨询效果评估表还有针对 12 岁到 16 岁之间的青少年的版本,该量表共有 10 个问题,问卷较为简短,基于常规临床咨询效果评估量表(成人版)(Evans,2000)的 34 个问题进行了缩减,具有良好的信效度基础。该量表虽然问题较少,但涵盖的维度及评估功能较为全面,同样包括风险、主观幸福感、问题/症状和生活/社会功能 4 个维度。

(二) 施瓦兹效果量表

此外,常见的咨询效果评估量表还包括施瓦兹效果量表(the Schwartz Outcome Scale - 10,SOS - 10),该量表是一个广泛使用的自评工具,最初用于评估心理治疗效果,测量当事人的心理健康水平与幸福感,目的是在心理治疗过程中为来访者和治疗师/咨询师/医生提供一个低负荷的评估工具,能灵敏地反映出来访者在干预过程中发生的变化。

为了测量精神疾病治疗的效果,本量表最初版本的编制团队由来自不同心理健康领域(例如心理学、精神病学、神经外科)的专家组成的小组和患者讨论组(focus groups of patients)构成。专家小组通过文献综述,并向患者组询问"你希望通过成功的治疗后,生活中的哪些方面得到改善"等问题,根据文献综述与患者的回答,提出了 81 个项目,这些项目包括患者接受成功治疗后可能发生的变化;之后,根据理性分析和经验分析,将项目数量减到 20 项。这 20 个项目具有良好的信度、群体区分度,不存在天花板效应与地板效应。最后,使用

Rasch模型对20个项目进行分析,确保良好的信效度与项目的积极性,得到10个项目的最终版SOS-10。

这10个项目属于同一个维度。SOS-10是单因素量表,反映来访者整体的心理健康状况与主观幸福感。测试者根据过去一周内的实际情况,对10个项目进行评分,每个项目的分数从0(从不)至6(总是)。10个项目得分相加后,总分越高,表明整体功能越好(例如,对生活更满意,拥有更高的幸福感)。

SOS-10主要用于测量:

(1)个体的一般心理状况;

(2)特殊患者的治疗效果;

(3)不同治疗方法的效果及比较。

本量表用于评估治疗质量、有效性与效率,适用于大学心理咨询中心、心理咨询机构、医学中心。本量表还适用于不同治疗模式和不同患者群体,不体现性别与种族间的差异。

本量表的特点主要体现在:

(1)本量表是单因素量表,得分反映当事人整体心理健康状况与幸福感。

(2)本量表为低反应性(low reactive)、低特异性(low specificity)量表,适用于多种咨询与治疗环境。

(3)问卷简短,容易操作执行,便于计分以及进一步计算。

(4)本量表在咨询前可作为预检使用,评估当事人接受治疗之前的状态,便于后期对当事人反复施测、追踪治疗。

(5)本量表能区分临床样本与非临床样本。

(三)心理咨询效果评估量表

心理咨询效果评估量表(the Outcome Questionnaire 45.2,OQ-45.2,Lambert,2004)是美国心理咨询效果评估领域中广泛使用的自我报告工具之一,已翻译成多种语言,是用于对来访者病情发展进行追踪监测的咨询效果评估工具,而非诊断工具。该量表在广泛的实证研究中被证实具有良好的心理测量学特征。

OQ-45.2共有45个条目,分为三个子量表,分别对来访者生活中的三个方面进行监测评估:困扰症状,评估来访者的主观抑郁和焦虑水平,也包括与物质滥用有关的条目;人际关系,评估来访者人际关系中积极的和消极的方面;社会角色绩效,评估来访者工作、家庭、休闲中的不满、冲突、困扰等。该量表的主要特点体现在以下几个方面:

(1)除症状条目外,还包括了对生活质量进行评价的条目,能够较好地反映心理咨询中当事人的整体状况。

(2)对有不同心理问题及障碍的当事人均适用,使得比较不同的当事人的心理功能和治疗效果成为可能。

(3)问卷相对来说并不长,当事人可以在10分钟内完成,花费成本小,施测、计分及解释都容易操作。

（4）通过重复测量OQ-45.2，可对来访者的治疗进程进行追踪，不断评估针对来访者的治疗的效果。

二、学校心理咨询的其他评估工具

20世纪中叶，新的治疗方法层出不穷，让人眼花缭乱。在此背景下，博尔丁（Bordin，1979）呼吁研究者们应该关注那些在不同疗法中起作用的共同因素，只有如此才能使得咨询领域的研究走向整合。他认为工作同盟（Working Alliance）就是这样一个存在于不同疗法中的共同治疗要素，工作同盟的强度决定治疗效果。

在随后的数十年里，工作同盟成为心理治疗领域最受关注的研究变量（Orlinsky，Ronnestad & Willutzki，2004）。工作同盟与治疗效果之间的关系已被大量研究证实。对200多个研究的元分析表明，在个体咨询中工作同盟和效果之间的相关系数为 r = 0.275（Horvath，Del Re，Flückiger & Symonds，2011），且不受各种调节变量的影响（Flückiger等，2012）。

（一）工作同盟问卷

在对工作同盟的测量中广为使用的问卷是工作同盟问卷（Working Alliance Questionnaire，WAQ）。该问卷包括情感联结、目标任务和投入3个维度，共12个项目，每个维度有4个项目，采用李克特五级记分（1＝很少，3＝经常，5＝总是）。该问卷有较好的结构效度和预测效度，各维度的内部一致性均在0.70以上（朱旭，江光荣，2011）。

此外，为了更好地对咨询效果进行预测，临床工作中还可以使用依恋关系量表、求助态度量表、自尊水平量表、社会支持量表等对来访者的依恋关系、求助态度、自尊水平、社会支持水平等因素进行早期评估，以更好地了解来访者的个性特点，有针对性地开展临床工作。

（二）症状自评量表

症状自评量表（Self-reporting Inventory，即90项症状清单，Symptom Checklist 90，SCL90）是目前世界上广泛使用的心理健康测试量表之一，也是当前使用最为广泛的精神障碍和心理疾病门诊检查量表之一。该量表在国内已得到了较为完备的修订与常模研究。此外，该量表在网络上可以公开获得，很多学校也已经拥有并应用了该量表。但该量表因其表面效度高，从字面能猜出题干是否涉及阳性症状问题，因此容易出现被评估者掩饰评估结果的情况，这就需要学校心理工作者配合临床问诊进行仔细评估。

（三）焦虑自评问卷、抑郁自评问卷、贝克抑郁自评量表

除了症状自评量表之外，如果学校心理工作者在临床工作过程中发现学生可能有抑郁、焦虑的倾向，也可配合使用焦虑自评问卷（SAS）、抑郁自评问卷（SDS）、贝克抑郁自评量表（BDI）等针对单一症状的评估量表进行评估。这些量表同样可以在网上获取，也同样因为表面效度高，容易引发被评估者猜测或掩饰评估结果的现象。咨询师需同时用临床问诊进行仔细评估，必要时应及时转介精神类机构确诊。

附录1：

<h1 style="text-align:center">_____心理咨询中心咨询情况告知书</h1>

同学你好！感谢你对我们的信任，在咨询开始之前，需要你花几分钟时间来填写基本信息并仔细阅读咨询说明，希望我们能带给你满意的服务。

基本信息

学校：			申请日期：	年 月 日	
姓　名		男 女	出生年月	年　月　日（满　周岁）	
学　号			院系年级		
民　族			宗教信仰		
籍　贯			婚姻状况	未婚☐　已婚☐　分居☐　离婚☐	
固定电话			所属类别	硕士研究生☐　博士研究生☐　本科生☐	

家庭情况

	关系	姓名	出生年月日	年龄	学历	职业或身份	父母是否一起居住
家庭成员	父亲						
	母亲						
	如果你有兄弟姐妹，请继续填写他们的相关信息，谢谢！						

重要说明：

关于咨询范围：根据《中华人民共和国精神卫生法》，本中心仅接诊非医疗类心理问题，提供非治疗类心理咨询。如果你正在服用精神类药物或已确诊为心理治疗类问题（如抑郁症、焦虑症、人格障碍等），建议你直接去相关医疗机构接受治疗；如果你可能患有精神障碍或心理疾病，按照法律规定，咨询师有责任建议你去医疗机构进行确诊，避免延误病情，请积极配合，以便接受最佳治疗。

关于保密：你填写的信息以及在咨询过程中的谈话，除非涉及危及人身安全方面的问题（如自杀、伤害他人等）和法律规定需要披露的情况，我们都将为你保密。

关于自愿：咨询的过程是自愿的，如果你对咨询师或咨询有什么要求，可以随时更换咨询师或停止咨询。

关于录音：为了保证中心咨询师的咨询质量、提高咨询师的专业水平，中心会要求咨询师主动与你商定是否可以进行录音/录像,录音/录像只有在<u>征得你的同意并签署一式三份</u><u>的书面协议之后才会进行</u>;如咨询师因个人需要与你商定是否可以进行录音/录像,录音/录像也会在征得你的同意并签署一式两份的书面协议之后进行。

关于时限:一般情况下,中心为每位在校学生每学期提供最多 8 次的免费心理咨询,请在首次咨询时主动出示你的校园卡。在首次咨询、第 4 次咨询以及最后一次咨询结束时,我们的助理都会请你评估你和咨询师的工作过程,目的是为了更好地帮助你利用这 8 次咨询,达成你的咨询目标。如因紧急、危机、特殊情况需要申请 8 次以上咨询的,请主动和你的咨询师商讨。

★<u>以上信息我都已仔细阅读,并同意填写。在接受本中心的服务期间,我愿意遵守和服</u><u>从本中心的咨询计划和规章制度。</u>

签名: 日期:

咨询信息登记

<u>注意:以下信息严格保密,除非涉及生命安全或司法调查,仅供咨询师使用。请如实详</u><u>细地填写,以便咨询师尽快和你进行有效咨询。</u>

你觉得自己的问题是否有危险:是□ 否□	你觉得自己的问题是否紧急:是□ 否□

你想讨论或咨询的问题(请勾选,可多选,并做详细说明):
□学业问题 □恋爱困扰 □同学关系 □家庭关系 □导师关系 □性困扰 □饮食问题 □睡眠问题 □就业困惑 □网络成瘾 □性格培养 □新生适应 □近期突发事件的影响 □行为问题 □情绪问题 □对自己的想法有困惑 □其他
请详细说明:＿＿＿＿＿＿＿＿＿＿＿＿＿＿＿

如有以下情况,请勾选:
□正在服用精神类药物 □曾经服用精神类药物 □觉得自己可能需要服用精神类药物

你对咨询的期望或希望达成的目标是(你希望走出咨询室的自己是什么样的):

你对咨询或咨询师有什么要求:

过去有没有心理咨询的经历:无□ 有□,如果有,请回答下列问题:
咨询机构:＿＿＿＿＿＿＿＿ 起止时间:＿＿＿＿＿＿＿ 是否服药:＿＿＿＿＿＿＿
咨询的原因或目的:＿＿＿＿＿＿＿ 当时的诊断或结论:＿＿＿＿＿＿＿
如果有,请说明服用药物情况:＿＿＿＿＿＿＿＿＿

咨询前预检

请对以下项目进行 0—4 分的评分,0 分表示完全不符合,4 分表示完全符合,2 分表示中等程度的符合。

1.	我觉得非常孤单。	0	1	2	3	4
2.	我感到焦虑或担忧。	0	1	2	3	4
3.	当我需要的时候我觉得还是有人可以求助的。	0	1	2	3	4

4.	我觉得自己现在还不错。	0	1	2	3	4
5.	我觉得自己精疲力竭,毫无热情。	0	1	2	3	4
6.	我对其他人有肢体暴力。	0	1	2	3	4
7.	当事情变糟糕时我觉得自己能够应对。	0	1	2	3	4
8.	我正受到疼痛或其他身体问题的困扰。	0	1	2	3	4
9.	我想过伤害自己。	0	1	2	3	4
10.	和别人交谈对我来说有点太难了。	0	1	2	3	4
11.	焦虑和紧张阻碍我做一些重要的事。	0	1	2	3	4
12.	我为我做过的事感到高兴。	0	1	2	3	4
13.	我被并不想要的想法或感觉困扰。	0	1	2	3	4
14.	我有一种想哭的感觉。	0	1	2	3	4
15.	我感到惊慌或恐惧。	0	1	2	3	4
16.	我计划结束自己的生命。	0	1	2	3	4
17.	我被我的困扰压垮了。	0	1	2	3	4
18.	我在入睡或睡眠方面存在困难。	0	1	2	3	4
19.	我能感觉到一些人的温暖或情谊。	0	1	2	3	4
20.	我的问题已经不可能搁置在一边。	0	1	2	3	4
21.	我有能力做大部分我需要做的事情。	0	1	2	3	4
22.	我曾经威胁或恐吓过其他人。	0	1	2	3	4
23.	我觉得绝望或没有希望。	0	1	2	3	4
24.	我觉得我死了更好。	0	1	2	3	4
25.	我觉得自己被别人批评。	0	1	2	3	4
26.	我认为我没有朋友。	0	1	2	3	4
27.	我觉得不开心。	0	1	2	3	4
28.	那些我不想要的画面或回忆让我感到痛苦。	0	1	2	3	4
29.	和别人在一起时我容易烦躁生气。	0	1	2	3	4
30.	我觉得都是我自己造成了目前的困境和问题。	0	1	2	3	4
31.	我对自己的未来感到乐观。	0	1	2	3	4
32.	我完成了我想要做的事。	0	1	2	3	4
33.	我觉得自己被他人羞辱。	0	1	2	3	4
34.	我已经在伤害自己的身体或是拿自己的健康冒险。	0	1	2	3	4

附录2：

_____心理咨询中心首次咨询后评估表

同学，你好！为了帮助我们的咨询师最大可能地为您提供专业、满意的服务，请在首次咨询后如实填写下列评估表。

第一部分：请对以下项目进行0—4分的评分，0分表示完全不符合，4分表示完全符合，2分表示中等程度的符合。

1.	我觉得我的咨询师是值得信任的。	0	1	2	3	4
2.	我能感觉到咨询师对我的尊重。	0	1	2	3	4
3.	我觉得我的咨询师对我是真诚的。	0	1	2	3	4
4.	我的咨询师认真地聆听了我。	0	1	2	3	4
5.	我的咨询师能够理解我的内在感受。	0	1	2	3	4
6.	首次咨询的确聚焦在了我的问题上。	0	1	2	3	4
7.	咨询师为我提供了有用的思路。	0	1	2	3	4
8.	咨询师使用的工作方法对我来说是有帮助的。	0	1	2	3	4
9.	在咨询过程中我表达了自己的真实感受。	0	1	2	3	4
10.	在咨询中我说出了自己真正的困扰。	0	1	2	3	4
11.	我知道咨询不是咨询师一个人的事，我也需要为此付出努力。	0	1	2	3	4
12.	我对下个阶段的咨询充满期待。	0	1	2	3	4
13.	总之，我相信未来的咨询对我是有帮助的。	0	1	2	3	4
14.	通过首次咨询，我和咨询师就我们的工作目标基本达成了一致。	0	1	2	3	4
15.	通过首次咨询，我了解了咨询是怎么回事以及咨询能做什么。	0	1	2	3	4
16.	通过首次咨询，我开始信任咨询师，觉得可以和他/她讲述更多。	0	1	2	3	4
17.	对我来说如实回答上述问题有些困难。	0	1	2	3	4
18.	对我的咨询师提出批评意见对我来说有些困难。	0	1	2	3	4

第二部分：请对各个项目进行1—7分的评分，1分表示完全不符合，7分表示完全符合，4分表示中等程度的符合。

1. 我很容易与他人形成亲密的关系。对于依靠他人或是让他人依靠我,我都觉得舒服。我不担心忍受孤独,或者其他人不接受我。	1	2	3	4	5	6	7
2. 对于他人的亲密我觉得不舒服,我想要亲密的关系,但是我很难完全信任他人或是依靠他人。我担心如果我让自己与他人过于亲密,我会受到伤害。	1	2	3	4	5	6	7
3. 我想要与他人在情感上完全亲昵,但经常发现他人并不愿意像我希望的那样亲密。没有亲密关系我会觉得不舒服,有时候我担心,他人并不像我看重他们那样看重我。	1	2	3	4	5	6	7
4. 没有亲密的情感关系,我觉得舒服。对我来说,感觉到独立和自足是十分重要的,并且我情愿不依靠他人或是让他人来依靠我。	1	2	3	4	5	6	7

以上四项描述中,与我最符合的是_____。(请从 1,2,3,4 中选择一项)

第三部分:其他对首次咨询的反馈:(如实仔细的填写会让你从心理咨询中获益更多)

来访者_____   咨询师_____   咨询日期_____

附录 3：

_____心理咨询中心中期评估表

第一部分： 请对以下项目进行 0—4 分的评分，0 分表示完全不符合，4 分表示完全符合，2 分表示中等程度的符合。

1.	我认为我的确能够信任我的咨询师。	0	1	2	3	4
2.	我总能感受到咨询师对我的尊重。	0	1	2	3	4
3.	我觉得我的咨询师对我是真诚的。	0	1	2	3	4
4.	我能感觉到咨询师在用心聆听我。	0	1	2	3	4
5.	大部分时候，咨询师都能理解我的内在感受。	0	1	2	3	4
6.	这段时间的咨询始终聚焦在我的咨询目标上。	0	1	2	3	4
7.	咨询师持续为我提供了有用的思路。	0	1	2	3	4
8.	这段时间咨询师使用的工作方法对我来说是有帮助的。	0	1	2	3	4
9.	在咨询过程中我越来越能表达我的真实感受。	0	1	2	3	4
10.	在咨询中我和咨询师越来越深入地探讨了我的困扰。	0	1	2	3	4
11.	在这个阶段中，我为自己的改变付出了努力。	0	1	2	3	4
12.	我对下个阶段的咨询充满期待。	0	1	2	3	4
13.	总之，我相信下个阶段的咨询对我是有帮助的。	0	1	2	3	4
14.	通过 4 次咨询，我正在逐渐靠近我的咨询目标。	0	1	2	3	4
15.	通过 4 次咨询，我对自己和自己的问题有了更深入的认识。	0	1	2	3	4
16.	通过 4 次咨询，我开始有越来越多的新尝试和新行动。	0	1	2	3	4
17.	我开始有点担心咨询结束后我该怎么办。	0	1	2	3	4
18.	我还有一些问题没有如实告诉我的咨询师。	0	1	2	3	4
19.	对我来说如实回答上述问题有些困难。	0	1	2	3	4
20.	对我的咨询师提出批评、意见对我来说有些困难。	0	1	2	3	4

第二部分： 请在右侧表格中勾选符合情况的选项。

1.	经过这段时间的咨询，我更加清楚自己该如何改变。	很少	有时	一般	经常	总是
2.	咨询让我有新的视角去看待我的问题。	很少	有时	一般	经常	总是
3.	我相信我的咨询师是喜欢我的。	很少	有时	一般	经常	总是
4.	我和我的咨询师一起制定了咨询的目标。	很少	有时	一般	经常	总是
5.	我和我的咨询师相互尊重。	很少	有时	一般	经常	总是
6.	我和我的咨询师正在为我们共同商定的目标而工作。	很少	有时	一般	经常	总是

7.	我觉得我的咨询师欣赏我。	很少	有时	一般	经常	总是
8.	我和我的咨询师就什么对我来说值得做达成了共识。	很少	有时	一般	经常	总是
9.	即便我做了咨询师并不赞同的事,我觉得他/她依然会关心我。	很少	有时	一般	经常	总是
10.	我觉得我在咨询中所做的事能帮助我实现自己想要的改变。	很少	有时	一般	经常	总是
11.	我和我的咨询师很好地理解了到底什么是对我有益的改变。	很少	有时	一般	经常	总是
12.	我相信我和咨询师就我的问题进行工作的方法是正确的。	很少	有时	一般	经常	总是

来访者_____　　咨询师_____　　咨询日期_____

附录4:

_____心理咨询中心咨询结案反馈表

心理咨询中心一直致力于为学生提供专业有效的服务,其中包括对来访学生进行常规结案回访,即请学生完成一系列问题来回顾他们在咨询中的体验。如果你愿意花几分钟时间完成以下表格,我们衷心表示感谢。你也可以任意地加上自己的感受和评论。你的这些反馈将帮助我们做出改变或提高专业技能。再次感谢!

来访者_____　　咨询师_____　　评估日期_____

请对以下项目进行1—10分的评分,1分表示最低,10分表示最高。

服务质量评估									
对咨询师工作态度的满意程度	1	2	3	4	5	6	7	8	9	10
对咨询师提供的支持的满意程度	1	2	3	4	5	6	7	8	9	10
对咨询师工作方法与技术的满意程度	1	2	3	4	5	6	7	8	9	10
对中心预约咨询服务的满意程度	1	2	3	4	5	6	7	8	9	10
对咨询室里每次咨询前后的接待服务的满意程度	1	2	3	4	5	6	7	8	9	10
总体来说对此次心理咨询服务的满意程度	1	2	3	4	5	6	7	8	9	10

咨询效果评估									
总体来说此次咨询带来的改变程度	1	2	3	4	5	6	7	8	9	10
总体来说此次咨询带来的目标达成程度	1	2	3	4	5	6	7	8	9	10

我从咨询中学习到了(请勾选):

□解决问题 □帮助自己做出重要决定 □提高自己的学业成绩 □自我管理的技能(如压力/时间管理) □如何改善人际关系 □管理自己的情绪和行为 □理解我自己及获得比较清楚的自我认同感 □更加接纳自己 □提升自信心或自尊 □过一种更加健康的生活(如合理的睡眠、运动、饮食安排等)

我还学习到了(请补充):

其他建议

请如实填写下列的评估表。对以下项目进行 0—4 分的评分,0 分表示完全不符合,4 分表示完全符合,2 分表示中等程度的符合。

1.	我觉得非常孤单和疏离。	0	1	2	3	4
2.	我感到焦虑或担忧。	0	1	2	3	4
3.	当我需要的时候我觉得还是有人可以求助的。	0	1	2	3	4
4.	我觉得自己现在还不错。	0	1	2	3	4
5.	我觉得自己精疲力竭、毫无热情。	0	1	2	3	4
6.	我对其他人有肢体暴力。	0	1	2	3	4
7.	当事情变糟糕时我觉得自己能够应对。	0	1	2	3	4
8.	我正受到疼痛或其他身体问题的困扰。	0	1	2	3	4
9.	我想过伤害自己。	0	1	2	3	4
10.	和别人交谈对我来说有点太难了。	0	1	2	3	4
11.	焦虑和紧张阻碍我做一些重要的事。	0	1	2	3	4
12.	我为我做过的事感到高兴。	0	1	2	3	4
13.	我被并不想要的想法或感觉困扰。	0	1	2	3	4
14.	我有一种想哭的感觉。	0	1	2	3	4
15.	我感到惊慌或恐惧。	0	1	2	3	4
16.	我计划结束自己的生命。	0	1	2	3	4
17.	我被我的困扰压垮了。	0	1	2	3	4

18.	我在入睡或睡眠方面存在困难。	0	1	2	3	4
19.	我能感觉到一些人的温暖或情谊。	0	1	2	3	4
20.	我的问题已经不可能搁置在一边。	0	1	2	3	4
21.	我有能力做大部分我需要做的事情。	0	1	2	3	4
22.	我曾经威胁或恐吓过其他人。	0	1	2	3	4
23.	我觉得绝望或没有希望。	0	1	2	3	4
24.	我觉得我死了更好。	0	1	2	3	4
25.	我觉得自己被别人批评。	0	1	2	3	4
26.	我认为我没有朋友。	0	1	2	3	4
27.	我觉得不开心。	0	1	2	3	4
28.	那些我不想要的画面或回忆让我感到痛苦。	0	1	2	3	4
29.	和别人在一起时我容易烦躁生气。	0	1	2	3	4
30.	我觉得都是我自己造成了目前的困境和问题。	0	1	2	3	4
31.	我对自己的未来感到乐观。	0	1	2	3	4
32.	我完成了我想要做的事。	0	1	2	3	4
33.	我觉得自己被他人羞辱。	0	1	2	3	4
34.	我已经在伤害自己的身体或是拿自己的健康冒险。	0	1	2	3	4

附录5：

结案情况记录表　咨询师_____　编号_____

姓名：_____同学　　咨询次数_____　　结案咨询日期_____

结案咨询情况

结案时的来访者的改变情况

请勾选：
□问题得到了解决　□做出了重要决定　□提高了学业成绩　□自我管理技能提升（如压力、时间管理技能）　□人际关系得到了改善　□管理自己情绪和行为的能力提升　□对自己有了更清晰的认识　□更加接纳自己　□自信心或自尊得到了提升　□更愿意选择过健康的生活
其他（请补充）：

后续跟踪(可通过电话、邮件进行回访,了解个案情况)

咨询师自评

请你对自己的工作过程进行 1—10 分的自评,1 分为最低分,10 分为最高分。

请自评对来访者的咨询态度	1	2	3	4	5	6	7	8	9	10
请自评对来访者提供支持的程度	1	2	3	4	5	6	7	8	9	10
请自评和来访者所使用的工作技术和方法	1	2	3	4	5	6	7	8	9	10
请自评为来访者提供的总体服务的质量	1	2	3	4	5	6	7	8	9	10
请自评本阶段咨询带给来访者的改变程度	1	2	3	4	5	6	7	8	9	10
请自评本阶段咨询目标的达成度	1	2	3	4	5	6	7	8	9	10

第四章　家庭治疗技术在学校心理辅导中的应用

家庭是影响个体改变的重要环境,是情感联结强度最高的社会生活单元。从心理健康角度来说,个体的行为必须在家庭互动模式的脉络系统中才能被充分了解,家庭堪称"发病的场所"。在学校心理辅导中,咨询师往往可以发现在孩子心理问题背后的家庭的重要影响。学校的德育教育中曾有"6＋1＝0"的说法,意思是六天的学校教育成果在孩子回家后的1天就全部被"抹"掉了,恢复如初。家庭同时也是个体成长和治疗的自然环境,是咨询师赖以实现治疗目标的"治疗场所"。因此,学校的心理辅导工作者需要了解一些家庭治疗的概念和方法,以便更系统地了解和认识学生的心理问题,帮助学生走出困境。

第一节　家庭治疗理论及其发展简介

一、家庭治疗的发展简史

家庭治疗被誉为继精神分析、认知行为及人本主义取向的心理治疗流派之后的"心理治疗第四势力",但它却是在个体治疗发展近五十年之后才发展起来的。

（一）历史发展的角度

1. 个体治疗对家庭直接参与的排斥

精神分析理论是个体心理治疗的起源,该理论鲜明地反对将家庭直接拉进咨询室共同参与心理咨询工作。弗洛伊德(S. Freud)承认心理问题确实与人际间不健康的互动关系休戚相关,但他强调的是原生家庭中早年的家庭关系对来访者潜意识的影响和人格形成的影响,对真实的家庭如何互动并无兴趣。他认为治疗中的关键是来访者与咨询师之间带有矫正性质的关系,主张将家庭排除在治疗室之外,特别是关系紧密的家人,这样才可以让来访者在探索自己的想法和情感时不受外界干扰。他认为只有保证咨询师这一绝对客观的外在观察者在场,才能深入探索个体的真实内心;家庭虽然对个体的心理问题有影响,但只要知道个体内化的家庭影响就足够了,无需请入治疗室。

人本主义个体治疗也曾有过类似叙述。罗杰斯认为,个体自我实现的本能最容易被追求他人认可的需要所否定、扭曲和破坏,只有抱着完全的倾听、无条件的接纳、温暖和尊重的咨询师,才能让来访者逐渐开始接触自己真实的内在情感和冲动。除此之外,与精神分析等个体治疗流派类似,人本主义个体治疗也提倡来访者的隐私需要绝对保护,即使面对的是家庭成员也不例外。

2. 二战后的重建对家庭治疗的需要

家庭治疗始于二战后的十年间。战后众多普通家庭的破碎和重聚带来了很多问题：丧失创伤、闪婚、婴儿潮、改变中的性别角色期待,等等。这些变化一方面让心理干预得到重视和推动,更多有从业背景的专业工作者备受欢迎。临床心理学家、社会工作者、婚姻顾问、牧师、心理咨询师等从业者都开始处理分居、离婚、行为不良、姻亲问题、亲子问题等各种不需要住院治疗但需要专业帮助的问题。另一方面这些变化让医院资源空前不足,专家们希望家庭能够成为医疗的有效补充。

3. 儿童指导运动发展对家庭治疗的影响

在众多先行者的努力探索之下,20 世纪 40 年代开始兴起了一股儿童指导运动。运动的初期,精神病学家和心理学家、社会工作者一起组成小组指导儿童,关注儿童所处的家庭环境,从社会层面促进对家庭功能的关注和支持。阿德勒(A. Adler)认为治疗成长中的儿童是预防成人神经症的最有效方式,他在维也纳建立了儿童指导诊所,为儿童、家庭和老师提供咨询,希望通过乐观和信任的氛围给儿童提供鼓励和支持,帮助儿童缓解自卑、学会建立健康的生活方式、发展能力并成为独立的社会个体。艾克曼(N. Ackerman)任美国 Menninger 儿童指导诊所主任精神科医生时,从只与儿童见面、将与父母见面交由社会工作者专门负责,逐步变为同时约见儿童和母亲两人,到最终将家庭作为基本的治疗单元来对待。他同时关注个体内部和个体之间的事情,超越了当时普遍认为的家庭参与儿童治疗只是用来补充病史以弥补儿童自我表达的欠缺的观点,以及治疗时母亲的在场不过是因为治疗儿童的需要,家庭只是儿童的扩展的观点。鲍尔比(J. Bowlby)的主要工作就是观察真实家庭里母亲和孩子的互动,不同质量的母子互动直接关乎孩子的依恋类型,对孩子的心理健康影响巨大。

但与此同时,还出现了"反家庭"的倾向,即人们容易责备父母的"失功能"(它指的是父母未能有效行使养育、教育、保护等基本的父母职责,特别是母亲)。临床工作者们指出,这样的倾向反映了人们一方面希望指出问题来帮助家庭,另一方面却又因为把问题归因于父母而有意无意地打压了家庭。

20 世纪五六十年代开始,家庭治疗的概念逐渐被系统地引入儿童治疗,因为专家们意识到理解家庭对诊断问题、治疗儿童作用显著。在儿童指导运动的后期,人们不再相信病因仅仅存在于个体本身,认为病因既不存在于某个儿童身上,也不是存在于某个病态的父亲或糟糕的母亲身上,而是存在于与父母等重要他人的互动关系之中。

4. 婚姻治疗的发展

目前婚姻治疗和家庭治疗有时没有严格区分,后者有时把前者包含在内。婚姻治疗是家庭治疗产生的前奏,认知—行为婚姻治疗、客体关系婚姻治疗、聚焦情感的夫妻治疗等很多有影响的婚姻治疗,在时间上早于现在的家庭治疗。实践层面,婚姻治疗可以更深入地关注个体的心理和体验,相比对整个家庭进行治疗更容易聚焦。

婚姻中的伴侣作为潜在的合作者,面临着金钱、家务、社会交往、性和抚养孩子等多种挑战。要形成良好的夫妻关系,每一个伴侣都必须要照顾对方的需要,达到付出与回报的平衡。不过很多专业工作者在实践工作中探索出夫妻关系中的互动问题对双方心理健康的影响的规律,普遍认为夫妻是家庭中最基础的子系统,夫妻之间的关系互动应该是相互适应的,夫妻应该共同抵制外来压力,而将孩子排除在夫妻功能之外。

5. 社会工作的影响

社会工作源于 19 世纪在英美发起的慈善运动,社会工作者关注提高社会中生活水平低下人群的生存条件。他们不仅关注其物质需求,也努力帮助其解决心理困扰,并推动社会力量为来访者的极端贫困和基本权利负责,把家庭看成关键的社会单元以及干预工作的中心内容。其核心理念"在环境中治疗个体"也对家庭治疗产生了很大的推动作用。

社会工作者很早就指出家庭应该被作为一个单元来看待,里士满(M. Richmond)在其著名的教科书《社会诊断》中对家庭治疗的发展做出预见,认为家庭治疗会在20世纪80年代得到关注,提倡将家庭看成各系统之间的相互作用,认为将家庭成员与其真实的生活情景隔离开的做法具有诸多弊病,并发展出"家庭凝聚力"的概念来说明家庭成员的情感联结程度的重要性,对后续的理论体系中的角色理论、结构家庭治疗都有很大的启发作用。不少家庭治疗大师都出身社会工作领域,例如不同家庭治疗流派的奠基人物萨提亚(V. Satir)、帕普(P. Papp)、霍夫曼(L. Hoffman)、沃尔什(F. Walsh)、茵素·金·伯格(I. K. Berg)等。

(二)相关学科理论的发展与推动

1. 系统论对家庭治疗的推动

系统论由奥地利生物学家贝塔朗菲(L. Bertalanffy)在20世纪40年代作为一门学科正式提出,他将各种系统论与生物学的观点结合起来,从内分泌系统的研究推论到复杂的社会系统,提出了一个普遍适用于生命系统的一般系统理论。系统理论提倡把研究和工作的对象当作一个系统,分析其结构和功能,研究系统、要素和环境三者之间的相互关系和变化规律,要求既见树木又见森林。所有的家庭治疗流派都把家庭看成系统,包括生理、心理、社会三方面的整合性目标,比如各个家庭成员之间的情感联结和交流互动、家庭规则、家庭资源等。系统论的核心思想包括:

(1)整体观,即部分之和大于整体。系统的各个因素结合起来成为有机的整体,具有各个部分的机械组合或简单相加所不能具备的特质,共同组成一个新的意义单元。例如:男人和女人加在一起可以称为夫妻或是父女,这不仅仅是一个男女组合,更是具有不同功能特质的系统,身在不同系统内的男女互动行为也会大相径庭。带有整体观的心理健康工作者会看到个体生存在其中的家庭、社区、文化、政治等依次扩展的背景,每个系统都是大系统中的亚系统,逐层接受着更广阔范围的影响,从而使人更好地理解个体行为背后的微环境(如家庭家族)、中环境(如社区或学校)乃至社会的宏观大背景(如通常所言的"80后"、"90后"、"00后")。人在用整体观看待个体心理健康时具有整合、全局的视角,这对于理解、干预复杂的家庭人际互动特别有效。每个人看待问题时只是从自己习以为常、想当然的角度去看。破除主观偏见的方法,就是听取所有可能的观点,在对比和理解差异中接近问题的真相,在新的可能性中寻找有效的解决方法。如果要理解一个孩子的行为,只会见孩子本人,不会见其他家庭成员,是不完整的、收效甚微的。

(2)互动与等效关联,即不同的组成成分不断互动,相互作用。开放的系统能鼓励系统元素间的信息交换,而不是使它们僵化地各自为政、失去联结。生命系统是活的有机体,其组成要素之间更有彼此作用、互相影响的特点,而且具有等效性,即通过多种不同方法可以达到某一个既定目标。电影《蝴蝶效应》生动展示了复杂的等效性,环环相扣、彼此关联的互动成分,牵一发而动全身,系统最后呈现的面貌由互动结果决定,而不是由单个因素的独自运作决定。对于孩子在学校的适应力差这一问题,除了帮助孩子这一个体性的工作内容之外,改善亲子互动也可以起到效果。任何一个家庭成员的行为必然会影响到家庭整体,开放的家庭系统成员间彼此既有情感联结,又可以回应交流,接受甚至欢迎改变,而不只是固守自我,在个体和家庭的利益之间顾此失彼。

（3）自组织与动态平衡。有生命的系统是发展变化的,如果有来自内部和外部的变化刺激、扰动甚至破坏既有的平衡,系统会首先习惯性地努力保持结构稳定,类似人体体温的基本恒定,但也会积极主动、富有创造性地自行组织变化,以期适应刺激并达到新的平衡,这被称为动态平衡。家庭从二人世界转变到三人世界时,就需要重新组织家庭的结构、功能、分工、边界等等,从而达到新的平衡,缺少有效灵活的自组织能力就可能会引起混乱甚至解体——家庭破裂。这时治疗师要帮助家庭理解已经习以为常甚至非常喜好的旧模式,并获得一种新水平的稳态平衡,而不是简单地回复到旧平衡,从而使整个家庭能够顺利前行。

综上所述,20世纪后期至今,不同家庭治疗流派共享的"系统观"已被心理治疗界广泛接纳,心理治疗界强调从背景和关系的角度来看个体问题的产生和解决。即使问题的缘起只和个体有关,但如果这个问题一直延续,并成为一个难以解决的慢性问题,那么它一定与个体所处的背景和关系有关。只要关系模式不变,问题就很难得到实质性的改变。系统观成为使人类问题概念化和理解人类行为、症状发展,以及解决问题的全新方式。

2. 精神分裂症病因学的革新性研究对家庭治疗的影响

家庭治疗创建团队中,有一股特别坚定的力量,来自于精神分裂症的病因学研究。研究者们发现精神分裂症患者除却生理性病因之外,其家庭往往具备一些无效或病态的互动关系,特别是父母之间的关系。

弗洛姆·理查曼(F. F. Reichmann)在对儿童精神分裂症的研究中总结出所谓的"引起精神分裂症的母亲",这类母亲或专断,或攻击,或拒绝,如果父亲又是被动的男人,那么家庭内的互动、沟通一定会给孩子提供病态的教育方式,使孩子分裂的感受非常强烈,无法整合巨大差异的内外部信息。

利兹(T. Lidz)总结过五种病态的"精神分裂症病人的父亲":

（1）第一种父亲专横、独断,经常与他们的妻子发生冲突。

（2）第二种父亲对孩子而不是妻子表现出敌对态度,与孩子在一起时的举止行为就像一个充满嫉妒的手足兄弟,而不像成人父母。

（3）第三种父亲表现出妄想狂式的夸张,他们冷漠、难以亲近。

（4）第四种父亲是生活上的失败者,在家中无足轻重,这样家庭中的孩子好像在没有父亲的环境中长大一般。

（5）第五种父亲被动、顺从,他们表现得更像孩子而不是父母,这种顺从的父亲无法平衡妻子的专横影响。

上述关于"引起精神分裂症的父母"的研究虽然革新性地把病因学从生理拓展到心理和社会层面,但这样明确带有指责父母倾向的结论容易引起求助家庭的反感,一场"反家庭"思潮曾由此引发。后来研究者们转换了父母是始作俑者的观点,认为家庭治疗并非旨在"修理"父母,而是应该聚焦于如何邀请家人来共同帮助病人。人们相信主要的路径就是改变病人、父母和重要他人之间的不健康的关系模式。其后利兹在对精神分裂症患者的父母的婚姻关系的研究中发现，在一个成功的相互关系中，只是单方面地成为一个有效的人是不够的，个体还需要同时平衡伴侣的角色关系。精神分裂症患者的父母的婚姻有两类常见的不和谐：一类是"分裂的婚姻"，夫妻长期以来一直削弱对方的价值，并公开竞争以赢取孩子的情感，婚姻是对抗的场所。另一类是"不对称的婚姻"，一方控制着另外一方，一方非常依赖，另一方则表现出强大的父母形象，其实有欺凌弱小者之嫌。

因为血缘关系、孩子与父母间的情感纽带作用，孩子会期待自己同时忠诚于父母双方，而这样父母婚姻不和谐的家庭中，孩子必须分裂地看待这样"二者兼具"的需要，在忠诚于父亲还是母亲的单选项目中遭受忠诚折磨，这类需要平衡父母不和谐婚姻的压力极具精神病理学特点。

3. 团体动力学和团体治疗对家庭治疗的影响

早期的家庭治疗师把家庭治疗看成是团体治疗的一个特例，只是参与成员都彼此熟悉而已。弗洛伊德在《团体心理学和自我分析》中认为将一群人转变成一个团体的必要条件是领袖的出现，领袖类似一个父母的角色，成员或多或少都要依赖他。成员们将领袖视为父母的替身，成员之间则是兄弟姐妹。当成员重复领袖的无意识的言行态度时，即是团体中出现了移情。弗洛伊德的阻抗概念也被运用在团体中，团体成员为了避开焦虑，可能以沉默或敌对来反对治疗的进度。家庭团体通过下列行为来抵制治疗：找替罪羊、进行肤浅的闲谈、长期依赖治疗师、拒绝听从治疗建议等。

比昂（W. Bion）强调小组是个整体，有其自身的动力和结构，团体在外显的和潜在的两个意识层次运作。团体正式的任务在外显的层面起作用，但是人们参加团体也是为了满足潜在的基本需要。家庭也有类似过程，如一些家庭害怕冲突，就不断地在主要问题旁边兜圈子，目的在于满足其他潜在的内心需要。比如，有些中学生的家庭，父母和孩子之间的交流冲突，表面上是在争论一些琐碎细节，其实是父母中一方，已经习惯了孩子跟自己的亲密，无法接受孩子"突然"出现跟自己拉开距离、寻找自我空间的"叛逆"尝试，同时，自己的另一半也不能及时补充这份缺失的亲密，使得那个潜在的亲密需要没有得到满足。

勒温（K. Lewin）的场域理论认为：先"解冻"团体，再准备改变。一个团体需要挑战旧模式，冲突、竞争是团体生活中不可避免的特征，就好像动物需要自己的地盘，人们也需要自己的"空间"。因为这个原因，个人和团体的需要之间有着内在的张力。与相互间赋予的支持相比，由张力造成的冲突更有赖于团体的有效规则来调节。以家庭为例，当亲子冲突出现时，家中需要清晰的家庭规则来帮助解决冲突，这个规则既要具备在冲突情况下对家人情感连接的保护性，又要不压抑冲突的表达，让冲突情绪可以宣泄。勒温团体张力的模式和以往理论的不同在于，治疗师不再聚焦于过去谁对谁错、谁做了什么，而是聚焦在此时此刻发生了什么。家庭治疗师很少考虑精神疾病的起源，更关注维持患者心理疾患的因素。这些因素包括：性别刻板模式、沟通不畅，以及给予和接受支持的渠道不畅，等等。

各种非结构式治疗团体的一个基本施行原则是：一个规模不太大的稳定的小团体能够

充当改变的载体,是一个有意义且真实的单元,对其成员有强烈影响。塔维斯托克诊所(Tavistock Clinic)的团体治疗是一个成功地将过程和内容分开的实例,把一个某些功能不畅的团体看成一个正在受伤害的失调"病人",在这个团体中,领导者帮助团体以一种更加平衡、协作、互相强化的方式运行,以便团体能更高效地完成创造性的工作,这与功能失调的家庭治疗机理是相通的。

团体不是单一个体的集合,而是演练位置和角色的集合,团体成员会自行形成领导者、跟随者、挑战者等不同的位置和角色。一旦发生角色僵化,团体动力就会陷入狭窄、刻板的模式中。当个人的选择减少时,团体的灵活性也受到了限制。当需要去处理变动的情况时,团体容易卡在导致故障的固定的角色和不变的结构中。此外,如果灵活性受到威胁,团体就无法为未得到满足的需要进行沟通,从而导致常常令人感到挫败的结果,如团体成员受到症状的干扰。如果团体成员受到剧烈的干扰,并持续得不到解决,症状可能会被角色维持住,团体将围绕"病人"来重新组织。团体动力学适用于家庭治疗。临床上对一些不能上学的"病孩子"怎么都无法确定病因病名,但放回家庭角色中看,如果没有这样一个需要全家人齐心协力照顾的"病孩子"角色,这个家早就分崩离析了。这在后文的"症状的意义、功能的提出"中还有详述。

4. 沟通理论对家庭治疗的贡献

沟通治疗是最早的家庭治疗方法,也是对家庭治疗最有影响的方法之一。发展出沟通模式的代表人物是20世纪初专注于研究精神分裂症的贝特森(G. Bateson)以及帕拉奥图心理研究院的成员,后者中最出名的就是杰克逊(D. Jackson)和海利(J. Haley)。萨提亚也认为沟通障碍是家庭困扰的来源,并发展出了极富创意的沟通模式类型。

经典的沟通治疗师借用"黑箱"概念比喻家庭中的人际沟通,指相对忽视人际间动力的复杂性,只聚焦于他们的输入和输出,也就是沟通。这些临床心理学家并非否认个体内在的心理,如想法和感受等,他们只是发现忽略它们非常有用,可以脱离抽象的系统概念,通过关注家庭成员之间的沟通模式,将系统的理论和原理显现出来。因此,沟通理论家也自称"系统的进化论者"。

沟通者之间的关系可以被描述为互补的或者对称的。互补关系建立在沟通对象的差异的基础上,这些差异之间相互配合,让沟通得以维系。一个普遍互补的模式就是:甲的强势对应着乙的顺从,双方彼此强化了对方的立场,这是互补型沟通的重要特征。对称关系则是建立在平等的基础上,一方是另一方行为的镜子,同属于一个沟通性质,比如,你强势我也强势,你回避我也回避。现代社会中理想的夫妻互动模式提倡的就是一种对称关系,即双方都需要自由地追求职业、分担家务和照顾孩子。贝特森认为对称关系不一定会比传统的互补关系更有利于系统的稳定和沟通的有效,沟通中的对称升级和互补固化都会产生家庭问题:

(1)沟通中的对称升级指互相刺激、同质升级,这会使矛盾愈演愈烈,例如现代家庭中,夫妻双方受教育水平、经济情况都更独立,从而开始追求所谓道理上的正确和优势,而忽视建设亲密感受的诉求,导致在竞争性的环境中,赢了对错,输了关系。

(2)沟通中的互补固化则是分工严格、刻板不变,例如每次家务都是妻子做,丈夫早回家也坚决不做,因为他认为那是"女人的事情"。

很多沟通没有明显起点,但每个参与的谈话者可能都认为自己的话都是由别人所说的引起的。夫妻治疗师最熟悉这样的僵局:妻子说她唠叨,是因为丈夫退缩;丈夫说,他退缩,是因为她唠叨。又如,孩子说,如果父母情绪更温和,她就会有情绪去上学;父母则反驳道,如果她正常去上学,他们自然会情绪温和。家庭治疗就是要干预这种"鸡生蛋还是蛋生鸡"的互动模式,即每一方都坚持认为是对方造成这个僵局,都希望对方先做出改变。这种僵局是由一种普遍的偏见决定的:如果谁先去打断这种互动,好像就会让另一方获得控制权,换句话说,谁就失去了权力。孩子们的行为很容易说明这一点,比如打架后争着向父母哭诉说:"他先动手的",这种"告状"型求助基于一种错误的想法之上,即这样的互动顺序有个"因果性"的开始,于是,一个人的行为总是由另一个人造成的,行为之间是线性的关系。

沟通理论不接受寻求线性的因果或寻找内在的动机,也不太重视过去的事件。沟通理论认为去探究"什么是因,什么是果"并不重要,在一连串行为中,每个行为既是因也是果。线性因果容易带来概念上的混乱,且缺乏实际的治疗价值。连续的循环因果关系却能提醒治疗师相信,行为系列是一个反馈圈,当一种行为让家庭的问题行为更加恶化时,就构成一个不断加重问题的正向反馈圈,反之,则是减弱问题的负向反馈圈。这类循环因果思维的好处在于它聚焦在维持问题的互动上,问题可以改变,而不涉及根本原因,因为通常所谓的根本原因总是发生在过去,不可观察且不会改变。

二、家庭治疗的工作概念

家庭治疗不仅是心理治疗形式的一种改变,更是一种思维范式的革新,并相应地使一些临床上独特的工作概念得以出现。

(一)循环因果式的反馈回路

正常的家庭被视为一个功能系统,其运作的重要机理就是控制论(cybernetics),而控制论的核心就是反馈回路。系统通过反馈回路进行系统内部各成分间以及与外界环境的信息交换。这个反馈回路能够完成两个过程:一是当系统面对环境干扰时,使负向反馈维持完整性和稳定性,就像汽车的刹车,一旦车速超过安全范围,刹车就会帮助车速恢复正常,家庭需要负向反馈保持一个基本稳定的结构;二是促进系统根据环境需要,形成发生改变的正向反馈回路,就像汽车的油门,在安全的环境中可以自由加速,但一个稳定的没有变化可能的结构,会因此显得过于呆板、僵化。

前面提到的沟通理论的循环因果思维便是这一反馈回路思想的体现。一个人的言行与家庭中其他一个或多个成员的言行密切相关,大家的言行构成网络式、循环式的因果关系。不是 A 一定导致 B,然后 B 导致 C,而是 A 可以影响 B,但 B 也接下来会影响 C,而 C 又会影响 A,A 的状态既是 B 的原因,又可以是 B 的间接结果。如果网络中的某个人发生了比较稳定的变化,关系网络就变了,另外的人也就相应受到影响而变化,每个人都不是完全独立的行为责任人,都不过是环环相扣的链条上的一环,影响别人,也受别人影响。例如,家庭中有个"不愿意上学的孩子"，如果专门针对孩子个体，或者针对唠叨的孩子的妈妈进行咨询，那还只是线性因果的思维水平。可能的一个循环因果的控制环路如图4-1所示，这个家庭系统中的每个成员都对这个行为序列负有责任和贡

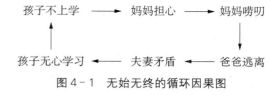

图4-1　无始无终的循环因果图

献，没有唯一的替罪羊，也没有唯一的解决方案，无论是不上学的孩子还是焦虑、愁苦、无奈的妈妈都可以放松下来，切断循环回路的任何一个环节都会对整体系统的结果产生影响。这样的循环因果对于家庭治疗特别重要，因为许多家庭最初寻求治疗时目的就是为了寻找问题的原因，寻找谁该为此负责，这样会带来家庭内部的相互责怪、高度防御和毫无成效。家庭治疗的有效性常常体现在系列互动、循环因果上，谁是始作俑者并不重要，因为改变循环的互动根本无需也无从追溯源头。

（二）症状的意义、功能的提出

关于"问题"的认知观念在家庭生活中作用重大，治疗师也不可能是完全客观的专家。很多让人信以为真的"正确"，不过是一种以讹传讹的建构而已。关于"问题"的认知观念在家庭治疗中最直接的一种应用就是改变对问题的看法，重新将问题定义为具有意义、功能的症状。比如，我们把"根本管不好孩子"的父母重新定义为"需要学习和特别活跃的孩子相处"的父母，那么父母的感受就会不同，前者是无能父母的一个失败标签，后者则暗示遭遇养育困难的父母需要学习更多策略。

症状具有意义和功能的概念源于建构主义。个人建构理论认为，大脑不可能像照相机那样对世界做拷贝不走样的反映，任何反映出来的事物、观点都是经由观察者的神经系统加工之后呈现的，个体会透过既有的主观认知体系来对各种事件做出解释和组织，创建自己对世界的独特建构。社会建构主义则强调社会环境的语言和文化的影响。那些个体既有的认知结构，并非是天生的，而是来自于社会日积月累的塑造和影响。一旦个体缺乏了反思，则会被任意塑造。建构主义有一句名言："没有发现的真实，只有发明的真实。"

瓦茨拉维克（P. Waltzlawick）和霍夫曼（L. Hoffman）在家庭治疗领域，力争将来访者从专制的根深蒂固的旧信念中解放出来，帮助他们建立新的更灵活、更有希望的观念，比如：所有的行为都有沟通的特性，即使你坐在咨询室里一言不发，也是在表达一种沟通信息，个体的症状因此也是一种转换了形式的信息，是在表达对关系的评论。如果一个症状被视为一种信息交换，那么将信息公开就会排除症状。比如："孩子不去上学"究竟表达了什么？也许表达的是对父母离异的担忧，想牺牲自己来维系父母的关系，也许表达的是其他的意义。理解了这种表达，家庭做出了相应的改变，孩子就可以恢复上学。

这种理解症状信息的尝试，从改变的角度去赋予症状以针对家庭关系的某种意义或功能，是家庭治疗的一个重要尝试。沃格尔（E. Vogel）和贝尔（N. Bell）在发表于1960年的文章《情绪障碍的孩子是家庭的替罪羊》中总结说，那些有情绪障碍的孩子，都是因为某些偶然的特点而被选中，来扮演不正常家庭成员的角色，成为令人担心的焦点，从而使家长借此忽

略自己的冲突或艰难。因此,孩子的症状具有维持家庭平衡、忠诚于父母等为家庭分忧的功能或意义。

这样的建构有利有弊,好处是常常让家庭改换对"索引来访者"(indexed patient,IP)[①]单纯的担忧或责怪,代之以多多少少的感动、心疼的理解和接受(比如从"他怎么会得这个病"到"原来他生病是为了帮助妈妈留爸爸在家啊",这样不同的建构会给整个家庭带来不同的感受)。家庭的互动氛围已经开始发生变化,干预的假设也相应地变为"让症状的意义和功能不再是必要的"。弊端则是暗含的"故意得病"容易让家庭和来访者难以接受,特别是带着孩子寻求治疗的家长,他们要背负"自己从孩子问题中得益"的嫌疑,这会使咨访关系不容易建立,需要特别小心处理。

(三)家庭治疗中过程和内容的关系

家庭治疗和咨询中,需要理解家庭运作的关键在于过程而非内容,即怎样谈的而不是谈了什么。如果咨询被家庭的细节问题所捕获,治疗师就会失去发现的机会。在解决问题的过程中,家庭成员们还容易在"公说公有理,婆说婆有理"的琐碎的、甚至相互矛盾的叙述中丧失头绪。比如,一个家庭前来求助时,丈夫想离婚,孩子拒绝上学,而妻子则陷入抑郁情绪,家庭治疗师固然不能忽视与成员一起讨论具体的问题内容,但要对家庭问题的解决有真正的本质性地推动,必须重视在解决问题过程中成员们所做出的种种尝试。当探讨孩子不去上学该怎么办时,治疗师要关注父母的对话过程,如是否倾听、回应,面部表情如何等等,而不是聚焦于该如何让孩子上学的内容讨论。内容层面可能千变万化,但过程却具有同质性,如家庭中妈妈在抱怨丈夫各种无能窝囊的行为,爸爸非常愤怒,就抱怨妻子的强势粗鲁,儿子则站出来抱怨自己的家庭非常变态,充满争吵。治疗师可借助对过程的评述,迅速跳出无休止的争执内容,了解过程中成员的相似性:每个人都在抱怨,每个人都希望他人能按自己的心意改变,一旦被抱怨就反击,一旦被反击就酝酿下一次更猛烈的抱怨,整个过程中,谁都不愿给予对方一点理解和赞同。

过程重要,并不代表内容就不重要了。很多共情的素材就来源于内容,同时有些内容也需要特别关注,比如虐待、自杀危机等等,这些都需要立即干预。

(四)家庭生命周期的提出

埃里克森(E. H. Erikson)描述了个体一生的发展变化的八个阶段。家庭作为有生命的系统,也有周期性的发展变化规律,每个阶段有其特殊的任务和使命,阶段与阶段之间,并非连续稳定发展,其不连续的跳跃性给家庭带来了变化的挑战。目前最为普遍接受的"家庭生命周期"六阶段如表4-1所示,每个阶段有其不同的特点、原则和任务重点,其中的不连续性需要家庭灵活应对。当然,没有适用于所有家庭类型的阶段划分,离婚、复婚、单亲家庭,继父母家庭等多元面貌的家庭更是没有标准的阶段划分,咨询师需要关注的是不同阶段之间的非连续性转变,以及这些转变给家庭带来的挑战。

---

① 索引来访者:指来访家庭中被指出的"问题成员",通常是家庭中的"弱势"个体。

表4-1 家庭生命周期六阶段

家庭生命周期	情绪发展转变关键原则	发展过程带来的家庭变化
年轻人单身离家	接纳心理和经济上的责任	1. 区分原生家庭的自我 2. 发展亲密关系 3. 在工作与经济上取得独立
结婚建立家庭：新夫妻	为新的系统投入情感	1. 建立婚姻系统 2. 重新组织家庭和朋友的关系，以便接纳配偶
有婴儿的家庭	接纳新成员进入系统	1. 调整婚姻系统，给孩子留出空间 2. 增加了养育孩子、财务以及家务的任务 3. 重新组合家庭的关系，包括接纳祖父母的角色等
有青少年的家庭	增加家庭界限的灵活性，允许孩子的独立和祖父母身体的虚弱	1. 转变亲子关系，允许青少年在系统内自由出入 2. 重新关注婚姻和职业发展 3. 开始照顾老人
孩子离开	接受现实并进入家庭系统	1. 重新认识二元婚姻系统 2. 发展成年人之间的关系 3. 重组和公公婆婆、岳父岳母以及孙子辈的关系
晚年生活的家庭	接受改变的辈分、角色	1. 面对心理失落，保持自己、夫妻的功能和兴趣：寻求新的家庭和社会角色 2. 支持家庭中年龄正处于中年阶段的家人 3. 积累知识和经验，在力所能及的范围内支持更老的长辈 4. 处理失去配偶、兄弟姐妹和其他同辈人的伤痛，准备迎接死亡

家庭生命周期和个体社会心理发展阶段两个概念对家庭治疗的启示主要有两点：

（1）个体面对问题时，可能是家庭和个人同时都遇到了生命发展的新阶段，个体和家庭整体都需要调整适应。

（2）家庭的不同个体可能会因为身处不同的发展周期有不同的需求，比如一个中年父亲不再迷恋工作，渴望亲情，想要更多地回归家庭时，恰逢儿子走向独立需要离开家庭，家庭的互动因此更加复杂。家庭在生命周期不同阶段的转折点上出现问题，不一定是家庭功能失调的标志，而很可能只是因为家庭身处两个生命周期之间的转折过渡。因此家庭成员需要认清旧生命周期阶段的应对行为的有限性，发展新生命周期阶段的应对行为。

第二节　家庭治疗的主要理论流派

20世纪90年代开始至今，家庭治疗领域发展出多个理论流派，这些流派除了共享家庭治疗的基本理论和概念之外，还创设了独特的问题假设和干预偏好。本节将以青少年作为索引来访者的家庭为案例，介绍家庭治疗各主要流派的代表性的理论假设和治疗技术。

一、精神动力学派的家庭治疗

（一）基本的理论假设

此流派起源于个体导向的精神动力治疗,注重从无意识材料中激发意识化的自我觉察。代际传递是此流派的一个经典学说:当前问题是过往代际中未解决的议题所致。治疗的主要目标是将家庭从对上代过度的忠诚中解放出来。治疗师的工作就是协助家庭考察和检验过往的伤害和适应不良的行为对当前的影响。如果父母对过去的事情缺乏考察检验,就会将过去的伤害和适应不良的行为模式无意识地重复表现出来。反之,如果过去的事情经过了考察和检验,父母就可以在抚养子女的过程中,意识到很多亲子冲突不过是父母与其自身的原生家庭的冲突的再现,知道哪些危险是真实的、该如何避免,而哪些危险仅仅是想象出来的,知道如何整合冲突和控制,整合内心的痛苦与人际冲突。

（二）主要代表人物

鲍温(M. Bowen)认为家庭是一个情绪单元,无意识传递的情绪情感压力大于理性,家庭成员为了获得距离感和整体感,必须同时进行"推"和"拉"两个方向的努力。在保持个人与家庭的联结,即"拉"的同时,保持将个人分化为独立个体的"推"也是很重要的。"三角化"是代际传递的一个重要作用机制,源于家庭结构中由父亲、母亲和子女共同构成的三元人际关系。其病理化的成分在于夫妻两方矛盾过于激烈,无法直面解决,于是有意或无意地拉入第三方——通常是子女来稳固其关系。孩子因为害怕失去父母而过度激活亲子依恋的情绪系统,理性认知受损,容易引起自动化的或难以控制的行为,丧失自我发展功能,甚至引发各种病理性症状。三角化的目的在于减轻紧张,比如面临离婚危机的母亲,总是拉拢女儿痛骂"薄情"的父亲,或者父母会因为自身的问题无法解决,把注意焦点转移到孩子身上的"问题",以此避免夫妻关系紧张带来的焦虑。

与三角化相对应的概念是"自我分化",包括个体内部和人际两个层面。低自我分化个体,在个体内部层面易在强烈情感下失去理智,陷在情绪之中将感觉当作现实;而在人际层面则易受他人影响,缺乏独立意志、思想和行动,常把"别人的"误以为是"我的"。个体分化的理想目标是平衡情绪和理智,在人际间保持情感联结的同时又能独立。

鲍温认为针对青少年的家庭治疗常常需要帮助家庭成员变得更加独立,为此他会让家庭成员回到原生家庭中,尝试带领家庭成员走出问题性的三角化。这个过程可以通过写信、打电话或者实际见面拜访来完成。无论什么情况,治疗师都应要求来访者聚焦二元关系,去除第三方的干扰,使用家谱图来确认关系的模式。代际间重复出现的主要三角关系模式是干预的重点,如特别紧密的母子关系、伴有冲突的同胞关系。

纳吉(I. B. Nagy)提出的家庭账簿概念非常知名,包含多代际、长时间的责任与债务账户的平衡等概念。还债可以跨代实现,不一定要由最初欠债的人来支付。如果太多不公平积累起来,而没有得到偿还,就会有问题发生。这一概念对症状的解释是:个体出于对家族的忠诚而牺牲自己的生活。治疗的焦点是谅解前几代的错误。

（三）对青少年工作的贡献

咨询师可将青少年置于一个三代家人的情境中,让他们去接触一些小秘密、未解决的困难、丧失的关系和掩藏的感受。青少年会因此表达一些攻击、反叛和不同方面的感受,这些会让整个家庭如坐针毡。治疗师想要知道,青少年子女在迅速成长中的什么东西会让父母感到不安。答案可能与父母内在生活和他们自己的原生家庭带来的未解决的问题相关,而与有问题的孩子相关度反而不大。咨询师应提醒来访家庭:不要仅仅从表面上去理解青少年的行为和其他表现。一个女孩子非常出格的叛逆行为,可能是整个家庭对于孩子的长大非常焦虑的信号;一个男孩子不愿意去上大学,可能是他父亲对于被爱而不是对成就的渴望的表达。在每一种场景中,精神动力学派治疗师都认为,青少年时期是一段无意识的强大驱动力在工作的时期,这会让代际两端的家人都受到巨大扰动。

二、体验式家庭治疗

(一)基本的理论假设

与前一个流派对祖先的关注不同,体验式家庭治疗的重点是此时此地。该流派认为变化产生于治疗关系的当下,治疗师试图打破习以为常的、受限制的家庭互动,引发一些新的自发性的事情。这种治疗模式很重视领悟后的情感和自发性行为的表达,重视在日常生活中发现例外、运用游戏技巧(这是体验式家庭治疗的两个重要技术)。

体验式家庭治疗焦点在于体验,而不是做出解释和赋予意义,关注怎么做的,而不是怎么想的。这些治疗师和咨询师相信,此时此地的体验变化也会带动深层变化。

(二)主要代表人物

萨提亚创立的家庭治疗模式,至今已经发展成为一种系统的、整合的心理治疗理论,近些年在教育系统的辅导培训中也有较多介绍。萨提亚秉承人本主义的人性观,相信人们具有内在的驱动力使自己变得更加完善。这种驱动力体现为每个人生而具有的平等的内在价值,即自尊。这种自尊永远植根于我们心底,并使我们不断努力以各种形式表现出来,期待由此得到发现、承认和证实,而家庭就是激发自尊的场所。萨提亚的家庭治疗模式有四个核心的助人目标:提高自我价值、做更好的选择、更负责任和更和谐一致。

萨提亚最初是一名教师,她通过在家访过程中与学生家庭打交道,意识到家庭对儿童自尊的重要影响。她相信,家庭成员间的良好沟通和个体的自尊水平紧密关联,而这两者都应该是治疗的目标。她对揭示家庭里的个体差异很感兴趣,并鼓励家庭成员发展足够的自信,在家庭情境中公开发表自己的声音。萨提亚总能在治疗现场保持强烈的情感卷入,一边聚焦于家庭中的积极面,一边也围绕家庭成员的希望和痛苦来与他们建立联结。她与家庭的情绪联结,部分建立在她对非言语因素的敏感性上,这种敏感性依赖于所有的感官,她相信如果家庭成员能学习更多的听、看和触摸,他们就有更多解决问题的资源。

过去的经历可能持续影响看现在,萨提亚将工作重点放在检验代际传承下来的获取自尊的不良模式上,改换新的视角来对其加以看待和转化。咨询现场的沟通、互动新体验,会更新人们的旧体验,并将它们从童年习得的、受限制的或是功能不良的应对模式中分离出来。

萨提亚还发展了冰山理论、生存姿态、家庭重塑、面貌舞会等,也因为其戏剧化、动作导向的技术而闻名。她对咨询现场的沟通体验有非常独特的构建,她会让家庭成员假设出某些标志性的姿态,使用肢体的非语言行为来表达不一致的沟通姿态:讨好、指责、超理智和打岔,让他们具体展示家庭中的规则和角色,甚至使用绳子或眼罩来展现这些角色所受的限制,通过身体的感受带动内心丰富的真实感受。她会在团体治疗的情境中工作,请团体成员中的某人来扮演家庭成员,这个技术叫做家庭重塑,混合了肢体雕塑、指导性的想象和心理剧的元素。她发展的五种家庭人际沟通模式至今仍广泛流传,影响巨大。

维特克(C. Whitaker)是另一位著名的体验式家庭治疗代表人物,他相信人们可以通过非言语或标志信号获得进入体验的渠道。为了做到这点,他试着让家庭成员不带任何社会束缚地彼此相遇。他实践着一种"荒谬疗法"(therapy of the absurd),这是一种通过幽默的话、无聊的话、笑话、俗语、自由联想、隐喻性的话语,甚至是在地板上摔跤而进入潜意识的方法。它能打破僵化的思想和行为模式,正如维特克本人所述,"整个治疗过程就是打破面具"。

治疗是一种控制和非控制的有效混合。起初,维特克会对治疗过程高度控制,建立各种阻碍,在欲擒故纵的情境下,看看家庭成员是否会"揭竿而起",真正投入治疗之中。他相信,在游戏真正开始前,他就必须建立起游戏规则,一旦规则建立起来,他则希望由家庭成员接手过去。他把这个过程比喻成"撑杆跳",作为一名治疗师,他带家庭来到跳杆的最高处,然后希望地球重力来照料剩下的一切。治疗的过程是寻找未曾预见和期待的东西。这个令人惊讶的过程,是改变的催化剂,维特克称之为"成长的边缘"。他认为当一家人被搞得鸡犬不宁时,很有可能不仅仅是因为索引来访者的焦虑。他试图聚焦家庭隐藏的冲突,正是这个隐藏的冲突,让家庭中的某个成员糊涂地成为替罪羊。维特克在治疗中把他自己看成是与家庭一样获益的角色:他认为自己做治疗的原因是"为了体验更多的自己"。

（三）对青少年工作的启示

在与青少年工作时,体验模式常常会得到特别的共鸣,因为青少年处于更乐意体验新鲜事物的年龄段,他们的独立思辨能力正在发展之中,更渴望的是自己亲身体会到的经验和结论。体验式治疗师强调对真实的确认,努力让家庭成员间迸发出一些更真诚的感情。同青少年工作时,真诚和自我暴露很重要。体验式家庭治疗经常使用两个重要的方法——幽默和游戏。特别是对肢体动作的调动,是体验家庭治疗师所高度强调的,也是可以超越流派之别借鉴使用的,特别适用于青少年群体。

三、结构式家庭治疗

（一）基础的理论假设

此流派聚焦于家庭的正式结构属性的变化,而不是情感或者认知领悟。结构在这里的含义是互动的模式,而不是内容,它的具体概念包括:

（1）规则:比如:谁的话在家里算数? 吃饭时每个人都坐在哪里?

（2）家庭里的界限:比如:孩子是否能不介入父母的争吵? 父母是否具有作为夫妻的独立关系维度? 兄弟姐妹之间是否拥有他们自己的关系,并依据年龄和性别被赋予不同的特权和任务?

（3）家庭与外部世界的界限：比如：家庭是否与局外人谈论他们的问题？他们与局外人是隔绝的还是亲近的？

（4）代际层级：比如：父母掌权还是青少年操控全局？父母是不是要听从某个祖父母的意见来养育孩子？

结构式家庭治疗师与家庭工作时，通常带着一些正常家庭概念，也允许根据文化、民族和经济条件做一些变化。他们坚信一个功能良好的家庭，应该具备界限清晰的代际关系，父母应该是明确的主管者，亲子、夫妻、兄弟姐妹这些子系统也应该具备独立性，与外部世界之间有灵活、强大的沟通联系。当孩子处在父母间的权力斗争之中时，常常就是孩子出现问题之时。当家庭对孩子施加太多控制，或是出现跨代之间的三角关系时，即家庭中存在某个孩子与父母一方共享的秘密，而父母的另一方则对此并不知情时，治疗师应当保持特别的警觉。

结构式治疗师抱有聚焦于当下家庭情境的治疗立场，干预目标是：如果家庭的结构完好无缺，症状就会消失。

（二）主要代表人物

米纽钦（S. Minuchin）是公认的结构式家庭治疗之父。他在担任美国费城儿童指导诊所主任时，与大量罹患身心疾病的家庭、住在城市贫民区里的家庭工作。他首先会"加入"每个家庭，与每个人建立关系，为其后做好准备，以便重新建构家庭系统，为不同家庭成员赋予能量。在米纽钦一开始的加入行动中，他会很小心地支持家庭中既有的规则。举例而言，如果父亲是家中的权威，米纽钦会在征得父亲的允许之后，再去与其他家庭成员谈话。他会试图将自己融入每个家庭独特的文化中，模仿家庭的语言，贴近家庭成员的姿态、说话节奏和情绪。接下来，米纽钦要评估父母、亲子、兄弟姐妹这些子系统的界限和功能是否明确。

（1）界限的评估：看家庭的界限是僵化还是松散，家里是否欢迎外人来访，以及外人是不是频繁出入家庭、提供各种意见？例如，边界僵化的酗酒家庭，会不会因为太羞愧而不能邀请他人来家做客？

（2）在疏离—缠结连续体上评估家庭的位置：在缠结的家庭中，要对家庭其他成员的情绪和行为保持警觉和敏感，因为成员难以分化；在一个疏离的家庭中，成员彼此太分散，需要一个"灾难"来让家庭成员注意到彼此。

在评估阶段之后，米纽钦会使用各种技术来重新建构家庭，可能先从营造一些空间开始，比如让失去控制孩子的能力的父母坐在一起，孩子则坐到屋子的另一个角落，和父母分开。他也会给家庭强加一些沟通规则，比如"只为你自己说话，不要替别人说"，或者"不要跟我谈论你的配偶，请直接与他（她）对话"。

米纽钦的另一类干预是让问题在治疗过程中"活现"（enact）出来。他曾经有过一个治疗厌食症的家庭案例。米纽钦在治疗现场让父母两个人现场劝他们厌食的女儿吃下热狗，先是两个人一起劝，然后每个人单独劝。当父母一起劝女儿的时候，他们之间权利斗争的三角化就从生活中搬到了治疗现场，这就是问题在治疗现场的"活现"。治疗师根据这种"活现"将问题呈现在所有家人面前，让他们看到索引问题背后的家庭结构也有问题。米纽钦在父母独立劝说女儿吃饭失败之后,引导他们看到因为夫妻分歧而导致对女儿的无效工作,再在家人的共同意愿下把父母团结起来,让他们的女儿从夫妻关系的失败中解脱出来。

(三)对青少年工作的启示

结构式家庭治疗给有青少年的家庭带来了令人憧憬的信心和权威,结构式家庭治疗师特别支持父母的权威、成员间的界限与分化水平。为回应行动不良的青少年,特别是滥用药物或逃学的青少年,此派治疗师会制订出包含所有家庭成员的计划,通过一些行动让家庭成员有所改变,让所有家庭成员都能够负责任和保持彼此的情感联结。相比较之下,此流派指导性较强。

四、认知行为家庭治疗

(一)基本的理论假设

1979年开始发行的《儿童行为治疗》杂志,后来很快更名为《儿童与家庭行为治疗》,提倡父母是儿童成长过程中关键的社会强化物,它也是最早提倡将行为主义技术应用到有儿童或青少年的家庭的治疗中的学术刊物。

认知行为治疗首先会从严格的测评开始,用客观指标定义目标行为,确认行为表现与不同情境因素的关联,比如:肚子疼是在学校更严重,还是在家里更严重?测评的方法包括对家人在家里或在治疗室里的行为表现的直接观察、角色扮演、问卷访谈和评估等级等。测评是一个连续的过程,允许治疗师在治疗的进程中反复测量行为的变化。行为干预技术的范围很广,概括而言,这些技术包括反应性条件作用、操作性条件作用、社会学习及模仿、认知行为干预,以及把父母作为替代的行为治疗师等。

(二)主要代表人物

利伯曼(R. Liberman)等治疗师创造了一种操作性行为技术,即与青少年及其家庭制定"行为契约",这是此家庭治疗流派的一种重要方法。当青少年的消极行为激起愤怒,注意力总是起起伏伏不受控制的时候,此技术可用来促进合作和积极行为。对一个以冲突为特征的家庭(即家庭成员很难说出和倾听彼此的需要),行为契约可为家庭系统引入一种非常结构化的互动方式。

行为契约的具体操作方法可以分为六步:

(1)咨询师帮助青少年和父母确定各自的奖赏性行为:

> 父母:"我的孩子希望我做什么?"
> 青少年:"我的父母希望我能做什么?"

(2)咨询师在过程中跟父母和孩子每一方确认最想要的是什么,这些往往是开始时各方都无法提供的。

(3)家庭中的各方为愿望清单排序。

(4)青少年和父母在咨询师的指导下,共情对方角色的感受,如:"如果对方为我这样做了,他的感受会怎样?"

（5）各方确定花什么代价来获得希望的奖赏,比如:"我(们)要做些什么来满足对方的需要?"

（6）商议谈判:家庭成员确认好每个人愿意做什么来与对方交换自己所想要的。行为治疗师好像一个政府协调员,敲定劳资双方的公平协议,确保每个人都愿意投入协议、逐步完成目标明确的行动序列,每个人都同意集体的和谐价值高于单纯的个人利益。当父母在家中掌控着青少年生活中的大多数奖赏时,这个方法尤其见效。但是,在青少年严重叛逆和父母管理混乱的家庭中,特别是有违法违纪的青少年的家庭,这个方法的效用很低。

帕特森(G. Patterson)在行为异常的青少年研究方面很有名。他记录家庭成员在家中的行为,聚焦于父母那些强化青少年侵犯或攻击行为的反应。他特别注意观察父母的激惹性的、随兴的惩罚,比如威胁孩子不要有侵犯或攻击行为,但没有后续强化。专家们强调父母的行为管理要有计划性和坚持性,以促进孩子们形成责任感和自主性,但实际临床上这一点很难做到。

（三）对青少年工作的启示

当治疗师和家庭都感觉到无望,感到被强烈的情感和冲突所淹没的时候,行为治疗师为青少年及其父母提供了重要的工作方法。这些方法有助于所有参与者系统地解决问题,治疗师可以与家庭协商出安全的方法,并指导家庭具体地操作。公平协商是这种方法的一个重点,所有的治疗至少都会有两个视角,即父母和孩子的视角,每一个视角都需要得到尊重并承担起自己的责任。

五、系统式家庭治疗

（一）基本的理论假设

系统式家庭治疗有三个源头:MRI 简短治疗模型、策略治疗模型和米兰系统模型。这三个模型都非常擅于应用控制论和系统论,其理论假设的关键在于引发家庭的改变,且能应对家庭面临改变时的一个悖论性诉求——"请帮我们解决问题,但别让我们改变",不易引起家庭对改变的抵抗。

1. MRI 简短治疗

MRI 一般把治疗限制在 10 次以内,聚焦于家庭内部的沟通模式。治疗师们认为家庭是持续变化的,一定会遭遇很多困难,但困难是否会变成"问题",则取决于家庭对这个困难的反应方式。如果不适应变化,看似稳定,其实僵化地卡在那里,会出现各种症状。换句话说,家庭成员常常会做一些习以为常但却是错误的尝试来解决问题。当发现问题继续存在甚至恶化时,他们会继续采用更多类似的方法,却不知道换一种视角去看问题和解决问题,好比忘记了"门可能不是拉的,而是推的",你再怎么加劲儿,都拉不开门。因为只改变"系统中的一个具体行为",而没有改变"系统的规则",那么,再怎么努力也无法带来实质性的改变。比如孩子以前不听话爸妈的话,一直都靠打的教育方式,越不听话打得越厉害,但是并没有积极的效果。如果有一天父母如果不打了,改为理解支持的方式,这时"系统的规则"就改变了，积极的亲子沟通的实质性的改变才可能真正开始。

MRI 发展了两种重要技术：

（1）直接干预，通过重新赋义来引入新的意义。

（2）间接干预，通过新的仪式活动来让家庭提出他们自己的新意义。向家庭引入仪式，并非是一种行为指导，而是一种行为实验，一种象征性的符号，或者是一种转换过渡。咨询师并不要求家庭一定要不折不扣地实施仪式，也不认为家庭违背咨询师的建议就是一种失败。他们认为真正重要的是仪式所带来的新想法和新观念，仪式可以给家庭带来变化。例如，为了让家庭能够同时实践两种不同的行为，采取单双日作业，轮流施行两种方案。又比如当家庭意见不同时，可以让家庭尝试听从孩子和听从父母的两种沟通规则，通过游戏式的实验，实践新的沟通方法，让多种可能性都得以呈现。

2. 策略治疗模型和米兰系统模型

策略治疗模型和米兰系统模型对于问题的成因做了三种解释：

（1）当解决方式是无效的正反馈时，困难被转化为慢性问题。

（2）问题是不协调的等级的结果，比如三角化（triangulation）。

（3）症状有维护系统稳定的功能。

所以这两个模型的理论假设较之于 MRI 更多元，不仅仅关注沟通。

策略派特别重视再定义（reframe）和悖论干预（paradox intervention）。有一个著名的案例是把唠叨的妻子和退缩的丈夫的沟通问题定义为"谈判过程的崩溃"。谈判中妻子不是唠叨，而是在提出请求；丈夫不是害怕逃跑，而是成了一个在谈判中有所诉求的人，这样的再定义会让夫妻二人更愿意投入沟通，而且聚焦诉求，更容易加深彼此的理解，从而促进沟通。悖论干预则是治疗师指导家庭成员去持续表现他们的症状，如果他们顺从，就是承认了可以控制症状，因此他们有能力改善；如果他们反抗，则代表他们放弃了症状，即无论他们怎么做都能够改变症状。这样就巧妙地让他们逃开对改变的抵抗。

米兰系统模型有个著名的标准化"五步治疗结构"：

第一步，会谈前（presession），时长约为 5—20 分钟，治疗团队基于已有信息、理论和临床经验讨论最初假设（比如"谁打来的第一个电话？""电话上听到的语气怎么样？"）。

第二步，会谈（interview），时长约为 50—90 分钟，治疗师与家庭会面，团队其他成员则在单面玻璃后面观察。治疗师使用循环提问在家庭成员间建立起隐含的关系，并不要求家庭成员去改变，证实或证伪会谈前提出的假设。

第三步，会谈期间（intersession），时长约为 5—15 分钟，全部团队成员共同细化初始假设，设计此次会面结束时的干预方法。这种干预可能是系统的，或者是对家庭信念的再定义，是一种仪式。通常，这种干预旨在介绍足够的新信息给家庭，通常是令人惊讶和困惑的，同时又会让家庭感到被听到和被理解。

第四步，干预（intervention），时长约为 10—20 分钟，治疗师回到会谈室，把团队的干预意见告诉家庭，与家庭共同讨论他们离开会谈室后可以采取的新行动。

最后一步，会谈后讨论阶段（postsession），时长约为 10—20 分钟，团队成员会努力去评价他们假设的有效性，讨论家庭对这些干预的即时反应，如果还有下一次访谈，还可以利用这个阶段集体讨论设计下一次的访谈。

米兰系统模型还有三个相辅相成的核心概念：假设、循环和中立。

（1）假设可以使人在系统中看到更多的可能性；

（2）循环则是指一种思维方法，旨在使人系统性地看到可能性；

（3）保持中立才能有让系统呈现出来的可能性。

循环提问是实现这些概念的重要技术，设计这些提问是为了让问题去中心化，通过提问每个家人，能让来访者在相关联的背景中看到自己。如："你猜妈妈会怎么评价你这件事情？爸爸又会怎么看？"这类灵活的循环提问能够帮助个体从其他家庭成员的角度看问题，在差异性的回答中体现出问题背景的完整性（如：谁最认为这是个问题，谁最不认为这是个问题）。治疗师会对维持问题的互动网络保持好奇，而这种非评判的、好奇的治疗态度就是所谓的中立（neutrality）的含义。这是一种对系统表达尊重、接纳和钦佩的治疗态度，不会批评系统中的任何个体或者任何促进变化的做法。

（二）主要代表人物

这一流派的代表人物是一个集合。首先是贝特森在帕罗奥图（Palo Alto）邀请海利、杰克逊等一批策略派治疗的领军人物加盟，其次是杰克逊创建的 MRI 小组，而米兰学派的著名代表人物当属帕拉佐莉（M. S. Palazzoli）等，最后，整个策略派治疗师都受到艾瑞克森（D. M. Erickson）的影响，他特别强调治疗的实用性，强调目标是实际的行为变化，而不是对于变化的领悟，即行为应该产生在领悟之前。

（三）对青少年工作的启示

青少年常常拥有高度的自我意识，但又因为无法完全独立仍然需要父母的指导、关爱和保护。他们在治疗中容易心生对抗之意，如同对父母师长的叛逆。通常在开始治疗之前，青少年就已经被各种各样的人反反复复地告知过他们有多少缺陷和不足。同样，父母其实也对他们的孩子的负面看法极度厌烦，但又不知道如何从中解脱出来。系统式治疗因其明确的承诺（不批评的中立和积极搜集多种观点）而可以化解父母和青少年之间的负面互动模式。再定义和仪式的使用看上去也很适用于青少年。有效的再定义使家庭里没有受害者或者恶棍，相反，所有的成员都在一个互相关联的网络里。仪式可以用来分开两个同时发生的行为，让家庭成员将之放到不同的时间里实施，这种方法也很适用于青少年。青少年期是一个矛盾期，青少年们既是儿童却又想象着作为成人的未来；既需要父母的指导又需要父母鼓励他们独立。当来自个体内部和来自家庭的彼此不相容的期待引发未曾预期的困惑时，仪式有助于厘清问题。悖论干预也很适用于叛逆的青少年人群，比如"你不一定要改变，你可以继续维持问题生活下去"，无论青少年听从或反对，其实都是在改变。

六、后现代家庭治疗

（一）基本的理论假设

20 世纪 90 年代以来，越来越多的人开始批评治疗师的操控性，后现代主义的哲学思潮也开始影响心理健康领域。多元化、去中心、去专家化、推崇合作平等的咨访关系得到越来越广泛的推行,来访者才是自己问题的专家。家庭治疗特别符合现代家庭组织形式发展的多样性现实和多元可能性,强调文化、性别敏感性等元素。目前有影响的后现代家庭治疗流派主要包括四类:叙事、短期焦点、合作对话、焦点团体。

文化的话语(cultural discourse),是后现代特别重视的概念,时代背景体现在话语表达上,什么被说出来了,什么没有被说出来,都是一种文化和价值观的体现。问题的存在是因为我们选择称呼它为问题。所有谈论某个问题的个体组成一个系统,系统的成员是流动的,而且不一定与家庭单元有同一个意义。治疗师的工作就是与所有定义问题的个体一起讨论,来逐步消解所谓的问题。叙事流派的治疗师相信家庭成员会告诉他们:青少年必然遇到一个可怕的叛逆期。青少年期正是一个让疼爱、关心青少年们的成人担心、惧怕的时期,正如 2011 年热播的电视剧《当青春期撞上更年期》,青春期和更年期一样,似乎必然遭遇生理、心理等多个层面的巨变,因而遭遇危机。另外一个广泛传播的观点是青少年必须和他们的父母切断联系,这样才能进入一个合适的个体化进程。这个观点导致的结果就是男孩子们如果没有和他们的母亲保持一定的距离,就要承担没法长大成为男人的风险。母女之间则要经历一段频繁冲突的时期,这样女儿才能长大成为独立的女人。青少年期是个被高度向往和尊重的阶段,同时却又令成人害怕。对于叙事流派的治疗师而言,文化话语可能与家人各自坚持的心理信念一样对人有约束作用,很多情形下都可以找到文化话语的内容,包括电影、书籍、广告和科学研究。叙事治疗师将挑战主流文化对于青少年的看法,同时也对家庭动力保持同样的好奇和开放。

此流派也发展了很多独特的技术,"反思团队"(reflecting team)就是其中一个重要技术。反思团队的具体做法是一组临床工作者在单面镜后面观察、倾听对家庭的访谈,访谈之后,调亮观察室的灯光,观察者和被观察者的角色对换。治疗师和家庭一起观察、倾听反思团队的即时反馈,反馈他们旁观访谈的观察和思考。反馈者们可以提供评论、问题、家庭作业以及对治疗师和家庭言语和非言语行为的假设,所有的发言都是非批评性和尝试性的。咨询师鼓励家庭去接受对他们有用(印象深刻)的对话,直接忽略没用(没记住)的话。

反思团队依据的叙事假设有很多:

(1)团队产生的大量观点可以帮助家庭放松,从某些家庭成员有限的词语意义表达中松绑;咨访关系不应该是垂直的给予与接受,咨访关系的重点应该是共同分享。

(2)人们不能在负面叙述的情况下做改变,比如批评指责。

(3)没有什么对或错的观点,只有对家庭帮助大或小的区别。

另外一个重要的技术是用故事去解构(deconstruct),即把问题与正在经历的人分开,然后进行重构(reconstruct),帮助家庭重新创作他们讲述的生命故事。解构和重构的互补过程在外化问题(externalizing the problem)的技术中都有所体现。外化的过程中,治疗师和来访者合作,为问题取个名字,体现出问题的负面意向和欺骗性的策略。

当治疗师在家庭治疗中与一个总是拖延着不能完成写书任务的女性共同工作时,叙事派治疗师可能会这样提问:"完美主义这样破坏你的写作有多久了?而且还骗你相信它是你最好的朋友？"治疗师也会询问这个问题的破坏程度，以及它给来访者的生活带来负面影响的时间跨度。

其后治疗师可以继续询问例外问题（unique outcomes），聚焦哪一次或哪几次的例外情况中来访者解决了问题，没有让问题破坏自己的生活。来访者会被要求去思考什么让与主流故事相悖的抵挡有可能而且真实实现。

接下来，这些非同寻常的抵挡时刻会被放大，加入更多体现来访者有能力摆脱完美主义的束缚的故事。

最后，治疗师和来访者寻找或者创造聆听这些新故事的听众，塑造出一个摆脱完美主义桎梏的身份认同。比如在治疗的最后，来访者可以做个录音，录下自己学到的新知识，与朋友、家人或者正在和"完美主义"恶魔斗争的其他人分享。

后现代家庭治疗师注重家庭每个成员的资源，用不同的形式转化从家庭那里得来的基本故事，更精准地抓住丰富的语言、语调和细微差别，高度关注被忽视的小故事片段。

（二）主要代表人物

福柯（M. Foucault）是后现代思想的领军人物，他提倡要关注谁拥有定义问题的权利和话语权，对心理健康、精神卫生领域的权利和知识有独到的观点。

安德森（H. Anderson）是合作对话家庭治疗的代表人物，她建议治疗师接受自己不知情（not-knowing）的位置，这样才可以与来访者真诚对话，建立治疗师和来访者双方都尽力解决问题的关系。怀特（M. White）、沙泽尔（S. D. Shazer）与格根（K. Gergen）一起将叙事运用到自我发展的领域，强调故事的力量，帮助家庭成员从不同的意义上体验自我和彼此。

最早用讲故事来治疗的例子是加德纳（R. Gardner）的工作，他用互相讲故事技术（mutual storytelling technique）邀请儿童来访者运用想象力、发挥冒险精神，与治疗师共同编写一个故事。治疗师再把这个故事讲述给孩子听，沿用同样的人物和主题，把孩子无意识提供的材料详细地说明一番。讲故事的过程不仅是一个治疗师与来访者共同合作的冒险之旅，而且是治疗师介绍更高水平的解决儿童内在难题的技巧的良机。

茵素·金·伯格是短期焦点治疗（brief solution-focused therapy）的代表人物，这个流派的一个重要技术是提问，比如"奇迹性问题"（miracle question）："假设今天晚上你睡着以后，发生了一个奇迹，你要治疗的那个问题瞬间解决了。但因为你那个时候是睡着的，你并不知道奇迹发生了。那么明天一早你醒来的时候，你怎么能够发现奇迹发生了？如果你不告诉别人，别人可以怎么知道奇迹已经发生了？"这些问题帮助来访者聚焦，从一开始就聚焦于治疗的成功和结束。治疗师认为来访者越是能够谈论例外情况，这些情况就会越发真实。比如回应一个总是抱怨青春期的儿子与自己疏远、从来不听她讲话的妈妈的例外问题可能是"跟我说说，你儿子最近一次在认真听你讲话的情况"。

（三）对青少年工作的启示

后现代家庭治疗的各种方法都避开批评或者病理，这也容易让青少年及其父母感到放松，因为他们常常会因为结果不满意而互相指责。用量尺法、奇迹提问和编写故事法（讲讲家庭故事或者把问题变成一个讨厌的侵入者）重新解读问题，比直接询问痛苦的感受要更有趣。后现代治疗师不认为有效的改变必须是痛苦和严肃的。

举例而言，量尺法（scales）就特别适用于治疗中不愿意讲话的反抗的青少年人群，因为数字和语言一样有魔力，而数字更加具体和真实，相比之下语言更加模糊和不确定。如果青少年非常不愿意来参加家庭治疗，那么用数字来交谈是较少暴露自己的方法："如果 10 是你的问题彻底得到解决，1 是根本没有变化，你觉得自己在哪个分值上？"这个问题允许治疗师和家庭成员使用彼此可以理解的字词。量尺法还隐含着一个意义，即否定了全或无（all-or-nothing）的思维方式，因为 1 到 10 这样的量尺允许了大量灰色区域。即使是对达成 10 非常悲观的家庭成员，也可以问他："当你从 3 移动到 4 的时候，你的生活中会有什么不同？谁会第一个关注到你身上的变化？当你的父母、兄弟姐妹和老师注意到你身上发生的变化时，他们会有什么不同的表现？"

第三节　家庭治疗技术在学校中的应用

在今天的学校心理辅导中，很多青少年的心理和行为问题都不只是靠辅导就可以解决的，就如下面的这个故事所讲的那样：一只老鼠在咨询室里接受完颇有启发的心理辅导工作，信心满满地告别咨询师准备开始改变，可它刚走到咨询室门外又迅速折了回来：不行啊，老师，虽然我知道要改变了，但门口那只虎视眈眈的猫不知道啊。

家庭治疗技术的应用包括从代际影响角度（家谱图）理解所谓的问题行为，注重面对强烈的情感和冲突时的工作框架，注重行为层面的指导、情感方面的体验、知识方面的探索和意志方面的支持，保持资源取向和中立的态度来应对青少年的反叛特性，等等。

一、与家庭建立联结

（一）融入家庭

1. 贴近和尊重家庭的"本土文化"

学校情境中，前来寻求家庭咨询的索引来访者多是有问题行为或症状的学生，所以无论索引来访者是学生还是父母，进入咨询室前通常都已做好要遭受批评的心理准备。这时，咨询师要注意尊重家庭的"本土文化"，毕竟家庭过往的数十年，甚至上百年所经历过的传承和历史，都不可能为咨询师所了解。因此需要对家庭进行谨慎的系统评估。

纵向和横向两个方向的系统评估内容如图 4-2 所示。

咨询师需要相信：即使是当下已经完全失功能的家庭信念、行为，曾经也一定是适应功能良好的生存智慧的积累，值得得到尊重、倾听、了解和认可，这样才可能建立开放的、不带防御的合作式咨访关系。面对受教育水平很低的父母，咨询师需要在融入家庭之前看到这样的父母在教育孩子过程中有哪些努力、哪些成绩，比如尽力保持体面，比如以身作则教育孩子要勤奋，比如努力保持家庭完整等。在挖掘出家庭的这些成功事件的基础上，还要看到他们的困难、不足和背后的不容易，对此加以认可和尊重，这样才能和家庭的每一个人共情。如果咨询师见到家庭就立即去找问题、解决问题，会很容易找到家庭的替罪羊，陷入和家庭一样的"就怪××"、"如果不是因为××，根本就不会有问题"之类的僵化思维模式当中。

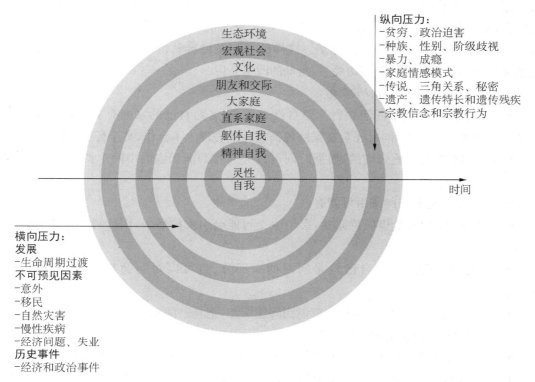

纵向压力：
-贫穷、政治迫害
-种族、性别、阶级歧视
-暴力、成瘾
-家庭情感模式
-传说、三角关系、秘密
-遗产、遗传特长和遗传残疾
-宗教信念和宗教行为

生态环境
宏观社会
文化
朋友和交际
大家庭
直系家庭
躯体自我
精神自我
灵性
自我

时间

横向压力：
发展
-生命周期过渡
不可预见因素
-意外
-移民
-自然灾害
-慢性疾病
-经济问题、失业
历史事件
-经济和政治事件

图 4-2　系统评估的内容

　　安德森 2012 年曾在上海现场与一对工读学校的母子面谈,据学校老师介绍,几乎所有人都对这位患有强迫性行为的孩子的单亲母亲很失望,学校的老师曾主动提出要帮助无业贫困的她介绍一份工作,她的回应是：我天性是爱自由的,无法接受约束。安德森接见这对母子时,首先是非常客气地向母亲介绍自己,询问她：你觉得有什么重要的、需要我知道的事情要告诉我吗？安德森对母亲的各种抱怨的反馈是：你一直在尽力做一个好妈妈,希望能给儿子最好的。就这样随着咨询的推进,所有在场者都亲眼见证着母亲从瘫坐在椅子上渐渐地直起背来,母亲在咨询过程中的变化清晰可见。仅仅一次咨询之后,那所工读学校的老师就反馈说,母亲在那之后的变化特别大,孩子也有很大进步。安德森的那种尊重家庭"本土文化"的力量,让来访者母子得到了平生从未有过的体验,有了追求新目标的愿望。

　　2. 寻找共同的目标

　　家庭咨询的最大难点是帮助家庭找到家庭成员们共同的利益诉求。同时面对多个家庭成员,他们经常是众说纷纭、各怀心事,使咨询的进程缓慢而低效。萨提亚在咨询伊始一般都会去询问家庭：希望通过咨询改变什么以让生活更美好。她会打断任何的指责或负面的沟通。她会询问细微互动中的每个细节,让家庭知道她对每个成员的感受和观点都感兴趣,寻找大家的良好意愿作为每个人都认可的工作目标,从而调动每个人的积极性,使其专注地投入到咨询中来。萨提亚这类正向的指向变化的目标确立技术,还经常需要同时使用再定义技术。比如父母的求助目标是让孩子赶紧回去上学,孩子的目标是让父母少唠叨自己,理解自己不上学的苦衷,咨询师这时可以再定义各自的目标,让每个家人看到不同目标背后的良好愿望,找到家人共同认可的统一目标。比如将父母的目标再定义为:希望找到孩子的困难所在,竭尽全力帮助孩子;将孩子的目标再定义为:希望和父母和平相处,不要因为自己暂时的困难而影响家庭氛围和亲子感情。这样的再定义更容易得到全家人的赞同,而目标一致则可以进一步带来良好的咨访关系、主动的改变意愿。

3. 邀请不愿意参加咨询的家庭

通常家长不认为孩子的问题行为跟自己有关,或者跟自己的家庭有关,所以,他们一方面缺少家庭咨询的意识,同时还会在家庭咨询过程中表现为不合作,甚至怀有敌意。

(1) 不愿意参加家庭咨询的,根据时间可以分为咨询前和咨询中两个类型,需要根据不同的理由区别对待。

① 咨询前拒绝参与的理由可能有:

● 没准备好改变,希望保持原状,害怕改变可能会引发的后果,因此可能需要犹豫较长时间。

● 归属性差,没意识到自己也是问题的一部分、也可以对问题起作用,特别是重组家庭。

● 否定问题的存在,没有清晰地意识到问题所在,把自己的感受作为他人感受等。

② 咨询中抗拒咨询的原因可能有:

● 缺乏效能感的支持和鼓励,对坚持努力、投入更多时间和精力的信心不足。

● 来访者通过抗拒来测试咨询师或家人反应:"我是不是足够重要? 你们是不是对我还抱有希望?"这时候咨询师的坚持就更加重要。这种原因不可小觑。

(2) 探索抗拒原因的一条线索是情绪。咨询师可以和家庭一起探索抗拒的情绪,比如担心、害怕、回避、焦虑、厌烦、无聊等,然后顺藤摸瓜,对症下药。阻抗并不意味着家庭完全不想改变,阻抗是家庭成员可能对改变持有不同观点的信号,需要多方共情,一同探讨,一同拓展可能性。

青少年对咨询有害怕、担心是极其正常的,费舍尔(A. Fishel)曾经给这样的青少年写过一封信,由家长转交孩子或直接告知:

> 假如你很积极主动,甚至非常高兴来我这里,我会非常担心。因为我觉得,没有一个有自尊心的十来岁的孩子愿意来这里。同时,如果你还想回来,我也会很惊讶。但我相信,你的父母不应该在没有见到你的情况下,在你不在场、在你没有发表你自己意见的情况下,就做出影响你生活的决定。我认为你已经到了足够大的年纪,我们不应该背着你做出任何改变你生活的决定。所以,如果你决定来我这里,我绝不会误以为你喜欢来,我知道这是你不想让父母做出太离谱的决定的信号。

如果不是孩子抗拒前来咨询,也可以对抗拒前来的其他家人传递这类书信,书信的撰写前提是要对家人传递充分的共情,正如上面那封针对孩子的书信。

共情的力量就在于不是去批评家人为什么不来参加咨询,也不是教育劝导家人赶紧参加咨询,而是去尽力理解家庭成员的困难和需要。

① 对父母或祖父母的共情

● 从父母或祖父母角色的需求出发。父母或祖父母总希望给孩子最好的东西，尤其是自己缺乏的，父母或祖父母也需要被理解、被支持，而不是被专家直接提要求和改变。

● 理解和支持父母或祖父母，他们需要在教养孩子过程中感受到自己的力量、付出、意义和自我认同，他们需要在各种不同的育儿意见中寻找信念、坚持和自主等。

② 对夫妻角色的共情

● 从发掘伴侣关系的需求出发。婚姻的不同阶段，夫妻都有对关系的不同梦想、责任和期待。

● 双方各自忠于自己的大家族的需要。

● 夫妻在冲突争执中需要安抚自己和对方。

● 夫妻在面对危机时，仍然需要对彼此敏感、互相表达关怀。

● 工业社会给双职工家庭带来很多挑战，伴侣二人需要组成一个生理、心理、社会三位一体的亲密团队。

（3）如果抗拒咨询是因为缺乏改变动机，可以尝试引入新的信息。

咨询师可以当面询问抗拒咨询的索引来访者或家人，也可以委托班主任老师、家人等第三方来询问，通过提问引入新的信息。比如：

"你对现状满意吗？如果不满意，靠你自己的力量可以改变吗？"

"如果不去考虑是不是能成功，你的愿望是什么？"

"你内心一定有你的期待，你需要家庭的支持。"

如果家庭成员担心自主权受到侵犯，可以向他们强调说"关键时刻不能没有你的参与，缺了你的决定肯定不靠谱"。这样，家庭成员会觉得前来参加咨询不但不会削弱自主权，反而会助长自主权。如果咨询师遭到拒绝后需要自我鼓励，可以尝试用系统、辩证的眼光看到一个硬币的两面，比如：阻抗常常是改变的前兆；家人在用推开别人的方法来渴望接近；家庭在拒绝咨询师的时刻，也是他们在自主决定自我负责的时刻；等等。

当然，最后，如果整个家庭或者某个家人强烈坚持拒绝咨询，那也是家庭需要空间、时间处理问题的真实需求，也需要得到尊重。

（二）为家庭寻找资源

1. 资源取向

伴随着病理学研究的发展，精神病学的历史多年来一直被缺陷取向（defect-oriented）主导，但近 40 年的研究发现，如果以资源为靶向，而不是以病理为靶向，可能会取得更多的疗效进展。

（1）家庭咨询很重视资源取向。咨询师会寻找、确认每个家庭成员身上的力量，相信虽然每个人的外显言行多少总会有消极之处和欠缺，但背后的动力却总是良善和积极的。咨询的任务就在于帮助个体理解自己的行为动力并学习用优雅、有效的方式表达自己，比如看到学生冲突叛逆的行为方式背后是在渴望表现自己，看到冷漠僵硬的表情背后是不知道如何化解紧张焦虑。理解这些原本的"初心"就是一种最基础的资源，能带领家庭去学习如何表现自己、化解焦虑。

① 在建立关系的初期使用资源取向,可以建立相互尊重的咨访关系,比如:把每个前来求助的来访者或家庭看成是有勇气面对问题的人或家庭,而不是弱者。

② 在评估阶段使用资源取向,可以帮助来访者认识自身力量。比如来访者说自己什么优点都没有,已经做到的成绩都"微不足道"、"是最起码的",咨询师便可以问问他:"即使是'微不足道'、'最起码的'也不是人人都能做到的,你面对那么多困难,是怎么坚持完成这些事情的?"

③ 在建议改变阶段使用资源取向,则有利于开拓思路,寻找新的可能性。比如在一个单亲家庭案例中,父亲一直没怎么出现过,母亲将父亲描述为"自私自利,根本不管孩子,不可能来学校",咨询师却坚持尝试邀请父亲前来学校,邀请的理由是"因为有些功能母亲无法完全代替,孩子需要父亲的出席",结果父亲非常爽快地出席了,对孩子问题的好转起到了关键性的作用。

(2)资源的取向的对话。除物质基础、行为表现、心理能力外,内在的动机、愿望、渴望也是一种潜在的资源,可以激发人们向往变化的信心。因此,资源取向的对话可以分成两大类:

① 对成功事件深度挖掘,锚定优秀的品质作为资源,不把每一个细微的成功当作偶然。

《叙事治疗的工作地图》一书中有一个案例:来自单亲家庭的母子二人前来咨询,15岁的儿子遇到各种挫折,遭到来自各方面的批评指责,咨询师却能在短短的一次咨询中让儿子低垂的头重新抬起来。咨询刚刚开始时儿子并不愿意和咨询师说话,当咨询师问起父亲殴打母子二人的家暴情况对母子二人的影响时,资源悄悄出现了。

> 儿子:我妈比我更痛苦。
>
> 咨询师:你在意她的状况吗?
>
> 儿子:你觉得呢?
>
> 咨询师:有时人们会长时间身处暴力而变得不敏感。
>
> 儿子:嗯……我并不会不在意,我当然很在意他对她做的事,很可怕。
>
> 咨询师:告诉我,你比较在意妈妈还是自己,还是一样在意?
>
> 儿子:当然是我妈。
>
> 咨询师(问妈妈):听到这些话惊讶吗?
>
> 妈妈:不惊讶。
>
> 咨询师:儿子关心你比他自己还要多,你觉得这说明他看重什么?
>
> 妈妈(有些迷茫):我知道我们的生活起起伏伏,最近儿子似乎不太喜欢我在他生活中,但我还是知道我对他是重要的。
>
> 咨询师:你怎么知道的?
>
> 妈妈:当妈妈的就是知道。
>
> 咨询师:你能举个例子让我了解你儿子认为什么对他很重要吗?从任何事情开始说都可以,你可以告诉我他曾怎么表现出对你的重视。那会对我很有帮助。
>
> 妈妈:好。他8岁时在他爸爸打我时,故意跑过来用石头砸窗户,惹他爸爸生气来转移他的注意力,让他顾不得再打我……

咨询师：哦。虽然他知道这样做会被打，但他还是这样做。（问儿子）你记得这件事吗？

儿子：不记得。

咨询师：（问妈妈）这种举动是否符合他说过的对生活的无力感？能否证明他只是被动地接受命运？

妈妈：不是，当然不是。一点都不符合。

咨询师：那有什么词可以形容？

妈妈最终和儿子一起找出他们认同的品质形容词：公平，勇气。

② 在失败的事件中找到亮点，变"废"（失败）为"宝"（成功愿望、成功潜力、良好的品质和人格等），找到内在闪耀的良好品质、动机和愿望。举个例子，老师和孩子进行了下面的对话：

师：你最近一直没怎么去考试，是吧？不过我听说你曾经去参加考试了？而且考得不错？

生（不屑）：那也叫不错?！

师：看来还可以考得更好，或者是希望考得更好。

生：我以前……这次只是最低谷时的小反弹吧，不值一提。

师：等一会儿，我知道你还不是很满意，但我觉得这件事情很重要，这里面有一些非偶然的因素，一些你可能在低谷中已经忘掉的东西，比如你的能力、性格、习惯、人生目标什么的。我先问你一个问题，你怎么做到那一次小反弹的？

生：搞不清，闲着太难受了吧。

师：闲着可以去看手机啊，看视频，打游戏，聊天……

生：（开始沉思）那些做够了吧？

师：做够了？那就是你渴望去做点什么其他的事情？

生：是的，我渴望成就感。其实我并不是一个不爱学习的人。（资源开始出现）

（3）寻找与资源有关的重要句式。"一方面……另一方面……"的句式可以呈现问题的多个方面，体现出"虽然目前现实还不尽如人意，但不能完全抹杀潜在的资源"。比如下面的一段对话：

生：老师，能不能别把我的烂成绩告诉我爸妈？我都不敢回家了。

师：看来以前都是考得不错的，爸妈不习惯你考得差。

生：你是不知道我爸妈，简直凶神恶煞，特别是我爸，这成绩回去非被他骂死。

师：他们好像特别相信你能考好，或者说应该考好？你有什么表现让他们会这样？

生（思考）：他们对我逼得很紧。不过我小时候确实学习不错，好像智力还不错的样子，从小学到高中学习有点起伏，但基本都还算优秀，爸妈虽然严厉，但生活上对我还是关心的。大学里嘛，课程虽多，其实难的也就那么几门，是我自己不争气。

师：这些话我要分成两部分听，一部分是现状让人不太满意，有些困难，另一部分却是柳暗花明的感觉，面对现实层面的困难总能找到克服的可能性。是这样吗？

生：好像是啊。

师：对呀，你对自己每次都能"逢凶化吉"怎么看？你猜自己有什么"护身符"带在身边？（调动学生一起发掘资源）

资源取向不同于积极心理学，后者强调以确定的正向特质为努力目标，如勇敢、乐观、坚毅等等，旨在激励不同的个体追求同样的积极品质；而前者强调的是在"既成事实"基础上挖掘资源，没有"放之四海而皆准"的既定资源列表，有再定义、重构、循环提问等技巧，强调任何一个个体，此时此刻就存在诸多资源。

2. 家庭弹性

家庭作为一个功能单位，也有应对风险和危机的应变能力，这种应变力就被称为家庭弹性。虽然重大的压力源（如严重的危机），或压力的积累（如持续的困境），对整个家庭都有影响，但家庭所有成员也会因此而增强凝聚力，团结起来调整应对，缓解压力，减少形成长期功能障碍的风险，显示出最佳的适应性，这就是家庭弹性的表现。研究证明，家庭弹性的概念在与高危学生的家庭工作时特别重要。

沃尔什（F. Walsh）的研究团队首创家庭弹性的概念，并不断发展深化相关的临床研究。她认为当家庭在漫长的生命历程中呈现出日益丰富的多元性时，专业从业者需要审慎反思"正常家庭"的概念，一种家庭模式可能在某个系统层次上功能正常，但在另一个层次上却是失功能的，比如回避冲突可以让脆弱的夫妻关系暂时维持平衡，但对孩子而言，父母的功能是有重大缺失的。所以，对家庭功能进行评估时必须对所有可利用的资源以及其他系统的影响做评价。咨询师需要包容、广阔的视角、辩证的思维、强洞察力和创造性，真正帮助家庭做到终身学习，在复杂多变、充满不确定性的生活中，寻找一致性和安全感。家有学子的家庭处在特殊的家庭生命周期，需要为孩子营造稳定安心的学习环境，资源取向的家庭弹性工作就变成了"以不变应万变"的实用工具。

沃尔什总结了自己的实践工作，提出细致的"强化家庭弹性的实践指南"：

(1) 对所有家庭成员的价值与尊严表达敬意。

(2) 传递相信家庭有潜力共同努力、克服逆境的信心。

(3) 使用尊重的语言，将问题定义为共同的困境，并从情境化的角度来理解具体的困境：将困境视为遭遇逆境时可理解的正常的反应，如创伤性的事件可理解为对异常和极端情境的正常反应；减少羞愧、责备、污名化和病理化。

(4) 提供安全的避风港，让家庭分享痛苦、担心和挑战，对家庭的痛苦和挣扎表示同情。

(5) 建立家庭成员之间的沟通、共情和相互支持。

(6) 辨认和肯定家庭的优势、资源、弱点和局限。

(7) 发现、构建、掌控疗愈和成长的潜力。

(8) 善用亲属、社区和灵性资源，如宗教、民族习俗，建立一个生命线来应对挑战。

(9) 视危机为学习、改变和成长的机会。

（10）从聚焦问题转变为聚焦可能性：在逆境中获得掌控、疗愈和转化；重燃对未来的希望与梦想。

（11）把逆境的经验及弹性整合到个人和家庭的生活过程中。

二、家庭问题评估和干预方案设计

（一）从症状到关系的提问

实践操作中，从关注个体内心转换到关注关系背景，是需要专业训练和学习的，主要的提问类型有：

1. 针对症状与原生家庭的联系的提问

我们常常会好奇个体的行为或性格特点是从哪里学来的，是完全复制家人的模式，还是与家人的模式完全不同，呈现为另一个极端？这两种来源都是同一个性质，属于一个维度的两端，都是因为与家庭成员紧密联系而受到影响。咨询师在下面的案例中的提问便是这类提问。

> 来访者：我做这件事情的时候想着时间有限，应该去做那件事才对，但真的去做的时候又开始焦虑：这件事情还没做啊！成天活在焦虑之中，没个安心的时候。做什么都觉得好像不对头。
>
> 咨询师：好像总是听到一种自我质疑的声音？
>
> 来访者：是。
>
> 咨询师：那种声音是从哪里来的？像家里的什么人吗？
>
> ……
>
> 咨询师：家里的人会这样和你说话吗？
>
> ……
>
> 咨询师：爸爸（妈妈）听到这样的声音会怎么说？
>
> ……

2. 针对问题的关系性背景提问

这类提问关注的是：问题是在什么背景下开始、存在、恶化、弱化、改善和消失的。下面这段是一个担心女儿有忧郁症的爸爸和他们的家庭咨询师的对话。

> 爸爸：孩子情绪不稳定，她在和她妈妈出去旅游的路上，居然要跳车！
>
> 咨询师：为什么你不去一起旅游呢？
>
> 爸爸：她不爱和我一起，她对我很反感。青春期了吧。
>
> 咨询师：她青春期之前和你的关系不是这样的？

3. 循环提问

循环提问是米兰学派最先发展出来的访谈工具，意指通过问某个人关于其他人的事情

来发现系统内的差异信息和循环因果,比如:

(1) 问女儿:爸爸妈妈的关系怎么样?

(2) 问妈妈:如果你和儿子一起去旅游,你先生会怎么想?

(3) 问孩子:如果你妈妈看这个问题,你觉得她会怎么说? 你爸爸对你妈妈这种想法认可吗?

用同一个问题问所有在场的家人,比较和探究其中的差异及原因也是一种循环提问。各种形式的循环提问旨在通过提问展现出系统的多面向及其内在逻辑因果。

循环提问是一类技术,每个提问的共性在于都是围绕人际关系展开,而个性化差异表现在不同的焦点上,包括专注于凸显不同视角的差异性提问,比如:你父母这么不同,你会听谁的多一点? 一般这种情况下,都是谁在做最后决定? 谁会最强烈地坚持认为这是个问题? 谁压根不会认为这是个问题?

4. 专注于情境改换的奇迹性提问

家庭咨询的系统思想关注问题的情境,不同的情境中的人、物、事等因素会彼此复杂作用,让问题呈现出不同的样貌。奇迹性提问会脱离确定的问题情境限制,直接跳转到问题程度较轻甚至完全好转的情境中,询问那时候会有什么不同。

例如:如果有个人站出来提出反对意见,那会是谁? 如果突然好转,你会注意到父母有什么变化,你父母会发现你有什么变化? 如果问题完全消失了,谁会第一个发现,通过观察到什么线索发现的?

5. 其他切入家庭关系的各种提问

家庭咨询中,咨询师要引领参与咨询的来访者,无论是对多个家庭成员还是单独的个体,都要使其注意力迅速从吸引眼球的症状转到关系上,这需要咨询师具有对关系提问的高度敏感性,而不仅仅是对症状的共情。

下面这个案例是:一位初中刚毕业的女生,她有抑郁倾向,总是觉得自己不够好,她曾经考过全市第八名,学习特别好,父母要求很高。那么咨询师可以有哪些自然地切入家庭关系的提问呢?

(1) 你现在心情不太好,都和谁住在一起啊?

(2) 你这样的情况父母知道吗?

(3) 你这方面的特点很特别啊,像谁啊? 你们家里有谁也是这样吗?

(4) 你父母要求很高,如果今天爸爸或妈妈在场,听到你这些话会说什么呢?

(5) 你对自己的这些要求,是自己给自己的吗?

(二)家庭咨询的目标

家庭咨询的目标在于鼓励家庭学会挖掘自身资源,咨询师一般不直接给出建议,特别是回应家人询问时,要警觉自己有无替代沟通,着急地充当"家庭翻译"。咨询师还要避免过于指导和控制导致家庭产生依赖,不能发展家庭自己的相处方式。咨询师的目标是发现家庭里有谁可以担当此"翻译"重任,一般孩子可以出其不意地说出父母都视为秘密的话。当然,如果家庭焦虑升级到破坏性沟通时,就必须打断,让每个家人只跟咨询师对话,但最终要靠挑战家庭内部的无效沟通鼓励各种新的尝试（特别是家人之间的彼此疗愈），激发和培养出属于家庭自己的潜力资源。

（三）沟通互动模式

很多人对"有效沟通"的理解就是对方能按照"我"的意思去做，认为那就是"沟"且"通"了，否则就是"沟"且"痛"。研究发现，家庭成员如果能够学会带有理解地去倾听对方，可能就会发现，不需要改变对方，问题就可以解决。沟通的目的在于理解，而不在于说服和改变。

沟通不仅限于言语，非言语的信息也非常重要。瓦茨拉维克将沟通分为四种类型：拒绝沟通、接受沟通、无效沟通、借助症状来沟通。

沟通理论的实践者会聚焦在维持问题的沟通上，不追究问题的根本原因，因为过去的原因不可观察且不可改变。只要是一再重复出现的事物，就可能存在某种模式。模式是一种认识论意义上的确定思维的方式，一旦形成就排斥例外或不同的行为表现。突然出现一个不同以往模式的方式，就可能会被怀疑为"他装的"。模式标志着隐藏的规律关系，而这种规律关系在人类生活和社会秩序中必不可少，每个人从出生开始就都会被卷入习得沟通规则的复杂过程中，每个人也一定都会存在某种人际互动模式。这些互动模式不能用"好"或"坏"来简单评判，基于生存需要学来的互动模式肯定曾经具有某种功能，但这种功能是否仍然适用值得考量。家庭咨询的目标就是改变维持问题的特定的互动模式。

1. 找到互动的"规则"

找寻使用过程性诠释的语句探索行为周期性循环的规则，脱离沟通内容，转向更高的抽象水平的沟通规则，比如"我们家人从来说话都文质彬彬的"、"我们家不会公开谈论痛苦或悲伤"、"这家人不是凶巴巴的就是可怜兮兮的"。

2. 看清互动的过程

在繁琐的互动中，找出即时互动的序列、结构、非言语的情绪内容，通过观察外在刺激及其反应之间的紧密联系，找到有组织且可预期的方式、循环的互动程序，以及相关影响因素，常用的探索句式有：

（1）反思型："刚才你皱了眉头，是想起什么了？"

（2）联结型："每次你一……妈妈就……"

（3）重构型："是不是因为……所以你才……"

（4）标准型："这么大的男孩子一般……而你却很不一样……"

例如：

> 来访者：她（妈妈）又找理由进我房间找我说话，我心里烦得要命，却又没办法，只好听着。结果越听越烦，对她态度很凶吧，然后两个人对吵起来，她就又开始哭，说我如何伤害了她。她就一直一直哭，没办法，我只好又去给她道歉。唉……

从上述一段话中，对冲突模式敏感的咨询师，可以初步假设出母子的冲突模式：来访者回家独自相处——母亲进入其独立空间——来访者态度很凶——母子开吵——母亲长时间哭泣——来访者道歉——母子重新"合好"。

在此假设基础上,咨询师可以通过问"每一次都这样一环套一环吗?每一个环节中你心情如何?你们怎么形成的这套程序?爸爸在这套程序中可以发挥的作用是什么?"进一步展示和确认这一模式,带领家庭逐渐识别和打破恶性循环,最终阻断促发和强化症状的行为模式,鼓励家庭和咨询师共同发展出更具适应性的新模式。

3. 理解旧模式建立新模式

在此新旧模式更替的过程中,需要特别关注的是认同发源于父母及以上的代际形成的旧模式。帮助家庭理解旧模式,建立改变行为的新模式可以按照下面的四个步骤施行:

(1)将隐藏的信息公开化:你们有这样的模式一定有你们的道理,它在特定的时代背景下有什么重要的意义和作用?

(2)挑战旧模式:为什么没有用,你们却一直这样做?如果能有一点小小的变化,增加一点新元素,你希望是什么?可以怎么实现?曾经有过什么例外吗?

(3)鼓励家庭尝试新模式,摆脱过于守旧、刻板和僵化,但也要提醒家庭不要变化得太多太快,因为新旧更替可能会带来混乱,而旧模式可以为混乱期保留一些熟悉的指导,让避免系统崩溃的同时为新模式保留调整和适应的空间。

(4)帮助家庭聚焦新模式,允许不同模式出现,对不同的新模式保持敏感度,即使出现频率很少,也要给予新模式以反思和认可,给新模式时间和空间来增强弹性、完成与旧模式的整合。

4. 沟通姿态的使用

沟通姿态技术很适用青少年需求,可以外化青少年面对外来压力和威胁的应对方式,并让人以此洞悉青少年的"自我"、"他人"和"情境"这三者的关系。

沟通姿态:

(1)讨好型的沟通姿态:单膝跪地,向上伸出一只手,另一只手紧捂胸口,向人们表明:我愿意为你做任何事,脸上常常有一种令人愉快的表情(如图4-3所示)。这类孩子在人际交往中容易得到外界的接纳和喜爱,与令人愉快的一致型不同的是,讨好者是言行不一致的,自我内心有反对的声音,却压抑隐忍。这种沟通姿态有低自尊的实质,人一旦没有因为讨好而得到外界认可或回报,沟通姿态很可能会立即转化为指责型:我都这么忍辱负重了,你们还得寸进尺!

讨好型的惯用语言是"这全是我的错","没有你我什么也不是","我不值一提,我不值得被爱",对应的内心体验是"我毫无价值",常见的行

单膝跪地,身体有些摇晃,伸出一只手做出乞讨的姿势。

图4-3 讨好型的沟通姿态

为表现是遇到冲突就道歉、请求宽恕、哀诉、乞求。

持讨好型沟通姿态的人，"自我"成分是盲区，会对"他人"和"情境"高度重视和尊重，却忽视掉自我的真实感受。

（2）指责型的沟通姿态：挺直脊背，用挺直的食指指向他人，另一只手置于腰间，皱起眉毛，绷紧脸（如图4-4所示）。有这种沟通姿态的人言行无不透露出敌意、霸道、挑剔、拒绝、找麻烦，他们爱提反对意见，容易敏锐地发现事物不够完满的地方。他们因为传递出不尊重他人的信息而深陷孤独。惯用的句型是："这全是你的错！""你怎么回事?！什么事情都做不好！"对应的内心体验是"我是孤独且失败的"。与害怕冲突的讨好型姿态相比，指责的爆发性，常常会激发他人心中的恐惧，激化冲突。指责型的人忽略"他人"的需要，只关注"自我"和"情境"两个部分。

站在那里，一只手放在腰间，另一只手连同手臂直指着他人。

图4-4　指责型的沟通姿态

脊柱是一条又长又重的钢棍，从屁股一直延伸到脖子；仿佛有一个铁领子束着脖子。

图4-5　超理智的沟通姿态

青少年特别是出自强调秩序和安静的家庭的青少年，常常会因为自主独立的需要，在压力或冲突下选择以这种姿态表达自己，但这种姿态同样有低自尊的实质，人并未真实表达自己的需要，而且还可能会长时间身处紧张和孤独的困境之中。

（3）超理智的沟通姿态：标准姿势是笔直僵硬，不动弹（如图4-5所示）。这个状态的人，只重视情境的需求，表现为极度客观，思维、语言、行为只是强调客观数据、正确道理和清晰逻辑。这种姿态优势是强调科学和知识逻辑，使人表现得非常博学冷静，但劣势是使人缺乏人特有的喜怒哀乐，即丰富的情感情绪，显得干瘪而单调。言语特征是不说自己的任何感受，对应的内心体验是"我不能表现出任何感受"，僵化、强迫、理性化的行动表现让人感觉无法接近。

超理智与智慧不同，它缺乏任何情感体验和表达，自尊水平也很低，人压制感受只是因为怕表现软弱的一面，同样是害怕和回避冲突。采用超理智沟通姿态的人，通过聚焦于环境——第三者事物，回避关系中的人，"自我"和"他人"是盲区。

身体每次向不同的方向移动着，两膝以夸张的内八字的方式靠在一起。

图4-6 打岔的沟通姿态

（4）打岔的沟通姿态：人看上去滑稽、扭曲，可能是低头，双臂在头前摆动；或者是做难度更大的扭曲状，姿势夸张，头偏向一边，表情抽搐（如图4-6所示）。他们的行为脱离重点，不断变化想法，缺少关联的话语，似乎一刻都不能静止，好像很欢乐和自主，但其实各种行为不过是冲突之下的慌乱的表现。校园里一些多动的孩子或是"小丑"类的孩子，他们的言行表面看上去还有"开心果"的作用，但实质可能是低自尊、回避或害怕冲突。言语特征是离题千里、没有重点或东拉西扯，无法集中注意力于一个稳定的话题。对应的内心体验是"心烦意乱"，"没有属于我的地方"，"冲突太可怕"，"必须一直轻松愉快"。行为特点是貌似有趣，善于打断沉默、尴尬或绝望，但有不合时宜和打断别人之嫌。打岔的人就像闭上了眼睛，回避了自己、他人和环境。

上述四种沟通姿态都折射出不平衡、低自尊、非一致性的内心状态。

（5）一致性的沟通姿态：面对冲突或巨大的生存压力也能保持言语与身体姿态、语调以及内心感受相匹配，内心体验是和谐、平衡、高自尊，行为表现是有活力的、负责任的、有创造性的，灵活又不乏稳定。

值得注意的是，四种非一致性沟通姿态不是孤立、静止的，人们往往会随着人际互动而"翩翩起舞"，从一个姿态转变到另一个姿态，比如从讨好转为指责，又从指责转为打岔……但是始终在这四种姿态中舞蹈。这些姿态也常用于对家庭关系的雕塑中，咨询师要帮助家庭成员看清他们的人际互动关系。学校情境中，咨询师可以带领学生通过动作体验不同的沟通姿态（沟通姿态可以外化心理状态，反映彼此的人际关系以及在此关系中每个人的感受），从而更容易地帮助学生觉察，有机会学习如何从自我、他人和情境三个方面反思自己和家人在冲突或压力之下的沟通姿态，努力尝试身心一致地有效表达自己的感受、想法和需要。

（四）家谱图

家谱图是家庭心理治疗领域国际通用的临床工具，曾被译为"代际图"、"遗传图"。它基于系统观思想发展而来，由鲍温等在其注重原生家庭的家庭治疗实践中开创使用，麦戈德里克等人统一了标准化家谱图图形符号。

家谱图以图形符号的形式显示家庭中三代及以上的关系，可以从生物、心理和社会等多方面提供关于家庭的整体信息。

1. 家谱图主要的优点

（1）家谱图绘制快捷、形象易懂，可以用来在咨询过程中随时记录、补充和更新三代以上的家庭复杂信息，包括家庭历史、家庭关系模式以及对当事人咨询有持续影响的重要事件。

（2）家谱图这一与家庭建立关系、搜集信息的方式十分温和，可以超越家庭成员的文化背景和语言表达发挥作用。

（3）有助于建立个人和系统的连接。家谱图对家庭信息的持续搜集和呈现，能够帮助当事人和家人以家庭人际为背景了解家庭，认识和接纳多元的信息，理解个人变化与家庭系统变化间的关联性。

（4）直观全面的家庭信息汇总更有利于系统地进行临床评估、深入了解和理解家庭与个人的现状和发展史、规划咨询方法以及评价咨询的效果等。

2. 家谱图的制图规则

首先要注意各种图形符号代表的生理信息，如出生、疾病、死亡、性别、子女排行等。比如方形代表男性，圆形代表女性，兄弟姐妹按年龄大小从左到右排（如图4-7所示）。具体可参看第一章中的家谱图。

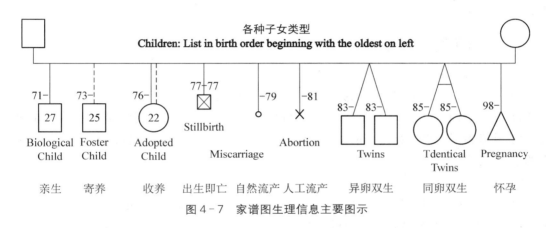

图4-7　家谱图生理信息主要图示

心理信息主要包括各种人际关系状态，比如亲密、纠缠或疏离，具体如图4-8所示。符号不便标明的还可以加注文字。

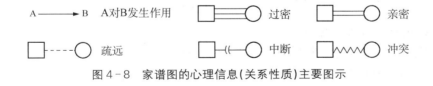

图4-8　家谱图的心理信息（关系性质）主要图示

（1）谁和谁住一起或来往密切，谁被排斥在外，谁与谁之间关系特殊（爱或恨）。

（2）性格特征信息。确定几位最主要的家庭成员，逐个归纳出每个人的三个性格特点。

（3）家庭气氛的特征：和谐的或喜好争吵的；家庭中特定的会引发争吵的问题，如"吃醋"或"财产继承"。

家谱图需标注社会信息，有的需要用文字在相应的地方注明，比如婚外情、成长史、居住地、祖籍、居住地变化和原因（如逃亡）、疾病名、死亡原因、职业和职位、教育背景等，还可包括少数民族、宗教信仰、特殊的社会背景、政治和历史背景等。

家谱图会标注多个时间，比如出生日期、结婚日期（相识的日期）、夫妻离婚日期等。图尾需要标注制图时间。

制家谱图时需要特别注意的事项包括：代际关系、暴力、躯体疾病、精神障碍、流产、秘密、禁忌、死亡原因等，在家谱图中的"空缺之处"有时可发现秘密和信息断裂：哪一位祖先的传承线没有连续下来？家庭所有的信息中缺少谁或哪些事件？

用一张图表将众多信息组合呈现，能便于系统观思维的运用，使人很容易看出这个家族的信息，并对此进行针对性的假设和探索。咨询师可以让来访者把家谱图带入咨询室，在不断添加和完善信息的过程中形成对来访者的背景系统的科学假设。

目前家谱图在临床实践、健康促进、教育科学、社会工作等医疗和教育、人文领域都有迅速的发展和创新。比如根据不同的关注焦点和特定问题需要，家谱图可有多种变式：时间轴家谱图、游戏家谱图、性家谱图、事业发展家谱图、性别图等。同时，对家谱图的使用也存在一些争议，如批评家谱图将祖辈关系对当下的影响夸大化，质疑家谱图并不一定是家庭咨询中必须应用的步骤。

三、结束咨询

（一）家庭作业

为巩固家庭咨询的效果，在家庭咨询的结束阶段布置一些行为层面的作业是个好方法，且适合求知欲和行动力较强的学生个体。家庭作业的重要原则是异于平常的行为或思维习惯，家庭作业既是一个开始改变的试验，又是一个将咨询室中的干预效果延伸到日常生活中去的手段。

常见的作业类型有：

（1）家人秘密地互相记录彼此的优点，咨询时再统一宣告，看看能记到多少条优点，看看大家把挑毛病的思维换成认可优点的思维后感受如何。

（2）观察记录。记录某种行为或语言发生的频率和情境。

（3）家庭讨论会。家人寻找合适的时间定期讨论某个话题，确定新的家庭规则。

（4）共同出游等。家庭共度时光，促进家庭良性互动。

（二）家庭咨询的终结标准

当咨询经历了一个过程，也看到了来访者们在家庭沟通中的改变时，咨询师便会产生关于是否该结束和什么时候结束的问题。如"什么时候可以结束咨询？""有什么'到这里就可以结束'的指标吗？""是不是问题行为结束就一切都好了？""父母不吵架了是不是就表示家庭关系好转了？"……

这里为在学校情境推荐三个参考的"金指标"。

1. 家庭自己满意

学校情境中，学生是服务对象的主体，而非父母或其他家庭成员，家庭咨询大多情况下只是致力于改善学生的"症状问题"，不一定会去深挖家庭成员并未感到不满或需要改变的某些状况，不鼓励咨询师按照某些专业框架去评判问题、解决问题，很多改变的方向只是点到为止。因为原生家庭文化需要得到绝对的尊重，而且在学校情境中，学生致力于学业，心理咨询服务的时间安排也需要平衡兼顾，不要让学生缺席很多课程来参与大量的心理咨询。

因此,家庭觉得最核心的问题得到改善或开始改变后,学校情境中的家庭咨询就可以考虑拉长咨询间隙,让家庭自己找到更多的解决之道。

2. 症状问题与家庭关系方面开始解构,即"症状"和"关系"之间开始关联

症状解决之道在于在关系层面找到突破口。整个家庭的关系结构、互动模式等会因为某个家庭成员的症状问题开始发生改变。家庭成员开始关注各自的利益,将压抑在心里的抱怨表达出来,而不再像以往一样,表面压抑,内心受伤,积累到某一时刻统一以激烈的冲突或以某种症状的形式爆发。

3. 有利于学生个体的自我分化

根据鲍温(M. Bowen)的"三角化"理论,学生个体作为家庭中的新生代际,不再因为和父亲或母亲的亲密情感,而失去自我发展的动力和独立边界。孩子个体内部水平达到情绪和理智的分化,在人际互动上达到亲密和独立的平衡。随着孩子独立需求日益增强的青春期前后的发展,结合家庭发展周期不同阶段的重点任务,孩子健康的自我分化的需求和实际发展水平不再受到家庭关系三角化的束缚。

四、家庭咨询流派的后期发展

(一) 学校情境中"没有家庭的家庭咨询"

"没有家庭的家庭咨询"又名"个体的系统咨询"或"系统个体咨询",目前在国外心理咨询、创伤咨询和青少年服务机构中都得到了越来越多的应用,是传统家庭咨询的后续拓展,意指依据家庭咨询的系统理论和技术,与个体来访者开展工作。

1. 个体的系统咨询与传统的必须多位家庭成员出席的家庭咨询比较

二者主要有以下几点不同:

(1) 个体的系统咨询会通过呈现系统的技术方法来间接呈现家庭互动,而不是现实呈现。

(2) 个体的系统咨询聚焦某个人、某个话题,而不是多方参与。

(3) 个体的系统咨询允许更多的情绪卷入,而不会苛求中立,也不严格要求家庭成员的合作和分工,其灵活多元的方式特别适合个体不愿意邀请家庭成员,或家庭成员无法全部到场的情境,比如大学生家人因为客观的物理距离而不便参与现场咨询等。

下面是一个中学生准备离家出走的案例,咨询时中学生说:

> 我想一走了之,真的烦死了。但心中有另外一个声音,我应该对他们(父母)好,爱他们。但被(妈妈)时刻抓住的感觉真的好恐怖,太不正常了⋯⋯

咨询情境中,来访者强烈或频繁的情绪表达,有时是一种邀请,邀请互动对象更接近自己。比如上述案例中,咨询师就需要回到来访学生的生活情境中,去理解他和父母之间那种亲密又纠缠的情感,并进而寻找不良的情绪体验背后僵化的家庭互动模式。面对这类个案情绪表达,咨询师不仅要共情,更要坚持紧跟来访者的话题,继续朝着人际互动的方向推进,通过关系性的提问,引领个案努力挣脱情绪的束缚,紧贴个案的话语来理性对话。咨询师要

问自己："关系互动的细节是什么?""个案怎么会那么为难?""问题的具体情境对咨询师和个案而言都足够清晰吗?"咨询师可以提问:"为什么那么想离开父母? 他们是怎样让你走不开的? 其实你已经是中学生了,跟父母应该有平等交流的能力了,为什么你那么为难呢? 这两个需要: 做自己和爱爸妈,哪个你更想要?"

咨询师如果仅仅是共情,不仅会偏离咨询方向,而且容易和个案一起陷入个体内在的矛盾体验之中,让情绪淹没思考。咨询师需要擅于使用使提问由个体症状转向人际关系的能力,保持高度的思考能力。

概括而言,个体的系统咨询中可能会出现个体咨询和系统工作的混淆困境,如系统的理念还呈现得不够清晰具体,个体的系统咨询中的一些实操技术,包括家谱图、循环提问、假设和中立、雕塑等掌握得还不够贴切,缺少示范和督导,无法有效地将一个人的有限视角拓展为家庭的多元视野等。

咨询师在访谈中,一旦发现平行关系,就需要抓住关系话题跟下去,包括现在的和原生家庭中的重要他人、社会中的重要关系、自己与自己的关系、咨访关系,要对比关系的具体情景,保持系统的思维方式来理解来访者呈现的丰富资料,否则可能被来访者带着不断开启新话题而失去关系主线。

2. 其他形式的"没有家庭的家庭咨询"

除了一个人的家庭咨询形式之外,还可以根据参加家庭咨询的来访者的情况灵活组合,例如为了清晰地区分父母事务与孩子事务,涉及父母婚姻的问题时可让孩子不要出席,有时还可以分批见不同家人,组合进行亚系统的家庭咨询,比如母子、父子、继子女与父母等,关键就是系统的思维、关系的咨询取向。

(二) 家庭治疗的后现代发展

后现代学派非常重视语言的运用,不同的言语表达同样的意思时就会作用迥异。后现代学派认为,咨询性语言可能会使家庭病态化,特别是如果在咨询中使用带有责备、让人羞耻或内疚的语言,就容易对家庭造成破坏性影响。家庭咨询的一个重要发展方向就是日益尊重家庭成员的感受,逐渐脱离早期专家主宰型的咨询模式,也避免采取主宰型策略来为病态的不良家庭咨询。因此,咨询关系变得更加融洽,咨询更加强调家庭的自身能力,人们意识到家庭咨询的有效干预在于激活家庭的自身能力。干预的目的是减少家庭应激、增强积极互动、支持有效协作,运用家庭及相关资源,激发家庭良性功能的发挥,促进家庭和谐健康。

学校与家庭的教育功能紧密关联,"家校互动"也是当代教育的必经之路。学生处于可塑性很强的人生阶段,家庭和学校在塑造其人格和心理健康的过程中各自发挥着不可替代的作用,研究如何在学校里推广家庭教育的理念和技术非常必要。

第五章　沟通分析理论在学校心理辅导中的应用

沟通分析理论(Transactional Analysis，TA)是 20 世纪 60 年代美国心理学家埃里克·伯恩(E. Berne)创立的一种人格理论,是从心理治疗实践中发展起来的针对个人成长和改变的一种系统性心理治疗理论。沟通分析理论有其独到的视角,也与同期发展的行为治疗、家庭治疗等理论有相通之处。沟通分析理论最早关注个人的成长与他人之间的关系,具有系统的思想和完善的理论框架,其技术可以与其他理论的技术整合应用。它在心理治疗、心理咨询、组织管理、教育领域都有着广泛的应用,不仅对心理咨询师,对普通教师、社工、家长以及青少年本人都同样适用。正是因为它的整合性和在教育和心理辅导领域的应用的广泛性和实效性,本章将对它做简单介绍。

沟通分析理论的内容非常丰富,鉴于篇幅,本章将分三节分别介绍该理论最基本的理论建构情况、主要应用于心理咨询的一些概念,以及该理论在学校教育管理和辅导中的实际应用情况。

第一节　沟通分析及其人格与沟通理论

沟通分析也译作人际沟通分析、交互作用分析等。国际沟通分析协会(International Transactional Analysis Association，ITAA)将其定义为：一种人格理论,也是针对个人成长及改变的一种系统性心理治疗方法。本节将介绍沟通分析的理论背景及发展、沟通分析的人格理论和沟通分析的一个心理动力学概念——安抚等。

一、沟通分析理论的发展

沟通分析的概念是由伯恩在 1958 年首次提出的,随后伯恩和同伴在心理治疗的实践中将沟通分析理论迅速发展起来,沟通分析理论的发展随即进入巅峰期。尤其在《人间游戏》出版后,沟通分析的概念得到了极大的推广和普及。沟通分析理论到 20 世纪 60 年代末基本成型,1970 年伯恩病逝后,沟通分析理论因为其实践的有效性,得到了进一步的发展。而沟通分析理论的跨文化特点明显,适应不同宗教、地域和领域,这也使得沟通分析理论今天遍及世界的 60 多个国家。沟通分析理论进入我国是在 20 世纪 80 年代,而真正发展是在 2006 年之后。

在沟通分析理论的发展过程中,派生出经典学派、贯注学派和再决定学派三个主要的学派。经典学派继承了早期伯恩等人所发展出来的治疗方法,其治疗工作主要有四个阶段：结构分析、沟通分析、游戏分析、脚本分析;贯注学派由席芙(J. Schiff)所创,她和先生及工作伙伴坚持使用不吃药、不住院的方法治疗精神分裂症病人;鲍勃·高登(B. Goulding)和玛丽·高登(M. Goulding)将沟通分析和完型治疗、互动式团体治疗等整合,形成再决定学派,强调在团体里进行个别治疗。

135

今天的沟通分析已经不再强调学派之不同，而是强调整合的工作。沟通分析最正面的特性就是能融合其他心理学派的理念和技巧，通常以自我状态模式和人生脚本的理论做整合的原则，在沟通分析的架构下，运用各学派的技巧进行心理咨询或心理治疗。

国际沟通分析协会和欧洲沟通分析协会（European Association for Transactional Analysis，EATA）共同负责沟通分析的专业训练、认证，认证包括沟通分析治疗师（CTA）和沟通分析培训师（TSTA）等。认证特别要求有一半的培训和督导课程需在其他理论技术的指导下完成，这加速了沟通分析理论对其他理论的吸纳、整合。

（一）沟通分析的哲学理念

心理咨询和治疗理论都是建立在一定的哲学基础上的，沟通分析的哲学基础是人本主义，它认为：

（1）人都是好的。

（2）每个人都有自己思考的能力。

（3）人决定自己的命运，而所做的决定是可以改变的。

沟通分析的口号是"I'm OK，you are OK!"翻译成中文是："我好，你也好！"或者"我行，你也行！"这里的"好"或"行"是对"OK"的翻译，不是一种纯粹的或比较的价值评判，也不是用来形容人的行为，而是对个人存在的本质及其状态的允许和认可。通常所说的对事不对人，就是把人的本质和行为加以区分，这样，人都是"OK"的，但你的行为方式，对我来说，可能不"OK"。同时，排除大脑的器质性病变，每个人都是有能力思考的，可以对自己负责，可以为自己做出行为的选择，可以选择改变，这也就为心理咨询和治疗在人性假设上作好了铺垫。

"我好，你也好！"你我的存在都是重要的、有价值的，需要被尊重，在这个层面上来说，即使在成就、信仰以及性别、年龄、出身等方面有很大的不同，我们是平等和同等重要的。我可以不喜欢或不接受你的行为，但是，我接受你作为一个独特的人的存在。你的行为不被我喜欢，不代表你就没有存在的权利。不好的行为是个体做出的不恰当的生活决定导致的，是个体幼年求生时的有效生存策略和方法的延续，但这些行为当前不再适用。当个体能觉察到这种早年决策带来的行为的不适应性，个体是有能力重新做出选择，改变行为方式的。人可以决定自己的生活结果。这也构成了心理咨询咨访关系的基础，决定了咨询师对心理问题的态度。

咨询中的合约概念就是基于"我好，你也好！"提出的。只有相信对方是"好"的，才会跟对方订立合约，合约的订立本身就体现了对对方的信任。有效的合约是共同协商达成的，是有责任能力的人在觉察的情况下自愿达成的，合约的任何一方都对合约的达成负有责任，是主动的。所以，合约是心理咨询工作联盟的基础，也是有效的心理咨询和心理治疗的基础。

（二）沟通分析理论的构成

沟通分析理论跨文化性很强，这意味着沟通分析理论的语言表述具有一定的普及性，可以被不同年龄、性别、地域、种族的人理解和运用，但是这绝对不意味着它很浅显，咨询方法很容易被掌握。应该说,沟通分析理论不晦涩,一些概念的表述甚至很直白,比如安抚、心理游戏,比如用父母、成人和孩子表示个体的自我状态,等等,但是沟通分析理论的概念很丰富,当概念组合应用到生活中时,就不那么简单了,尤其是每一个概念都可以带来不同的视角,所以要全部掌握和应用这些概念是需要时间的。但同时,也正因为任何一个概念都可以给个体带来新的觉察,所以,沟通分析又是很好上手的理论,可以用于个体的自我成长。总体上说,沟通分析上手容易精通难,沟通分析咨询实践是理论学习和个体经验的整合,沟通分析的运用能力跟学习者的使用经验成正比。沟通分析的学习建议从自我成长入手。

沟通分析理论的基本概念包括人格理论部分、沟通分析部分、人生脚本部分,这几部分的概念之间又是彼此联系的。人格理论的概念是沟通分析的基础,人生脚本反映了人格形成发展的过程,人格和脚本通过沟通行为外显,影响沟通行为。咨询辅导可以从外显的沟通行为模式入手,可以从人格构成的自我状态入手,也可以从人生脚本信息的分析入手。以经典学派的沟通分析治疗很喜欢用团体治疗的方式为例:咨询师通过团体成员互动的过程,重现来访者的问题和困扰,以对心理游戏、扭曲行为和脚本进行分析,使成员走出脚本,或以强化成人状态的功能,来去除不良的现象。咨询师要运作这样一个团体,需要熟练掌握沟通分析的概念,并能在实践中迅速对当下的情境做出觉察和反应。

二、沟通分析的人格理论

沟通分析的人格理论主要是自我状态理论(PAC),它是沟通分析理论的基础,自我状态的分析是沟通分析的关键。

(一)自我状态的结构

伯恩给自我状态下的定义是:一种思想和感觉一致的系统,借由一套相对应的行为模式呈现于外。

自我状态可以分为 P(父母)、A(成人)、C(儿童)三种:

(1)P 反映个体根据自己的知觉从周围的重要人物那里内射的感觉、思想和行为。

(2)A 反映个体针对目前现实的自主感觉、思想和行为。

(3)C 反映从个人的童年遗留下来的思想、感觉及行为。

C 和 P 大部分诞生于童年时期,前者是来自个体"内在"的,是自己的反应和经验。而 P 是来自"外在"的,也就是个体小时候所接触到的榜样,主要是父母。当个体处在 C 时,是在运用小时候的思想、感觉和行为,处在 P 时,则是在运用小时候认知到的父母的表达方式。由于幼年成长过程中,个体会积累很多自己的经验以及对大人言行的了解,于是就会形成很多性质不同的 P 和 C。A 针对当下的情况,并非基于 P 和 C。

将 PAC 这三种自我状态放在一起便构成了沟通分析理论的核心——PAC 人格理论。一般情况下,我们用三个顺次相连的圆圈表示自我状态模式的表层结构图(如图 5 - 1 所示)。

沟通分析的人格理论与精神分析的人格理论不同,PAC 自我状态不同于精神分析中的本我、自我、超我,PAC 是一种状态,能通过行为外化被观察到,但是本我、自我、超我反映的是内在精神,是无法被观察到的。PAC 中的每种状态都受到本我、自我和超我的影响。

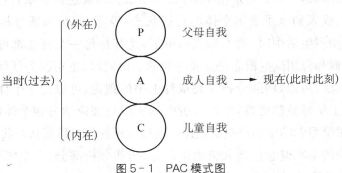

图 5-1 PAC 模式图

比如,你走在小区里,一辆电动车快速从你身边驶过,你先是惊恐地跳到一旁,甚至惊叫出声,这时你是在 C 状态;当看清背影后,知道是一个快递员急急地经过,有惊无险,你慢慢平静下来,这时到了 A;随后,你的愤怒情绪开始升上心头,你朝着远去的快递员大声指责他的粗鲁、不文明的行为,你又到了 P 状态。

自我状态结构根据个体成长发展,还可以划分出第二层次结构,C 中间可以继续划分出 $P_1 A_1 C_1$,P 中间可以划分出 $P_3 A_3 C_3$,等等,这主要应用在心理治疗领域,比较复杂,这里不作具体介绍。

(二)功能性的自我状态

自我状态的存在都是有功能的,自我状态的功能分析就是为了了解自己是如何运用自我状态的。前面提到的 PAC 是自我状态的基本结构模式,探讨的是自我状态的内容,即有什么;而自我状态的功能模式则探讨其过程,即如何用。

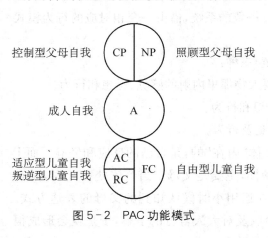

图 5-2 PAC 功能模式

1. 功能性的自我状态构成

图 5-2 显示了功能性的自我状态模型。C 可分为 AC(适应型儿童)和 FC(自由型儿童)。AC 有两类,一类简单说就是听话的儿童,他们常常听从父母或重要他人的指令,按照他们要求的去做,那样就会使自己安心;另一类为 RC(叛逆型儿童),RC 跟 AC 一样,都能明白父母和那些重要他人的指令和要求,不同于 AC 的是,RC 不愿意照着指令做,而是违背指令去行动,顶着干,你要我朝东,我偏朝西,你不让我出去,我偏要往外跑。FC(自由型儿童),则是完全从自己内在的感受出发进行反应,不受他人影响,我行我素,自发地表达情绪或感受,对外界的要求置之不理:我想出去就出去,不在意监护人的同意。但 FC 不像 RC 那样违拗父母,跟父母的要求对着干。

P 从功能上来看可分为 CP(控制型父母)和 NP(照顾型父母)。CP 顾名思义,是我们复制或模仿了小时候父母控制、命令的思想以及行为模式;NP 则是拷贝了父母关爱、安慰的思想、行为模式。

A 的功能是让人以深思熟虑的方式来处理现实情境中的情况,没有进一步的细分。

2. 功能性的自我状态的积极性与消极性

上面介绍的自我状态的 5 种功能形态(RC 和 AC 通常归为一类),无论哪一种,都有各自功能上的特点和由此而来的正负性。可以用"＋"表示舒适的、有益的正性,"－"表示不舒服的、有害的负性。例如,CP 表现的保护弱小的行为是积极的,为正性的;但是 CP 的单纯对人的控制、指责他人,便是负性的。NP 同样也有正负性,正性表现出关爱、呵护他人,负性则表现出过度保护,以保护的名义,无视他人的能力,不让个体接触其需要接触的人和事。A、AC、FC 等也都一样,每种状态都不存在绝对的好与坏。

3. 自我图

自我图是关于五种功能状态的"能量"分布的柱状图,可用于自我成长中的自我觉察,如图 5-3 所示。

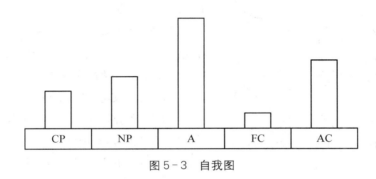

图 5-3 自我图

假设一个人在五种自我状态的能量的总和是固定的,那么通过对自己过去 24 小时的回想,大概地绘出自己在五种状态上的时间分配图,可以对自己的自我状态有一定的了解。从中我们可以提示自己:自己是否在某种状态上能量投注多了、在某种状态上又相对少了,以此有意识地做自我觉察练习,指导自己均衡发展。比如:FC 多,创造力会比较丰富,不过也容易违纪;AC 多,可能适合秘书类工作,比较靠得住,不过容易压抑;A 多,处事相对冷静,是做事情的人;CP 多,可能有能力,不过领导派头大,攻击性比较强;NP 多的女士,可能是贤妻良母,适合服务型工作,不过可能是过度操心的妈妈。每种自我状态都是有功能的,因此均衡分配是积极健康的。

(三)病态的自我状态结构

当用带圈的 P、A、C 图来表示个体的自我状态时,三个圆圈之间的互相"侵犯"或隔离代表了病态的自我状态,这些病态的自我状态显示了当事人的人格问题。

1. 污染

污染指 P 或 C 侵入 A,或者 P 和 C 同时侵入 A,如图 5-4 所示)。

(1)当把 P 的观念当作自己 A 的事实,将一些有失偏颇的叙述当成事实,就会产生一些"偏见",例如:"男

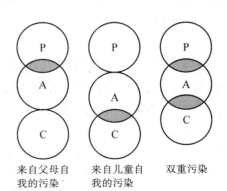

来自父母自我的污染　来自儿童自我的污染　双重污染

图 5-4 污染

人都不是好东西","婚姻是爱情的坟墓"……这是 P 污染了 A。

（2）把一些 C 状态的想象当作事实，可能是因为早年经验的重演带来的自动思维，可能是因为一种个人的"妄想"，也可能是因为一种武断的自我推理，这是 C 对 A 的污染，比如在台上发言，听到下面人笑，便认为"他们在嘲笑我"。

（3）既重演 P 的信念，同时也对 C 表示同意，并且把两者都当成事实，那么就是 A 受到了双重污染。比如，P 表示"不能相信别人"，C 也表示"我不会相信任何人"，由此便以为"不可信"就是这个世界的规则。

双重污染的内容常常包含了一个人对自己、对他人、对世界的不灵活、扭曲的信念。无论是被 P 污染，还是被 C 污染，这些"信念"都具有未经事实考证的特点。

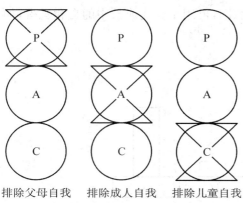

排除父母自我　　排除成人自我　　排除儿童自我

图 5-5　排除

2. 排除

排除是指个体无法自由切换三种自我状态，即个体有时会把某一种或两种自我状态关闭起来（如图 5-5 所示）。

（1）把 P 排除的人，通常表现为"不守规矩、自立门户"。这一类人习惯于用自己的直觉来了解周围发生的事物，大多数都擅长使用计策，可能成为顶尖的政客、成功的 CEO。

（2）把 A 排除的人，会丧失作为一个成年人了解事实的能力，只习惯于听从 P 和 C 的内在对话。这一类人由于失去了了解事实的能力，其感受、想法和行为常常表现出 P 和 C 的挣扎，而显得怪异，严重的情况下，会呈现为精神疾病。

（3）把 C 排除的人，会封闭自己童年的记忆。这类人，当你问他关于小时候的记忆时，他们常常表示"不知道，完全想不起来"。

（4）P 状态和 C 状态都被排除的话，A 状态就成了恒定的或唯一的自我状态。这类人处理事情只会依据一系列的规矩，表现出十分的理性，却"无法享乐"。

（5）只剩 C 状态的人，无论是感受、想法还是行为，都像一个孩子一样，用情绪化面对问题。这类人在旁人看起来十分"幼稚"、"歇斯底里"。

（6）只剩 P 状态的人，处理事情时只会依据成套的规矩，他们在旁人看来十分"强势"和"固执"。

实际生活中"排除"并不是绝对的"无"，而是"较少有"，几乎不表现出来。可以结合之前提到的自我图，对自己的自我状态保持一份觉察，帮助自己维护心理健康。

3. 病态自我状态的心理辅导

既然标记了污染和排除两类病态的自我状态，心理咨询中便可以有针对性地进行辅导，先找出来访者的病态，画出病态的自我状态图，有意识地进行去污染或者强化。

由于污染都是 A 的现实性和客观性受到破坏，所以加强理性的客观认知，可以帮助我们去除污染，这里认知治疗的方法有助于去污染的工作。

对于有排除问题的来访者,通过使用自我图帮助来访者觉察到自己的排除现象,然后有意识地强化被排除的自我状态,有助于恢复来访者被排除的自我状态。

总体而言,心理能量可以根据情境在五种状态之间自由流动,是积极健康的象征,任何的僵化,都不利于身心的健康。生活中实时觉察自己或他人的自我状态,知道自己此时此刻的反应是在模仿父母还是重演小时候的历史,可以有效减少污染和排除现象。

（四）判断自我状态的方法

日常生活中认识自我状态的线索有许多。伯恩列举了四种判断自我状态的方法。

1. 从行为表现来判断

可以观察的行为表现包括话语、音调、手势、身体姿态和脸部表情。要判断一个人的自我状态,必须同时观察各种行为,看这些行为是否一致。假如你看到会议室里一个上身端正,目视前方,脸部表情放松的人,你可能会判断其处于 A 状态里。但是,仅仅凭此是不够的。有可能你看到他的上半身像在发表汇报,但是你视线往下,发现他盘腿而坐,此时从整体的身体姿势可以推断此人可能是处于 C 状态里。

2. 从社交互动来判断

根据社交的互动来判断,是基于"双方相处时自我状态会有互补情形"的假设。所以,可以从他人与自己相处时的自我状态推测自己当下可能对应的自我状态;反过来也一样,可以由己推人。具体而言,如果对方从 P 状态和我说话,那么我很可能会从 C 来回应;如果对方是 A 状态,那么我也很有可能处于 A 状态。回想我们的工作、生活场景,别人对我的反应常常出自 C 状态的话,很可能是因为我常常以 P 的状态与他们相处。因此,假如我想改变别人的"任性",或许我可以尝试先改变自己的"专制",转变为 A 状态进行沟通。

3. 从过去经验来判断

从这个角度进行判断时,往往需要提前知晓来访者小时候的情形。这一点可以通过询问父母或重要抚养者来得知,也可以通过一些提问得知,如在脚本访谈中,有时会问来访者"小时候有人要求你做什么时,你的感受是什么?"等。而来访者的回答很可能帮助咨询师从过去的角度印证对其现下行为的判断。

4. 从现象体验来判断

一个人可以用同等的强度,再次体验他获得自我状态的一刻,就好像鲜活地回到那个时候一样。

这四种方法如果能同时兼顾,便能确定某一种自我状态的存在,不过要同时得到多种信息是不容易的,所以,咨询时只能尽可能多地收集线索,其中,以行为的表现最为重要。

三、沟通分析的沟通理论

人类是社会性的,需要依赖相互的接触,有相互的接触,就会有相互的给予和回应行为,这便有了沟通,沟通尤指相互间信息的表达与回应。沟通分析便是分析沟通过程的理论模型,是基于之前的自我状态进行分析的。一个人有 PAC 三个自我状态,另一个人也有同样三个自我状态,当两人在一起沟通信息时,便有了自我状态间的互动。

伯恩用图形表达方式,从沟通双方中信息的发出者的自我状态出发画一条带方向的直线,指向信息发出者希望传递到的对方的自我状态,用另一条带方向的直线,显示回应者的信息在自我状态间的传递路径。根据沟通双方的信息传递连线间的关系,生活中的沟通可以分为平行沟通、交错沟通和暧昧沟通三种。

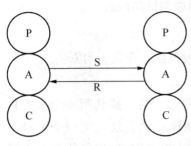

图5-6 平行沟通(互补沟通)

(一) 平行沟通

平行沟通又称互补沟通,图5-6所示的这一类平行的信息连线显示的是平行沟通,发出一反应的自我状态就是原来所期待的自我状态。图中,箭头表示向量,S代表一方发出的刺激,R代表另一方做出的反应。具体来说,当沟通双方都处在同一种自我状态里时,或是一方处在P状态里、另一方处在C状态里时,都属于平行沟通的情况。例如,一方生气地说:"你怎么又迟到了!怎么能这么混日子!"另一方红着脸怯怯地说:"对不起,我会试着不迟到的。"这是P状态与C状态的平行沟通。再如对方询问你"现在几点了?"你就事论事地回复他"一点了",此时你们双方所用的语气、音调都显示你们处在A的状态里,这也是常见的一种平行沟通。

平行沟通的特点就是"可持续"。因为在平行沟通中对方的回应是符合期待的,因此这样的沟通便可以流畅地进行下去,直到双方疲劳或是转变话题。这也是所谓的"沟通定律"之一:只要沟通保持在互补状态,沟通就能一直进行下去。需要注意的是,这里并不是说"会",而是"能",因为所有的对话都有停止的那一刻。但是只要保持平行沟通,就不会因为沟通模式本身的问题而打断沟通的进行。

(二) 交错沟通

交错沟通(如图5-7所示),同样以询问时间为例,假如你满脸通红地怒吼"什么几点!不要再问我几点了!你知不知道自己又迟到了!"此时显然你并不是对方所期待的A状态,你的反应显示你是从P出发的,你的责备也显示出你期待对方转变为C状态。结合图示我们可以看到交错沟通的"名副其实"。当交流交错时,人们会觉得沟通被切断了,会产生不舒服的感觉。这种"沟通被打断的感觉"可能

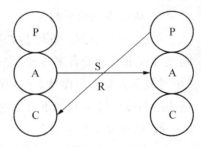

图5-7 交错沟通

只是让你有点惊讶,也可能令你大发雷霆。因此,交错沟通的定义是指交流的两个向量不平行,或是做出回应的那方的自我状态不是对方所期待的自我状态。

需要注意的是,平行沟通和交错沟通有时需要我们用更详细的功能模式来分析沟通过程才能区分。例如,下班回家的丈夫跌坐在沙发上对妻子说"哎呀我累死了,帮我捶捶背好不好?"而妻子的回应是翻了个白眼:"你以为我很闲吗!"乍看之下好像是C对P的平行沟通,但丈夫却有一种被打断的感觉。通过功能分析可见,妻子的反应是处于控制型P状态,而不是与丈夫的自由型C互补的照顾型P状态,因此,他们的沟通实际上是交错的。

由此可见,交错沟通的特点是会出现终止或转换的状态。这也是沟通定律之二:当沟通

呈现出交错状态时，沟通会被打断。此时需要一方改变自我状态才能使沟通继续下去。

（三）暧昧沟通

暧昧沟通（如图 5-8 所示）相较前两种沟通模式，是一种双层的沟通。在暧昧沟通中，会同时传递社交层面和心理层面的信息。通常社交层面的信息的传递都是 A 状态对 A 状态，是明显的。而心理层面上的信息的传递则多数是 P 状态与 C 状态，是隐含的。通常，我们用实线表示社交层面的交流，用虚线表示心理层面的交流。伯恩还提出了一种特殊的暧昧沟通，并称之为角状的交流。这种沟通模式常见于我们生活中的推销，它常常表现为看似双方以成人对成人的方式交流，实际上希望一方对方以顺从型 C 反应，假如对方接受了这种暗示，就会表现出顺从。

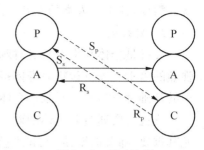

图 5-8 暧昧沟通

虽然在暧昧沟通中，社交层面与心理层面一实一虚，但是沟通结果却由心理层次的内容决定，而非口头上的社交层次信息。因此，第三条沟通定律便是：暧昧沟通会有什么结果，是由其心理层面的含义，而不是社交层面的含义决定的。

下面是一些关于沟通模式的小练习，你可以任意找一位搭档与你一起感受这三种沟通模式。

(1) P1：（温柔地，撒娇地）我好累哦，帮我捶捶背好不好？（儿童—照顾型父母）

　　 P2：（宠爱地，爱护地）好，你过来。（照顾型父母—儿童）

(2) P1：（跌坐在椅子上）我累死了，你帮我捶捶背啊！（控制型父母—顺从儿童）

　　 P2：（斜眼，皱着眉）你有病啊，你以为我有时间帮你捶背吗？（自由 C）

(3) P1：（生气地，烦躁地）你把我的衬衫放在哪里了！（你老是把我的东西乱放）

　　 P2：（生气地，委屈地）在你抽屉里。（你老是乱批评我）

人有能力选择自己需要的交流方式，只要自身自在舒服就好。如果想要顺畅地沟通，就要选择和保持互补的沟通，如果你和一个人沟通时总是觉得不舒服，可以看一看自己是不是有交错的情况，如果有，就可以用改变自我状态的方式来改变这种情况，从而促进沟通。当然，如果不想跟一个人继续沟通下去，也可以采取交错的方式来打断这个不愉快的沟通。

心理咨询中需要合理使用平行与交错沟通。平行沟通有助于构建积极的咨访关系；交错沟通可以中断沟通，增加觉察，调整对话方向等。

四、沟通分析的安抚理论

自我状态间信息的交换是沟通的形式，但个体为什么要沟通，沟通行为的动力来自何处？这是心理动力学的问题。安抚便是沟通行为背后的动力所在。

（一）安抚

安抚在沟通分析里是处于"源头"地位的动力性质概念。人有对刺激的饥渴，感觉剥夺实验证明了没有刺激、没有感觉，人无法维持正常的心理机能。哈洛（H. F. Harlow）的恒河猴实验证明了灵长类幼体对触觉刺激的饥渴某种程度上超过了对食物的需要。所以，对安抚的需要，并不是人类的专利。人际的沟通活动是为了获取更多、更强烈的安抚。

1. 安抚的概念

安抚是个体与生俱来的对刺激的饥渴，伯恩在这里特别用"饥渴"（hunger）来突出人对其强烈的需求。安抚包括对身体接触和心理刺激的需要，是个体存在感的来源，是个体自我意识的基础，所以，安抚对维持个体的心理健康很重要。

安抚需要通过对个体的刺激来获得满足，幼年时非言语的刺激对个体安抚需要的满足尤其重要，啼哭的婴孩，抱起来就不哭了，足见身体触碰给予了幼儿安抚的满足。随着个体的成长，安抚更多来自于他人的言语反馈，个体可以寻求安抚的自我满足，但是更多、更强的安抚是通过人际互动来实现的，在彼此的自我状态间交换安抚，这便是沟通的体现。

安抚无论积极与否，都会刺激个体的大脑，从而证实个体的存在。它既是刺激，也是刺激的满足。

2. 安抚的分类

根据划分标准不同，安抚可以有许多分类。

（1）从安抚发出者动机的角度，有：正面安抚和负面安抚。

（2）从安抚接受者体验的角度，有：积极的安抚和消极的安抚。

（3）从安抚的条件的角度，有：有条件的安抚和无条件的安抚。

这里需要注意：

（1）积极的安抚 ≠ 正面的安抚，负面安抚 ≠ 消极安抚。

（2）从安抚的概念可以知道，任何的安抚都胜过没有安抚。

（3）对于安抚的接受者而言，积极的安抚胜过消极的安抚，无条件的安抚强于有条件的安抚。

（4）从被安抚者对安抚的需求程度看：无条件的积极安抚＞有条件的积极安抚＞有条件的消极安抚＞无条件的消极安抚＞没有安抚。

3. 安抚经济学

安抚是人的必需，安抚更多来源于人际交换，所以，便有了克劳德·史坦能（C. Steiner）的安抚经济学。安抚成为了人际交换的"商品"，即人们彼此间安抚的交换像一场场安抚的交易，以至于个体在获得及给予安抚的时候都小心翼翼、精打细算。

（1）人们在交换安抚的时候，形成了五种交换规则。

①安抚是不能随便给的，不能别人想要就给。②安抚不是自己给自己的。③安抚是不可以向别人要的，讨来的安抚是没有价值的。④不能随便接受别人给你的安抚，即使想要，也不可以接受。⑤不能随便拒绝别人给你的安抚，虽然不想要，也不可以拒绝。前面两条是针对安抚给出者的规则，后面三条则是针对安抚接受者的。

（2）这些规则通过父母的养育方式潜移默化地传递给了孩子，孩子长大成人后，将它内化成自己的安抚经济学。安抚经济学使得安抚成为有限的资源，一些个体的生活精力都消耗在了寻求安抚上，却始终得不到满足。咨询师在辅导中可以给出五种意见：①说出你的安抚需要,给不给是他们的事,说不说是自己的选择。②给予你想给的安抚,不用"等价交换",想给就给,无需限制。③接受想要的安抚,同样不用"等价交换",不必担心给不出等值的而不敢接受。④向不要的安抚说不,别人给什么安抚自己无法控制,但是接受不接受,自己可以选择,对于不想要的,可以勇敢地说不。⑤可以自我安抚,看重并认可自己,可以重复别人曾经给过的正面安抚,可以做些自己喜欢且使自己感到自信的事。

（二）社交时间结构

人活着就需要安抚,就会寻求安抚、给自己接受刺激的机会,于是,人们需要对自己的生活结构化,伯恩把这种需求称为结构饥渴。人需要创造一些能满足刺激或认知饥渴的情境,如何使用结构化,取决于人们愿意冒多少风险来交换亲密情感。

伯恩对时间的规划提出了六种方式,并将其称为"时间结构",包括:退缩、仪式、消遣、活动、心理游戏和亲密。

（1）退缩。退缩是指远离人群而独处,或者进入内心世界的对话与幻想中。此时,人与他人的情绪性接触减少,得到他人的安抚也减少,以自我安抚为主。

（2）仪式。这是非常结构化且可预期的相处模式,人与他人有接触,也有来自他人的安抚,不过一切都是约定俗成、设计好的,没有任何冒险和惊奇,如:小到起床刷牙、见面点头握手,大到就职典礼、婚礼、葬礼,等等。

（3）消遣。它是指谈论一些安全话题,通常是大家熟悉的。人们有较多的平行沟通,有较多情感接触,可以得到较多的安抚。

（4）活动。它是指与他人共同参与的学习、劳作等等。活动中有胜利和挫折,所以人有很多得到安抚的机会。

（5）心理游戏。它往往是一连串的暧昧沟通,每个参与者都有负面的感觉,也就是能得到很多消极安抚。

（6）亲密。它体现觉察与自发的平行沟通,施与受,热诚分享,相互关怀。亲密中存在大量的积极安抚,但是也存在极大的风险,高风险即代表高回报,因此亲密可以带来深深的幸福感。

第二节　沟通分析的脚本理论

人生脚本是沟通分析理论的另一个核心概念,具有相当的精神分析色彩,而围绕人生脚本的一些概念,比传统精神分析的概念更加生活化,容易理解,同时概念的结构性和操作性很强,对心理治疗、咨询、辅导和个人成长都极具实践指导意义。当然限于篇幅,无法展开得太广,所以简单介绍一下相关的主要概念,如脚本信息、驱力、禁令、漠视、扭曲和心理游戏等。

一、沟通分析的人生脚本

俗话说"三岁看大,七岁看老",沟通分析认为人们从一出生就开始谱写自己一生的生命脚本故事,四岁已经写好剧情的梗概;七岁几乎完成了生命故事内容的主要细节;七岁到十二岁之间，会为故事内容润色并添加一些情节；青春期，会重新审核所写的故事，更新它，使之更符合真实生活的特性。

人生脚本可以说是童年做出的对一生的计划，这个计划会被父母所强化，会从生活经验中得到证明，会经过选择达到高潮，最终会朝向预定的结果行进。人生脚本是在儿童状态时决定的，源自感觉，脚本内容是非言语的。人们用戏剧情节、戏剧角色任务和故事来形象地思考、规划整个人生发展和设计人物的性格言行，人生脚本并非深思熟虑的结果。影响人生脚本的因素还有很多，意外的生活事件都可能破坏这个计划，所以，实际影响人生的不只是这个计划。但是身体中关于脚本信息的记忆，会使人们长大以后依然期望能够解决儿时未解决的问题。人生脚本对人一生的影响是潜在的，一旦处于压力情境时，人就会自动进入脚本，脚本里有的不只是人生计划，还有故事和人物角色。

（一）三种人生脚本

人生脚本，是婴儿生活在看起来充满敌意、甚至会危及性命的世界时，求生的最好策略，是出于婴儿的情绪和其对现实生活的经验。所以，人生脚本并不复杂，主要有赢家、输家和平庸者三种。

1. 赢家

伯恩把其定义为"清楚自己的目标，而且能够完成目标的人"。罗伯特·高登（R. Goulding）补充了"并且其结果会使世界更美好"。赢家的脚本决定是："我要成为……的人！"赢家不在于胜过别人，也不在于成为一个伟大的人物，而是指实现了自我的人、成为了真正的自己的人。这样的人真实可靠、值得信任、敏锐而且真诚坦率，能对情境做出真实的反应。

2. 输家

输家指"无法完成自己目标的人"，这里的重点并不在于有无成就，而是强调了过程中的不适感。输家的脚本决定是："我无法成为……的人！"伯恩所谓的"输赢"并不是指最终拥有的物质是否富足，而是实现目标过程中的感受。有些输家虽然看起来功成名就，但是他们的内心不安、不快乐、没有生存目标、自己讨厌自己，他们很少活在当下，心思都被过去的记忆和未来的憧憬占满了，毁弃当下，沉湎于过去的记忆。

3. 平庸者

平庸者指生活没有起落、不愿冒险的人。持有平庸者脚本的人，他们心中的潜台词常常是"如果我有机会的话，应该可以……但是我现在这样已经做得很不错了"。

人生脚本的决定，决定了人生的体验，它不是结果，而是面对当下的生活态度。一个人可以在不同方面有不同的人生脚本，输家脚本的人有更多烦恼，他们倾向于更多地谈论而不是行动。

（二）脚本信息

从对脚本的介绍可以了解到，脚本信息并非是语言文字式的，而是具象化的，所以，文化知识的学习并不能帮助个体觉察个人的脚本信息。对脚本的觉察是直觉式的，所以咨询师在针对脚本工作时需要运用脚本信息的概念化工具，帮助自己更好地理解个案的脚本信息。沟通分析为脚本信息的概念化提供了工具。鉴于教材的篇幅，这里就提一下脚本信息的种类。

脚本信息可以经由父母的口语、身体语言以及两者的结合来传递，口语的脚本信息通过命令或属性来传递。所谓命令是父母对孩子的直接要求，而属性是对孩子要成为什么样的人的一种描述，而不是直接告诉孩子该怎么做。传递的信息则包含了父母所作的榜样。脚本信息也包含了创伤事件及其重复的次数。

1. 脚本图

每个人的父母都有自己的 PAC，当人们接收到父母的这些信息后，会将其放进自己的三种状态，斯坦能的脚本图便是据此发展出来的。

（1）从父母的 P 传递出来的信息，储存在孩子的 P 中，成为应该信息。

（2）父母的榜样示范或者关于如何做事的信息，通过父母的 A 传递给孩子的 A，形成程式。

（3）从父母的 C 传递出禁止信息和许可信息，储存在孩子的 C 中。

2. 应该脚本

应该脚本是孩子根据来自父母 P 的应该信息，做出的一连串的决定。这些应该信息包括该做什么、不该做什么的命令，以及对他人、环境的看法，它们来自父母和重要抚养人，最典型的有："好好表现"、"不可顽皮"、"要努力"、"不可以撒谎"、"家丑不可外扬"……

应该脚本中应该信息的写入，对个体的影响可能是正面的，也可能是负面的，比如"要努力"写入脚本后，会导致为了不断努力工作而牺牲了休闲、生活、兴趣等等，并引发胃溃疡、高血压等心身疾病。沟通分析总结了五条容易导致负面效应的应该信息：

（1）要完美。

（2）要坚强。

（3）要努力去试。

（4）要讨好别人。

（5）要快一点。

这些应该信息都带有驱力信息，孩子在接收到这些信息后，会感到强迫力量，觉得必须遵守，相信只要自己遵守，就表示自己是好的。

3. 程式

程式信息通常以"我教你……"这样的言语信息传递给孩子，成为孩子解决问题的方法。但是，父母的这些程式信息如果是由被污染的 A 传递出来的，就有可能是负面的。比如孩子从过劳死的父亲那里学习到："要努力工作，承受过大压力，然后不等年老就死。"或者女孩从母亲那边学到："要隐藏自己的感受，最终抑郁而终。"

4. 禁止信息和许可信息

高登夫妇根据他们的治疗经验，归纳了 12 条影响孩子早年决定的禁止信息，每一条禁止信息对应一条许可信息。禁止信息用"不准……"开头，而许可信息以"没关系，你可以……"开头。不过需要注意的是，这些禁止许可信息并非以言语的方式传递给孩子，而是由父母的非言语的信息表达出来的。比如父母和家人明显地表现出重男轻女的行为，不用言语去点破，作为家中的女孩自然就得到了"不准做女孩"、甚至是"不准存在"的禁令。下面简单介绍一下这 12 条禁令。

(1) 不要存在：自己没有价值，不值得被爱。

(2) 不要做自己：自己不符合父母期待，不被接纳。

(3) 不要像个小孩：不可以享乐。

(4) 不要长大：无法脱离父母，无法独立。

(5) 不要成功：总是错失机会。

(6) 不要做任何事：每时每刻都无安全感。

(7) 不要重要：无法承担责任。

(8) 不要有归属感：自己和别人始终不一样。

(9) 不要亲近：害怕亲近，回避亲密接触。

(10) 不要健康：只有体弱多病才能获得关注。

(11) 不要思考：面对问题不知所措。

(12) 不要感觉：情绪表达困难。

5. 早期决定

当孩子接收到了来自父母的禁止信息后，并非都是照单全收，而是会自主地做出如何反应的决定，这便是孩子的早期决定。下面是一些面对禁止信息时的早期决定：

(1) 全盘接受。

(2) 修改，减少冲击。

(3) 完全拒绝。

(4) 转移给他人，如把"不准活"变成"别人不准活"。

(5) 用应该信息来对抗禁止信息，如用努力工作来对抗"不准活"。

(6) 用较轻的禁止信息对抗禁止信息，如用"不准亲近"来对抗"不准活"，也就是，"只要不亲近任何人，就可以活下去"。

（三）心理地位

在介绍沟通分析的哲学基础时，已经介绍过"我好，你也好"，这其实描述的是孩子最早期对自己和对他人、世界的信念和结论。沟通分析认为，每个人刚出生时，都是好的，三岁之前，在脚本最初的构建过程中，个体通过和父母以及生活中其他的重要他人的相处经验，接收各种脚本信息，并由此统合成某种最基本的信念或决定，反映自己和这世界的关系，然后概括出四种"我"和"你"的关系，来显示心理地位。这种心理地位影响孩子的早期决定、扭曲、心理游戏和脚本。

(1) 我好，你也好：这是健康的赢家脚本的心理地位，这一类人认为自己和他人都是有价值的，行为上有欠缺不重要，是可以学习和改变的，所以这种心理地位是有建设性的。

(2) 我好，你不好：这是傲慢与投射的心理地位。这一类人看似赢家，他们相信只有把别人制服，自己才能出人头地，他们有时也会获得成功，但是却需要不断地挣扎。假如周围人不服压制而反抗时，他们便会从表面上的赢家转变成输家。有这种心理地位的人，临床症状倾向于自大、挑衅，对人苛刻，有被害妄想，极端行为是杀人。

（3）我不好，你好：这是以自己为破坏对象的心理地位。这一类人的脚本会围绕着"自己是弱者、受害者"的主题，老是表现得不如别人。这通常是平庸者或输家的脚本。这一类人面对他人时，临床表现为退缩、无力，临床症状表现为抑郁，极端行为是自杀。

（4）我不好，你也不好：这是没有意义的心理地位。有这种人生态度的人，相信人生是徒劳无益的，是令人失望的，看自己是没有价值的，看他人也是不值得信赖的，对生命失去兴趣。有这种心理地位的人，最容易形成输家人生脚本，他们的一生就围绕在"拒绝别人"和"被别人拒绝"上，容易出现的临床症状是精神分裂、杀人或自杀。

上面的心理地位的描述主要针对的是心理咨询、治疗涉及的病理性人格特点，希望能引起心理辅导人员的重视。同时，每个成年人的心理地位不是一个单独的点，伴随着成长经历，人的心理地位呈现的是云图，是点集、区域图（如图5-9所示）。

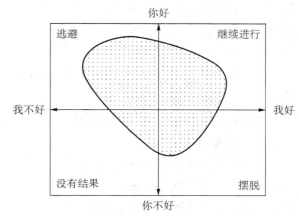

图5-9 心理地位云图

二、扭曲

有脚本的运作，就有扭曲，因为扭曲的感觉来自幼年，来自家庭，与禁令和驱力有关，关系到个体的情感表达，所以是脚本信息中重要的组成部分。

（一）扭曲和扭曲的感觉

1. 扭曲的感觉

扭曲的感觉是一种经常出现的情绪，是在幼年习得并受到鼓励的，会在各种压力情境下出现，就成人的视角看，这种情绪无助于问题的解决。这里指出了扭曲感觉的四个特征：

（1）面对同一压力情境，不同人会有不同的感觉。

（2）同一个人在各种压力情境中，又常常有同样的感觉。

（3）一个人在压力情境中的感觉，不是在家里受到鼓励，就是其他家人经常表现的，而其他的感觉却不被鼓励，甚至是禁止的，比如一些家庭不允许家人大吼大叫表达愤怒或恐惧，唯有低低哭泣或默默流泪才被鼓励。

（4）当时的情绪表达对问题的解决毫无帮助。

因为扭曲的感觉是无效的，所以情绪表达后，并没有宣泄的快感。比如被人欺侮时，愤怒的情绪可以阻止他人的欺侮行为，但是一些人从小在家庭中，愤怒情绪的表达不被鼓励，相反，哭泣示弱是被允许的，于是就用流泪和恐惧来表达，这样的情绪非但不能阻止欺侮行为的发生，反而让欺侮者有恃无恐。从一些人的情绪表达来看，他们表达的不是真实有效的感觉，恐惧是扭曲的感觉，所以越哭，受到的欺侮越多，哭对情绪的表达没有任何帮助，本人也无法获得宣泄后的放松，只会为自己的懦弱感到更加悲哀。

2. 扭曲

扭曲是一个在意识层面不被觉察的事先设定好的过程。扭曲的感觉强调的是感觉，像前例中哭泣的人的恐惧和悲哀。而扭曲是整个事件中的反应行为，如哭泣、蜷缩一隅，而不只是情绪感觉，同时这套反应，又是从小家庭教育使然。有的女孩子在家不被允许表达愤怒，就一直用哭来表达一切消极情绪，所以在一些情境中，她们会本能地表现出无助、退缩、恐惧。

3. 表达真正的感觉的词

有扭曲的感觉，就有真正的感觉，在沟通分析中真正的感觉只有四种：生气、伤心、害怕、高兴。

而像日常生活中用到的很多情绪表达在沟通分析中都不算真正的感觉，比如：委屈、郁闷、嫉妒、忧郁、绝望、无助……

这里特别提醒的是，即使是表达真正的感觉的词也可能表达扭曲的感觉，就像前例中，小莉表达的害怕和伤心是属于真正的感觉，但是她真正的感觉却应该是生气，所以，真正的感觉和真正的感觉的表达词不是同一概念。

当来访者能觉察自己的扭曲的感觉时，真正的感觉便有机会呈现和被觉察，真实的情绪才有机会被表达，而真实情绪的表达是有功能的，不像扭曲的感觉的表达，再怎样强烈地表达，都无法满足个体真正的需要，不能带来情绪真正释放的快感，是失功能的。比如表达扭曲的悲伤时，即使哭得再厉害，心中的愤怒也不会因此而被驱散，甚至还会加强。这时如果通过辅导，觉察到自己真正的感受后，用言语把愤怒表达出来，甚至通过夸张的方式，比如击打软垫来宣泄，可以带来一种轻松和释然的感受。

（二）扭曲系统

人生脚本的本质，归根结底可以用扭曲系统来解释。扭曲系统是人在一生中维持自己脚本的模式，因此也是一个分析扭曲的模式。用沟通分析的话说，扭曲系统是"被脚本所困的人所维持的关于感觉、思想与行动的一套歪曲且自动增强的系统"。整个系统包含三个彼此相关、互相牵连的部分：

（1）脚本的信念与感受，它往往由儿童期经历决定，这使得与此相关的感觉或经验变得可以被接纳、被理解。

（2）扭曲的表现，它包括所有显示或表达脚本信念的内隐或外显行为。

（3）强化的记忆。个体在生活中会再次收集那些符合、甚至强化原有脚本的信念，来证明自己的信念。

这三个部分互相牵引，以至于个体最终"自我应验"自己的脚本。

三、漠视

人的注意力是有限的，人脑的信息处理能力也是有限的，所以，生活中真正被意识到的内容非常有限，出现视而不见的情况也是非常普遍的。无意识地忽略有助于解决问题的信息，这在沟通分析中被称为漠视。

漠视不同于无视,无视是有意识的,漠视是无意识的。比如一个漂亮的女士走进餐厅,目不斜视,直接坐到座位上,对周围环境不看不顾,这是无视,而一位女士在餐厅里觉得口渴,招呼服务员多次,没有引起服务员回应,于是变得很生气,在这里,这位女士就漠视了自己可以主动去讨要、自己去倒水等的能力,而像小时候等待母亲喂奶那样无助。

1. 有四种行为表示有漠视存在

(1)什么也不做。漠视了自己解决问题的能力,不把精力放在解决问题上,反而将精力浪费在阻止自己做任何反应上。

(2)过度适应。漠视自己的选择的能力,只照着自己以为的别人的期望来做,不跟他人核对,也没有思考自己想要什么。

(3)烦躁。漠视自己以行动解决问题的能力,把精力用于解除自己不舒服的烦躁行为上,却不拿来解决问题,比如抽烟、咬指甲、玩头发等。

(4)无能或暴力。同样漠视了自己有解决问题的能力,进入 C,希望借着无能的样子得到别人的帮助;而暴力则是释放大量精力在伤害自己或他人上,却不去解决问题,绝望地期待环境帮助自己解决问题。

2. 漠视的类型

三种类型的漠视:刺激、问题、选择。

(1)刺激:忽略事件的发生。

(2)问题:知道事件发生,但忽略了事件造成的问题。

(3)选择:知道发生的事,也知道存在的问题,却忽略了自己有多种解决问题的方法可以选择。

3. 漠视的层次

漠视有四个层次:存在、重要性、改变的可能、个人的能力。

(1)存在:漠视刺激、问题或不同选择方案的存在。

(2)重要性:漠视刺激、问题或不同选择方案的重要性。

(3)改变的可能:漠视刺激、问题或不同选择方案的改变的可能性。

(4)个人的能力:漠视个人对刺激做出反应、解决问题或尝试另外的做法的能力。

4. 漠视矩阵图

根据漠视的类型和层次可以画出如图 5-10 所示的漠视矩阵图。如果一个人有问题不能解决,通常都是因为一些信息被漠视了,这时,如果能够对照一下这张漠视矩阵图,便有机会通过它的指引,找到解决问题的可能途径,也就是找到被漠视的信息的方向。

在漠视矩阵图中,如果一个人漠视了某一格的信息,那么也同时会漠视这一格右面和下方的所有格子里的信息。这对于问题解决有着非常重要的提示作用。所以,当遇到困难时,需要从最高等级的漠视开始检查,寻找线索,也就是先看这张图的左上方,然后依次向右向下去逐步发现线索。比如,一个人如果漠视了问题的存在,那么当然也就漠视了这个问题的意义和解决了,也就不存在问题解决的选择及其可能性了,个人的能力也就不会有机会被关注到。一旦问题被觉察了,随后便应检索问题出在哪里,判断是漠视了自己有解决问题的多种可能性,还是漠视了问题的重要性,等等。

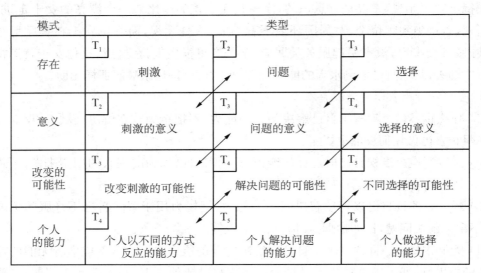

模式	类型		
存在	T₁ 刺激	T₂ 问题	T₃ 选择
意义	T₂ 刺激的意义	T₃ 问题的意义	T₄ 选择的意义
改变的 可能性	T₃ 改变刺激的可能性	T₄ 解决问题的可能性	T₅ 不同选择的可能性
个人 的能力	T₄ 个人以不同的方式 反应的能力	T₅ 个人解决问题 的能力	T₆ 个人做选择 的能力

图 5-10　漠视矩阵图

漠视矩阵图是 A 发挥解决问题的功能时必要的有效工具。

四、心理游戏

（一）心理游戏的概念

心理游戏是借着与他人交换安抚而得到负面感受的过程。游戏中充斥着大量交错沟通和暧昧沟通，同时，又有一种模式化且可预见的沟通序列。沟通在表面看起来似乎合情合理，但实际上暗藏了其他动机，并最终会导致一个明确而可预测的结果。

1. 游戏的公式

伯恩用"一系列连续进行的暧昧沟通，进展到一个明确且可预期的结果"[①]来定义心理游戏，也就是每次沟通时，大家都知道会有一个怎样的不愉快的结局，但是大家依然如此沟通着，比如父母对叛逆的孩子的指责：明知孩子不会听从，甚至会有肢体的冲突，而结局也只能是不了了之，大家的情绪都糟糕至极，但是依然会去指责孩子，并看着冲突升级，最终不欢而散。

伯恩给出了心理游戏的公式：

饵＋钩 ＝ 反应 —— 转换 —— 混乱 —— 结局

比如这样一段对话：

> 妻子："今天吃得怎么样？"——饵
>
> 丈夫："划不来，太贵了。"——钩
>
> 妻子："老是钱不钱、贵不贵的，一点品位都没有，跟你在一起，就是没劲。"

---

① ［瑞典］Thomas Ohlesson，Annika Björk，Roland Johnsson 著，黄珮瑛译：《人际沟通分析——TA 治疗的理论与实务》，四川大学出版社 2006 年版，第 65 页。

丈夫:"光要情调,大手大脚,一点不会过日子。"

"⋯⋯"——一系列的反应,其中不断转换主题,越扯越远,沟通变得很混乱,陈芝麻烂谷子都开始被翻出来。

最后夫妻不欢而散。——结局

2. 心理游戏的戏剧三角形

说明心理游戏的方式有三种,一种是暧昧沟通的理论,一种是公式,还有一种比较常用的方式,就是卡普曼(S. Karpman)提出的"戏剧三角形"。卡普曼认为每场"游戏"都是一个小小的戏剧,都包含三个角色(如图 5-11 所示):

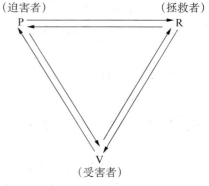

图 5-11 戏剧三角形

迫害者 P:看轻对方,认为别人是不好的,没价值,并贬抑他人。

拯救者 R:也是看轻别人的能力,认为别人不好,但采取的方式是主动提供帮助,无论对方需不需要。

受害者 V:以弱者自居,认为自己不行,没有能力、没有价值,有时甚至会自找迫害者的贬抑或拯救者的帮助来印证"自己无能"的信念。

个体在玩心理游戏时往往会选择其中的某一个角色入场,但在游戏过程中一定会变换位置,也就是体现游戏公式中的转换过程。同时,玩心理游戏时往往回应的是过去,而非现在,即用小时候的方法或从父母那里学到的方法来做反应,而不是针对此时此刻的现实,因此心理游戏是脚本的策略。

下面是一个简短的游戏案例:

小明向朋友寻求帮助,但朋友的建议都被否决了。小明想:"我该怎么做呢?""我知道,但是⋯⋯"最后没有一个结果可以让小明满意,小明觉得很挫败,他觉得没有人可以帮助他,朋友也觉得很挫败,觉得自己并不是一个可以帮助别人的人。

通过分析,可以看到:小明一开始是处在受害者 V 的位置,而朋友是拯救者 R 的位置,最后小明却变成了迫害者 P,而朋友变成了受害者 V,因小明而产生挫败感。

3. 玩心理游戏的原因

心理游戏的结果往往都不是我们想要的,那么我们为什么还会玩心理游戏呢?

(1)学会作为时间结构运用时间。

(2)获得安抚。心理游戏是可以得到安抚的一种无意识策略。

(3)维持自己的扭曲感觉、扭曲系统。

(4)确认、强化脚本信息,在游戏中进入自己的脚本,并再次体验到脚本信息。

(5)维持强烈的情绪互动,但避免亲密。通常脚本能起到避免亲密的禁令信息的作用。

（6）维持共生关系。心理游戏参与者通常是生活中关系密切的人，长期相处中，人和人之间会形成自我状态的共生关系。比如"母子一体"，母亲的 C 排除了，孩子的 P、A 排除了，他们的自我状态因为共生才得以完整。

（7）收集点券。心理游戏最重要的目的就是实现自己的脚本，获得脚本所预期的结局。每个心理游戏的结局都是一种扭曲的感觉，参与者把这些感觉像点券一样收集并储存起来，最后实现自己的脚本结局。比如：看吧，我就是一个没出息、讨人嫌的人。

（8）让自己与他人的关系可以被预期。

4. 心理游戏的特征

心理游戏有以下五个特征：

（1）心理游戏及其形式一再重复，玩了心理游戏的人总有"怎么总是这样的感觉"，对于玩游戏的人来说，会习惯和偏好于某一类型的游戏，即使对手情境不一样，游戏的类型依然是相同的。

（2）玩心理游戏通常是不自觉的。心理游戏都是以负面情绪收场，所以，玩心理游戏并非当事人个人所愿，只是自己并不知道，没有觉察，常常并不知道自己在玩心理游戏和玩什么样的游戏。正是因为这个特征，故意设计不属于心理游戏，计谋不算在心理游戏中。

（3）心理游戏的结局中，当事人都会有扭曲的、不舒服、事与愿违的感觉。游戏的结局往往是当事人不愿看到的。

（4）心理游戏双方有大量的暧昧沟通。

（5）心理游戏一定包含一段惊讶、混乱的过程，游戏中的人物角色必定有转换。

（二）心理游戏的种类和程度

1. 心理游戏的种类

伯恩在《人间游戏》中描写了 36 种心理游戏，沟通分析也因此得到了普及。笔者根据戏剧三角形对游戏者的角色分类，对生活中常见的一些心理游戏做了整理，表 5-1 显示的是分别以迫害者、拯救者和受害者角色入场的心理游戏的名称。

表 5-1　以不同角色入场的心理游戏

迫害者	拯救者	受害者
● 我逮到你了 ● 到此为止吧 ● 都是你害我的 ● 要不是为了你	● 我只是想帮你 ● 心理医生 ● 为什么不 ● 他们会很高兴认识我的	● 踢我 ● 是的,但是 ● 笨蛋 ● 假肢

游戏名称有些借用游戏中的特征性的口语表达或内心独白，让读者一目了然，很容易地发现生活中的心理游戏，如"要不是为了你"、"为什么不"、"是的,但是"、"踢我"；有些则是形象地总结概括了游戏的特征，如："心理医生"、"笨蛋"、"假肢"等。

通常游戏的主角会说着那些典型的语句或者扮演着那样的角色进入游戏，之后，很快在游戏中便会交换角色，多次交换角色后，最终大家都会以受害者角色退场。

对游戏的觉察可以帮助咨询师更清晰地觉察一些个案,从而有的放矢地进行咨询工作。比如某些偷窃癖个案,其实玩的是"踢我"的游戏,他们并非贫困,也跟人无怨无仇,他们以此游戏来获取安抚、验证脚本信息、获得扭曲的情绪体验、维持自己的心理地位。所以,如果咨询师以迫害者或拯救者的身份去跟他们沟通,效果一定不理想,因为这样是跟来访者继续其一贯的心理游戏,再次强化了来访者的脚本。

2. 心理游戏的强度

根据心理游戏呈现的强度,有些游戏可以玩得轻松而镇定,而有些却是紧张、危险的,根据强度高低,游戏可以划分为三度:

(1)一度游戏是社会可以接受的,平日里可以公开跟人述说的,口角、拌嘴等多在这个层面。

(2)二度游戏会带来明显改变,结局会给人强烈的负面感受,不过还不是永久性、不可补救的伤害,会发生在比较亲密且不愿意让周围人知道的圈子里。心理咨询中常常可以遇到这样的来访者,他们被一些人际关系问题困扰,比如亲子关系问题、恋爱的沟通问题等。

(3)三度游戏,通常会结束在法院、牢房或医院,有身体的伤害。通常三度游戏是由个体长久积累的二度游戏转化而来的,如果二度游戏中的个体不及时寻求帮助,消极情绪达到极限,导致破坏性行为,游戏也就会升级至三度。

(三)心理游戏的处理

了解了心理游戏后,下一步就需要知道如何离开心理游戏。这里介绍两个心理游戏的处理策略。

1. 运用选择的能力

这建立在对心理游戏和个人人生脚本的觉察的基础上,需要熟悉心理游戏的公式或戏剧三角形,借用心理游戏的概念化,选择离开游戏角色。我们无法禁止别人玩心理游戏,也无法不让别人下饵,但是,可以选择离开。我们可以在熟悉自己的脚本后,不下饵、不上钩,即使已经陷入游戏,依然可以选择跳出来。

(1)熟悉自己的脚本,特别留心游戏的"饵",在游戏开始时,就及时跳出角色。

(2)注意漠视。游戏的每个阶段隐含有漠视,所以要注意任何的漠视情形,包括自己的和他人的。

2. 拒绝负面的结局

(1)已经不自觉地进入到心理游戏后,一旦意识到,仍然可以拒绝以不舒服的感觉收场,为自己能觉察到游戏而高兴。

(2)了解自己经常玩的游戏,注意自己从游戏中要满足的需要,跳过游戏,直接去寻求满足,从而直接得到正面结果。

(3)找到心理游戏中 C 想要得到的安抚,以其他安抚取代心理游戏的安抚。

心理游戏是一个很好地帮助自己发现人际冲突原因的概念。如果一个人跟人交往后,双方都感到不快乐,在沟通后有很多负面情绪产生,那么沟通中就一定有心理游戏的存在。可以让自己返回到心理游戏的过程去做一下游戏的分析,找寻离开游戏的方法,这也许无法阻止已经发生的心理游戏,但是可以帮助当事人在下次沟通时,有机会提前觉察并尝试摆脱或拒绝心理游戏。

五、脚本访谈技术

在大致介绍了沟通分析的脚本理论后,这里介绍一个沟通分析治疗咨询的诊断工具,借由这个工具,大家可以一起做一下练习,复习一下前面的概念,看看这些概念是怎样被应用到咨询实践中去的。

脚本访谈是指沟通分析咨询师用一系列问题来看来访者的背景、童年经验及其对现状和将来的看法。脚本访谈通常在治疗的初期进行,在团体咨询中可以请来访者填写脚本问卷作为家庭作业,也可以在团体内跟每一位成员做访谈,也可以用其他方式收集相关信息。个别访谈的效果最好,建议时长为1个小时左右。

(一)访谈的目的

(1)收集来访者对自己生活的看法。

(2)建立一个结构化、无威胁的访谈,使咨询师在来访者开始谈到自己及经验时,也能观察到来访者本人的特质。

(3)在两人之间建立一种直接、开放的关系。

(4)协助咨询师形成脚本矩阵,做出初步的诊断或假设。

这类访谈通常可以增强来访者的咨询动机,来访者在咨询初期似乎也能找到一些答案或有用的框架来回应咨询师对自己的想法,并感觉咨询师也能了解自己。

(二)访谈的方法

(1)访谈需要营造一个轻松的环境氛围,并抱以中立、宽容与支持的态度。

(2)要鼓励来访者以头脑中跳出来的第一个想法来回答问题,答案不必十全十美或绝对"真实",重点是说出自己真实的经验。

(3)说多少由来访者自主决定,如果有不知道的,允许猜测或想象。

(4)如果有必要,咨询师也可以补充询问其他的一些问题。

(5)需要把来访者的回答尽可能正确地记录下来。

(6)留意来访者的非言语信息,如表情、手势、身体的动作及反应。

(7)注意避开驱力行为,借助多问来访者感兴趣的问题表示支持,无条件地接受来访者给的答案,不质疑。

(8)倾听来访者的表达。

(9)来访者逃避的主题、事件也不要忽视。

(10)在学校操作时,根据学生对象的具体情况,一些提问需要进行调整。

总之,访谈就是一次咨询,脚本访谈提供的仅是一个访谈提纲,重点在听取来访者报告的信息以及在访谈中传递的非言语信息。

(三)脚本访谈提纲

(1)你的名字?

（2）简短描述你目前对自己的了解。

（3）你靠什么维生？

（4）你现在住在哪里？和谁一起住？

（5）有孩子吗？

（6）你的教育程度？

（7）谈谈你所知道的关于自己出生时的情形。

（8）你父母的名字？

（9）当你还是个婴儿时，和谁同住、住在哪里？

（10）当你四五岁时，和谁同住、住在哪里？

（11）开始上学时，和谁同住、住在哪里？

（12）十几岁时，和谁同住、住在哪里？

（13）简单描述一下你记忆中小时候你妈妈的样子。

（14）简单描述一下你记忆中小时候你爸爸的样子。

（15）当妈妈对你不满的时候，她会怎么做？

（16）对你满意时，她又会怎么表现？

（17）当爸爸对你不满时会怎么做？

（18）对你满意时，他又会怎么表现？

（19）小时候你喜欢爸爸什么？

（20）就你现在的记忆，你对爸爸有什么不好的印象？

（21）你最喜欢妈妈哪方面？

（22）就你现在的记忆，你对妈妈有什么不好的印象？

（23）你小时候最喜欢的故事是什么？

（24）故事的内容是什么？

（25）这故事让你印象最深刻的是什么？

（26）小时候，大人做了对你不好的事时，你如何反应？你感觉怎样？

（27）你记得小时候发生的事吗？

（28）你觉得你将来会如何死去？大概几岁？

（29）你希望你死后人们会怎么说你？

（30）对你来说，快乐是什么？

（31）目前你最大的问题是什么？

（32）在生活中，令你最不快又经常有的感觉是什么？

（33）你希望你5年后的生活会是怎样的？

（34）你最不喜欢自己的什么？

（35）你最喜欢的又是自己的什么？

（36）在生活中，你做过的最重要的决定是什么？

（37）小时候，你希望妈妈有什么不同？

（38）小时候，你希望爸爸有什么不同？

（39）你的祖父母过着什么样的生活？

（40）你的父母或祖父母中有谁已经过世？如何过世的？过世时多少岁？

（41）如果你是个魔术师，你要如何改变自己？

（42）如果你不是个魔术师，你可以靠自己得到什么最想要的改变？

（43）如果要了解你，你还有什么重要的情况要告诉我？

（四）脚本分析的内容

访谈结束，把记录整理成文字稿后，就可以参照以下提纲开始做脚本分析了。

（1）写出来自父母的应该信息。

（2）写出来自父母的驱力。

（3）写出来自父母的禁令。

（4）找出经常玩的"心理游戏"。

（5）找出扭曲的感受。

（6）找出扭曲背后真实的感受。

（7）找出漠视的种类和层次。

（8）发现早年决定。

（9）判断生存地位如何。

第三节　沟通分析理论在学校中的应用

在了解了沟通分析的主要概念后，可以知道，沟通分析为心理咨询提供了很多分析案例和协助来访者觉察的思路与方法，即使是对于个人的成长、个人人际关系的促进，也是非常有效的。这一节将主要为大家介绍沟通分析理论中的部分概念在学校教育中的具体应用。

一、合约在学校教育中的应用

在咨询实践中，沟通分析的合约概念是一个很有用的概念，即使跳出沟通分析咨询，它在学校的教育教学中都是非常有用的概念，也是非常有效的技术。合约对于工作同盟关系至关重要，如果可以约定一个好的合约，咨询辅导工作将进展顺利，因为双方是合作关系，方向一致，劲往一处使，而且合约保障了来访者的安全。更重要的是，来访者能订立合约，意味着来访者已经走出了咨询的一大步，愿意承担起咨询中来访者的责任，而且来访者会感觉到被平等对待，感受到"我好，你也好"的心理地位。

沟通分析认为咨询师与来访者是平等的，因此双方要共同分担来访者想要改变的责任。其中来访者的责任是决定自己到底想要什么；咨询师的责任是注意来访者所做的决定是否健康，如果有任何问题，都要向来访者指明。而要让这种责任的划分有实质意义的话，双方就必须把相关事项写下来。这便是合约：个体基于成人自我状态对自己及对方做出改变的清楚承诺。

（一）沟通分析的咨询合约须满足的条件

（1）来访者清楚自己要改变什么。

（2）来访者自己有意愿促成这一改变。

（3）咨询师愿意和当事人共同努力达成希望的改变。

（4）咨询师愿意在过程中投入专长。

（二）拟写合约时须把握的细节

在拟写合约时，还需要把握以下一些细节，使之成为一个有效的合约：

（1）语言简单、直接、具体，模糊的词语会减弱当事人的责任，例如"希望"等词。

（2）双方处于成人自我状态，成人自我状态是能承担责任的自我状态。

（3）在字句的使用上应注意用正面字眼，符合"我好，你也好"的心理地位。

（4）所希望的改变确定是可达成的，避免落入心理游戏。

（5）所希望达到的目标是明确、可观察的。

（6）所希望的改变是安全的。

（7）承诺自己会为改变的目标付出行为努力。

合约应尽可能具体化，使来访者未明确表达的那些隐含信息表面化，显露出暧昧信息，斩断咨访双方发生心理游戏的可能。同时，借助具体的合约，咨询师也能够向来访者表明治疗的参考框架，调动出双方的成人自我，最终促成来访者改变的实现。

（三）合约在教育中的应用

其实，合约不只是使用在咨询中，它同样可以应用到所有的合作关系中。合约是一种意识、一种态度、一种世界观，也是一种技术和技巧。在学校教育中应用合约能调动师生合作的关系，可以促进学生的自主学习。

但是目前教育中恰恰缺少师生间的合约，教师教育、教学有自己的目标，教学大纲非常详尽，但是教师的目标设置是教师单方面的行为，并没有得到学生的认可和承诺。其实学生同意入学，仅仅是认可跟学校的合约，愿意遵守学校的纪律，但是跟每一门的任课老师就上课的内容却没有达成过任何的协议。教学进度由教师掌握，学生是被动学习，教师的教学目标并没有考虑到每个学生的学习要求，于是就出现学校里处于两端的学生在课堂上的参与性低的情况，尤其是跟不上教师教学进度的学生，他们的心理地位一直是"我不好，你好"或者"我不好，你也不好"，不难想象为什么长此以往，心理问题学生和极端学生会出现了。学生感觉被抛弃、得不到安抚，便逐步游离并丧失学习的积极性，这一切的关键在于学生没有被放入教学过程的主体中。而课程合约可以改善这一状况。教师跟每个学生订立课程学习合约，可以让学生以成人自我状态审视自己在课程学习中可以取得的成绩和目标，教师的任务是帮助学生实现其订立的课程学习目标。这样，学生通过合约过程，参与到了教学过程中，同时因为确立了自己的目标，也会以 A 状态承诺承担相应的责任，师生关系和教学过程都会因此发生改变。

当然，上课的合约跟咨询合约不同，需要重新修订，但是订立合约的要求是可以作为参考的。

课程咨询合约包括以下内容：

- 学生清楚自己要达到的学习目标。
- 学生自己有意愿达成这一目标。
- 教师愿意和学生共同努力，达成希望的学习目标。
- 教师愿意在过程中投入专长。

而相关的学习合约需要包括以下内容：

- 学习目标具体明确。
- 所希望达到的目标确定可达成。
- 订立的目标是安全的。
- 双方处于成人自我状态。
- 使用正面字眼。
- 承诺自己会为达成学习目标付出努力。

二、沟通分析理论在课堂管理中的应用

今天的学校教育，对师生关系的要求会比以往更高，过去教师教学教育的重点在知识的传授上，而今天教师教学教育的重点更多放在学生学习兴趣的引导、学生学习自主性的激发上，这就对教师课堂管理和师生关系提出了更高的要求。沟通分析中的很多概念和方法恰恰可以为课堂师生关系的构建提供有力的支持。

（一）用于课堂师生关系构建的沟通分析概念

1. 安抚

安抚概念不同于奖惩，安抚站在了学生基本需求的满足层面，对给予学生安抚的关注，体现了对学生的关切和尊重。能真正做到以学生为中心，这能最大限度地激发学生的学习参与度和在课堂教学活动中的合作。奖惩是从教师塑造行为出发的，相对忽视了学生对刺激的需求，所以缺少安抚的学生容易游离到教学活动之外，甚至做出破坏课堂教学和导致师生冲突的行为。

课堂上，教师需要考虑给更多的学生以安抚，而不能仅仅是完成自己的教学，给予积极参与的学生安抚而无视其他学生。另外，学生在课堂中的安抚也不仅仅来源于教师。组织学生进行分组分享活动，有助于学生通过课堂教学获得来自同伴的安抚，这也会改善学生的课堂学习参与行为。

2. 合约

与学生共同制定课堂合约，而不是单方面制定规则，可以最大限度地争取学生的主动参与，也体现出对学生的尊重。合约中可以包括教学目标、课堂基本要求、考核方式、奖惩措施等等，特别要征询学生自己对课程的期望和要求，允许学生有不同的学习目标。教师在课堂教学管理中应强调合约精神，让学生能对自己定下的合约负责，相信学生有完成合约的能力。合约不同于教师单方面要求的地方便是学生的参与与责任的承担。每节课教师都可以跟学生就这一堂课的教学做口头合约，确保学生主动参与到这一堂课的教学中。

3. 自我状态和交流

在课堂管理中应善于觉察自己和学生的自我状态,允许自己使用不同的自我状态,尤其是 FC 状态,一味地使用 CP,不利于激发学生的 A。要留意和学生的沟通方式,恰当地使用平行沟通和交错沟通,减少暧昧交流。

4. 时间结构

在设置课堂教学时,应当合理使用时间结构进行教学安排。例如在课程引入的时候,除了仪式性的问好,可以用闲谈的方式或人生活动来打破学生的退缩。课程中则应尽可能设计小组学习活动,以增加学生合作学习,如果可能的话,也可以通过跟学生 C 层面的情感互动,尝试与学生建立课堂上的亲密关系,形成良好的课堂互动和参与。

5. 心理游戏

教师要及时觉察自己或学生在课堂教学或管理中的心理游戏,不在课程中扮演迫害者和拯救者。教师要发现并理解自己和学生的心理游戏的背后,学生渴望被满足的需要和惯常使用的行为模式,及时终止和跳出心理游戏。

6. 漠视

教师要善于发现学生在学习和课堂中的漠视现象,找出学生所漠视的部分,引导学生相信自己面对问题时可以做出选择,也拥有解决问题的能力。同时,教师也不能漠视自己对学生发展的引导责任,更不能漠视学生自身的发展需求和能力。

(二)沟通分析技术在学校课堂管理中应用的研究实例

2015 年到 2016 年期间,华东师范大学的多名研究者以上海市中小学教师和学生为对象,对沟通分析理论中的安抚、合约等概念在学校实际教学与学生管理中的应用进行了研究,验证了安抚与合约在学校师生关系管理中应用的有效性。这里以"教师课堂安抚行为的改变对师生关系的影响分析"研究为例,介绍安抚概念在课堂教学和管理中的应用。

1. 研究对象

研究以上海市一所学校的两位教师和初中二年级的学生为对象。经研究对象同意,进行了相关的教学实验,并对课堂教学进行了视频记录。

2. 研究方法

(1)观察法。采用非参与式和非屏蔽式观察法,观察教师的课堂教学情况,记录教师在课堂教学过程中给出的安抚行为的次数和类型,同时记录学生的反馈及表现。

(2)访谈法。采用半结构化访谈,考察教师在接受培训后对安抚概念的认同、实施过程中遇到的困难、实施后觉察到学生的改变等,同时考察学生对教师培训前后教学行为的改变的觉察、教师课堂行为改变的受欢迎程度等。

(3)量化分析。采集培训前后教师课堂教学录像,收集教师课堂安抚行为和学生课堂表现的数据,进行差异性比较研究。

3. 研究步骤

(1)培训前对教师课堂教学进行录像,记录并分析教师安抚行为和学生课堂表现的差异性。

（2）进行课堂安抚行为的培训，内容包括安抚的概念、安抚行为的分类与界定、课堂安抚行为的使用方法等。跟进课堂教学，帮助教师改变课堂教学过程中的安抚行为，提高安抚行为的出现频率，增加安抚行为的类型。

（3）在完成培训后录制教学录像，分析教师安抚行为和学生课堂表现，与培训前收集的数据进行差异性比较。

（4）通过访谈了解教师和学生培训前后课堂感受的差异。

4．研究结果

（1）培训后，教师课堂安抚行为的频次显著提高，证明了培训的有效性和教师对安抚概念的掌握。

（2）教师课堂安抚行为的类型变多，能够熟练运用不同类型的安抚。

（3）教师安抚行为改变的课堂上，学生课堂分心时长明显减少，注意力更加集中。

（4）学生课堂行为表现变好，不良课堂行为明显减少。

（5）访谈和质性分析表明，不同类型的安抚对学生课堂行为的改善均有影响，且教师和学生都能够感受到培训前后课堂教学体验的改善。

5．研究结论

（1）安抚能够被教师理解和掌握，此方法可以适用于教师培训。

（2）教师课堂安抚行为的改变，能够明显改善师生教学关系，促进学生的课堂学习行为。

三、脚本访谈在学校辅导中的应用

这里摘录一段除去隐私信息后的脚本访谈的分析报告，通过报告可以了解脚本分析是如何应用在学校心理辅导中的。个案是一名初二学生，是一个有校园霸凌问题的学生，访谈在学校帮教中的一次校外辅导中进行，学校希望通过访谈得到对于学生及其家庭的辅导建议。案例作为辅导训练的内容，已经删去特征隐私信息，供大家学习参考。

（一）访谈节录

【案情报告】李同学自小与父母分离，直到三岁后才与父母生活在一起，对三岁前的生活没什么印象。母亲常常以命令的形式管束他，比如回家必须先写完作业，睡觉不踢被子之类的，他如果不服从就要挨打。

......

　　李：老爸不在家时被老妈吊起来打。

　　师：听起来你妈妈很严厉。

　　李：母老虎。要不是我上了初中之后打不过我了，还会打我。她的嗓门啊，发起火来一条街都能听见，嗓门好大。

......

师：她平时管你管得多吗？

李：小时候多了去了，每天回家不能玩电脑，作业写不完，打你哦。

……

师：那印象中妈妈教给了你什么？

李：打人。脾气不好就打人。

……

【脚本分析】母亲的这些要求带给孩子"要努力"（你要努力做到我要求的）、"要坚强"（男孩子挨打没什么大不了）的驱力，也无形中带给孩子一些禁止信息，如"不准重要"（你的需要和想法不重要）和"不准思考"（你必须按我的想法来），这些都促成了孩子的早期决定。

同理，父亲常年离家在外，即使在家里也没有给孩子陪伴，孩子对父亲的所有印象就是爱讲没什么用的大道理和懦弱。

……

师：你对父亲有什么印象吗？

李：没什么印象。近几年才有。

师：比如怎么照顾你？

李：他没有照顾我。

……

师：他教过你什么吗？

李：做人的道理啊。

师：他也会教你做人的道理。

李：嗯，他给我讲大道理啊，我左耳进右耳出。

……

【脚本分析】与父亲的疏离带给孩子"不准亲近"的禁止信息，孩子想过与父亲建立关系但被父亲的疏远拒绝了，导致孩子也开始拒绝与父亲亲近。同时，不论孩子发生什么，父亲都是一副"不论怎样都是你错"的姿态，带给孩子"讨好别人"（别人的感受比自己重要）的驱力，但后来可以发现，这种驱力被孩子的允许信息化解了，孩子在遭受到不公平待遇后产生了"我要讨好自己而不是别人"的想法，并表现在后来的生活里。

……

师：那你觉得别人会怎么评价你？

李：我干嘛在意别人说什么。

师：你不在意别人说什么。

李：不在意，要是老在意别人说什么，不如死掉算了。我就是乐天派啊。

……

【脚本分析】因此,母亲专制、与父亲疏离的早年教养方式使孩子做出了早期决定,即"我总是做不成我想做的事情"、"没有人在意我的需要"、"没有人能保护我",这些也都体现在以后的生活里。

……

师:如果你现在有一件事情特别想做,让你去做,你觉得努力后能实现的几率有多大?

李:百分之零。

师:你觉得它完全不现实。

师:你告诉过老师吗?

李:跟校长讲都没用,跟老师讲有屁用。后来我明白,拳头才是最好的。

师:听起来那个时候没人能帮到你。

李:对啊。

师:你就靠自己了。

李:嗯。

……

【脚本分析】在这些早期决定下,孩子会产生扭曲的感觉,这些感觉并不是真实的,而是为了保护自己的脚本而忽视现实线索、扭曲产生的。在访谈中,李同学表示自己最常体会到的是不舒服、麻木和挫败的感觉,这种不舒服他自己也说不清楚,并且可以感觉到他很少会体察和谈论自己的感受,这些都被他压抑在内心里了。但通过他的表情、语调和传递出的情绪来看,这些扭曲的感觉背后是愤怒和悲伤。被朋友"背叛",他觉得愤怒;与父亲疏离,他感觉悲伤……尤其是谈及愿望的时候,可以感受到他浓浓的悲伤,但他都把这些表达为"不舒服",或不愿表达。

……

师:他不站在你这边时,你会感受到什么吗?

李:感受到拳头还是最重要的。

师:你会觉得伤心吗?

李:他都那么做了,我干嘛要伤心,还是不要伤心了。

师:听起来还是有点道理的。

李:习惯了,多了去了。

……

师:那你在平时的生活里最容易感受到的负性情绪是什么? 比如愤怒啊、焦虑啊之类的。

李：有啊,他做生意不顺心就会生气啊。我迟回家半个小时就骂我,好像我杀人放火了一样。

师：你自己的感受呢?

李：不舒服。还有我讨厌别人背叛和欺骗。

……

师：你希望父母有所不同吗?

李：对,如果可以我希望不投胎在他们家。

……

【脚本分析】同时,访谈中可以看出李同学常玩的心理游戏是以受害者(V)的身份入场,之后转变为迫害者(P)的角色,他常常会说"要不是因为我爸爸,我就不会像现在这样了"、"已经这样了,还能怎样"之类的话,并且在谈及矛盾冲突时,常把攻击行为定义为保护自己的一种方式。

（二）脚本分析汇总

根据对李同学的脚本访谈资料的整理分析,我们得到了关于李同学的脚本分析材料,先以表格汇总(如表 5-2 所示),然后对分析材料进行补充说明。

表 5-2　小李的脚本分析表

脚本分析表			
	母亲		父亲
应该信息	应该好好写作业 应该服从我的管教 不服从就应该挨打	应该信息	应该听我讲的道理 应该与同学和睦相处
驱力	要努力 要坚强	驱力	要讨好别人
禁止信息	不准重要 不准思考	禁止信息	不准亲近
早期决定	● 我总是做不成我想做的事情;不亲近别人就没关系了 ● 没有人在意我的需要,我要讨好我自己 ● 没有人能保护我,我要坚强		
扭曲的感觉/真正的感觉	不舒服、麻木、挫败、愤怒/悲伤		
游戏/典型的关键词	常以受害者的身份入场/踢我、假肢、"要不是因为你"		
心理地位	我不好,你也不好		

对脚本分析的说明:

（1）由来自父母的应该信息,推测李同学的驱力信息。

（2）由父母的相处行为,推测父母带给李同学的禁止信息,由禁止信息可以得到:

① "不准亲近"使得他很能接受"不准思考"禁令下的简单暴力。

② "不准重要"也让他无需在意同学和老师的积极评价,没有生活的规划。

(3)从应该信息和禁止信息可以推测出 3 条可能的早期决定:

① 没有亲近的人,对重要与否、成功与否都不在乎。

② 将讨好别人的驱力转化为讨好自己,以此对抗不准重要、不准亲近的禁令,所以"自己爽了就好",可以不在乎他人。

③ 没有亲近的关系,那么"要坚强"的驱力便是生活下去的动力。

(4)他被父母遗弃的真正的"悲伤"的感觉被扭曲成麻木、挫败和愤怒等感觉,因此这些情绪的表达无法给他带来"被安抚"的需要的满足,相反,暴力、欺侮行为等,反而推远了他和他人的距离,使得他更得不到他想要的积极安抚,而用被指责、批评的消极安抚来替代满足。

(5)他的心理游戏通常以受害者角色入场,他能显示他的心理地位:"我不好",并以此发难于他人,引得老师及父母指责、惩罚自己,收集点券,强化"我不好,你也不好"的心理地位。

(6)"我不好,你也不好"的心理地位,使得李同学的暴力行为和自暴自弃的行为不受约束,他的反社会倾向被进一步强化。

(三)基于脚本分析的学校辅导建议

根据以上脚本分析的结果,可以提出在学校和家庭开展学生辅导的策略建议。

1. 基于早期决定和禁令的辅导建议

(1)"不准亲近"是对李同学影响最大的禁令,所以在关系建立方面需要给予允许,教师可以以 A、FC 和 NP 的状态跟李同学沟通,以增加跟他的情感交流,也可以同时对李同学的父母进行辅导。

(2)针对"不准重要"的禁令,可以通过让他在学校承担一定的责任,协助一些日常服务或管理工作,从而给出"你可以重要"的准许,同时教师也可以为李同学做一些生涯规划的辅导。

(3)针对"不准思考"的禁令,教师需要通过课业辅导,发现他在学习上的长处,调用他要努力的驱力,帮他设立短期小目标,使他体验成功感。

(4)针对"要讨好别人"的驱力,可以通过更多 A 对 A 或 NP 对 FC 的沟通来减少讨好。这一点上教师也可以通过对他父母的亲职教育辅导来给予支持。

2. 基于扭曲感觉的辅导建议

(1)可以通过心理辅导帮助他觉察和接受悲伤的表达。

(2)帮助他通过对愤怒的觉察,理解扭曲的感觉。

3. 基于心理游戏的辅导建议

(1)针对他经常玩的游戏,用"踢我"的游戏名称不断提醒,减少在公众场合对他的惩罚性教育,用 A 的状态跟他沟通,不做迫害者,避免进入他的心理游戏。

(2)对他的教育从积极处入手,尽力发现他的积极面。

（3）与父母沟通，减少家庭中对他的宣泄性教育行为、家暴行为。

4. 基于心理地位的辅导建议

需要关注他的心理地位，尽力避免他的反社会人格的发展。可以选择转变的路径是先使他从"我不好，你也不好"向"我不好，你好"过渡，通过对他的关心，增加积极的安抚。当然，也可以尝试帮他建立自信，不过需要寻找合适的机会，即能够让他显现亮点的机会。

以上内容是根据脚本分析情况提出的策略性建议，如果辅导老师们对沟通分析有比较清楚的理解，那么辅导工作会更容易取得成效。

第六章 完形治疗技术在学校心理辅导中的应用

完形治疗曾在 20 世纪 60 年代风行一时,与罗杰斯(C. R. Rogers)的以人为中心疗法和罗洛·梅(R. May)的存在主义疗法并称为人本主义三大疗法。该疗法重视感受和身体,而不是用理论进行解释;重视当下,而不是过去的记忆;强调平等的治疗关系,而不是治疗师的绝对主导。不同于之前介绍的心理咨询的面谈技术,完形治疗技术中有大量针对身体的行为试验,其工作方式被各心理咨询流派所整合吸收,完形治疗的思想和技术今天已经融入各派的心理咨询技术当中,成为一些基本的思想和最常见的技术,这些思想和技术在学校的心理辅导中,同样非常有效。

第一节 完形治疗的基本理论

完形治疗由德国的精神医师皮尔斯(F. Perls)于 1951 年创立。完形的原文是"Gestalt",是德文,完形治疗也因此被译作"格式塔心理治疗"。但是,完形治疗和完形心理学却是不同的,完形心理学主要研究知觉的形成方式,完形是指人类知觉的完整性,也就是人类对事物的知觉并非以此事物的各个分离的片段为依据,而是以一个有意义的整体为单位的。也就是说即使知觉场域中信息不完整,人们依然有整体认知的倾向,能知觉出事物整体的形象,比如人们仅从残缺的照片中就能辨识出照片上的事物或人,从听筒里传过来的语音便能分辨出电话机那头说话的人。人们可以将目标物从周遭的背景环境中分辨出来,将注意力集中在目标物上,明白地辨别出主体图像与背景,这也是知觉的完形现象。而完形治疗虽然借鉴了完形心理学的一些研究和观点,例如图像与背景原理、知觉封闭性原理、清楚的图像、主体的具象化和人类主要的心理需求等,从整体的角度去解释和治疗心理疾病,但是皮尔斯所创立的完形治疗理论,主要受精神分析、存在主义哲学、心理剧、沟通分析和东方禅学等多种思想的影响,而不是用完形心理学来解释心理问题和开展心理治疗的。

一、完形治疗的哲学基础

完形治疗的哲学基础是存在主义和现象学。存在主义哲学的创立者齐克果(S. Kierkegaard)认为存在的基础是生命与死亡之间的对话。面对无可避免的死亡,人类通常的反应是担心、恐惧。作为一名虔诚的基督徒,齐克果认为人类可以用对上帝的信仰来应对这种恐惧。后来的存在主义哲学家如尼采(F. W. Nietzsche)、加缪(A. Comus)、萨特(J. P. Sartre)等不相信上帝,认为所有的意义都是出于人的创造,开始关注人类的真实"生活经验"。因此存在主义哲学反对晦涩的理论,强调真实体验,指出"存在的抉择"是人类首要的课题,我们每一个人都在为我们的行为方式做出选择,同时,也需要为我们自己做出的选择承担相应的责任,若要逃避责任就得付出"不值得信赖"的代价。"死亡"、"孤独感"、"自由与责任"和"生命的意义"构成了存在主义心理治疗的四大主题。

现象学是存在主义哲学的特殊应用，是一种研究生活经验的方法学。"存而不论"即搁置所有的信念、理论和形而上学的概念，直接探讨人类经验，聚焦事物的本身，现场观察真实事物的全貌。

二、皮尔斯与完形治疗

完形治疗的创始人皮尔斯最初是一名精神科执业医生，期间接受过专业的精神分析培训。后因反法西斯运动受到政治迫害，辗转到南非后，在南非创立了南非的精神分析中心，开始训练精神分析师。他1936年到欧洲参加国际精神分析大会，却在那里受到了弗洛伊德的冷遇，从那以后他开始反思和抨击精神分析。二战结束后到了纽约，开始接触东方的宗教，特别是禅宗，开始将禅宗整合到治疗当中。1951年他和古德曼（Goodman）、赫夫林（R. Hefferline）合作完成《完形治疗》，宣示了完形治疗流派的兴起。皮尔斯先和太太罗拉（Loura）一起创办了纽约完形中心，1954年，和佛朗一起创办了克利夫兰完形中心，1964年去了伊莎兰中心做完形治疗的治疗师，萨提亚、罗洛·梅都在这里参加过他的工作坊，成为他的好朋友，受到他的影响。1970年皮尔斯因心脏病去世，但完形治疗的发展并没有因为他的离世而受到影响，1978年《完形杂志》在纽约开始发行，该杂志在80年代和90年代进一步传播了完形理论，并促进了理论的发展。

皮尔斯曾经师从德意志剧院的导演哈特雷（R. Hartley），哈特雷要求学生贴近他人去观察，观察他人如何透过语言和姿态表达情绪。哈特雷的教学首度唤醒了皮尔斯对过程的兴趣，并且让他意识到人们通过非语言表达的整体信息的重要性不亚于通过语言所表达的信息，这促成了皮尔斯日后通过非语言信息了解他人的个人信息。对戏剧化技术运用自如，充分制造和把握时机，以及创造性地制造紧张感等，都成为皮尔斯日后治疗工作的特色。1958年，皮尔斯又遇到了心理剧的创始人莫瑞诺（J. L. Moreno）。他在1960年之后公开的示范活动治疗中，又加入了心理剧的一些技术。

从完形治疗后续的发展不难发现，完形治疗的理念与精神分析相左，同时，它受禅学思想影响，融合了心理剧的技术，跟萨提亚的家庭治疗也有着密切的联系。今天很多学派的心理治疗师都整合了完形治疗提出的观点。

三、完形治疗对心理咨询的影响

完形治疗的诸多对理论和实务的贡献，已经被今日的心理咨询和心理治疗吸收并且融会贯通，完形治疗对今天的心理咨询的具体影响表现在以下几个方面：

（1）完形治疗发展出了一套结合身体、心灵的治疗方式，认为人是一个有机的整体，生活在不断地与环境和他人进行创造性交流的过程中。个体的心理和行为，唯有在其环境背景下，从整体的角度才可以被理解。今天这一态度已经被广泛接受，大多数心理治疗学派和健康治疗方式看到的是治疗中完整的人，而不仅仅是症状。

（2）完形治疗重视咨询师和来访者之间平等的治疗关系，强调从移情到接触与对话。完形治疗主张咨询师应该表现得像一个真实的人，而非一片空白的荧幕，治疗是一种对话，是咨询师在此时此地与来访者所做的平等的对话。也就是说,咨询师可以坦率地表现出自己的反应,可以分享他们真实的情感经验,同时咨询师也应该接受来访者的感觉。如果来访者对咨询师生气,咨询师会接受来访者正在对自己生气。这些观点最初主要针对传统的精神分析疗法,今天,这些观点已经得到了很多心理学家的认同,对当代的心理咨询有很大影响。

（3）完形治疗强调"选择"与"责任",强调人的自由意志以及存在性的选择。皮尔斯认为人们在不断地做出选择,连续不断的选择塑造了我们,是我们自己赋予自己经历与意义,因此得为自己的生命负起责任——包括神经症症状,这一观点与精神分析对神经症是早年受到不好的对待的结果的解读不同,这在当时是非常激进的,现在基本上已经被广为接受。

（4）完形治疗推广现象学的研究方法,鼓励咨询师在治疗中感受事物本身,暂时搁置自身的既有假设,不做任何说明或者是诠释,把这作为直抵经验本质的方式。这与立足假设,并将之套在患者身上的自由联想与解析等的精神分析的治疗背道而驰。同时,精神分析从过去的角度去解释来访者现在的行为,而完形治疗强调此时此地的身、心、灵的体验,发展了诸如"空椅技术"、试验法等完形治疗的常用治疗技术,现在已经普遍运用在各流派的治疗过程中。

（5）完形治疗重视个体的背景。受到完形心理学的启发,皮尔斯将场域的观点带到整个心理治疗当中,高度强调整体和环境之间的相互依赖,深信制度的缺憾造成了有缺憾的现代人。他在文章中说过"除非环境产生真正的改变而提供某种可能性,否则人身上的紧张和卡住的地方是得不到释放的。如果社会习俗和道德习惯发生改变,很多顽强的症状都会消失"。完形治疗从来访者的症状出发,尝试在来访者的自身找到解释以及解决的方法。现在的很多心理疗法,已经将个体纳入环境中思考视为理所当然的事,一些家庭治疗则从家庭环境着手开展治疗。

（6）完形治疗也强调自我实现。皮尔斯和他的同事们深信,人类的身心健全和创造性地进化的能力是与生俱来的,提出人类具有自我实现的本能,这对于之后的人类潜能运动和人本主义心理学具有非常大的影响。

四、完形治疗的主要观点

（1）完形治疗聚焦于对生命的探索,通过倾听一直被自己忽视的直觉,使人重新建立真实的本性,通过觉察与接触,促进个体成长。

（2）完形治疗的目的在于促进来访者的察觉、完成人格的整合。完形治疗的名言是:"觉察带来选择的可能性,而选择带来改变的可能性。"完形治疗的目的是要让个体有能力为自己负起责任。觉察和接触无可避免地会导致改变和成长。在来访者停留在察觉状态时,重要的未完成事件便会再次浮现出来,于是咨询师与来访者便有了与真实接触的契机,这帮助来访者注意到自己的察觉历程,逐渐感受到自主选择、自我负责带来的自由。

（3）完形治疗认为咨询的过程就是一个共同合作的过程,在这个过程中,完形治疗的咨询师不再是一个疏远而中立的角色,不是躲在中立的面具背后,而是成为一个和来访者站在同样高度上的平凡人和来访者真实地对话,邀请来访者进入伙伴关系中,通过两个人的关系,以自己为媒介,分享自己的觉察、感受或者反映,让来访者认识自我,逐渐培养愿意试验的态度,愿意尝试新的行为,再看看未来有何转变。既然来访者和咨询师是平等的,那么也就是说，双方要一起共同创造出一个有帮助，且富有创造性的治疗关系。

（4）完形治疗判断治疗进度的标准在于来访者自身的标准与价值，而不是当前社会对正确行为的定义。完形治疗相信，个体可以透过觉察自己的活力是否有所增加、身心是否处在有效的运作状态、是否体验到生命更深一层的目的与意义来判断自己是否有进展。

第二节　完形治疗的常用方法和技术

本节将着重介绍完形治疗的一些常用的方法与技术。但需要提醒的是，完形治疗的技术、方法，灵动且充满创造性，所以学习的重点是要理解这些方法和技术背后的理念和原理，在使用方法和技术时，要时刻提醒自己这么做的目的与初衷，避免流于形式。

一、现象学方法

现象学方法（Phenomenological Approach）意味着应尽可能地关注来访者此时此地的体验，帮助来访者探索和觉察自己是如何感知世界的，而不是对来访者的行为做出解释。也就是说，现象学方法帮助来访者认识"自己是谁，自己是怎样的以及是如何成为这样的自己的"。事实上，与其说现象学方法是一种技术还不如说是一种思维方法，它包括治疗师开放的态度和强烈的好奇心，以及对来访者个人体验的积极关注。在探索的过程中，要着重于让来访者更加敏锐地觉察到自己的心理过程和所做出的选择的意义。

这个方法最早由胡塞尔（E. Husserl）将其作为一种研究存在属性的方法而提出。在心理咨询和治疗中，咨询师采用现象学方法来探索来访者的主观意向和在外部世界中体验到的自我。具体来说，现象学的方法包括以下四个部分。

（一）悬搁

悬搁，就是指咨询师尽可能地将自己一些先入为主的观念、成见与假设暂时放在一边，以一种开放的态度面对来访者，把焦点放在来访者直接的体验上面。在实践中，如果没有任何的假设和观点，咨询从某种程度上讲也是很难开展的。悬搁其实并不要求完全摆脱预想、观念或态度，而是希望咨询师能努力识别和确认那些不可避免地被自己带入治疗关系的预想、臆断和态度，而对此时此地的新事物予以密切关注。

范例：

　　来访者：这次考试我考了第一名。
　　咨询师：你对此有什么感受呢？

（考试成绩很大程度上决定一个人的优秀程度，所以考试得了第一名，第一反应是喜悦。如果没有悬搁，咨询师就可能会给出"哇！那真了不起，你很棒"或者"太好了，真为你高兴"等类似的回应。但是在这里，咨询师悬搁自己的价值观和情感反应，而把焦点落在来访者自己对这个事件的态度上。）

来访者：我不知道，我觉得应该感到挺高兴的。

咨询师：听上去你不太确定。

来访者：是的，但我应该感到骄傲和高兴，就像我一路从小学、初中、高中走过来一样，这是我父母一直以来的期望，也是我的一贯作风。

咨询师：对这次自己考了第一这件事，你有些什么想法呢？

（这里，咨询师开始觉察到对于来访者，自己内心有了假设和解释，如果表达出来，就会阻止来访者对自身的觉察，于是咨询师继续使用悬搁的技术，进一步澄清来访者自己未表达出来的感受。）

来访者：其实，我觉得自己很搞笑，其实进入大学后已经没有人在意成绩了。而且更加荒谬的是，我还很担心下一次考试我没有能力再取得第一的成绩。

……

某种程度上来说，悬搁背后是一种好奇的态度，咨询师需要理解属于来访者的独特的情境，不断地提出问题："你对这件事有什么感觉？""这件事对你意味着什么？""你如何理解这件事？""事情是怎样发生的？"不要期待在一开始就找到答案，通常只有开放和悬搁才是发现的开端。

（二）描述

描述是咨询师把观察到的现象（看到、听到、感觉到的，等等）直接、具体地描述出来，不做诠释、分析、解读，就好像镜子或者是回声一样，帮助来访者觉察到自己与接触的事物是如何被阻断了、被什么阻断了。同时，也因为描述，来访者觉察到自己当下的体验，也就与此时此刻形成了自然的连接。咨询师要帮助来访者充分接触到自己的感受和体验，并且鼓励他们自己呈现出对于描述现象的解释、信念以及理解，而咨询师要做的是：一方面悬搁自己的假设和价值观，另一方面描述自己感觉到的咨询场域中的现象。来访者往往对被人注意到自己的躯体动作、音调、措辞等而感到紧张，甚至感到窘迫和羞愧，尤其是在咨询之初。因此咨询师的非言语信息在描述中也非常重要，描述需要出于关注、真诚和支持，以免来访者有种自己正在被偷窥或肢解分析的受侵犯感。

描述的经典措辞可以是：

（1）我发现……（你的呼吸变得很急促）

（2）听上去……（这件事对你来说很重要）

（3）你看上去……（情绪很低落）

（4）我注意到……（你每次都会迟到十分钟左右）

范例：

来访者：也许是我父母。我的性格和我爸爸很像，比较倔，我父亲很早从家里去城市打工,离开我爷爷,我也是,高考时有机会,我就考到离家很远的城市。我受不了家里的氛围。我妈妈脾气不太好,我小的时候她就总是抱怨我、抱怨我爸,我爸就用疏远的方式回应,越是这样,我妈脾气越糟糕。(咬住嘴唇,左手掐住右手手腕,沉默 5 秒)高考填志愿时,我一心想着离开这个家。

　　咨询师:刚才沉默的时候,好像有很强的情绪被你压了下去,你愿不愿意说说那是什么?

咨询师注意到在来访者的沉默中,她似乎很努力地压制了自己的情绪,所以咨询师将这个观察描述出来,并且邀请来访者自己对这个现象做出解释。

　　来访者:不知道。(继续咬住嘴唇)
　　咨询师:我注意到你沉默的时候会咬住自己的嘴唇,你能不能说说你为什么这么做呢?

来访者没能给出解释,但是她的肢体语言透露出了更多的信息,于是咨询师再次向来访者描述。

　　来访者:(摸了一下嘴唇)我没注意到……我咬嘴唇了……
　　咨询师:所以这是一个下意识的习惯性动作,那你愿不愿意想一想咬嘴唇这个动作是为了什么呢?

来访者开始觉察到自己的身体感觉。咨询师进一步鼓励来访者理解自己的肢体语言。

　　来访者:我有些担心,我说不出来……或者说我怕我说出什么……我觉得这不是她的错。
　　咨询师:发生了什么?
　　来访者:我有个弟弟,妈妈她总是打我,她很少打我弟弟,哪怕我做得比弟弟好,她还是会打我。(哽咽)无论我怎么做,她永远都不满意。
　　咨询师:你现在的情绪是?
　　来访者:(左手掐住右手手腕)我能理解她,她没读过什么书,而且那个时候都是重男轻女的。
　　咨询师:你的左手现在正掐着右手,你觉得它想说什么?
　　来访者:它想要克制。

来访者已经开始习惯于这种谈话方式,并且更加积极地与自己的身体接触,沉浸于此时此地的体验。

(三) 水平化或同等化

水平化或同等化的技术基于场域理论的基本原理，每一件发生的事情都有可能同等重要，它们共同存在于背景中，只有被主体注意到，那个事件才会凸显成前景，当主体注意到其他事件后，之前的事件就会从前景中消失，隐匿到背景中去。所以，咨询师要平等看待场域中的所有现象，使得所有的现象都有可能成为前景。比如，来访者的躯体动作与其正在谈论的内容可能具有同等重要的意义。水平化和同等化在咨询中是很微妙的，因为如果咨询师为了将来访者的注意力吸引到另一个主题，草率打断来访者的思路，是不妥的；但有的时候，正是将背景中一些被明显忽视的现象点出来，给予同样的重要性，使之成为讨论的前景，才会出乎意料地使更深层的意义浮现。如果咨询师能成功运用悬搁以及描述的技术，那么咨询师可能已经取得了最大程度的水平化或同等化。

范例：

来访者来咨询情感问题，她正在谈论她的现任男友。但咨询师发现，尽管来访者说了很多，但是自己却越来越摸不到头脑，不知道来访者到底想说什么，与此同时，咨询师注意到来访者总是盯着窗外看，所以就在来访者停顿的时候，提出了这个观察。

咨询师：当你谈论你男友的时候，我发现你一直看着窗户外面。

来访者：是吗？好像是的。但是这有关系吗？我只是觉得今天天气很好，看着蓝天白云让我感觉很舒服。

咨询师：哦，蓝天白云是怎么让你感到舒服的呢？

来访者：就是很无忧无虑的感觉。好吧，我觉得我其实不想再谈论我的这段感情，或者说不想讲给你听，我的这段感情就要完蛋了。我说给你听，你看着我，好像很同情我，这让我觉得自己很蠢。你总是让我谈谈这段关系，鼓励我要面对现实，但是我不想面对。

咨询师：所以你感觉好像是我在逼你谈论自己的感情，而我其实没有这种权利。你对我不满，就把注意力转移到了窗外。

来访者：这下你说对了，你好像一直在努力使我振作起来。但是你知道吗？没有人能让我做出改变。

咨询师：你以前有过这样的感受吗？

……

完形治疗的一个目标是促使来访者觉察自己当前身体的状况。在咨询过程中，咨询师往往特别留意来访者的身体反应，诸如哭泣、捏伤捏痛自己、绷紧胳膊、胃痛等，经常使用以下问题帮助来访者觉察他们自己：

(1) "你正在留意什么？"

(2) "你现在感觉到什么？"

(3) "你的感觉想告诉你什么？"

(4) "泪水想告诉你什么？"

（5）"胃痛想说什么给你听？"

（6）"如果你内心想分享一个信息，这个信息会是什么？"

（7）"你正在做什么？"

（8）……

咨询师也会提醒来访者留意紧绷的情绪或者忐忑的心情，提醒来访者需要和自己的内心以及紧绷的情绪展开对话。

一个优秀的咨询师，可以"不听"来访者说出来的"话"，而是通过听那些声音、音调，感受来访者传递出来的一切信息。口语的沟通常常会谎话连篇，而真正的沟通是超出文字的，不能够只听文字，而要跟随语音中的信息，动作中的信息，姿势中的信息，意象中的信息，这些信息都可以引导咨询师与来访者更加接近真实。

获取这些信息需要咨询师能打开自身的感官，放空自己的内心，保持超强的觉察，用视、听、触、嗅等各种感官去感知来访者背景中不断跃出的画面，却不独自停留在任何图像上，而是在必要的时候，提醒来访者一起去感知，等待来访者自己呈现那些重要的图像。

（四）强烈的好奇心

咨询师进行咨询工作的一个最基本的要求是能对来访者充满强烈的好奇心。尽管强烈的好奇心不是现象学方法的组成部分，但是有学者认为它是完形治疗中咨询师理解来访者主观世界的必不可少的前提条件。咨询师需要对来访者的所有体验保持纯真的好奇心，并满怀兴趣地推敲情境缘何而起，来访者对此作何解释，此情与彼景有何联系，以及所有这些形成的"场"具有什么意义。通过这种方式，可以帮助来访者探索和澄清他们自己的思想。

但需要注意的是，咨询师的提问必须遵循最重要的原则：确信这些问题是现象学探索的组成部分，而不是单独的质问。咨询师要尽量避免使来访者感觉自己被无端受审，或让来访者感觉咨询师正试图欲擒故纵，藏匿正确答案而逼其就范。在这个过程中，要尽量避免封闭式问题，而多提一些开放式问题（如表6-1所示）。

表6-1　封闭式提问与开放式提问示例

封闭式提问	开放式提问
这很难吗？	你如何看待这件事情？
你睡眠好吗？	你睡眠状况如何？
你感到悲伤吗？	你有什么样的感觉？
……	……

另一个重要的忠告是，不能奢望来访者未经解释就能够理解咨询师的所作所为，除非来访者已接受过良好的"来访者技能训练"。所以咨询师不能简单地告诉来访者"你的脚在说什么"，而应该说"我发觉在你讲话的时候，你的脚一直不停地抖动，我想这是不是表明你有些不安或紧张。现在注意你的双脚，你能觉察到什么？"这样才能帮助来访者提高对其躯体的觉察能力。

二、试验法

试验法是指在咨询过程中,咨询师鼓励来访者在此情境中尝试新的行为,然后看看会有什么发生。通常,当咨询师带着来访者觉察到自己"固着的完形"不再适用的时候,咨询师就会通过创造性的试验,为来访者提供尝试新的行为模式和新的存在方式的机会。

试验的目的在于,提高来访者的觉察力,探索新的存在方式和行为模式,表达被压抑的或者处于意识边缘的体验,完成未完成的事件,接受原无否认的自我部分,增强自我支持,尝试新的行为。

完形治疗本身其实就具有试验的色彩,咨询师会引导来访者专注在一个又一个的当下,进行一个又一个的尝试,他们之间的互动是此时此地的,谁都无法控制或者预知互动的结果。所以试验法也是最体现完形治疗灵活性与创造性的方法。咨询师需要和来访者一起设计和建构一套为来访者量身定做的试验,这个试验要足以激发出来访者没有觉察或者压抑的感觉,同时也要足够安全,让来访者愿意去尝试。所以,试验的先决条件是,来访者愿意积极投入自己所感觉、思考以及所说所做的一切,透过想象、身体的感受、非语言的沟通、描述、可能的肢体动作或者角色扮演等形式,增加觉察。

（一）试验步骤

1. 识别呈现的主题或情形

与来访者谈话时,咨询师会发现来访者反复提到一些主题,它们在各种情境下,在与各种人的关系中反复出现。那么这就可能是来访者需要关注的一个背景中的主题了。

> 小彭同学来咨询的时候,觉得生活处处不如人意,总是感到绝望无助,好像他所有能力都丧失殆尽,成了没用的人。现在,他又说起他和导师的相处,他反复提到不管自己做多大的努力,导师总是指责他这里不对,那里不好。他认为事实上很多事情根本就应该是导师自己要负责的,甚至是导师自己的事,他一个学生根本不可能做好……整个故事中,充满了"我无能为力"的主题。

试验的主题,需要能够引起来访者即刻的兴趣,一般合适的主题是来访者有些隐约感到的模糊概念,既不是觉察得很清楚的主题,也不是完全没有觉察到的,这样的试验的主题就会自然而然地吸引来访者的兴趣。另一方面,面对新的不确定性和探索,来访者又会有一定程度的焦虑。所以主题需要是"安全的应急事件",这样来访者在面临变化可能带来的风险和挑战时,就有足够的支持和安全感。

2. 建议试验

试验的先决条件是来访者愿意投入。因此,正式开始试验前的一步是要询问来访者是否愿意参与试验。在建议试验时,最好和来访者有一个明确的口头协议,比如:

> "了解到你和你导师的情况后,我想邀请你做一个试验,从新的角度来探索你和导

师之间的互动,尝试一些新的方法,你愿意试一下吗?你可以拒绝,也可以尝试看看,如果在尝试的过程中,你觉得不想继续,也可以随时要求停止。”

让来访者知道有权拒绝相当重要,这也是为来访者提供支持与安全感的有效方法之一。

3. 风险评估

风险评估的目的在于得出风险系数,以确保应急事件中来访者的安全,这种“安全的应急”使来访者一方面感到已经竭尽全力,另一方面依然拥有胜任感。不同的试验方式对不同的来访者也具有不同的难度系数,比如一些本来躯体就僵硬的来访者,做肢体活动的试验就很困难,容易有很大的羞怯感。风险评估始终是很重要的,因为如果风险过高容易使得来访者再次体验受挫感和无助感,风险过低则会让来访者一无所获。

按照挑战难度的由易到难,可以有以下一些试验:

(1) 谈论在这种情形下来访者可能有的和以往不同的行为。

(2) 请来访者想象上述的尝试性行为。

(3) 请来访者大声叙述想象中的尝试性行为。

(4) 请来访者尝试在咨询室练习这些行为。

(5) 请来访者全身心体验,在试验中呈现情境,体验这些尝试性行为。

(6) 请来访者在现实情境中练习新的行为。

当咨询师提出试验内容的建议的时候,可以通过来访者对这个建议产生的躯体反应和言语反应来评估这个试验的风险系数。

> 咨询师:我建议你和你的导师在这里进行一次对话。请你想象他现在和我们在一起,就在这间房间里,坐在对面这张椅子上。能想象吗?
>
> 小彭:有点想不出来。
>
> 咨询师:(给出一些引导)你可以想象一下,他现在穿着什么样的衣服?衣服的颜色是?
>
> 小彭:衬衫,西裤。就是普通的休闲衬衫,黑色西裤。
>
> 咨询师:是什么坐姿?
>
> 小彭:跷着二郎腿。
>
> 咨询师:他的表情是什么样的?
>
> 小彭:皱着眉头。我有点害怕,我觉得他又要骂人了。

小彭感到害怕,却没有停止试验,他表现出愿意尝试。所以试验可以继续。如果发现试验过于困难,咨询师可以与来访者商量另一个类似情形的试验,例如回忆导师指责他的一个真实场景,然后想象如何进行交谈。

在试验的过程中,需要随时监测风险,根据来访者自我支持的变化随时调整风险系数。以下是几种不同的风险调节方式:

(1) 建议暂停片刻,调整一下呼吸。

（2）建议暂停片刻，注意自己当时的体验。

（3）提醒来访者咨询师一直都在支持他。

（4）坐得离来访者更近一些或者更远一些。

（5）改变情境。

> 咨询师：你觉得他会说些什么骂人的话呢？
>
> 小彭：（双手抓住椅子边缘，身体紧张，微微颤抖）唉……他会先叹气，好像很失望、难以承受一样，然后他会说，你怎么弄成这样，我要的不是这样的。
>
> 咨询师：现在想象导师停止说话，只听你说话，你会告诉他什么？
>
> ……

咨询师可以建议来访者想象有人正在支持他。

> 咨询师：想象一下，有个很强大的人正站在你身边，他会是谁？
>
> 小彭：一个学姐，她总是很有本事，有一次还跟导师争执起来，导师也拿她没办法。
>
> 咨询师：想象学姐正站在你身边，支持你。
>
> ……

重要的是，咨询师要保持一种不评判的态度，以免对试验强加干涉。试验的目的是为了呈现内容，一定要小心避免执着于呈现咨询师自己心目中假设的内容。

4. 展开试验、夸大（amplification）和节制（moderation）

鼓励来访者夸大并且增强当下的行为或者态度，是一项提高觉察的有效技术。这背后的理论依据是，我们的身心是一个系统和整体，我们的内心体验常常通过我们的躯体语言和行为来表达。对任何一个不经意的动作，如果加以注意、夸大和重演，都可能有效地呈现出来访者处于意识边缘的一些体验。

> 咨询师：现在想象导师停止说话，只听你说话，你会告诉他什么？
>
> 小彭：我不敢说。
>
> 咨询师：告诉他："我不敢对你说话，因为你永远都不会满意。"
>
> 小彭（扭过头，轻轻抬下巴）：说了也没用。
>
> 咨询师要求小彭将他的姿势和语气夸大。小彭按照咨询师的要求说了几遍，咨询师一再要求小彭再夸张一点，这时小彭发现自己语气中不仅有无奈，居然还充满了气愤和消极抵抗，好像在说"你这个蠢货！我打不过，但是我躲得起！"

另一种情况是，来访者本身就在用夸张掩饰自己真实的体验。有的来访者说话很快，好像事先为咨询准备好了很多素材，滔滔不绝，或者用夸张、极端的语言展现丰富的情感，但实际上这些行为却恰恰使来访者与自己真实的情感和思想隔离开。

比如,小张向咨询师表达自己的崩溃,那种感觉是"自己头都要炸开了,再也不能忍受一分一秒"。咨询师建议她做一个试验,平缓地呼吸,聚焦在自己身体的紧张的地方。小张渐渐平静下来,开始哭泣,"发生了一些事,我吓坏了,我不知道该怎么办……而且我还很生气!"……

5. 完成试验

有时候,来访者会突然想要终止试验——这是一开始我们就给来访者的权力。但是,这时你需要提醒来访者"你似乎已经从角色中跳出来了"或者"你似乎已经终止试验了",并且和来访者核对,确认来访者是想暂停一会儿还是终止试验,或者是调整、改变试验的方向。

通常试验达到某个点的时候,都会出现一个自然的停顿。这些停顿可能是因为来访者刚刚完成了某个任务,自然产生一种"结束的感觉";可能是因为来访者跳出试验情境转而告诉咨询师自己的一些顿悟;可能是因为来访者的注意力自然地转移去了其他地方。值得注意的是,试验不应该有咨询师心目中"应该达到的试验目标",试验的结束应该遵循来访者的意愿,并且咨询师要为来访者留足够长的时间返回到咨访关系中,准备咨询的结束谈话。

有时候,试验进行到一半,但是咨询时间却所剩无几,这时就需要咨询师创造性地中止试验,帮助来访者结束试验,回到此时此地的咨访关系。

> 小彭通过与导师的互动,回忆起自己与严苛的父亲之间的互动,在这一次咨询中,他正在演示想象中的同父亲的一场激烈的争吵,情绪很激动。但咨询师发现离本次咨询结束只剩下15分钟的时间,决定中断试验。他告诉小彭,因为时间的关系,他需要暂停这场冲突。咨询师建议小彭告诉父亲:"我们的争吵只是暂时休止,但是我们都知道事情还没有了结,以后有机会,我们会继续把事情说清楚。"这样一来,咨询师帮助小彭将和父亲在一起的情节打包好放在稳妥的位置,告诉小彭,如果下次需要,可以再来。然后咨询师建议小彭关注自己的呼吸,感觉自己重新回到咨询室、咨询师身边,看看咨询结束前还需要做些什么。

6. 吸收经验

试验结束后,及时地总结经验是富有成效的。在试验中,被觉察到的感受、心态、行为和记忆会进入来访者的经验中,改变来访者对自己与他人之间的界限的经验。总结的过程是一个再觉察和清晰的过程,帮助来访者看到自己以往的信念在多大程度上制约自己的选择和机会。因此,咨询师可以和来访者一起制定计划,探讨如何将新的体验运用到实际生活中去。

> 小彭在表达了对父亲的愤怒后,发现自己更能进行自我支持。他发现一直以来自己就在回避与权威人士的冲突。这也让他对自己面对导师时的无力感有了新的认识,感到能够更勇敢地面对导师了。

（二）试验的形式

就像前面所说的，试验是咨询师和来访者共同建构的产物，所以本不该有任何分类。但出于激发想象力的初衷，有以下试验的类型可供参考。

1. 内观

内观是指让来访者把注意力聚焦于内部体验，体会不同的身体姿势，关注划过大脑的思考，注意躯体感受和情绪感受。内观能帮助来访者提高对躯体的觉察，意识到自己的思想和情感是如何通过躯体表现出来的。

2. 场景想象

来访者闭上眼睛，在咨询师引导下，探寻和想象过去生活中的场景，利用视觉、听觉、触觉、温度等各种感官，尽可能详细地想象，也可以根据想象改变这些场景，或者憧憬自己的未来。

3. 重演或角色扮演

重演或角色扮演有两种形式。一种是来访者想象同他的过去或者目前生活中的真实人物进行的交流。另一种就是让来访者和自我的不同部分或角色进行对话，从而探索自己未能完全意识到的自我否认或边缘体验。扮演是一种直观的呈现，对于来访者而言是一种直接体验，所以对未完成事件，澄清核心信念和自己的内摄，接受被否认的自我部分以及联系新的行为，都是非常有效的。

4. 夸大或节制习惯性反应

在来访者呈现窘境，或者卡住的时候，可以让其做角色、态势等的反转试验，或者做夸大或削弱的尝试。

5. 借用艺术材料和艺术形式

咨询师可让来访者借用各种艺术形式来表达内部或者外部世界。如：

（1）绘画表达，借用彩笔、蜡笔、颜料或者橡皮泥等画图或做雕塑。

（2）音乐表达，借用不同的乐器，或者选用不同的音乐片段。

（3）肢体表达，通过肢体动作，模仿一些重要的意象等。

（4）其他艺术表达，可以借用不同质地、颜色、重量的道具，做出一个辅助表达的作品。

6. 利用现场资源呈现心理过程

咨询师可根据来访者的感受，利用现场资源将心理过程外化，比如用软垫压来访者的背颈呈现来访者所面临的压力，用一些重的包袱来呈现来访者的负担。

（三）试验的经典内容

1. 两极对立工作（Working with Polarities）

在场域理论中，提到了两极化的视角，从这个视角来看，人的所有品质都存在正反两个极端，两个极端之间是连续谱。健康的极性，是指个体可以随情境变化而在任意一个双极的连续谱上都灵活应变，因此极性连续谱上所有部分都是重要且必要的。例如，如果来访者从小就确信极性只有两种状态，非黑即白，而且还认为自己必须一直处在白的这一端，那么这就意味着来访者不允许自己表现出一点点不完美、不圣洁的东西——显然，"水至清则无鱼",这对处理人际关系就非常不利。类似的情况包括非爱即恨、非胜即败,等等。需要注意的是,拥有某一特定极性,并不意味着必然会做出这样的行为,认识到一些自我部分,如脾气暴躁,甚至凶残,只是让我们知道人性是丰富的,而不是可以理所当然地不分场合地表现出暴躁和凶残。病态的极性则相反。

完形治疗通过两极对立工作,可以帮助来访者找回灵活而成熟的应对模式。例如,来访者坚守"自己非常爱自己的母亲,可以理解母亲的一切行为,哪怕有一些行为伤害到自己"。在母女的爱恨情感关系中,女儿认为对母亲的爱与恨看起来是不能共存的,由于爱,当恨出现的时候,女儿往往体验到莫大的罪恶与愧疚。为了调和两极的情感,而不是使其相互针对,使个体困在其中不可动弹,完形往往会运用例如空椅子技术(后文会具体介绍)等试验方法,将双极的部分呈现、沟通。通过表达内心的依恋和爱意,同时也表达出憎恨和恐惧,来访者能体验和接触自己的感受,认同这些感受,然后就有可能将爱与恨整合在一起。这样就不会急于像以前一般逃避,也不需要用消极对抗或者消极服从来应对妈妈的命令。需要注意的是,当咨询师识别来访者坚守的情感"对母亲的爱"时,可以让来访者试着想象"爱"的另一端是什么,而不要轻易用自己的经验去判断"爱"的另一端可能是"恨",可能是"拒绝"或者其他。

来访者不一定通过言语告诉咨询师自己的两极问题,因为通常来访者来咨询的原因就是他们不了解自己的极性。因此,咨询师需要细腻地观察与敏锐地觉察两极对立的征兆,通常可以留意来访者的肢体语言,因为两极情感对立很可能从细微的动作中显露出来。例如,一个人的右手可能会限制着左手的活动,而左手则反过来支持右手。咨询师可以叫来访者留意自己的双手,并且说出自己的感受。如果人们肯尝试接触双手的感觉并体会传递出来的信息,那么,一些未竟之事的影像、一些重大事情的影像就会在人们的意识中显露出来。

2. 梦境工作(Dream Work)

完形治疗重视梦的意义,并且将梦作为工作的重要素材。完形治疗认为,梦是人最自发性的自我表达,所有个体存在的问题,几乎都清楚地显示在梦境中,梦不仅代表未完成的事件,而且也可能远超过这些未完成的事件或未实现的愿望。梦不是用来诠释什么,而是用来整合个人的生命,用来增强人对自己的需要、渴求和环境的觉察。每个梦都代表着一个人存在的信息和内心的挣扎,了解与同化梦境的全部,则意味着察觉梦里的每件事物。事实上,个体在梦里所完成的每件事,都能导致某种程度上的同化,如果能适当地处理梦境,这些存在的信息就会更加清楚。比如通过留意梦境中遗漏的部分或逃避的方式,可以发现人格的缺失。

完形治疗透过角色扮演或者心理剧的试验方式积极探索梦的意义,以此取代解释梦的方式,强调来访者自己发现梦的意义,认为人只有通过积极地探索,才有可能从他们的经验中学习并且形成意义——当人认同自己的梦,并和梦的不同部分对话时,便可以认清自己的人生路向和意义。通过探索梦的象征意义和它所表达出来的情感,人们就能理解梦和它所蕴涵的生命启示。如果人不愿去面对和处理梦境,从某种程度上,就等于是拒绝面对生活中的问题。因此完形治疗者会要求来访者谈论他们的梦。在挑选梦的过程中,咨询师可以帮助来访者增加对自己的觉察。咨询师可以要求来访者辨识:你觉得哪个梦很重要?哪些情节相近而且经常出现在梦中？哪些梦曾经引发你强烈的情绪？

当然，在咨询师进行梦的工作之前，首先需要得到来访者的同意，才可以去探索来访者的梦。此外，咨询师也要告诉来访者，在探索梦的过程中，来访者有权随时终止治疗。

梦境工作可以有很多做法，常见的做法包括：

（1）咨询师可以邀请来访者用第一人称和现在时态去描述梦境，就好像自己现在正在做梦一样。

（2）邀请来访者讲述、演出一个或者多个梦境中的片段。

（3）邀请来访者讲述或者演出梦境中遗失的、被删去的片段和部分对话。

（4）让来访者在梦结束的地方，重续梦境，邀请其通过第一人称角度，想象在梦境突然结束的地方，接下来会有什么事发生。

梦里的每个人、物都代表做梦者投射的对象。完形治疗不去对梦境作探索，而是要把梦当作一个剧本，然后让梦里的各部分对话。通过这样的试验，来访者可能就表演出内在对立的冲突面，吸收它们的差异并整合这些对立的力量。

（四）试验中需要注意的点

1. 有技巧性地给予挫折和支持

健康的人倾向于自我支持，而不必依赖他人的支持。但是，很多人却不愿意为自己负起这样的责任，寻求操纵环境从而获得他们所需要的支持。在完形治疗中，咨询师就要有技巧地给予来访者的这一企图以挫折，同时提供他们不需要操纵就能满足需求的机会，有时候甚至需要提醒来访者，自己不会陪他玩这样的游戏。

2. 阻抗

试验的意图之一就是激起未觉察的阻抗，因为阻抗其实就是督促个体寻求解决其面临的问题的力量。完形咨询师会和来访者一起发现并且专注在阻抗上。

3. 进退两难

当来访者遇到进退两难的困境时，一个方法就是采用夸大的技术，让来访者想象这种情况发展到极致的状况，于是，来访者就会被逼回真实的自己。

（五）空椅子技术

完形治疗借鉴了心理剧的技术，并且根据咨询的目的做出修正，创立了空椅子技术，也称为"双椅技术"。这一技术是完形治疗各种技术中，最为人们所熟悉的一种，也是相对来说较为简便易行的一种。

1. 空椅子技术的操作

空椅子技术，是一种将人们的内在心理世界外化的技术，目的在于帮助来访者把潜意识部分的心理内容外化，把它们带回到意识层，探索个体的极性、投射和内摄。通过觉察，人们可以接触到被压抑的欲望和平时接触不到的情绪，这不仅是一个情绪和情感的表达、宣泄的机会，而且是一种认知上的探索、整合。此外，空椅子技术在探索人际动力，体验性地尝试新行为等方面也都卓有成效。依靠空椅子技术，来访者的问题可能因为某种形式的整合而获得解决；或者因为来访者释放了先前未能表达的感受、完成了未完成事件而得到解决；或者因为来访者改变了视角,冲突显得不再重要。

空椅子技术一般的做法是,咨询师用一张空椅子来作为辅助道具,邀请来访者首先想象需要对话的人就坐在那张空椅子上,然后让来访者和空椅子上的人说话。这个人可能是妈妈、丈夫、或者老板,也可以是自己需要展开对话的一部分、自我的另一个角色等。表达完以后,调换角色,来访者坐到刚才的空椅子上,扮演刚才空椅子上的重要角色,回应刚才自己的表达,然后再换回来,来回往复,直到试验结束。

如上所述,空椅子技术最简单的形式是放一把空椅子在来访者的对面,然后让其开展想象和交谈。当然,空椅子技术的运用是很灵活的,根据来访者的不同情况,椅子的数量(并不限定于两把)、样式、高矮、材质、位置、装饰……都可以有创造性地调整。有时候,也可以用坐垫代表来访者的自我或者其他人,比如那些重要他人,而坐垫可以用来拍打,可以用来拥抱。

空椅子的奇妙就在于,虽然我们也经常在脑海中有过很多思考和预演,但是真的通过空椅子的形式做出来后,感受却完全不同。因为只有真的表达、体验、经历,才有可能让人获得满足,完成未完成事件。

2. 空椅子的处理原则

(1) 场景设置及风险评估。试验刚开始的时候,来访者不了解、不熟悉这种想象性的技术,所以花一些时间设置场景,吸引来访者集中注意力,激发来访者参与的兴趣很重要。在开始的时候,要尽可能地允许来访者有更多的想象。下面是一段经典的引导语:

"如果让你想象你父亲在这个房间里,他会在哪个地方呢? 是站着还是坐着? 离你多远?"

(如果这是个冷漠、缺乏爱心的父亲,他不可能坐在孩子对面和咨询师三个人围坐一圈,很可能是在房间的角落,侧着脸看手机。这种想象也体现来访者自己对于这个试验的风险系数的一个评估。)

"闭上眼睛,想象他的穿着、面部表情以及坐着或者站着的姿势,是什么样子的?"
"他正在对你说什么?"

(往往,这些都可以帮助咨询师了解来访者与对方关系中最重要的方面。)

"慢慢睁开眼睛,你感觉到了什么?"
"想到了什么?"
"你想对他说什么吗?"

每一次来访者反馈后,咨询师都需要重复协议,并进行风险评估。比如:

"你有兴趣去探索发现一种面对你父亲时不感到崩溃的方式吗?"

"告诉他住嘴,会有多大的危险?"

（2）支持弱者获得与强者对话的力量。当强者的"必须和应该"（oughts and shoulds）通过椅子表达,弱者的"愿望和需求"（wants and needs）通过另一个椅子来表达时,咨询师需要给弱者必要的支持和鼓励,使其获得力量,从而敢于发出声音,甚至同强者沟通。例如:

"现在我和你在一起,假设你的父亲就在这里,他答应这次好好听你说话,你不必担心和顾忌,那么你想对他说什么呢?"

（3）慎重使用。技术的使用,需要以来访者的需求为目标,有的咨询师会因为最近学了这个技术而迫不及待地把它运用到咨询中去,这就不见得合适。比如,对于社交退缩的来访者,让其进行自我对话就不太合适,自我对话反而会进一步导致来访者回避与"真实他人"的接触。

三、支持的技术

完形治疗的观点是,支持是所有健康有机体不可或缺的基础,同时也是建立和谐人际关系的背景。健康的支持是一种自我支持和环境支持的整合。完形治疗的理论中强调了自我支持的重要性,但这并不意味着完形治疗认为人不需要环境支持。关于支持,重点不在于个体是依靠自我支持还是环境支持,而在于个体在与环境的互动中,如何有选择地利用自己的内部、外部资源,获得自我支持或环境支持,并且保持自我需要与他人需要之间的平衡。

（一）自我支持的技术

1. 躯体性支持

躯体性支持是自我支持中最基本的要素。当我们疲惫不堪、饥寒交迫或者疾病缠身的时候,是很难感受到支持的。所以在咨询中,咨询师可以引导来访者关注此时此地的躯体状况,注意不断尝试和调整自己的呼吸方式或者坐姿,体验不同姿势带来的不同感受,增加对躯体的觉察。

案例:

亚楠是个严重缺乏自我支持和环境支持的女孩。她描述的自己的情况也的确如此,父母在老家,不能再照顾自己,在新的城市、新的学校,自己没有真正的朋友。咨询师注意到亚楠的身体姿势特别紧张,呼吸急促,身体僵硬,感觉得出她是很不舒服的,于是就建议亚楠在谈话中,尝试用不同的呼吸方式和身体姿态。不久,亚楠发现当自己呼吸自如,并且当她舒服地坐在沙发上时,她能更好地表达自己,而且也感到更加有信心。

之后又有一次咨询,亚楠的情绪特别低落,咨询师再次引导亚楠关注躯体,亚楠发现自己说话声音很低沉,节奏很慢,双手撑在身体两边好像想要给自己力量。这个过程让亚楠觉察自己的自我支持,她也更加自发地让自己更舒适地坐在椅子上,让整个背部靠在椅背上,感受最大程度的支持。

2. 自我负责的语言

完形治疗中,将责任的英文单词"responsibility"一词拆成"response-ability",即反应的能力,这反映出完形治疗的观点,即认为每一个对外界环境的回应,都是自我积极组织、选择、行动的结果。完形治疗强调了自我的积极性体现出了一种负责任的态度,认为如果一个人能够细腻地觉察到自己生命中发生的事件,明白自己扮演的角色,那么就能够为自己负起责任。因此,这里的负责与我们传统意义上的负责不同,并不是意味着个体要为自己所置身的所有状况负责,而是指在每个片刻的当下,个体可以为自己在这样的状况下如何展开自己的生命负责。

在完形治疗中,咨询师会帮助个体探索他所使用的句子的个人意义,并且重新建立自己生命中所握有的主动权,采用负责任的说话方式。

案例:

> 慧慧来咨询情感问题,在讲述中,她总是在抱怨,不是抱怨男朋友就是抱怨事情本身,比如"他每次都惹我生气"、"他让我很伤心"、"事情就是发生了"、"感情好像走上了不归路"……这些话语的共同点是,好像这些事都和她自己没关系一样。咨询师还注意到,慧慧喜欢说"我不能……"而不是"我不愿意……"这些都是典型的不愿意为自己负责的语言习惯。

(1)咨询师首先鼓励来访者注意她使用语言时的"去个人化"。在建立了信任关系的前提下,咨询师温和地向慧慧描述了对其语言习惯的观察。慧慧很吃惊,她说自己从来没有注意过这些,很自然地就想到要这样表达。

(2)咨询师接着帮助来访者探索这么做对她个人独特的意义。咨询师进一步让慧慧体验当她使用这样的语言的时候带给自己的感觉,慧慧开始感受到这些语言带来的消极、被动的无力感,同时有点侥幸,甚至得意,觉得自己是个受害者。

(3)咨询师通过试验,改变来访者的语句。咨询师建议慧慧尝试采用自我负责的语言,体验其中有什么不一样的感觉。但是慧慧太习惯于自己的说话方式了,不知道怎么改变。于是咨询师给出了三个建议:

> 第一个建议:使用"我"开始一个句子,而不是"你"或者"他"。于是,慧慧把"他每次都惹我生气"改成"我被他弄得好生气",把"他让我很伤心"改成"我总是被他弄哭"。
> 第二个建议:把"被字句"改成"把字句"。因为被字句虽然是以"我"开始的,但是句子的主体其实仍然是他人,从某种程度上来说,依然是去个人化的。慧慧恍然大悟,并且笑着说自己真的是被这种习惯困住了,说完她又笑了,改说"我习惯于那样说话",然后把"我被他弄得好生气"改成"我每次都因为他的事,把自己弄得很生气",把"我总是

被他弄哭"改成"我每次都纵容他,把自己弄得很伤心"。

　　第三个建议:把"我不能"改成"我不愿意"。慧慧想到总在自己脑海中的那句话"我不能没有他",根据咨询师的建议,她把这句话转变成"我不愿意失去他"。她觉察到当自己说"我不能没有他"的时候,会感到如果没有了男朋友自己的生活就无法继续下去,但是当自己说"不愿意"的时候,会感觉到这只是一个自己可以控制的愿望,那种绝望和无力的感觉减轻了,同时隐约觉察到自己的荒唐。但是她笑着说,自己现在还不愿意承认这一点。通过一系列的自我觉察,慧慧已经开始学习自我负责的说话方式。

完形治疗认为,很多时候,单单是说话方式的小调整就可能带来相当程度上人格的整合。这种做法,目的在于帮助来访者重新识别出自己有哪些受到否认的感觉、想法和行为,接着了解生活和接触是过程性的,而非固定的结构,是可以改变的。

　　3. 支持性的自我对话

支持性的自我对话指识别自我陈述中一些消极的暗示,并且设计出符合现实的语句来替换。

案例:

　　云鹏认识到自己每次稍微做得不如人意的时候,就会对自己说"我真是太糟糕了,从来都没把事情做好过"。而且他也觉察到,当他这么说的时候,自己会很焦虑,整个人都很紧张。咨询师与云鹏一起回顾了他的经历,事实上,他高考成绩挺好,在大学也成为了院系的学生会主力,工作相当出色,受到老师的好评、同学的认可。他通常都把事情做得很好。咨询师于是问云鹏:如果说"我真是天才,什么事情都难不倒我!"这句话,会有什么感觉呢?云鹏表示这太荒唐可笑了,但最后云鹏认同"我很聪明,通常都能做得很好,但有时候也会迷茫,也会犯错"这样的说法。

　　4. 想象中的同伴

遇到压力的时候,可以想象一个支持你的人。这个策略是简单而好用的。这个人可以是朋友、伴侣、咨询师或者亲人,也可以是童年记忆中很重要的某个人。选择这个人,是因为他能够满足你对爱的需要,能够为你提供内在的支持。

这个策略通常会在谈话中通过"寻找最具有支持性的情形"而提出,在咨询结束时来访者体验到分离焦虑时也可以用。

引导语范例:

"在生活中,你感觉谁很爱你,并且给你支持?谁是你学习的榜样或者精神支柱?想想他的为人以及他身上你所需要的、仰慕的品质。现在,再次返回到你刚才说的困境中,想象一下当时你的这个同伴和你在一起,他会对你说些什么?"

　　(二)环境支持的技术

　　1. 场的支持

这是寻求环境支持的最简单的办法,咨询师可以鼓励来访者思考自己是如何利用现有的场中资源的支持的,例如恋人、家人或朋友。要注意:如果来访者在咨询过程中体验到了焦虑,他能够寻求到这些人的帮助吗?他是否留意过自己周围还有什么其他资源?

2. 社会支持网络图

请来访者在一张纸上画出他的社会支持网络图:把自己放在中间,然后写出或者画出生活中帮助和支持着他的人和事,把那些最可靠的支持性因素放在内圈,然后把其他支持性因素根据重要性大小依次放在不同的外圈中。

接下来请来访者绘制一张饼图,分别标画出每周独处,或者与各个支持性资源在一起的时间比例。请来访者判断:这个比例是否适合自己?要调整的话,可以如何调整,以提高自己对环境资源的利用率?

3. 将咨询师作为环境支持

来访者来咨询时,最显而易见的环境支持就是咨询师。咨询师做的所有努力都是为了从不同程度上为来访者提供或多或少的支持。当然支持并不意味着安慰,咨询师的支持有时也包含了一些挑战性的面质。

(三)对过度依赖环境支持的处理

完形治疗认为依赖环境支持对于来访者来说毫无裨益。所以,发展自我支持的技术,是完形工作的核心,在发展环境支持的时候,要小心避免来访者过度依赖或者过度寻求建议。

如果发现来访者有过度依赖环境支持的倾向,咨询师不应直接拒绝这类不适当的要求,因为直接拒绝可能会妨碍来访者获得更好的自我支持。所以咨询师在提出拒绝的时候需要注意以下几点:

(1)首先要有牢固的治疗联盟。

(2)其次,谨慎地使用恰当的语言,使来访者明白这不是批判或者攻击,同时评估来访者的过往经历,看是否会产生羞愧的反应。

(3)最后就是选择恰当的时机。

四、团体治疗中的技术应用

前文提到,在个体咨询中,完形治疗会借由心理剧的形式来让来访者处理未完成的情境或者梦境。在团体中,完形咨询更是吸纳了各种技术,创造出各种试验。其中心理剧的技术与方法,第七章将专门介绍,这里仅简单提一下,不做详细介绍了。

1. 心理剧

让来访者选择团体成员来扮演自己,表演自己真实生活的"剧本"。来访者自己则坐在边上观看自己的剧,这给了来访者一个旁观者的视角。

来访者也可以加入到表演中去,同其他角色进行对话,在咨询师的引导下,获得更多的觉察,或者是尝试一些新的行为。

2. 雕塑

来访者利用团队中的其他成员来代表自己故事中的关键人物,比如自己的家庭成员或者同事。在咨询室中,来访者把这些关键人物,根据来访者自己的感觉,安排在合适的位置。

他们之间的距离和身体、面孔朝向可以代表人物之间的关系；他们站的位置的高低可以代表心理地位的高低，他们也可以用特定的姿势来表现人物特征。然后来访者和其他成员可以讨论站在各自不同位置上的感受。其间，根据需要，来访者可以调整人物之间的位置和姿势，也可以探讨换位后的感受等。

3. 绕圈子

此项完形治疗技术包括要求团体中的某位成员走到他人面前向对方说话或做某些事，目的就是要去达成面质、冒险、表达自我、试验新行为模式从而获得成长和改变。当咨询师发现某成员需要因为某个主题面对团体中的其他成员时，就可以使用这一技术。例如，某位成员因为害怕他人的评价而很少当众发言。咨询师可以邀请他做一个试验，在团体的圈子中走一圈，在每个成员面前停留，并且对该成员说："我害怕你评价我。"在这个过程中可以增加其他创意，只要能帮助个体投入。比如可以邀请该成员重复"我害怕你评价我"，直到他不再害怕自己正面对的人为止，才能跳到下一个人；或者可以允许该成员自己控制人与人之间的距离，比如站得离更害怕的人远一点。

其他像"我无法信任他人"、"我觉得没人在乎我"、"我害怕被别人拒绝"、"我羞于赞美别人"等主题都可以采用绕圈子技术。

4. 角色转换

团体中的成员之间如果出现了问题，咨询师可以邀请双方交换座位并且站在对方的立场上尝试进行探讨。

第三节　完形循环圈在心理辅导中的应用

觉察力（awareness）是完形治疗的基石。健康的人是有觉察力的人，觉察力会因为人们成长中形成的一些固着的完形而受到限制和阻断，心理咨询师的任务便是通过向来访者揭示他们觉察力的丧失，重新唤起来访者的觉察力。

完形循环圈是觉察力追踪的一个有效工具，通过对个体完形循环圈的分析，可以帮助咨询师找到来访者觉察力受阻的原因，从而回复来访者的觉察能力。这一节便将对此做简单介绍，以提高青少年的觉察力，从而提高他们的心理健康水平。

一、觉察力与觉察力区域

（一）觉察力的概念

觉察指一种对此时此地正在发生的事情的非语言的感知，是对自身存在的意识，是对此时此地自己的所有感受。觉察力是所有健康生活所必须具备的基本条件和积极品质，是自我了解、选择和创造力的来源。有觉察力的人，能清楚地知道自己身处"现在"，并且能思考"将来"，能区分记忆；既"知道"自己当下的状态，如我在呼吸、我在饮食，也能"体验"当下呼吸和饮食的状态。

觉察力可以被看作一个连续谱，一端是睡眠，此时觉察力最低，仅限于机体自主反应，另一端是完全的自我觉察，敏锐地觉察到自己的存在，感觉自己充满活力，体会到自由、融合、贯通的感觉。每天因为不同事情的发生,觉察力的强弱会在连续谱上变化。年幼的孩子的本性是充满活力和自发性,满怀好奇地去感知世界,他们经常生活在一个充满觉察力和热情的世界里。随着年龄的增加,新奇感慢慢地被经验中一些固定的完形所替代,觉察力因此被限制。当个体全身心地专注于某种事物或者想法,而对自己的存在浑然不觉时,个体同环境及自我的接触中断了,觉察力丧失了。学校心理健康教育,便是要尽可能保持学生的觉察力,在心理辅导中,进行觉察力的训练。而对于健康能力下降、觉察力丧失的个体,咨询师的任务便是要帮助他们识别阻断,限制他们觉察力的方式,向他们揭示他们是如何失去自我觉察功能的,然后,通过不断训练他们觉察(如,让他们问自己:自己有哪些身体感受?正在思考什么?自己身上正在发生什么?感受到哪些信息?自己是怎么在做的?如何与人交往?自己跟环境之间如何相互作用相互影响?),唤醒和提高他们的觉察力,进一步提高个人的健康状况。

(二)觉察力区域

1969 年皮尔斯定义了内部区域、外部区域和中间区域三个觉察力区域作为心理咨询师的评估工具。其实觉察力是一个无法分割的整体,这三个区域是一种视角,可以用来帮助咨询师评估和训练来访者的觉察力。

1. 觉察力的内部区域

觉察力的内部区域是指来访者的内心世界,这是咨询师感觉不到的,包括一些主观的直觉,比如内脏知觉、肌肉紧张或者放松、心跳、呼吸,同时还包括所谓的身体—情感状态,就是身体知觉和情感的混合。提高来访者对内部区域的觉察力的最有效的方式是把来访者的注意力吸引到身体感觉和知觉上来。咨询师可以问来访者:"你现在感觉怎么样?你现在体验到了什么?"等等,也可以直接告诉来访者自己观察到的关于来访者的一些表现,如:"我注意到你的呼吸变得急促"、"我发现你的身体在颤抖"。

咨询师可以借助冥想训练接触觉察力的内部区域,这里提供一个的训练示例。

"想象你的觉察力就像一盏探照灯,在你的掌控下,慢慢地照射到你的全身。逐渐地集中注意力,慢慢地感觉你的双脚……双腿……臀部……后腰……背……肩膀……手臂……手腕……手……腹部……胸部……脖子……头……嘴……脸……眼睛……额头,注意紧张和松弛的部位。注意你身上体验到的其他感受,你注意到的自己的情感和情绪是什么?它位于身体的哪个部位?如果你什么也感觉不到,或感觉很少,那么保持这种感觉,并再次重复刚才的探索过程。"

2. 觉察力的外部区域

觉察力的外部区域包括所有的行为、语言、动作,以及对所谓的接触功能,即听、说、看、摸、尝、闻和行动等所有这些感受和接触世界的方式。当个体能够注意这些接触功能,对当下的觉察和对色彩、形状、音调、性质等的感知,都将变得更加敏锐。这种觉察能够转变个体的体验,使得周围的世界变得更加丰富多彩和充满活力。另一方面,聚焦外部区域能使个体觉察自己的选择,从而改变自己的行为,使其他人对其产生新的看法。当个体觉察到自己正在做什么,以及自己的行为对他人以及自己有哪些影响时,他对周围的变化也会变得更为敏锐。

提高外部区域觉察力的训练就是把注意力吸引到在具体情境中的反应、动作、行为上，以及引导个体关注外部世界的刺激上。在训练中可以询问来访者：觉察你周围的世界，你注意到了什么？能听见些什么？想知道身边的人是怎样看你们之间的关系吗？

这里同样可以采用冥想练习：把你觉察的探照灯转向你的身体，慢慢地移动，你能看到、听到、闻到什么？在同周围世界的接触中，你能感觉到什么？你坐的椅子是怎样的？穿在身上的衣服是怎样的？环顾四周，你能识别出多少种颜色、多少种形状？你能听见什么声音？注意你我之间的距离，在我身上，你注意到了什么？

3. 觉察力的中间区域

觉察力的中间区域指思维、记忆、幻想和期望等，包括了所有诠释内部刺激和外部刺激的方式。它的一个主要的功能是组织体验，使个体达到某种程度的认知和情感理解；另一个功能是预测、计划、想象、创造和做出选择。中间区域包括了信念和记忆系统，因此也就不可避免地导致了自我限制和对世界的刻板理解。凭借过去经验或对未来的期望来理解当前情境，这是个体出现问题并遭遇痛苦的主要根源。中间区域还对体验进行了分类，这直接影响个体对这些体验的理解。

中间区域觉察力的提高是最困难的，切记不要轻易推测来访者正在思考和想象的内容。不妨可以这样询问："对于已经发生的事情，你是如何解释的？""你是如何理解那件事的？""如果你相信你的理解是对的，那它对你意味着什么？""你对那件事有什么看法、想法或猜测""你希望情况是怎样的？""听起来好像你的意思是最好不要……"等。

继续前面的冥想练习，将它应用到中间区域："回想先前的觉察力练习，你认为这些练习怎么样？当要求你去分析周围环境、得出结论，你能有什么反应？现在开始有意识地在三个觉察区域间来回穿梭，细细品味，让自己能够觉察到自己的所见所想、所感所思，并再次关注自己此刻的躯体感受：有什么样的感受？你是怎样觉察到的？你认为那可能意味着什么？在你周围你注意到了什么？你对此是如何反应的？……"

这三个区域的练习都可以用于对来访者的训练，也可以用于让辅导教师做集体的练习。这对学校的心理健康教育工作是有益的。当然，示例中的引导语可以按照咨询师和老师们的个人言语习惯，以及学生的特点做调整。

二、完形循环圈

完形循环圈是理解觉察力的一种惯用方式，也被称为觉察循环圈，其内容包括：体验知觉，识别、命名和理解这种知觉，决定如何对之做出反应，采取行动，完成行动，恢复初始状态等，是追踪体验的形成、阻断、完成过程的分析工具。

人只要活着，在日常生活中，每时每刻都会有不同的需求出现，不管是低层次还是高层次的。需求一旦被知觉到，就会有被满足的强烈要求，而得到满足后，这一需求则会暂时从意识中隐去，而另外的需求则进入意识层面，等待满足。从图像和背景的知觉现象，不难想象这样的画面：一个一个的"图像"自背景中浮现，随着时间的推移，一些图像被关注后，便慢慢退隐到背景中去，而另外的一些新的"图像"从背景中显现。人类每天生活在这种"图像——背景"不停转换的过程中,这个过程带来了生命力和个体的成长,这便是人类普遍具有的经验循环律动的自然法则。画面的定格,体现了人们遇到危险、遭受创伤时,生命的停滞,而一旦危险解除,这种自然的律动又会立即重新展开。皮尔斯提出了用"前接触、接触中、最后接触、后接触"四个阶段来使循环律动过程概念化。其中的"接触"是促成成长与发生改变的必要条件,个体一旦通过看、听、嗅、触摸和移动等方式与环境接触,改变就无可避免地发生了。津克尔(J. C. Zinker)和古德曼(P. Goodman)则发展了七阶段模式的完形循环圈。

（一）循环圈的七个阶段

完形循环圈可分为七个阶段(如图 6-1 所示),它的起始点是可以自由选择的,不管从哪里开始,都可能把握这个经验循环的本质。因为循环圈中的每一环节都环环相扣,无法区别哪个是"因",哪个是"果",对于完形治疗来说,重要的是描述"现象"是什么,而不是追究"原因"是什么。但是,为了叙述的方便,一般从消退阶段开始介绍。

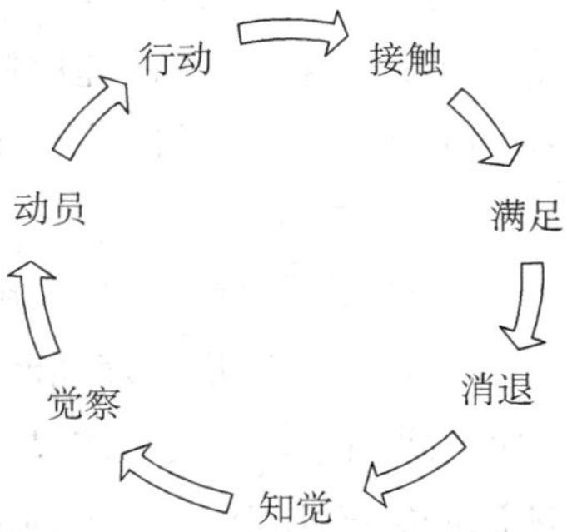

图 6-1　循环圈的七个阶段

1. 消退阶段

这时个体处在休息状态中,没有一个清晰的图像,个体处于一个内在平衡的状态。这时候,还没有一个能吸引个体注意力、引起个体觉察的图像,但是却孕育着无限的发展潜能。

2. 知觉阶段

当某个刺激逐渐或突然打破了机体内部或机体与环境间的平衡状态时,可能就成为了个人注意的焦点。比如:天气太热,个体不再像前一个阶段那样平和享受,会有些不舒服,但是这种不舒服的感觉还没有被个体意识到。

皮尔斯等人将这种打破平衡的刺激分为四个等级:

(1) 定期的刺激与欲望,促使个体与环境进行接触,比如进食。

(2) 某种定期发作的疼痛,比如紧张性头痛。

(3) 因个体外在环境中的事件而加速形成并发展为欲望、情绪或痛苦的刺激。比如被老板教训了一顿而感觉愤怒。

(4) 因为外界环境的改变,有机体进行重新调整,比如因温度的变化、噪音而进行重新调整。

这个预示着即将要展开"图像——背景"形成过程的阶段叫做"前接触"。此阶段,来自于身体内部的感觉开始显现,但是还没有进入到有意识的觉察阶段。

3. 觉察阶段

觉察指突然或逐渐地意识到造成身体感觉的事件,说明那个新产生的、需要满足的图像在瞬时的经验中成为了焦点。此图像如果越强越迫切,对此图像的反应就会越迅速越清晰,比如火警警报响起。

当某种情境唤起个体对过去的觉察或对未来的预期时,有效的觉察能够很快意识到这种情况。比如,当你很想做一次假日旅行时,网页上跳出的度假广告就会很快引起你的注意。

4. 动员阶段

当觉察到需求之后,个体会在情绪上或生理上会变得振奋,图像也会愈加清晰,并会产生能量,头脑中还会产生种种满足需求的可能性的影像。此时个体的动力系统已经被激活,随时准备行动,其感官也会对环境中的大量信息呈现开放态度。比如,天热,随着时间的推移,你身体水分逐步散失,口渴被觉察后,你便开始观察、寻找可以饮用的水源。

5. 行动阶段

这一个阶段也是循环圈的接触阶段,它包括有机体知觉、行为及情绪的活动。个体积极寻求各种可能性,企图克服障碍,并且尝试各种不同的适当的活动,以满足个体在当下现状中的需求。如,口渴时你开始实施接水的行动,拿上杯子,走向饮水机去接水。

6. 接触阶段

在个体采取行动之后,随之而来的是个体与环境做完全的、有活力的接触,这一阶段被称为"接触"。完形治疗强调在这一阶段里良好接触的重要性。接触的品质会因个体经验的程度有所不同,而接触的品质会决定个体生命的质量。比如,在炎炎夏日,你接到的是一杯冰凉的纯净水,喝下后感到清凉甘甜,顿感惬意舒适。而如果此时从壶里倒出的是开水,只能抿上一小口,口渴的你,相信会有些难耐,感觉比前者就差了许多。而如果得到的只是一杯烈酒,相信此时口渴的你,全然没有美意,也没有解渴。

当个体在一段时间里完全地参与在自己所创造或发现的图像中,全心全意地投入到当时来说最有意义的事物上,这段时间会是个体最欢乐,也是最痛苦的时间。这便是一种完全的接触,最后通常标志着一个特定完形的形成。通过这样完全的接触,即使一个人没有想过要改变,改变也会自然而然发生。

7. 满足阶段

这一个阶段是"后接触"阶段,意味着个体需求被满足以及完形的完成。这一阶段也是消退的开始。很多时候,人们都会忽视这个阶段。就像很多人喝完水后会重新投入到手头的工作中去,不会再去体会饮水后身体的感觉和自己的心情。

其实这一阶段,人可以借由同化、沉思、反省,从完形中得到宝贵的经验和强烈的欢愉感。饮水解渴后能感受到身心愉快的人,更能感恩生活。

8. 消退阶段(同阶段 1)

这一阶段个体的需求消退了,新的需求还没有出现,很多人会体验到一种"空虚失落"的感觉。这个阶段成为一个新的完形接触的起点。比如当口渴的问题解决后,相关的图像便退回背景,另一个图像等待被感知。

三、完形循环圈的接触干扰

当了解了完形循环圈的存在后,不难想到,如果在各觉察循环阶段的接触受到干扰、阻断,无法经历循环进入到消退阶段,也就无法形成这一体验的完形。而没有完形的体验,就会成为背景中经常呈现的干扰图像,影响个体的觉察力。所以有必要了解完形循环圈的接触干扰,以及消除接触干扰、增强个体觉察力的方法。

（一）未完成事件

在觉察到需求后通过循环圈使需求得到满足的过程中，如果个体在当时没有以对他来说是恰当的方式完成循环圈的话，这个需求就成了未完成事件，也称未尽事宜。未完成事件也是完形治疗的一个核心概念，是完形治疗对于心理问题的一种解释。个体的接触被"干扰"，以至于功能无法完全发挥，就会产生悔恨、愤怒、怨恨、痛苦、焦虑、悲伤、罪恶、遗弃感等情感，得不到完整的表达和释放。这些情感由于在知觉领域里并没有被充分体验，因此就会在潜意识中徘徊，又会在不知不觉中被带入现实生活，从而妨碍了个人与他人间的有效接触。

未完成事件通常产生于童年，大多是因为早期某些重要需求没有得到满足。这些未完成事件意味着个体的经验是不完整的，个体可用的能量和精神资源被抑制在这些未完成事件上了。但是，人类有一种达到整体性的天性，即使是以扭曲变形的、偏差的或病态的方式达到。当这种方式不停被重复时，就成为了一个固着的完形，个体通过过去那些一再重复的无效的行为模式来满足自己的需求，而不是根据此时此地的经验。这类心理机制被称为自我调节的行动，包括了个体自我防御的功能。这些心理机制如果是面对特殊情况的暂时选择，且出自个体的意志，不可谓不健康，但是如果长期不当使用这些机制，便会构成心理问题，最终形成心理疾病。

（二）界限干扰

自过去未完成的情况中持续下来，使得人们无法享受需求的实现，并且阻碍人们与自身、其他人和环境做良好的接触的这种心理机制，在完形治疗中被叫做界限干扰。这些干扰会发生在完形过程的任何一阶段，阻碍个体需求的达成和完形的形成。完形治疗的任务便在于帮助个体去除影响接触的各种障碍物或干扰物，完成未尽事宜，帮助个体"完形"。

下面介绍 7 种主要的界限干扰，它们是阻断接触的行为模式。

1. 低敏感，减轻感觉程度

指对自我的官能感觉和情感进行稀释，采取漠视或忽视的态度。

2. 偏离

指逃避与其他人、事物进行直接的接触，这是个体为降低觉察环境接触所带来的影响冲击而采取的行为方式，通常会把接触变得模糊、暧昧、笼统，或是让人对接触无动于衷。比如在谈话时，一些话题的内容被巧妙地改变，从而偏离话题。

3. 内摄

它是被内化的"应该"。个体通常需要一种辨别力，分辨什么对他来说是有益的、重要的或是无用的，等等。内摄通常会内化所有的规范和要求，而不会让人去检验或探究规范和要求对人、某些情况或某些时刻的适用性，依据自我需求进行自我调节。简而言之便是，总是以"应该做什么"行事，而不问自己"想要做什么"。

4. 投射

投射是指自己拥有某些人格特质、态度、情感，或者是部分的行为，自己却毫无感觉，反而认为它们是环境中某些物体或某些人所有的。先入为主的偏见便是一种具有毁灭性的投射，比如当个体将自己得不到赏识归咎于自己是外来移民，受到本地人的歧视和排挤，虽然这会减少自身的挫败感,但是也因此让个体对本地人和本地的文化产生了更深的歧视和敌意。投射者很少会注意外界环境的变化,总是感觉自己无力改变某些情况。

5. 回射

它是指针对自己而不是别人做某些事情。回射有两种类型:

(1)个体原本想对某人做某件事,但是却转回来作用在自己身上。比如当对面的女孩悲伤地哭泣起来时,你很想去抱抱她,但是毕竟你和她的关系没有亲近到那个程度,于是你不自觉地让右手抚在自己的左肩上,做出了拥抱自己的动作。有一些有病态人格的人,会将自己的人格分裂成"去做"和"被做"两个部分。这类人不是直接表达出心中的愤怒敌意,就是过着对自己充满敌意的自我惩罚似的生活,甚至会导致自杀的行为。

(2)个体会对自己做自己想要别人对自己做的事情。比如,当一个人无法从父母身上获得应有的关注和照顾时,就会相对地给予自己更多的关怀和照顾。

6. 自我中心

指个体从自身中抽离,成为自我以及自己与环境的关系的一个旁观者或评论者,以控制、阻断个体的自发性,阻碍个体沉浸到体验中,这也就妨碍了个体采取有效的行动来满足需求,即缺乏一种真正的自发性,这同样干扰了个体与环境做良好的接触。

7. 融合

指个体没有认清楚与环境之间的不同之处,与环境的界限模糊,无法做适当区别的状态。当个体在关系里寻求融合时,意味着个体缺乏忍受与他人之间的差异的能力,以及个体不愿意探索自我本来具有的能力资源。在感觉阶段这会干扰个体自发运作,觉察自己的需求。比如深陷和他人、环境的融合,会使得个体失去自我。更严重的情况是,在面对不得不为之的痛苦的分离时,个体会分裂崩溃。

(三)阻断—调整模型

界限干扰的阻断模式是早期的完形治疗理论观点,20 世纪 90 年代后的观点更倾向于这些干扰阻断也有积极意义。界限干扰最初是一种求生的功能,就像融合一样,孩子与母亲在身体和情绪上的融合,对孩子的成长是健康且必需的,一些个体与环境的融合也可以让人受益,比如在冥想中的高峰体验。阻断是否适宜,需要根据每个独特情境中的意义和需要而定,调整接触是界限干扰的另一极,即每种界限干扰都有对应的截然相反的另一极,如:

界限干扰		调整接触
低敏感	…………	高敏感
偏离	…………	接受
内摄	…………	拒绝
投射	…………	拥有
回射	…………	冲动
自我中心	…………	自发性
融合	…………	退缩

马克文(J·Mackewn)提出了阻断—调整模式,即前面的 7 种界限干扰和 7 种调整接触

对应,作为7条连续谱的两个极,构成了7条连续的谱带,称做接触连续谱。咨询师便是要协助来访者探索自己的接触模式,发现自己的缺失。咨询师的干预,便是帮助来访者觉察、寻找适宜的接触调整位置,使得来访者的接触模式不僵化。

四、完形循环圈与完形心理咨询的过程

完形循环圈上的每个阶段都有体验的接触要求,界限干扰则会阻断相应的接触,形成不同阶段的未完成事件,影响、干扰个体的健康生活。比如:

(1)知觉前的阻断:比如身体感受和情感的麻木:一个曾经遭受创伤和虐待的来访者与其身体—情感知觉的内部区域毫无联系。

(2)知觉和觉察之间的阻断:比如进食障碍患者往往可能在情感识别上被阻断,错误地认为自己的知觉是饥饿,而不是一种情感的需要。

(3)觉察和动员之间的阻断:比如整天做着白日梦的人,有时也能觉察自己的需要,却总无法化作动力去满足自己的需要。

(4)动员和行动之间的阻断:比如一个过度焦虑的来访者,常常动用了过多的精力,却不能采取有效的行动。

(5)行动和接触之间的阻断:比如酒肉朋友往往不是真心的挚友,饭桌上获得的往往不是真正的友情。

(6)接触和满足之间的阻断:比如工作狂有能力完成工作任务,但是从来都不能感到满足,总是马不停蹄地投入另一项新的工作中。

(7)满足和消退的阻断:比如一个焦虑的来访者,一直想要寻求确定感和充实感,反而无法平静,常常因此辗转难眠。

完形循环圈为咨询师发现来访者觉察被阻断的接触,使这些未完成的接触可以继续完成循环提供了参考。咨询师结合完形循环圈和界限干扰,帮助来访者完成未完成事件,便构成了完形心理咨询的过程。

(一)觉察阶段与咨询的初始阶段

1. 咨询的初始阶段

心理咨询的初始阶段便是要找到来访者的问题,通过咨访关系,推动来访者产生自主解决问题的动力。然而,来访者因为问题觉察的阻断,无法从一系列问题中找到真正的问题去解决,也就无法进入到后续的体验循环。咨询应从来访者当下觉察的最尖锐的问题开始,一旦咨询开始,相关问题自然会通过来访者的叙述逐渐明朗。咨询师无需一味关注"为什么",而阻断其他图像的呈现,失去对真正的问题的呈现。比如对失恋的个案,如果专注于"为什么被抛弃、被背叛",就会失去对其亲密关系中的真正需要的觉察。

2. 觉察阶段偏离的处理

偏离是觉察阶段较常出现的界限干扰,它发生在个体并未完全觉察自己的需求时。由于个体没有留心注意,或是故意转移那些对个体存在或需求的实现很重要的事物的注意力,因而干扰了一个新图像的浮现。这里特别要提到完形的又一个核心概念:"改变的悖论"。

当个体执迷于一些"改变"的时候,图像便定格了,成长和改变的能量也停滞了。所以,成长的改变源于来访者的不改变,当来访者尽可能地去觉察而放弃做出改变的愿望时,成长和改变就通过连续不断地觉察、接触、同化而自然获得,水到渠成,也就是"船到桥头自然直"。

下面是处理偏离的策略和技巧:

(1)练习觉察的连续性。觉察的连续性是指持续的觉察意识中出现的一个又一个的图像,它可以指导来访者尝试去专注每一个新的图像而不加上任何的判断与标签,类似于精神分析的自由联想。来访者可以时刻觉察自己真实的知觉,不排除任何东西——愿望、想法、身体感觉、对外界的感觉、自愿或非自愿的行动以及所有在评判、贴标签、分类之前发生的东西,可以试着对每一个经验说:"现在,我觉察到……"

(2)使用负责任的语言。咨询师可邀请来访者改变自己的语言和说话方式,使来访者有自我负责的意识,发挥自我引导能力。比如"他使得我如此生气,我只好打他"和"是我容许他用挑衅激怒我的",后者比前者更强调了自己的责任,而不是把自己视为一个被动的承受者。

(3)探索非言语行为。来访者的非言语行为,会鲜明地反映来访者的心理以及问题状态。让来访者特别注意到这些行为,或者夸大某个特别的动作,能获得对来访者的整体性认知。

(4)重新引导偏离的精力。可通过言行指导去除来访者的偏离,比如:不允许来访者扯开话题,要求来访者在谈论自己时要跟对方有眼神接触;要来访者放弃一些偏离的习惯,比如绕手指头、揪衣角之类让人分心的身体动作;要来访者平等地注意到所有的信息,不管是正向的还是负向的,并把它们写下来;鼓励来访者与自己、他人和环境做直接的接触,而不是选择逃避。

(5)发展感官的觉察。来访者往往因为无法忍受的冲突、痛苦的创伤,压抑了感官的觉察力。重新建立起感官的敏感度之后,很多人也会自然地建立起对情绪和环境的敏感度。发展对感官的觉察,最好的方式是带着没有判断和好奇的心来探索自己的各种感觉:嗅觉、味觉、听觉,等等。

(二)动员阶段与咨询的后准备阶段

1. 动员阶段与工作同盟的建立

当来访者澄清了自己最重要、最特别、最紧急的问题图像后,便需要开始动员所需的能量来处理这个问题,这时便进入了动员阶段。

咨询师在这个阶段的工作是启动和引导来访者的能量,探索来访者用来满足其需求的无效方式,以及在咨询的过程中使来访者无法全心投入的阻碍。建立个案的咨询工作联盟成为这个阶段最重要的一部分工作。这是个双向的过程,需要的不只是来访者的动员、投入。咨询师为了能全心投入这样的合作关系,也必须被激起足够的兴趣和能量来处理个案。

另一个重要的任务便是挑战来访者内摄的父母部分。很多来访者非常重视他们从父母那里传承来的心理影响。他们可能不去觉察自己所挚爱的父母曾经忽视、虐待或利用他们的经历。有时候,内在的声音还会告诉他们不要信任任何人,包括咨询师,这会带来内心冲突。

2. 动员阶段内摄的处理

这一阶段，界限干扰主要是内摄，会发生个体动员的能量不足或过多的现象。颓废沮丧的来访者，可能内摄了很多对于自己的批评和斥责，在动员阶段出现失能现象。而处理内摄的技巧有以下几条：

（1）进行优胜者与失败者的对话。请来访者扮演内在的优胜者和失败者，让彼此间开展对话。这样的对话可以外显来访者内化的规则和规范。空椅子技术在这里便是很好用的技术。

（2）外化"应该"。要成为自主、自我实现的个体，主要的工作之一是觉察，并再次检验接纳进来的那些所谓的道德教条，即"绝对应该……"可以请来访者写下他们所知觉到、相信或感觉到的被压迫的所有的"应该"。在重新检验这些教条时，来访者也许会选择保留一部分，但不同的是，这些选择是来访者自主的、有意识的选择。

（3）与内摄的父母分离。当来访者觉察到来自父母、学校和宗教的内摄信息对他们的生活品质有普遍性或致命性的影响之后，咨询师要让来访者进行分离。但是这个过程实施的时机必须适当，过早地分离，会导致来访者产生强烈的被遗弃感与失望，甚至引发自杀的观念。与父母分离时，他们会同时放下曾有过的希望：不管怎样，只要你足够好、够成功、够美丽，父母终究是爱你的。所以，分离过程中，一定的哀悼是必须的。

（三）行动阶段与咨询的中期阶段

1. 行动阶段与实验实践

此阶段的咨询要尝试各种选择、行动、模式、角色和关系模式，让来访者选择面对或者逃避更多的艰难险阻。咨询师可以依照不同来访者所面临的问题难易度，设计试验活动，邀请来访者探索各种可能，引发新认知、新感受和新反应行为。试验可以帮助来访者更好地整合过去生活中重要的未完成事件。

2. 行动阶段投射的处理

行动已经被采取，但是个体却未能适当地实现最初的需求，个体会否认自己的某些组成部分，并将其投射在别人身上，自己做不到，就把能做到的人看成是不正常的人。投射会阻止个体与环境做完全的接触，使得需求无法得到真正的满足。因为认为只有怪胎才能做，自己不是怪胎所以就不会去做，于是，接触的可能性被阻断了。处理投射有以下一些相关的方法、技巧：

（1）脑力激荡训练。咨询师可以和来访者一起坐下来，鼓励来访者针对自己的问题，写下所有可能的解决方法（无论这些方法有多么可笑、多么不切实际都没有关系），将所有的批判和评论置于一旁，代之以好玩、有趣和新奇的体验。

（2）两级化试验。人性中会同时存在善与恶、真诚与虚伪、勇敢与懦弱，等等。当来访者无法与自身存在的两个对立特征和谐共处时，咨询师可以使用空椅子技术、绘画、沙盘技术等帮助其实现两极化，并促使双方进行交互对话。

（3）引导幻想。这是一种想象力的训练，咨询师引导、激发来访者探索各种可能的新感受、新行为,以便适应新环境。首先,来访者要接受自己成为一位不同于以往的人;接下来,设法为想象中的自己和现实的自己之间搭一座桥梁。这种技术常常用于康复训练。

(4)梦的工作。咨询师邀请来访者扮演梦境中的某一部分或是全部的角色,并且和梦境中的两个或更多的角色对话,进而加以诠释。为了增加梦境中感觉和象征的真实性,来访者在释梦时都要用现在时进行呈现,仿佛是来访者正在做梦一样。

(5)积极使用投射。投射本身也可能具有正向功能。比如对于低自尊的来访者,可以借由某些正向的投射,帮助其增强自信。

(四)接触阶段与咨询的后期阶段

1. 接触阶段与神经性症状解除

皮尔斯提出五层神经性症状:

(1)社交层。它反映人际之间的泛泛之交。

(2)角色扮演层。每个人都表现出超乎实际的仁慈、聪明或无助。这一层,人际接触充满了做戏色彩,有各式各样的角色。

(3)僵局层。卸下扮演的角色后,个人会体验到那种担心自己会被束缚或迷失、空虚的感觉。大多数的人都避免自己接触这一层次,因为他们会害怕,会想办法逃避为自己的生命负责。

(4)内爆层。个人呈现出麻木的状态或恐惧死亡的状态。

(5)外爆层。借由宣泄式的表露,个人可以整合与真实的自己息息相关的过去情境。此类外爆可以经由个人的低声啜泣或嚎啕大哭来反映,个人因此得到慰藉,体验到那些生命中尚未处理、内化的失落和死亡。个人也可以采取愤怒的方式,并伴随身体的反应,比如大吼大叫,或者通过喜悦、兴奋状态来反映内在的外爆状态。

经过了之前的咨询历程,这一阶段的来访者已经接纳了咨询师,整合了经验,开始自主自发地解决最初前来咨询的问题,焦虑、抑郁等症状性情绪得到改善。咨询师在这一阶段最主要的任务是协助来访者顺利度过僵局层和内爆层。外爆充分反映的时刻,正是来访者和咨询师接触的时刻。

2. 接触阶段的回射的处理

这个阶段的界限干扰主要是回射。来访者把原本作用于他人或外在环境的行动转向作用于自己,以此来逃避那些行为的责任。处理回射则有以下一些技巧:

(1)肌肉放松。一位身心健康的人,肌肉是既不太紧绷又不太松弛的,可以随时调整重心以达到身心协调、平衡的状态。可以让来访者躺下来,先体会一下自己的身体,自我觉察身体的哪些部位是紧绷的,哪些部位是松弛的。来访者也可以觉察一下自己的呼吸,以探索个人如何借着自己的律动来减轻焦虑感,进而尝试克服自己在激动时不正确的呼吸方法。

(2)偏差行为研究。当一个人出现回射现象时,其行为往往是偏差的。咨询师应向来访者指出其回射行为。来访者了解到自己的回射行为(包括那些生理经验,以及自己在现实生活中的回射行为)后,才能真正从回射现象中走出来,真正对自己未来和生命负责。

(3)倒转回射。在偏差行为研究的基础上,咨询师可以借由内转外,倒转回射行为的方向等方式,让来访者戏剧性地抒发个人情感,做一些行为试验,比如鼓励来访者拥抱他人。

（4）展现压抑的行为。来访者可以在咨询室或家里展现回射行为,这样有助于其产生更有自发性的自我意识,并真诚地去表现其过去受压抑的行为反应。当然,必须考虑来访者的特质、意愿和兴趣,并不是每一个来访者都愿意或适合这一情感宣泄方法。

（5）坦然接受现实。在咨询的后期,来访者必须接受有朝一日一个人内心的幻想将产生重大的改变的事实。比如,来访者可能要花上一段时间去接受并哀悼一些事情,包括自己从未拥有过亲情、错失了良机等事实、自己的平凡以及咨询师的平凡。

（6）挑战与支持。咨询师需要尊重来访者人格的完整性,包括来访者的身体、行为模式、生活步调、"症状"以及来访者所谓的"抗拒"和"说辞"。咨询师需要与这一完整的人进行完全又充分的接触,既挑战来访者,又支持来访者,通过体会性的试验活动,使来访者不断活动、改变、成长。

（五）满足阶段与咨询的最后阶段

1. 满足阶段与完成体验

这一阶段来访者的改变发生了,并带着满足开始同化其自我探索旅程的经验,准备好进入下一个阶段。最后,这些经验将退回背景中,成为自我经验的一部分。此阶段的咨询目标是帮助来访者体验满足,并且允许来访者以最大的满足感来经历其所发生的接触。

在这个阶段,来访者经常会在会谈中谈论自己在家庭和工作方面的成就,而对咨询的态度似乎也有相当神奇的改变,常常有"我不确定是否应该继续接受咨询"的困惑,有时会同咨询师分享共同完成工作所带来的深度愉悦。

咨询师在这个阶段如果没有获得应有的尊重,也会产生工作倦怠,并危及其心理健康和职业效率,所以咨询师不仅要为个案,也要为自己多花些时间在完形循环圈的满足阶段。

2. 满足阶段自我中心的处理

这一阶段的界限干扰主要表现在自我中心上。个体还没有好好体验一个经验的完整性,便过早地从一个经验跳到另一个经验上,或者他们就像一个旁观者或评论员,看着自己的表现,而不真正沉浸到经验中去。下面是处理自我中心的技巧:

（1）建立个体的自我信任。来访者相信自己直觉式的智慧可以可靠地支持他们的幸福和健康。

（2）放弃过度控制。邀请来访者透过冥想或心象的试验来连接宇宙万物,是处理过度控制问题的完形方法。

（3）接受"够好"。让习惯挑战、攻击或毁坏的人,学习界定"够好",如"够好的关系"、"够好的自我印象"、"够好的生活",这样有助于让人学习更多放下的艺术。

（4）接触现实。让来访者更多地接触内在世界的思考、想象和感觉,以及外在环境的人物、地方和事件,用自我实现取代自我欺骗。

（六）消退和咨询的结束阶段

1. 消退和咨询结束

（1）消退。消退并不一定在结束阶段才发生。在每一个阶段的循环圈上,可能有更小的循环圈。消退也表示一个结束,积极的消退在一次会谈中可以发生很多次。来访者和咨询师都需要熟悉在生命经验中空虚的时候,学会容忍,并透过从"无益的空"到"丰富的空"的探索,来转变这些空虚。这需要来访者有意停留在混乱和不确定的状态中,以及在时机成熟时承担起"向前走"的责任。

(2)结束。对于结束的情绪反应可能包含一些愤怒、悲伤、挫折、无助感、痛苦和罪恶感。咨询师也需要对这些情绪反应进行处理。

这是咨询过程最少被研究的一个阶段,但是十分重要,因为来自过去的未完成事件,以及未完成的或想要避免的告别,会全面干扰个人目前或未来的告别。每个结束在心理上都会引起先前的失落和痛苦的经验,来访者在处理成人时期的失落时,常常会想起童年时期所发生的强烈且痛苦的失落经验,也常常会面对一些已经内摄成功,而使来访者不能表达负面情绪的家庭禁忌。很多来访者,在这个阶段会有很大的焦虑和痛苦,这很可能是来访者第一次容许自己充分地表达情感。好的告别,可以协助来访者治疗过去未完成的告别,学习如何在未来生命中,去适应很多自然和不自然的结束。

咨询关系也是咨询师和来访者两个人的关系,结束对咨询师而言,也是有困难的,咨询师可能不太愿意放手,不愿去体验失落的真正痛苦,等等。因此,咨询师不仅要觉察自己瞬间的经验,也要发展针对自己内在心理状况和针对与来访者的关系的觉察。

在咨询开始时,咨询师就要将结束视为一个核心问题来加以探讨,每一次会谈之后,要询问来访者是否想要预约下一次的会谈,使得所谓的责任问题、选择、咨询的目标和自主性、对咨询师的神奇归因、以前的希望等议题都可以成为开始会谈时的探索焦点。

2. 消退阶段融合的处理

这个阶段的界限干扰主要是融合,如人与人的融合,对物体的感觉、与物体的融合。下面是咨询师可以做的一些试验。

(1)界限工作。让来访者透过反对、拒绝和界定的言语练习,强化对个体差异的认识和认同,比如"同样的路,但是我今天遇见了不同的人","在晴朗的天气,我更喜欢骑车回家"。

(2)预演。事前预演可能的困难情境,是来访者建立资源的一种方式,在他们离开咨询后仍可以运用。

(3)处理"旧自我"的失落。来访者会有一个钟爱的旧自我,特别是经过早期经验不断磨练而存留下来的部分。来访者可能需要哀悼这个过去的自我形象。所以,可以用一种仪式,向过去这些陪伴在身边的旧自我说声谢谢,或者以哭泣来表达对当年的一段无知岁月的哀悼。

(4)说再见。在咨询过程中,要让来访者有机会对重要的人、事件或生活的环境说再见或告别。通常,"再见"包含以下要素:清楚地表达罪恶感、愤怒、害怕、悲伤、感激,以及减轻痛苦。咨询师可以引导来访者去体验自己在这个过程中独特的变化,允许来访者尽量以自己的方式完成任何"未完成事件",如书写祝福的话、感谢卡等等。

(5)处理哀悼。在咨询结束前,如果来访者想要逃避哀悼或还没有完成哀悼,咨询师可以帮助他完成。

第七章　心理剧、心理情景剧与教育戏剧
在学校心理辅导中的应用

　　今天在学校的心理健康教育和团体心理辅导中，心理情景剧、教育戏剧已经得到了较为广泛的应用，学校还有专门的心理情景剧比赛。不仅如此，教育戏剧作为一种整合的心育模式，在中小学也有一定的影响。但是这两者和心理剧却并非同一概念，心理剧是一种心理治疗方法，适合团体心理咨询与辅导，是以来访者为中心的自发的人生故事演绎，通过协助来访者外化个人的生活经历及其内在心理冲突，帮助来访者获得对自我和与他人的关系的觉察，从而起到成长和疗愈的效果。而情景剧和教育戏剧则以教育主题为基本脚本，参与者扮演其中的角色，外化群体在社会事件中的不同角色的心路历程，学习人际适应和个人发展等技能。本章将对心理剧、学校心理情景剧和教育戏剧进行基本介绍，希望能对学校的心理健康教育和心理辅导工作起到推动作用。

第一节　心理剧在学校心理辅导中的应用

　　心理剧是由维也纳精神科医生莫雷诺（J. L. Moreno，1889—1974）创立的，他用两个词——心灵和演剧来命名心理剧。心理剧也被称为"一种可以让你练习怎样过人生，但不会因为犯错而被惩罚的方法"（Marcia Karp，1998）。

　　心理剧的理念源自于莫雷诺年轻时期在维也纳公园里看到的孩子们的游戏，他给孩子们讲故事，并让他们把故事演出来。他发现没有剧本时，孩子们的表演是具有高度自发性和创造性的，因此他将"从玩乐中成长"的精神重新引入生活与心理治疗之中。莫雷诺强调自发性、创造力、行动、自我揭露，以及敢于冒险、"会心"等概念；强调此时此刻、肢体接触、非言语沟通的重要性；强调想象力与直觉的培养、幽默的价值，以及戏剧的深度。

　　莫雷诺始终坚信"行动比言语更重要，体验是比书本更好的老师"，这使得心理剧成为一种强有力的行动体验式的团体心理治疗方法。他设计了行动体验的方法来鼓励来访者把过去的经历在舞台上表演出来，把不同时空的故事融入此时此地的情境之中（Blatner，1996；Hare & Hare，1996；Kellermann，1992；Moreno，1953）。

一、心理剧的内涵、发展与应用

（一）心理剧的概念

　　心理剧是一种心理治疗的方法，个案在剧中被鼓励进行戏剧化的自我呈现，使用言语和非言语进行演出。演出的场景或是接近真实的生活情境，或是内在心理过程的外化，如过去发生的特殊记忆、未尽事宜、内心戏、幻想、梦、为未来的冒险所做的准备、此时此地未经预演的精神状态等情境。心理剧中会使用许多技术（如角色交换、替身、镜观、具象化和独白等）

来提高治疗效果。

克勒曼(1992)曾提过,心理剧的疗效因素在于来访者在假扮的、有保护的世界中,以创造性或适应性的方式重新应对有压力的生活事件。心理剧不去分析、诠释人们的问题,而是提供一个场所、一种气氛,以多重角度和灵活变化的方式引导人们探索自己的问题、寻找问题解决的方法。正如莫雷诺说的,一个人无法影响别人的心灵,除非经过一个疗愈过程。在心理剧中,导演引导主角通过自发与创造的戏剧演出过程,重新体验、修复、改良关系的质量,进而达到疗愈的效果,享受爱与被爱的感觉(Moreno,2000)。

心理剧的疗愈效果是显著的。心理剧的情境可以引导出有利于疗愈的内在精神力量,并发挥其疗愈功能,使病人得到疗愈(Polansky & Harkens,1969)。许多心理剧治疗的参与者反馈说,他们在心理剧治疗结束之后很长一段时间,仍可以感受得到心理剧的治疗效果。

(二)心理剧的哲学基础

心理剧的产生和发展受到现象学、存在主义等后现代哲学思潮的影响。莫雷诺少年时期恰逢后现代思潮孕育、形成之际,因此现象学、存在主义等后现代思潮启发了莫雷诺,并支持了他的心理剧构想。

现象学哲学思潮的兴起,冲击了之前50年来盛行的"只有可被测量的事物才值得慎重考虑"的观念:主观经验被降为"附带现象",仅被当作头脑机械的物理现象的副产品,真实存在的主观理性主义转向客观。"现象学"这个术语,表达了"什么是真正的发生",包括了可观察、可测量的活动,也包括主观体验。因此,对于实证主义者而言,现象学里的世界观是截然相反的,现象学主张主观经验必须被视为真实,而莫雷诺也强调"心理真实"的特质,他自然会被归于现象学的同路人。

存在主义挑战了理性主义的哲学发展,并反对那些宣称可以用理性寻找人性真理的理论。存在主义者肯定人类具有创新的潜质,即具有创造力。而莫雷诺把自发性和创造力作为心理剧的核心理念,使心理剧通过运用创造的行为、态度及过程来熏陶一个人的成长(张莉莉,2014)。

(三)心理剧的工作对象和治疗目标

心理剧是以现象学为基础的心理治疗方法,强调真实、谦虚地面对主角(即来访者)的主观世界。因此,心理剧的工作对象是人的主观世界。人是经验的主体,外在客观世界的信息通过其感官进入其意识范畴里,这些客观信息就形成了主角所感知到的主观世界。心理剧不是解决主角客观世界的问题,而是解决其内在的主观世界的问题,即主角知觉到的内在和外在的经验世界的问题,让主角通过模拟的情境感知阻碍个人成长、幸福和快乐的原因。

心理剧不仅是一种心理治疗方法,也是一种促进人格成长和发展的方法。心理剧的治疗目标从控制症状,一直延伸到释放人类成长与创造的潜力。也就是说,心理剧的治疗目标不仅在于处理外在的行为问题,而且也在于解决心理发展上的阻碍,使得个人能够更自发地实现自我价值,对生命持有更完善的态度,以及与他人建立更满意的关系。

（四）心理剧的发展

1. 心理剧的发展过程

莫雷诺于 1919 年第一次使用"心理剧"这个名称,1921 年开始将它用于治疗精神疾病。1936 年,莫雷诺建成了第一座心理剧场,随后又成立了"美国团体心理治疗和心理剧协会",并召开了国际心理剧会议。1951 年,莫雷诺在巴黎筹办了"团体心理疗法国际委员会"。1957 年,该团体更名为"国际团体心理治疗协会",参加研讨会的人员来自世界各地,常逾千人,心理剧得到了广泛推广。1974 年莫雷诺去世后,莫雷诺的夫人哲卡女士成为当代心理剧的领袖和旗帜,仍不遗余力地推广心理剧,使得心理剧继续蓬勃发展。英国豪威尔心理剧中心的建立,为心理剧在英国的发展奠定了基础,也让心理剧作为一种心理治疗方法开始被临床和非临床的领域接受。

随后,心理剧在不同国家和地区得到了更为广泛的传播和发展。除了美国团体治疗与心理剧协会每年定期举办会议,英国也成立了心理剧协会并举办了两期影响较大的国际会议。目前欧洲和大洋洲共有 28 个国家和地区成立了相关的组织和机构。

20 世纪 80 年代中后期,心理剧作为一种心理治疗方法被介绍到我国,逐渐为心理学和教育学领域的工作者所熟悉和喜爱。易术心理剧、螺旋心理剧、社会剧、一人一故事剧场先后走进人们的视野,在国内掀起了学习和应用心理剧的热潮。2014 年 8 月,中国心理学会心理剧学组成立,标志着心理剧在我国的发展到了一个新阶段。

2. 心理剧的发展形式

迄今为止,心理剧已发展了社会剧、易术心理剧、螺旋心理剧、音乐心理剧、一人一故事剧场、家族树、情景剧和角色理论、人本主义、精神分析等不同取向、多种风格的形式。

社会剧是社会心理剧的简称,是一种特别的心理剧,也是由莫雷诺所创立的。社会剧与心理剧的主角不同,心理剧是以当事人为主角,而社会剧则是以整个团体为主角,处理整个团体所面临的问题。社会剧提供了一个探索不同阶层、性别、种族、宗教之间冲突的问题解决框架,对社会问题的解决有很好的促进作用。社会剧运用了角色理论、角色训练、社会测量等心理剧的多种技巧和方法,以便能够成功地进行训练、规划和团体管理实践。社会剧可以起到教育作用,激发参与者的自发性和创造力,控制和平衡来自不同社会文化的压力,指导社会群体宣泄情绪和整合认知,其效果评估在于团体问题的探索深度。社会剧对于教育、社区、组织以及卫生等领域来说都非常有价值,并已得到广泛的应用和发展。

易术心理剧的创立者是美籍华人龚鉥博士。她把生物能量、艺术治疗、音乐气功、针灸、中医精气神学说和道家思想精髓,与原本起源于欧洲、发展于美国的心理剧结合起来,创造了一个融合东方色彩的心理剧治疗形式——易术心理剧。易术心理剧采用易经与道家的哲学观,易就是变,术就是道,术也常被解释为艺术。简而言之,易术指的是个体在多变的社会中生存的艺术。易术心理剧认为,所谓"康复"是帮助个体持续地在身、心、灵三方面与社会环境保持平衡、和谐的历程,心理治疗的目的在于帮助人们回到健康的状态。易术心理剧整合了多种不同的治疗方式来疏通阻塞的气(中医认为,气是构成人体的最基本的物质基础,也是人体生命活动的最基本物质),帮助人们达到内在的平静、回到健康的状态,也让个体与个体间得以和谐相处。

凯特·亨德金(K. Hudgins)创立了螺旋心理剧,她于2002年出版的重要著作《PTSD的体验式治疗:螺旋疗法》,被视为螺旋心理剧诞生的标志。螺旋心理剧是在经典心理剧治疗原理基础上发展起来,并结合客体关系、自体心理学和创伤理论以及人格特质理论的用来预防二度创伤的一种临床上的结构方法。螺旋心理剧结构独特,包括安全结构、包容(containment)、临床诊断以及介入方式,用行动方法提高创伤治疗效果。治疗性螺旋模式想要提供适用于创伤幸存者的经验性自我组织建构、安全的经验型心理剧治疗的清晰临床结构,以及渐进的行动介入方式,以便包容、表达、修补和整合未处理的创伤素材。这种治疗性螺旋模式适用于有创伤症候群(PTSD)、边缘性人格障碍和人格分裂障碍等的群体。

音乐心理剧的创始人是莫雷诺(J. L. Moreno),他将即兴音乐、影像、音乐治疗等技术与传统行为心理剧结合,将音乐特有的交流方式引入到心理剧中来,反映或支持音乐与语言的交互作用,从而使心理剧产生更直接、深刻的影响,使得心理剧的交流过程更加生动。音乐心理剧可使参加者感受到音乐带来的震撼,激发内心的正向力量,使他们从音乐中获得解决问题的办法,从而走出困境、获得成长。即兴演奏的合奏曲是音乐心理剧的核心,合奏曲的作用在于支持各种各样的情绪,这就要求音乐所表达的情绪必须使参与心理剧的成员都理解、认同并能起到互相沟通的作用。莫雷诺所著的《你内心的音乐——音乐治疗与心理剧》(*Acting in Your Inner Music*:*Music Therapy and Psychodrama*)被称为音乐心理剧的奠基之作。

一人一故事剧场(playback theatre)也称回放剧院,由福克斯(J. Fox)于1975年创立。一人一故事剧场是一种即兴剧场,开拓了一个真挚互动的空间,让观众说出他们的亲身感受或经历,或平凡,或深刻,或饱含酸甜苦辣。当参与者把自己的感受或经历说出来以后,其他成员用演出和雕塑的方式呈现出来,让参与者看到自己的故事被重新呈现,从而产生新的觉察和领悟。一人一故事剧场通过使用心领神会的艺术,让参与者一起分享彼此的喜怒哀乐,并从中获得深刻的感悟、体验和教诲。一人一故事剧场的演出队伍包括引领员、音乐师和演员。演出包括暖身、访问、故事呈现、献礼和分享回应各环节。仪式性、即兴自发性和社群联系性是一人一故事剧场的特性。

心理情景剧和教育戏剧将在后面两节具体介绍。

（五）心理剧的特点

1. 心理剧是行动取向的治疗方法

心理剧最大的特点是将参与者外化的冲动行为(acting-out)转化为更具建设性的心灵演出(acting-in),也译为行动内化。当某个想法能够被具体地展现出来,且能够被他人所见证,这个想法就会变得更"真实"。莫雷诺将此称为行动饥渴(act hunger),他强调人们需要做的远多于只谈论他们的反应与欲望(Moreno,1985)。如果行动饥渴受挫,人们常会冲动地将其外显,这种行为展现出不为其觉察的内在需求(Kellerman,1984;Ormont,1969)。

在心理剧中,主角的行动饥渴会以符合原貌的情境或其他表达形式被表演出来,甚至被夸大。由于这一切发生在人际领域中,能够被导演和观众所见证,所以也能引发主角的自我"见证"功效。"行动内化"指的是行动饥渴的升华,将逃避觉察的行动饥渴转化成促进洞察的心灵演出。行动内化用戏剧化的情境来产生"角色距离"，使演员能够象征性地跳出角色并见证他们自己的行为，从而获得自我的觉察与领悟，使人格得到发展与完善（Blatner，1973）。

2. 心理剧方法丰富多样且具有兼容性

心理剧的方法是丰富多样的。心理剧是综合个体的认知分析、实际经验和参与投入等方式发展出来的一套治疗方法，这套方法整合了认知分析的模式与体验分享的参与层面，创造了以角色扮演为核心的一系列行之有效的治疗技术。心理剧的这些技术不仅充分运用了人们的身体与想象力，使人们实际地"进行"互动（就像情境正在当下发生），把许多潜在的想法和感觉带到意识层面；而且可以与来访者在情绪、认知，以及行为层面进行互动，使来访者得到成长和治疗。心理剧演出过程中，心理剧导演让来访者重现困扰情境，根据来访者的需要灵活使用暖身、设景、角色扮演、空间串联、具象化、行为演练、未来投射等心理剧技术，让来访者充分宣泄情绪、调整不合理认知，必要时进行角色训练来改变不适应的行为模式。

心理剧的方法具有很强的兼容性，可以与传统语言式治疗结合，满足其他治疗流派的临床需要，增强心理咨询与治疗的力量，实现心理治疗领域的多元整合。心理剧的方法技术已经被许多其他学派借鉴，如前面介绍的完形治疗理论就是吸收了心理剧的很多理念与方法，此外行为治疗、认知治疗、身体工作、家庭治疗及精神分析等流派和理论，在今天的发展中也都将心理剧有关的技术吸纳其中。

3. 心理剧理论体系是一种松散的超理论体系

今天心理剧更多是作为心理治疗的方法呈现，而不是一种系统的理论模型。莫雷诺曾经提出的创造力、自发性、附加现实、角色理论等理念，尽管在现今社会仍是适切的、具有启发性的，并衍生出很多对今天和以后的发展都有用的思想和方法，且角色理论为心理剧提供了一个架构和脉络，但尚不足以为心理剧治疗提供一个统一的、整体性的理论结构（Boria，1989）。

心理剧研究者布拉纳（A. Blatner）提出，或许因为心理剧是一种复杂的方法，可以和其他治疗方法或思想学派整合，超越了任何个别的理论，所以它需要改用一个松散的超理论。如果跟随科学理论的假设潮流，尝试提出单一且严谨的理论，那么这个理论就是一个有限的框架，将使人失去充分欣赏存于其中的丰富宝藏的能力。因此，心理剧使用松散的超理论体系是更为适合的（Blatner，2004）。

克勒曼（H. H. Clurman）则认为，心理剧导演们似乎更偏好心理剧的实践应用，而不在意对心理剧理论的学术研究。这也使得心理剧所依据的理论一直没有得到足够的扩充、修正或检验，无法用一个系统性架构加以统整，这或许也是心理剧还不够普及的原因之一。

（六）心理剧的基本要素

在心理剧中，人们把在现实生活中的问题看作一出舞台剧来进行演出。因此心理剧引用了剧场中的一些名词：主角、导演、舞台、观众等，莫雷诺又特别发展出辅角一词，这构成心理剧的五大要素。

1. 主角（protagonist）

主角指的是主要演出的人，也就是心理剧团体中在舞台上进行主要工作的人，更直白一点说,就是主要的治疗对象。主角是整个剧的主要人物,是提供剧情故事的当事人。主角并不需要有任何的戏剧训练或者演技,但是,作为治疗和咨询的当事人,根据咨询的基本伦理,主角需要有治疗人生困扰的主动意愿,或想多了解自己及所处境遇的好奇心。

2. 导演(director)

导演是建构、组织心理剧来帮助主角探索问题的人,在治疗性团体中,导演同时兼任治疗师、行为分析师、制片人的角色,不仅要承担观察与评估、拟定治疗目标、保护主角的治疗责任,还要承担暖化团体及主角,选择和设计场景,掌握时间与道具的运用和管理等剧场责任。心理剧导演需要熟练掌握很多心理剧技术,也需要接受比一般心理治疗师或团体带领者更多的训练。

3. 辅角(auxiliary)

辅角又称辅助自我(auxiliary ego),是指除导演之外,其他任何参与心理剧演出,并帮助主角探索问题的人。辅角是导演的延伸、探索与引导,同时也是主角的延伸,雕塑出主角真实和想象中的角色。替身(double)是特别的辅角,是"第二个主角",即是在剧场中代替主角去演出主角的人,以使主角有机会可以置身台下,看到替身代替自己演出自己的故事,从而获得从不同角度观察自己的问题的机会。

4. 观众(audience)

观众是指在心理剧中未上场的人。心理剧的观众并非像一般传统的观众那样,只待在团体里观看,而是随着心理剧的进行,听从导演的安排,参与到心理剧的演出之中。例如,观众可以提供回馈,或成为辅角的来源。剧场中的观众代表了客观的眼睛,代表了主角以外的世界,象征着他人的眼光,倘若主角所陈述的主题和内涵能够被这些眼光所接受,对主角来说,这也就象征着自己是可以被外界所接纳的。因此,观众支持的力量是非常重要的。

5. 舞台(stage)

舞台是指心理剧演出的地方,是一个多维度又具有弹性的空间,主角可以借助舞台重现失衡的生活情景,重新认识过去,产生新的洞察和领悟,重新回到平衡的状态(莫雷诺,1993)。一般来说,舞台需有足够的宽敞空间,可以让心理剧充分展开,同时应有足够的传音效果,使在场的人都能听到主角、辅角和导演所说的话。舞台可以是一个正式的平台,也可以是团体中空出来的一块地方,或是实际冲突发生的原地(例如,在刚发生过冲突的游乐场原地,重演并探索孩子们之间的冲突)。

(七)经典心理剧的过程

经典心理剧的过程一般包括暖身、演出、分享三个阶段,在心理剧专业训练团体中,通常还会增加审视阶段。

1. 暖身

暖身是指通过增加身心活动,减缓团体成员内在焦虑,促进团体成员产生安全感与信任感,激发成员的自发性,从而使其更主动地参与团体活动的环节。暖身阶段最重要的任务是建立一个能助长自发性的情境和产生主角。导演使用一些暖身技巧,帮助团体成员逐渐建立安全感和信任感,从而提高团体的凝聚力,为一起参与心理剧演出做好准备。导演本人在进入团体之前也需要先让自己暖身,以便有较高的自发性来开展工作。

2. 演出

一旦主角产生之后,就可以进入心理剧的演出阶段。在演出时,导演要帮助主角逐步呈现并探讨其生活中的各个层面。导演在导剧过程中需要注意以下几点:

(1) 从主角的问题表面进入问题核心。

(2) 引导主角呈现出内心的感受。

(3) 让主角在行动演出过程中满足行动饥渴。

(4) 让主角明确表达内在的想法和感受,将其整合在"行为洞察"之中。

(5) 让主角尽量达到精神宣泄。

(6) 让主角通过角色交换,探索主角社会网络中的其他人物的世界,体验他人的感受。

3. 分享

在心理剧演出后,导演请所有参与者去掉所扮演的角色,重新聚集在一起进行分享。分享的内容包括在剧中所扮演角色的感受和想法,以及由剧中的某些情节所引发的感受和想法。主角在完成演出后,便进入反思和认知整合的状态。

分享时需要遵守"不分析、不建议、不提问"的原则,保护主角不受到伤害。分享的目的不仅在于让主角回到此时此刻的团体中来,协助主角被团体成员所接纳;也在于让成员回到团体治疗层面,让成员得以说出想法、宣泄情绪、提升觉察和整合认知。

4. 审视

审视,又称历程分析,是训练团体中的一个环节,是心理剧完成之后一个非常重要的整合过程。审视一词,指的是为了练习的目的来评论心理剧,好让"实习导演可以学习、了解、分析和评估自己的导演技巧"(Kellerman,1992)。在审视过程中可以让团体成员探讨在导剧过程中的理论假设、理论根据以及治疗的契约,也可以让团体成员与导演一起了解心理剧的进程及其技术运用是否适当等。这个过程的主要目标是导演的工作,在这个过程中可以让团体成员,包括主角(如果主角愿意在场的话),了解每一幕、每个介入点,以及在这个过程中到底发生了什么。

（八）心理剧与其他治疗流派的渊源

莫雷诺提出的很多心理剧理念是有效而适切的,促进了专业的发展,诸如"着重于此时此刻,而非过去"之类。心理剧与精神分析经历了一个从竞争到和解的过程。早在心理剧创立之前的 1917 年,莫雷诺曾对弗洛伊德说"你分析人们的梦,而我教给他们勇气去再次梦想",表达了与精神分析的不同观点。心理剧发展初期恰逢精神分析的盛行,它或多或少受到了后者的抑制。直到 1960 年代,精神分析在美国的影响力逐渐式微,二者呈现出和解的状态:

(1) 心理剧导演开始使用心理动力的概念,甚至有些心理剧导演以精神分析为工作架构。

(2) 一些精神分析师也使用了修改过的心理剧技巧,心理动力中有关洞察的理念均可以与角色理论的理念相融合。

心理剧与后来出现的一些新的治疗学派,如行为治疗、完形治疗、家族治疗、认知治疗、团体心理治疗、沟通分析、现实治疗等学派之间,相互借鉴、吸收和整合。例如,行为治疗整合了心理剧的预演、示范以及回馈与角色扮演等行动技术,也为心理剧的角色训练、教导以及其他策略提供了理论支持。完形治疗使用了心理剧的角色交换技术,尤其是对空椅子技术的运用和发展成为完形治疗的重要技术之一。家庭治疗运用了心理剧的角色交换、替身、独白、转背等技巧,也为心理剧的工作提供了自然的家庭脉络。

(九)心理剧及其方法的实践应用

心理剧提供了一个途径,让人探索情境中原本存在的可能性、每一位演出者心中的不同观点,以及人际与文化领域的丰富性。这些探索不只适用于心理治疗,还可以在其他场合帮助我们更加了解生活的复杂性,或者帮助我们发展更有效的应对策略。

心理剧在应用领域的重点是它的治疗性应用,治疗性应用指的是,受过专业训练的临床工作人员去治疗或多或少受到困扰的个案。非治疗性应用指的是将心理剧方法用于健康者的实验性活动,即人们为了个人成长、娱乐、训练或其他原因而参与心理剧团体。一般来说,心理剧及其方法的实践应用包括以下几个方面。

1. 心理剧在心理卫生工作中的运用

心理剧作为一种心理治疗方法,最常被用在心理卫生领域,如被用在医院、戒毒中心、治疗性社区等场所。不仅如此,从心理剧衍生出来的方法与技巧已被整合到个别咨询、团体治疗、家庭治疗的治疗过程之中。莫雷诺认为个人心理剧是一种可行的治疗方法,角色交换技术是行之有效的。行动演出的方法通常可以融入团体治疗过程中,替身、角色交换以及非口语沟通等技术能克服治疗团体中常发生的口语上的僵持。心理剧技术可以将交流互动提升到更真实的情绪交会层面,用在家庭治疗与婚姻咨询之中也能更有效地探索参与者关系上的问题。萨提亚家庭治疗模式中的家庭雕塑技术的创作灵感来自于心理剧的行动演出。婚姻咨询中常用角色交换技术处理夫妻竞争关系的问题,这样能打破固有的定见,化解夫妻间的矛盾冲突。

2. 心理剧在专业训练领域中的运用

心理剧还常常被用在心理咨询、医疗看护、社会工作等助人相关的专业人士的培训工作之中。心理剧体验性的教学,能帮助学员发展人际技能、提高职业敏感度。比如,在让学员学习帮助他人处理悲痛情绪时,需要先让其进行一些经验性的训练,如用角色扮演、角色训练、替身训练等方法去体会这种颇具压力的情境,这对学员来说是非常有益的。

3. 心理剧在企业培训领域中的运用

经典心理剧需要在足够安全和信任的氛围中进行,而职场情境因存在竞争关系,成员很难敞开心扉,一般不适合使用经典心理剧,但我们可以把心理剧的某些技术用在企业培训之中。比如角色扮演、演出、社会计量等心理剧技术,常用于经理、推销员、管理员等职能的培训,也可以用于职场的压力管理、情绪调节、人际关系等以及有效沟通成长团体之中,帮助员工拓展更广泛的应对方式。

4. 心理剧在学校心理工作中的应用

心理剧在学校心理工作方面已经得到广泛的应用,心理剧的方法不仅被应用在教学和心理辅导中,也被应用在学生心理健康教育工作中。学校的心理剧多以情景剧的形式出现。心理情景剧在学校心理健康教育工作的应用将在本章第二节介绍。除此之外,心理剧也常被用在有儿童与青少年的场所,如儿童辅导机构、幼儿园、娱乐中心、夏令营场所等,帮助儿童与青少年探讨在生活中的情绪冲突,加深对自我的了解。

二、心理剧的主要理念与常用技术

（一）心理剧的主要理念

1. 自发与创造

自发与创造是心理剧的核心理念,"自发"是"创造力"的诱发物,是一种创作的原动力。

（1）自发性。自我的发展依赖于个体的自发性,所谓"自发"是指:对旧情境的新反应,对新情境的适应反应;对新旧情境组合的适应反应。因此,自发是一种与生俱来与环境互动的能力,是一种能量,表现为想用一颗充满着好奇的开放的心尝试各种新鲜的事,也愿意调整、改变,并进行内外整合。但是,自发不等于冲动,也不是夸大的情绪化反应,自发与习惯性的机械反应是不同的,自发是对此时此刻的变化而产生的有创造性的应对能力。

（2）创造性。心理剧是一种创造性治疗形式,强调个体的创造性发展,运用演出的方式,促进个体成长。随着自发性的引导,个体的直觉与能量增加,内在的洞察力得到提升,创造性的行为得以产生。通过创造性的演出,每个剧都会呈现出不同的状态,向参加者展现出许多不同的、崭新的生活选择的可能。由此可见,心理剧须最大限度地激发个体的创造性潜能,从而使个体能够有效地面对生活中的挑战与机遇。

莫雷诺创造性的思想起源于他的"我—上帝"（I-god）的观点,该观点认为每个人都是创造者,也是被创造者。莫雷诺进一步意识到,每个人都倾向于将内在的世界投射到周围的世界上,从而形成自我的主观世界,每个人的主观世界都应该被同等地接受,每个人对自己所创造出的主观世界的人、事、物都应负有责任。

2. 社会关系网络

社会关系网络是社会人际互动的模式,由心电感应、社会原子等因素构成,它们通过一种辩证的综合形成一个完全真实的社会世界。

（1）心电感应。心电感应是一种有关人际间偏好的社会现象,也就是人们或团体成员之间产生的相吸相斥。莫雷诺将心电感应定义为从一个体传递到另一个体的最简单的情感单元（Moreno, 1953）。莫雷诺认为,心电感应是团体动力中最重要的,但也常是被忽略的要素之一。社会计量测量的焦点便是这种动力的流动情况（Barbour, 1994；Blather, 1994）。

心电感应并非是抽象的,而是客观存在的。你有偏爱或喜欢的人,便是拥有正面的心电感应;你也有感到不舒服或想排斥的人,便是拥有负面的心电感应;有些人在你的生活中居于重要地位,但是你对他们却没有感觉,这便是中性的心电感应。有趣的是,这些感觉常常是互相的,而且每个人对他人的反应常常是不同的。

（2）社会原子。社会原子反映了个体在生活中形成的人际关系网络,以及个人在选择或被排斥之后人际结构的总和。社会或团体成员由于人际之间的"心电感应",通常存在着互相选择或者排斥的关系,这种关系可能是情感的、社会的,或者是文化的。社会原子是构成社会的人类组织的最小单元,或者说是社会关系网络中的最小单元。社会原子所组成的更大规模的团体模式就是所谓的社会关系网络。

3. 角色理论

莫雷诺发展的角色理论是心理剧的重要理论基础,也被广泛运用于心理剧之外的相关领域,这或许是其对心理学界的重大贡献之一。

(1) 角色。角色一词源于戏剧,为社会学领域提供了人与环境相连的诠释。社会学家林顿(R. Linto)(1893—1953)提出地位(status)与角色(role)的相对概念,认为地位是社会组织模式中的位置,包括了人在组织中的权利与处境,角色则是地位动态的表现,其内涵是指社会的期待及应有的社会规范,当个人在按照社会的期待执行其地位中应有的权利和义务时,他就是在扮演这一角色。

莫雷诺认为,每个人都是天生的角色扮演者。个体所扮演的角色主宰了个体的行为,并成为个体的特征。生活中任何角色都不是单独存在的,它有一定的配对关系——有夫就有妻,有上司就有下属,有牺牲者就有迫害者,个人与他人之间的角色配对,形成了复杂的人际关系。

(2) 角色发展。角色发展概念强调个体与社会环境的互动。个体以角色概念为中心,用自发性力量帮助自己面对环境。生存的需要促使个体与他人互动,在互动中个体的角色不断发展。

莫雷诺把角色发展分为三个阶段:身心性角色(psychosomatic role)阶段,初生婴儿来到这个世界成为自己生命中的主角,但其能力有限,需要依靠母亲这第一位辅角帮助其生存下来,同时婴儿本身也通过非语言的反应揣测母亲的信息,因而降低了生存的焦虑。随着与辅角的生理性与非语言性互动,婴儿逐渐进入心理戏剧性角色(psychodramatic role)阶段,在此阶段,孩子们通过象征性思考与语言的学习,借着对辅角更丰富的主动想象和模仿发展过程,扩展了他们的直觉与感受能力。第三阶段是社会性角色(social role)阶段,个体在成长过程中,渐渐地开展更多社会性人际互动,人际互动协助个体发展了自己的社会角色,个体通过社会角色来规范行为,达到与他人协调、合作和亲密的目的。

(二) 心理剧的常用技术

1. 角色扮演技术

角色扮演技术来自于莫雷诺的角色理论。角色扮演提供了一个实验性的情境,以增加参与者角色投入的能力,扩大其对不同角色的体验,而这种体验可以提高参与者的同理心和自我觉察的能力,也可以起到扩大角色目录、增加行为弹性的作用。由此可见,角色扮演确实有促进成长的价值和作用,不仅可以使参与者增进对他人角色行为的认识,而且有利于其探讨不同行为反应的结果,也有助于其按照特定的角色去履行责任。概括地说,角色扮演可以使参与者在情绪上得到净化、在认知上得到领悟、在行为上有新的反应,起到帮助其人格成长的治疗功能。

角色扮演的最基本的技巧有扮演角色、替身、角色交换和镜观,有的学者将行为演练也纳入基本技巧。除此之外,其他常见的角色扮演技巧,如自我表达、独白、转身说话、复合替身、对话、会心、具象化和空椅等，也能够帮助导演达到所期望的治疗目标。

（1）心理剧基本角色扮演技术主要有以下几种：

① 扮演角色。扮演角色就是使成员进入某一角色，并尝试扮演这一角色。角色可能是人物，也可能是某一种情绪、特质，如愤怒、委屈、坚强等。莫雷诺认为扮演角色是自发性的行为，而人的自发性具有自我调适（self regulation）的功能。个体如果在生活中发挥自发性，则能更有创意地面对外在情境中的困难；反之，过度投入到某一社会性角色和刻板的行为模式之中，则有碍于自发性的发展。个体透过扮演不同的角色，可以扩大原本被局限的角色经验，调整自我概念，并且透过扮演角色的实验性过程，练习以更创新的方式面对环境的刺激，暂时脱离社会性角色的束缚，有利于不同角色经验的产生和自发性的发展。

② 替身。替身被称为主角的另一个自我，是指扮演主角的辅角。担任替身的人员是由主角选择的，选择时没有特别要求替身要和真实的人物的形象类似，主角凭着感觉来选，不用考虑年龄、性别、地位等因素。巧合的是，主角选择的替身常常与其有类似的经历。在演出中，替身自始自终须用第一人称说话，代替主角演出或与主角互动。替身技术也许是心理剧最重要的技巧，因为它帮助主角澄清和表达更深层的情绪及前意识想法（preconscious ideation）。为帮助主角表达情绪和前意识想法，替身可以运用将主角的陈述予以强调或扩大，将感觉戏剧化，将非语言信息言语化，将言语信息行动化，面质主角的感觉等技巧。除此之外，替身技术常常可以达到以下几种目的：刺激主角互动，帮助主角将其心理经验做完整描述；支持鼓励主角，帮助主角在互动关系中做更多冒险；给予主角有效的建议和解释，主角会因信任而考虑替身说的话。

③ 角色互换。角色互换是心理剧角色理论的核心，指的是主角与另一个角色互相交换，去体会对方的经验并代其发言。角色互换是最快速、最直接地了解对方特质的方法，可以帮助个体从自己的角色中抽离（derole）而进入另一个人的世界，增加对对方的了解而扩展自己的知觉（perception）经验，促进个人心理角色的发展。

具体来说，角色交换主要有以下几个功能：提高主角的自发性；帮助导演收集与主角有关的角色资讯；帮助团体了解主角的重要他人的资讯；给辅角提供资讯，以使辅角演出的内容和主角对事件的看法保持一致；建立一个团体需要与渴望的角色；澄清主角投射到重要他人身上的感觉以产生新的态度。

④ 镜观。镜观又称镜子技术，它让主角有机会如同照镜子一般，看到自己的行为举止和内在心态。常用的方法是，请替身代替主角，和辅角一起表演刚才主角与他人的互动模式，而主角站在一旁观看演出过程。镜观让主角从第三者的角度，看清自己内心的冲突、人际互动模式等问题，可以扩大主角的知觉能力和领悟能力，让主角能按其成长与改变的意愿，发现调整的方向，汲取有用的建议。

⑤ 行为演练。行为演练，又称行为训练、行为练习等，目的在于实验各种可能的新行为。行为演练过程中要确保主角在有"安全保障"的情境下进行，导演要对尝试性的行为效果进行回馈，让主角有更宽松的时间不断练习，直到主角相当满意为止。行为演练通常有一些方法，如重演、角色交换、镜观、最糟糕的做法、不是我、教导、示范等。这些方法对主角来说是非常有帮助的。肯定训练和情绪调节训练也是常见的行为演练。行为演练还有很多变化，

比如用在系统脱敏训练、角色训练中的，又称为技能训练、自发性训练以及专业技巧训练，等等。

(2) 心理剧其他常用角色扮演技术主要有以下几种：

① 自我表达。自我表达指的是在剧场开始、中间或终场时，主角在导演的引导下，对当时的想法、感受和所处状态的表达。导演不仅可以借此收集信息，也可以借此建立台上、台下的连结，帮助观众投入剧场，并使主角降低焦虑、产生安全感。常用的引导词有"你在台上看到了什么"，"你现在感觉怎么样"，等等。

② 独白。独白是指导演请主角在舞台上徘徊，在旁若无人的状态下以自言自语的方式说出自己内在的心声，这样可以协助主角进入戏剧式的意识状态，并且可以达到表达感受和想法的目的。

③ 转身说话。转身说话又称转背技术，是导演请主角暂时背对辅角，在威胁性较低的情况之下说出难以表达的想法和感受，实现感受辨识。有时候，主角面对辅角时很难流畅地表达，而在转背之后，主角在导演的引导下，常常会沉入内在，产生更多的感受，并能够慢慢说出来。

④ 复合替身。某些场景，导演可邀请不止一位成员来扮演主角及其各种不同的自我，如不同的特质、不同的情绪等。这些替身之间彼此可以互动，使主角能够觉察自己内心丰富的动力并辨识不同但并存的自我特质。

⑤ 对话。对话指的是在演剧过程中，导演所引发的主角与其他的剧中角色之间的交谈沟通。只有引发主角与辅角的直接对话，才能有角色扮演的过程产生，才能达到情绪宣泄以及以行动获取经验的治疗目标。

⑥ 会心。莫雷诺把谦虚而尊重地进入另一个体的主观世界称之为会心。会心是指人有能力去与他人相遇，能够在此时此刻尽可能地觉察，且能够在心中与他人交换角色。会心所代表的是两个人的主观世界彼此相遇、相知的过程，两个人通过面对面的交流，都能感觉到自己进入对方真实内在的方式，并通过对方的目光——恰如通过自己的目光一般——观察自我。在实际的会心过程中，双方不断地向对方澄清自己的想法，直到双方真正彼此了解对方对某一特定事件的观点为止。会心的概念让心理治疗从个人层面进入到人际的层面。

⑦ 具象化。具象化指协助主角将其抽象的感受或想法，转化成较具体的呈现和表达（Blatner，2000），也是心理剧治疗的一种强有力的工具。具象化将剧场中的人际动态状况定格成为静态，或是将个人抽象的情感、想法具体呈现出来。具象化一般采用的方式是让角色扮演者摆出夸张而鲜明的姿势，雕塑成客观、立体的画面，比如摆出两个站在桌上，都用右手食指指向对方的人物形象，对这两个人物形象之间的关系，观众一目了然。由于具象化是通过肢体来呈现一些现象，比较容易引发角色扮演者的直觉与情绪。如果主角亲自做具象化雕塑，则更能够接触自己的内心深处，直接引发存于体内的真实情绪，增加感受辨识的作用。具象化可以使主角在立体呈现中看到自己的盲点，可以刺激观众的视觉感官而使其融入剧中，也可以让导演在面质主角时避开主观性的语言表述，以建立良好的关系。

⑧ 空椅。这个技术之前在完形治疗中已经介绍过，它最初就是由莫雷诺提出的，之后在心理剧中又进一步地发展。空椅技术本质上就是一种角色扮演，可以使来访者充分地

体验冲突或将潜藏在内心深处的情感外显，从而有机会在意识和无意识层面整合自我和解决冲突。

2. 场景设置技术

设置场景是心理剧的工作特色之一。导演根据主角的叙述，借助设置场景的方法，引导主角进入具体的某一时空，使主角将"彼时彼地"所发生的故事得以在"此时此地"重演。

（1）场景类型。① 情节景：主角即兴设置的场景；② 特殊景：根据剧情设定的有一定主题的场景，如死亡景、摇篮景、告别景、审判景（Blatner，2000）；③ 社会剧景：根据团体共同关心的社会生活主题设置的场景，如医院、家长座谈会、工作面试等场景（Leveton，2001）；④ 未来景：运用未来投射方法设置的，用于帮助主角成长的场景。

场景设置的过程，也是帮助主角暖身的过程，把主角带入此时此地的情境之中。设置哪一幕场景通常由导演根据探索主角议题的需要来决定，有时也让主角选择其更想探索的场景。一般来说，经典心理剧通常从现在景开始，再到过去景，必要时加设未来景，最后再回到现在景。

（2）附加现实。附加现实指的是，将人们无法表达和实现的梦想变成一些具体想法（例如，与去世的亲人对话），使人们更加清楚自己的内在感受和动机。导演的任务不是让成员讨论发生了什么或可能会发生什么，而是要帮助他们清楚地了解他们所遗忘的或是担忧的，即使这些并不存在于现实的生活中。换言之，附加现实在现实中可能永远不会出现，改变的只是主角的主观现实。心理剧中的表演可以反映出来访者除正常的对现实的思考以外的内心世界。通过附加现实，主角可以和他人交流以前无法表达的情感，提出疑问与回答问题。附加现实同样也能应用于不幸和创伤事件的应对，这样可以帮助成员得到更加有利的或是令人满意的结果。

（3）未来投射。未来投射是用于帮助成员表达、解释自己对未来的看法、期望和感受的一种技术。莫雷诺认为当主角用行动来描绘其怎样思考自己的未来时，其未来就将被塑造成那个样子。通过未来投射，主角可以接近一个更实际的观点。在心理剧中，主角或参与者不只是讨论希望、愿望以及对未来的恐惧和生活目标，而且要把这些预期事件放回现实中，并通过演出表达出来。主角或参与者对未来事件进行构建和期望，并将之带回现实，思考问题情境，增进对期望事件结果的了解，从而有效地采取措施，实现期望中的未来。

（4）时空串联。时空串联是一个可以让人"跨越时空"的工作方法，导演灵巧而有意识地引导或者跟随主角在不同时空中交替工作，从而达到某些治疗目的。戈德曼提出的"心理剧螺旋"模型，特别显示出主角在不同时间、不同生活场景之间的剧情串联，呈现出主角行为模式的内在一致性与提供、拓展问题应对方式的可能性。

心理剧螺旋模型是经典心理剧的常用模型，主角以目前所困扰的主题为背景，进入离现在较近的过去情境，寻找在同一个主题下重复出现的行为模式；再进入离现在较远的过去情境，以便探索行为模式形成的源头；最后再回到目前现实生活的情景中，学习不同的应对方式。在这个模式中，时间的安排是由现在到过去，到更早的过去，再回到现在；在心理层面上的安排则是由浅入深：先进入到人格的核心，然后再回到目前的困惑中，以便寻求行为的改变。由此可见，心理剧螺旋模型的特色是由现在转为过去、再转回到现在的时间循环，以及由问题的表层转入人格的核心,再回到问题表层的处理过程。

时空串联技术更加具象化的形式是把过去、现在、未来的情境同时呈现在舞台上,让主角更清晰地看到行为模式的形成以及对现在和未来的影响,产生新的领悟,这样有助于主角做出改变行为模式的决定,从而有利于解决其目前面对的问题。

3. 暖身技术

暖身是一个过程,也是一个技术。暖身最重要的任务就是建立一个能助长自发性的情境。导演通过设计增强团体自发性的活动和制造心理剧演出气氛的细节,来提高暖身效果,为心理剧的演出做好准备。暖身充分,能使团体成员因安全与信任而感到越来越舒适,越来越有自发性;暖身不足,可能会因成员的自发性不够而导致整个演出的匮乏。在心理剧演出的整个过程中,导演不断开展各项暖身活动。导演可以用语言来帮助团体暖身,也可以通过音乐、舞蹈、活动或其他非语言练习达到让参与者暖身的目的。

(1) 言语暖身的方法。常用的言语暖身的方法主要有提问、讨论和幻想引导三种。

① 提问暖身法指的是,导演对心理剧的目的和性质做一个简短的介绍,参与者可以提出问题。

② 讨论暖身法是指,成员可以结成对子,花几分钟时间分享彼此所经历的冲突,并且讨论他们希望在心理剧中探究的问题。

③ 幻想引导法则是指,导演要求团体成员想象各种主题(如太空幻游、热带丛林等),并让每个人说明所想到的详细内容,或者表演出来。

(2) 非言语暖身的方法。非言语暖身主要是指用短剧、舞蹈、音乐、艺术材料等进行暖身。

① 短剧暖身是一种剧院游戏,是由哑剧发展而来的练习活动。

② 舞蹈可以引发自发性的对情感表达的投入,达到暖身的效果。

③ 背景音乐可以有效地催化团体互动,许多现代的抒情歌曲都能引起团体对某些情绪问题的讨论,而训练有素的音乐治疗师则能利用音乐使听者产生各种心情,从而增强演出的效果。

④ 受到艺术疗法的启发,纸糊材料、粉笔、蜡笔以及各种美术拼贴材料都可用于心理剧。团体在进行具有创造性的艺术活动后进行演出,演出后再投入艺术的创作中。

需要说明的是,心理剧的技术是非常有力的,但了解技术本身是远远不够的。心理剧实务工作者不仅需要以严谨、谦逊的态度来学习心理剧技术,也需要学习如何了解、评估和处理个案的心理层面的问题,不断提高自身的自发性和创造力,这样才能恰当地使用心理剧技术。当然,要成为一名合格的心理剧导演,必须接受系统的专业训练和督导。读者在使用心理剧技术之前,最好参加心理剧培训并接受督导,以免操作不当而给来访者带来伤害。

附. 心理剧案例:我对不起妈妈——一个失学女孩的故事

主题:主角对于自己没有念大学就早早步入社会工作一直在心底存有一份自卑,这个部分一触就痛,当年联考失败,本可重考,家人也鼓励,但是⋯⋯

主角：十九岁的我常念不下书，无法专心，常一个人在街上看来来往往的人们。我觉得自己很孤单。

导演：你常一个人站在街头，你现在站在哪里？

主角：西门町。

第一场景

主角走在西门町的街头，很多人来来往往，主角在人群中走来走去。

1-1　导演请主角进行独白。

主角：我很孤单，怎么没有人欣赏我？我是这么独特，能力又好，怎么没有男孩子看我？

（导演听到主角语气中的自豪）

1-2　导演请主角站在椅子上，脚下踩着两个"自豪"：A.我能力这么棒。B.我这么独特。（用两个不同颜色的垫子代表这两点）

导演：在这样的情况下，你很想去看谁？

主角：很想去看妈妈。

第二场景

2-1　导演请主角在成员中选一人扮演母亲。

2-2　导演让主角面向妈妈，对她说说话（只让主角对妈妈说话）。

主角：我一直把自己当男孩，因为小时候你很希望我是个男孩，我的两个哥哥很早就夭折了，所以我一直把自己当男孩来取悦你。

导演：妈妈几岁生你？

主角：二十五岁。

导演：就让我们进入妈妈二十五岁的时候。

第三场景

3-1　角色交换到妈妈的角色。妈妈（主角扮）道出了婚后生产的遭遇。

3-2　导演用垫子来代替妈妈婚后连续夭折的两个儿子。

3-3　导演请辅角扮演在儿子夭折后生下的两个女儿（主角及一个妹妹）。

3-4　此时让母亲（主角）独白。

妈妈：我的两个儿子夭折了，我很难过，而你是第一个女儿，我是多么想要儿子，我很难过。

3-5　主角回到自己的角色里。

导演：这个孩子在这个时候打算怎么去回应母亲的心情？当听到母亲的心声时，这个孩子会出现什么反应？

主角：我要像个男孩，我要与众不同。

3-6　导演拿两个颜色垫子，让主角背在背上，垫子分别象征："我要像个男孩"和"我要与众不同"的两个包袱。

第四场景

导演要主角分别扮演背着两个沉重包袱的旅人，走进她的人生旅途。

① 小学阶段——完全成功、优秀、出色、出类拔萃。

② 初中阶段——完全成功（胸膛越挺越高）。

③ 高中阶段——功课虽然较差，但主角用另外一个方式表现自己，即在学校门口摆肉粽摊，供应早餐。

主角：我可以提供早餐为学生服务，而且还可以赚钱给妈妈，我带着笑容工作，我仍然觉得与众不同，但我心中有一份自卑。

④ 大学阶段——挫败

主角：没有男生追我，他们不喜欢男性化的女孩，他们喜欢像我妹妹那种女孩。（妹妹的特质——皮肤白白细细，不会念书，但很会撒娇，十分女性化，有一大堆男孩子找她。）

第五场景

5-1　导演请主角去见妹妹，对妹妹说出心中的感受。

主角：妹妹，我很羡慕你，你拥有一切我所没有的。就算我享有一切荣耀，此刻我的男性化性格却很吃亏，我嫉妒……

5-2　导演请主角变为妹妹角色，而让替身来演主角，叫妹妹（主角扮）回答主角的话。

妹妹（主角扮）：姐姐，其实我才羡慕你，你的功课比我好，比我能干，在你面前我好有压力……有时候我也会觉得你好累，好辛苦！

第六场景

6-1

导演找两个人扮演主角心中的两个动力——"自卑"与"骄傲"（此景由导演依据前段剧情中主角的独白与和妹妹的对话而设）。

骄傲：有什么了不起，我有能力，不需要靠文凭。

自卑：我真差劲，妹妹比我好，而我现在错过了求学机会，我很对不起妈妈，我让她老人家失望了。

6-2　请主角带着两个动力去面对失学的遗憾。

6-3　导演请扮演两个动力的替身拉扯着主角的替身，主角在旁镜观。

第七场景

7-1　导演请主角带着她的骄傲和自卑去见母亲，对母亲说出她心中藏了很久的话。

主角：我没有念大学，心里很苦，而最大的苦是感到对不起你，自小听说你生平最重要的事就是供我们姐妹完成大学教育，我毁了你的梦想，我对不起你。

7-2　导演请主角去演妈妈，对她自己（替身扮）说话。

主角（替身扮）：妈妈，我没有读完大学，你还会爱我吗？

母亲（主角扮）：我根本就不在乎你的文凭，我只要你过得好，我要的是你能快乐、好好地做一个女孩子，我关心的是你的情感有没有被照顾到，我只是爱你而已，你为我们家付出得够多了，孩子，你付出太多了。

7-3　母亲（主角扮）向前拥抱自己（替身扮），失声哭泣，不断地告诉女儿她还是爱她的。

7-4　导演请主角演自己，让母亲（辅角扮）向前紧紧拥抱女儿，告诉她，她还是爱着她的。主角躺在母亲的怀抱中。

心理情景剧,简称情景剧,目前在我国学校的心理健康教育中已经得到推广,成为本土化的一种"行动表达演出技术"。高校和中小学都有自己的情景剧比赛,这种形式受到学生的喜爱,也已经被学校的德育工作者认可,成为了目前学校心理教育工作的一种有效形式。

一、情景剧概述

情景剧是立足于中国本土文化,以心理剧的理念和技术为基础,吸收了戏剧、音乐、舞蹈、绘画、书法等表达性艺术的表现手法,在心理教育实践中探索出的一种"行动表达演出技术"。

情景剧借助创造学生熟悉的日常心理生活情景,以行动表达的方法与技术,以舞台表演的形式重现生活情景中的心理活动和冲突,为学生提供一个体验情绪感受、觉察行为模式、调整价值观念的机会。情景剧创设的情景有助于学生调节情绪,修正不合理的观念,练习新的行为,可以达到情绪、认知、行为三个层面的矫正目的,使学生获得自我的了解与领悟,促进其人格的发展与完善(高建昆,2011)。

(一)情景剧的特点

一般来说,情景剧具有主题性、教育性、自发性、创造性、戏剧性等特点。

1. 主题性

主题性指的是情景剧一般有确定的主题。情景剧的主题通常具有一定的普遍性和典型性,多是学生关注和面临的日常生活中的常见主题,比如学习、恋爱、贫困生、上网成瘾、人际交往、压力应对、亲子关系、自我成长,等等。设定一个有代表性的主题,可以让情景剧更聚焦地呈现出学生的内心冲突和困惑,激发表演者的自发性和创造性,引发观众的思考和共鸣,增加表演者与观众之间的互动,增强心理健康教育的效果。

2. 教育性

情景剧以心理健康教育为目的,注重教育启发和行为示范。情景剧使学生通过参加或观看演出,产生更深入、全面的思考,并结合自己的生活实际,找到适合自己的解决方法;使学生在自己或周围的人遇到与该主题相似的境遇时,可以灵活应对,或者能对他人产生更多的理解和包容,并提供适当的帮助。情景剧帮助教师达到心理健康教育的目的,比如人际关系、恋爱交往、公共道德等情景剧,常常有较好的教育效果。

3. 自发性

自发性是心理剧和社会剧的重要特征,也体现在情景剧的创作和演出过程之中。情景剧的演出,需要参加者自发而主动地理解角色内心活动和情景,释放自己内心的情绪、情感,打开自己,真实地面对情境中的议题。如果没有自发性,只是带着过多的思维限制,被动而机械地演出剧中角色,则会使演出缺乏内在活力。自发性能够避免被动演出造成的表面化和形式化的效果,提高情景剧的感染力和影响力,增强心理剧健康教育的效果。

4. 创造性

情景剧的创造性一般体现在演出者的创造性演出上。演出者无论是否演出同样的剧情，每次演出的表现都会与过去的演出有所不同，他们会变得更能表达自己真实的感受，更接近角色的内心真实，而无需仅仅按照角色设定，为演角色而演角色。其实，随着时间的推移，演出者自身的经验感受都会有很多变化，演出者只要运用自己更深的洞察和领悟，进行创造性地表演，就能活化角色的功能。当然，情景剧的创造性也体现在剧情的选择和编排的创新上，这是提升情景剧鲜活性、吸引力和感染力的关键。

5. 戏剧性

情景剧因常常采用戏剧的表现手法而具有戏剧性的特点。情景剧的演出强调戏剧化的演出效果。情景剧通过服装、灯光、音响和音乐来突出情景冲突，以形象、生动、夸张、浓缩的方式着重展示主题中人物的心理感受、冲突和困惑，增强演出感染力和趣味性，让观众身临其境，内心受到触动，促使他们更深入地理解问题产生的原因、体会当事人的心理感受、发现问题解决的各种可能途径，也增进了对自己的了解。情景剧的戏剧性效果烘托非常重要，尤其是在大舞台上演出时，需要灯光、音响的戏剧效果配合，让演出更有感染力，吸引观众，让观众也投入到舞台上的角色中去，产生情感的卷入，实现预期的教育触发效果。

（二）情景剧的分类

根据情景剧的创作形式，可把情景剧分为即兴情景剧和剧本情景剧。这些方式已经被一些心理老师应用到心理课堂中。

1. 即兴情景剧

即兴情景剧简称即兴剧，是指团体成员在受过心理剧训练的心理健康教育者的启发和专业指导下，现场自由选题，自由选择角色，即兴演出，把自己熟悉的常能引起团体成员心理冲突、困惑的典型主题夸张或放大地搬上舞台。

2. 剧本情景剧

剧本情景剧简称剧本剧，即先编写情景剧的剧本，再排练演出。剧本须能反映学生日常生活中常常出现的心理冲突、心理困惑，排练和表演一般在受过心理剧训练的心理健康教育者的指导下进行。指导者在指导排练时通常会较少地干预演出者，以充分调动演出者的自发性和创造性。

（三）情景剧在学校心理健康教育工作中的应用

情景剧贴近学生生活、富有时代气息，很容易引起学生的共鸣。充分发挥情景剧的教育价值、创新形式，有助于推动心理健康教育工作真正扎实有效地开展。

1. 即兴情景剧的应用

（1）学生的主题成长团体。即兴情景剧作为团体辅导的一种形式，可以就学生常见的主题设置同质化团体，进行单次或多次团体辅导活动。比如，可以开设生涯发展规划团体辅导，人际关系团体辅导；也可以就职业需要、时间管理能力培养、恋爱问题应对、考试作弊问题应对等问题，开设一次性的团体辅导活动。学生心理社团也可以组织情景剧小组，通过情景剧知识的普及和相关技能的研习，自编、自导源于大学生生活的心理情景剧，从而促进自己和同学的心理健康成长。

（2）教师的专业成长团体。情景剧也可以用在心理健康教育工作者自身的自我成长中。作为从事心理健康教育的教师、辅导员或班主任等，自身的心理健康维护也是十分重要的。情景剧可以为教师的情绪管理和压力应对等方面提供参考，也可以用于专业技能训练，比如危机干预的实操演练等。

2. 剧本情景剧的应用

（1）充实教学素材。剧本情景剧的故事、视频材料，可以用在心理健康教育课、班会课，甚至其他课程中，对学生的成长帮助可能胜过老师的教导。在团体辅导中，可以让学生利用已有的剧本故事，或者现场设计剧情片段进行表演。情景剧可对发展性、预防性辅导起到辅助的作用。

（2）丰富学生校园文化活动。校园情景剧比赛和社团活动是目前学生文化活动的两个部分。校园情景剧比赛涉及面最广、影响也最大。情景剧比赛需要前期宣传、普及基本心理健康知识和情景剧的相关知识，再征集稿件、修改剧本、组织排练、安排比赛，前后大约需要2—3个月的时间。在学生社团活动中有组织地开展校园情景剧活动，如自主编排拍摄、汇报演出、参观访问、校际交流等，都可以调动学生参与的积极性。

（3）丰富教师、家长的文化生活。教师文化是学校文化的重要组成部分，对学生文化有很重要的影响，教师全体的心理健康和职业幸福感应当受到重视。情景剧中多有反映师生互动、亲子互动的主题，组织教师观看并进行研讨反思，对教师培养学生观、教育教学观、子女教育观等都有很大的启迪。组织学生进行专题情景剧汇报演出，如在家长会上演出情景剧，可以增进家长与学生、学校的交流和理解，不仅丰富了家长的文化生活，也有利于改善亲子间的沟通模式。学校甚至可以邀请家长参与到情景剧的创作、表演中来，使得情景剧编排本身的教育价值可以从中得到彰显。

二、情景剧的制作

（一）即兴情景剧的带领过程

1. 团体暖身

团体暖身如同心理剧中的暖身环节，或者团体训练中的破冰环节。教师可以使用心理剧的暖身技术来带领学生暖身，可参考心理剧的相关内容。

2. 选择主题

主题的选择一般有三种方式：

（1）小组自选，让学生分组讨论，提出他们有兴趣演出的主题。

（2）小组互相出题，每组选一个自己想探讨的主题，让其他组来演出。

（3）老师根据教学目标，找课程内容或班级的共同兴趣作为演出的主题。

在选主题的过程中通常需要注意团体的动力走向，一般会把每个组员或各组所选的主题全部列出来，看全组或全班同学的感兴趣程度，通常会选择得票多的主题来演出。若是老师自选，通常也会提出 2—3 个主题，给学生选择的空间，选择更想演出的主题进行表演。

3. 确定角色

确定角色时,先将所选主题中可能出现的角色一一列出并命名,并进一步说出角色的性格或特点。角色包括:人物,如辅导员、室友、父母等;动植物,如猫、树、花等;家具装饰品,如电视、壁画、绿植等;其他角色,如天使、上帝等。

学生可以根据自己的需要或兴趣,选择扮演某一角色并进行探索。较为内向、退缩的学生一般对演出比较焦虑,可请他们演出非人物的角色,缓解他们的焦虑情绪。即使扮演非人物的角色,只要学生进入角色,仍能有所感受与体会。角色确定后,也可以根据成员的需要进行重新分配。

4. 创作故事

小组成员以各自角色的身份来共同创作故事,通过头脑风暴,确定出故事的时间、地点、事件的发生与发展过程,以及所演故事的时代背景与社会文化背景等。小组成员要投入到要扮演的角色中去,互相提醒,共同设计出声音、动作、态度、着装,以及演出的台词等。

5. 小组预演

故事概要创作出来后,小组开始进行预演:布置故事背景,利用道具、布景、灯光等来强调事发的背景与时代;决定人物出场顺序,演绎故事的大概发展过程。可以邀请扮演者用一句话来进入角色,做演出前的预备。

时间充裕的情况下,可以对一下台词。但一般情况下,即兴情景剧的预演阶段都不会留出较为宽松的预演时间,这不仅仅是因为课堂时间有限,而且是因为每个学生都有自发性和创造力,无需完整预演,在正式演出都会有更为真实的表现。

6. 正式演出

正式演出阶段,各小组轮流到舞台上演出,未演出的小组作为观众在台下观看。演出者可以根据预演进行演出,也可以充分发挥自己的自发性和创造力,根据在台上产生的新感受和新想法进行演出,其他演出者跟着调整,配合演出。

在演出的过程中,导演可以根据演出的实际情形,使用一些技巧来推进演出的进程,增强演出者的感受和洞察,引导问题解决的不同思路,并促进观众的思考与参与。导演常用的技巧有暂停、重演、镜观、替身、旁白等。

演出告一段落准备闭幕时,导演可邀请角色扮演者在该角色中说出"此时此刻"最想、最需要表达出的一句话,最后,请扮演者"去角色",结束演出,参与成员回到自身角色。

7. 团体分享

有学者认为"分享"是心理剧演出后带出沉淀与反思的高峰,情景剧的团体分享也有此功效。分享让学生有机会在这出情景剧中去思考自己及他人的关系,以及思考自身与社会文化脉络的关系,理解我们的文化传承,进而才可以调整并创造新的可能性。团体分享时,导演要特别注意尊重每位成员,他们所知觉到的信息没有对错之分,成员也需要做到不分析、不评价。

分享通常从三个维度来进行,一个是分享在扮演角色时的感受和想法,如在这个角色中学习到什么,扮演的角色有别于自身角色的部分,以及扮演的角色与自己的相似之处。分享的目的在于让成员可以对这个"角色"有所觉察,扩展对人的理解。第二个维度是分享自己的经验,如剧中的哪个部分、哪个情境和自我角色的经验是相似的,或是自己被唤醒的已有的经验是什么。分享的目的是让成员有机会宣泄、释放情绪。第三个维度是对主题的分享,让成员分享从这个情景剧的主题中学到哪些,这会让成员更清楚地观察到自身所处的境遇及文化。

8. 团体讨论

团体讨论过程相当于心理剧的历程分析,对参与训练的学员格外重要。团体讨论可以用来进行带领者的历程反思,也可以用来分享团体是如何运作、进行的,大家在这个过程中学习到的是什么,或是邀请所有成员去思考"你会如何看待这出情景剧"等等。团体讨论建议放在分享之后,最好是团体休息后再进行,以免出现角色混乱。

(二)剧本情景剧的制作过程

1. 确定主题

情景剧的题材应反映当代学生的校园生活和学生的心理成长故事,常用的主题包括同学关系、网络成瘾、生涯规划、恋爱关系、师生关系、亲子关系等,重大的社会事件和社会现象也可以作为情景剧的主题。

2. 撰写剧本

剧本的创作需要依靠团队的力量。由于团队成员的生活经验不同,对剧本的理解也存在较大分歧,这就需要成员站在客观的立场分析故事、人物。撰写过程并无定法,但一般都遵循提出问题、分析问题、解决问题的思路进行。在创作的过程中,需要注意以下四个创作难点:

(1)问题呈现的方法。故事所反映的问题通常在剧本的第一部分呈现。这一部分需要交代事件的时空关系、主要人物及其关系,有时还需要交代事件的起因及故事主题。问题呈现的方法通常有旁白或独白、舞台 PPT 展示、情节引出等。

(2)矛盾激化的手段。但凡戏剧都有冲突和高潮,情景剧也不例外,矛盾的激化需要条件,条件的呈现与问题呈现有相似之处。矛盾激化的形式不只是激烈的争吵,有时沉默更震撼人心。矛盾的激化有外显、内隐之分,有自我感知和他人观察之说,也有主动与被动的差别。这些不同的矛盾激化手段赋予情景剧更多的艺术性,也是抓住观众眼球的关键。

(3)心理特点的呈现。如何体现人物的心理特点是情景剧的编写重点。旁白和独白是最常用的方式之一,旁白站在一个冷静、客观的立场上,可以清晰地反映主题,而独白也是个体内心成长的写照,两者都可以直观地表现出心理特点。近年来,情景剧常采用思想"分裂"的方法来反映主人公的内心冲突和矛盾,但使用需谨慎合理,戏份过多易让人产生混乱的感觉。

(4)问题解决的途径。由于时间的限制,情景剧不可能完整展示整个问题解决的过程。问题解决的思路可以为学生化解心理困惑提供借鉴。因此,情景剧不能仅仅展现一个结局,而应当能带来一个新视角和方向。一些情景剧中常用心理老师或者辅导员的点拨作为问题解决的转折点,虽然可以增加心理老师和辅导员在现实中的影响力和权威,但是无形中忽视了对学生自身解决问题的引导,这与心理辅导的助人自助理念是不符的。其实,冲突过后的冷静对话,也可以让主人公的认知发生转化;追溯问题的根源,再解决源头的问题,也是问题解决的一个思路和方向,可以增加问题解决的可能性。

3. 排练预演

情景剧的排练常常由学生自主完成,导演、主角等参与人员需要互相配合、共同完成。学生在排演过程中遇到的实际问题,需要指导老师给予必要的指导和帮助。

导演常由善于组织、沟通的同学担任,在排练的过程中,应尊重参演成员的意见,并能对表演提供指导。演员的挑选依据主要是剧本角色与演员特征的匹配,一般本着自愿原则,但会根据实际演出的效果来调整。排练过程中可能会遇到一些困难,比如演员难入戏、台词记不住、团体凝聚力不足等,需要及时处理,以免影响排练进度。

4. 舞台设计

一部优秀的情景剧,不仅需要好的剧本、表演到位的演员,也需要舞台设计和其他人员的配合。需要注意的几个环节有:

(1)道具与服装。与戏剧相比,情景剧的道具与服装通常比较简单,一般包括课桌、椅子、茶几、沙发、书本等与场景相关的道具。服装需要与角色统一,如扮演父母、教师,应成人化地着装,以增加真实感。

(2)音乐和PPT(或视频)。在情景剧的表演中,PPT和音乐起着画龙点睛的作用,在渲染氛围、介绍场景方面有独特的作用。一般来说一部13分钟左右的情景剧,小段音效应不多于4次,较长的背景音乐应不多于3段,否则会有本末倒置的效果,不能突出人物对话。PPT的作用主要有展示场景发生的时间、地点以及说明剧幕切换,显示较长独白或旁白的文字。PPT设计宜简单明了,切换也不宜频繁,否则有"喧宾夺主"之嫌。

(3)协助人员的安排。在演出过程中,需要一些灯光、道具、音效等人员的协助。协助人员需要熟悉表演过程,参加彩排,能够及时做到灯光、音乐、PPT、道具的切换和摆放或撤离,这些都是演出成功的关键。

5. 现场演出

正式演出前的走场非常重要,这是演出前最重要的暖身过程。全体参演人员和协助人员需要在舞台上走台定位,做好方位记号,以便可以及时准确地摆放和撤离道具。演员可以预先走位,熟悉场地,缓解怯场感。

表演效果良好的团队,不仅会提前做好排练预演,也会注意培养团队的合作精神,让演员、场务及其他工作人员熟悉整个剧的全部流程。在各司其职的前提下,每位工作人员都可以临时顶替其他岗位人员的工作。即使表现欠佳,同学们也能互相鼓励、互相补救,为演出成功尽最大努力,为整体荣誉而战。

第三节　教育戏剧在学校心理辅导中的应用

中小学生心理健康工作的重头还是在教育,以虚构故事为材料,以教育为目标的教育戏剧更适合中小学的团体心理健康教育,这一节就来介绍一下教育戏剧。

一、关于教育戏剧

（一）什么是教育戏剧

教育戏剧是运用戏剧形式引导感悟和发展的一种教育途径，是一种引导学生进行潜能发展的教学途径，在欧洲有较长的发展历史，我国台湾较早地引进了这一形式。台湾学者张晓华对教育戏剧的定义是："教育戏剧是指运用戏剧与剧场的技巧，从事于学校课堂的一种教学方法，一般以创作性戏剧之即兴演出、角色扮演、模仿、游戏等方式进行，让参与者在互动关系中，能充分发挥想象，表达思想，由实作而学习，以期使学习者获得美感经验，增进智能与生活技能。"（张晓华，1994）

在教育戏剧活动中，参与者以即兴演出的动作和对话，在一定的主题和戏剧情境下发展出适当的戏剧内容，其所采用的戏剧素材、形式和意义均来自参与者的经验范围。这种创作性的戏剧活动，能反映出参与者对概念的理解，促进参与者的逻辑思维能力，增进对知识和美感的领受能力。

教育戏剧并非一定要在观众面前表演出来，而是在学生把自己想象为他人或他物，进行内在模仿、扮演的基本戏剧条件下，由教师借用身体动作、韵律、团体游戏等活动，将学生的内心和外在世界结合起来，自由而有趣味地进行学习。

教育戏剧不同于戏剧教育。传统的戏剧教育是针对专业艺术院校的专才教育，任务是培养专业戏剧的编、导、演和舞台美术人才。戏剧教育所注重的是用戏剧历史、戏剧知识、艺术技巧和作品的艺术赏析来介绍和实践戏剧这一艺术形式，以达到教育的目的。而教育戏剧则是在普通教育或民众戏剧活动中，把戏剧方法应用于中、小学课堂教学和社群戏剧的活动中，有独立的理论、美学和方法体系（李婴宁，2010）。

综合来看，教育戏剧有三大特征：

（1）主要以儿童、青少年为目标群体。

（2）以教育为最终目的。

（3）使用戏剧、剧场的艺术形式作为教育手段。

教育戏剧也不同于戏剧表演，戏剧表演侧重专业表演，活动过程依照表演的次序进行，虽然可能包含和观众的互动，但互动是闭合的，观众只是参与，并不影响活动进程。

教育戏剧跟情景剧有相似性，情景剧是团体心理辅导的一种形式，更突出角色的心理冲突和人际关系的觉察，是心理健康教育的辅助形式，更适合高中以上的学生群体；而教育戏剧是一种教育形式，更具教育色彩，更适合高中以下的青少年群体。

（二）教育戏剧在学校中的应用发展

教育戏剧作为一种戏剧教学方法，20世纪初在欧美国家逐步发展起来，现今已成为一种将戏剧方法应用于教育的新学科，并已被许多国家纳入到教学课程体系之中。其应用范围覆盖了从幼儿园乃至大学等各层级的院校，并且适用于不同科目的教学。

自18世纪初起，戏剧就作为一种教学方法，被应用于主张教学革新的学校课堂之中。课本剧、假装游戏是这一时期课程戏剧化的主要形式。1911年约翰逊（H. F. Johnson）出版的《戏剧性教学方法》（*Dramatic Method of Teaching*）是第一本系统性介绍如何将戏剧应用于课堂教学之中的著作。随后，诸多学者将戏剧实践应用于教学，其中最有影响力的当属英国教育家库克(C. Cook)所发起的"play way"教育运动，他将戏剧活动看作是一种有效的学习方式，强调游戏和表演对语言学习的促进作用。在约翰逊、库克等教育者的推动下，从20世纪20年代开始，英国教育戏剧逐步从小学向中高年级以及成人和特殊教育拓展。与此同时美国戏剧教育家沃德(W. L. Ward)将创作性戏剧教学方法引入小学进行教学实践(Siks & Dunnington, 1961)，她在《创作性的戏剧活动》(Creative Dramatics)中首次提出"创作性戏剧教学"概念，并细致地介绍了创作性戏剧在课堂中的应用步骤，在美国教育界引起了巨大的反响，使得创作性戏剧教学法在美国得到了迅速的发展。

20世纪60年代，英国的特别教学法案提出："各年龄层的儿童都必须体验戏剧活动，以'假如我是'来写作，除了文学、演讲及身体动作等科外，戏剧还可以与学校演出及剧场合作。"此时教育戏剧已发展成一种普遍性的教学方式，和学科教学之间高度统合。到1968年，各级中小学都配备了专业戏剧老师，绝大部分的中小学生都体验过戏剧教学法。戏剧教学方法在欧美的迅速发展使得教育戏剧在20世纪中期已渐趋成熟。20世纪70年代起，英国的西斯科特(D. Heathcote)和鲍通(G. Bolton)等学者的理论和实践使得教育戏剧又进一步发展，形成了一套颇为成熟的DIE/TIE方法。

从20世纪80年代开始，英国、美国、加拿大、澳大利亚等国家逐步将戏剧纳入教学大纲，建立了较为完整的教育戏剧研究和实践体系。1992年英国正式将戏剧性活动列入国家英语课程标准；1994年美国首次将单科的戏剧教育课程纳入到美国学制内。而在亚洲，中国台湾和以色列也相继通过了相关法案。就中国大陆地区而言，教育戏剧的应用发展起步则相对较晚。1995年，李婴宁教授开始在国内致力于教育戏剧的推广；2002年，上海浦东华林小学开始尝试在课堂中开展教育戏剧活动；之后，杭州、北京和广州等地的学校也陆续参与到了教育戏剧的探索实践中。

教育戏剧在学校中的应用发展主要经历了三个阶段：

(1) 20世纪初期，教育戏剧作为一种教学辅助手段，主要以游戏和表演的方式达到促进学习的目的。

(2) 20世纪中期，教育戏剧逐步发展成为一种成熟的教学方法，它以角色扮演和即兴创作为核心，关注学生的参与体验，让学生从互动交流中探索更多的可能性，促进个体成长。

(3) 20世纪后期，教育戏剧则作为一个完整的课程体系，被纳入到各国的学制内，并在不同的领域内进一步发展。

(三)教育戏剧在潜能发展中的应用

1. 戏剧情境引发积极想象

教育戏剧引入的表演、思考、讨论的戏剧化的情境，贴近生活本身，又与生活有适当的距离，并且包含着冲突和捉摸不定，营造出思考和探讨的空间。

戏剧的核心在于想象(Haine, 1985)。日常生活中，每个人都有想象的体验，比如想象明天要上的公开课、想象和家长约谈的措辞、想象一顿美味的晚餐等，但这种体验往往是内在的、不表达出来的、个人的。

在戏剧情境中,想象能够帮助参与者全身心地投入到戏剧中。在教育戏剧工作坊的引入阶段,较为普遍的做法是从创造戏剧空间或建构人物开始。

(1)创造戏剧空间是指利用现场的、有限的资源,营造起戏剧发生的场景、环境,比如根据情景设定,用桌椅围成一个圆桌会议,或者用桌椅将教室分割为若干个空间:客厅、卧室、书房等。

(2)建构人物可以有几种做法,比如邀请学生为主要人物创造"生活圈子",即想象主人公是怎样的人,有哪些可能的亲人、朋友,经常出没在哪些地点,有哪些爱好等;也可以让学生通过"集体绘画"画出人物的样子,把想象具象化。这些戏剧引入的做法,目的都是为了激发学生的想象力,引导他们投入到戏剧中。

在戏剧情境的设置中,教师要注意不要将想象部分"框死",不必顾虑学生的思维是否周密、表演是否成熟,而需要留给学生充分的自由,并且用足够的宽容接纳他们天马行空的想象内容。戏剧中的想象活动会随着学生的创造移动变化,会逐渐丰富、生动。教师们要理解的是:教育戏剧,作为一种自然学习、表达性抒发的形式,并不是为了讲解故事的内容和情节,也不是为了摆事实讲道理,其目的是让学生自发去思考、去探寻。

参与者借助想象,进入未知的领域,探究故事的隐藏部分,思考那些从未认真思考过的问题。正是由于戏剧现实性复杂性,参与者有时并不知道要在戏剧中去寻找什么,但极有可能在表演或讨论中产生"顿悟",获得不同的启发。每个个体都在用自身经验的碎片、潜意识中最深层的东西,借由同样的戏剧,构建只属于自己的故事。

2. 戏剧间离效应促发意义重构

"间离效应"的概念来自著名的德国戏剧导演和剧作家布莱希特(B. Brecht),指的是戏剧中演员与观众之间,同时也与自身所扮演的角色之间保持一定距离,通过这种距离来获得观演双方的冷静与理性。戏剧表演过程中,虚拟和真实的感觉同时在心理世界里出现,"间离"机能运作其中。戏剧中情绪的二元性很典型地体现了这一性质,维果斯基曾作此评论:"儿童在戏剧中扮演着沮丧的病人,但又因为成为扮演者而高兴。"(转引自 Bolton,1985)。这样一种独特的心理状态,建构起虚拟和现实交织的氛围,并且在这种氛围中唤起人的潜能。

营造安全的心理距离,有利于参与者自由地表达想法、自在地运用肢体,在这种状态下,自我保护性的封闭或退缩行为会相应减少。教育戏剧强调不能将情境设定为完全的生活化和现实化,正是因为间离效应的产生有赖于想象力的唤起。当参与者面对与自身生活如出一辙的戏剧时,往往不容易卸下防御,难以在其他人面前坦露自己的内心,也就跳不出当局者迷的困境。而当戏剧远离现实时,参与者会觉得身边寻常的东西变得奇妙、吸引他们的注意,好奇心逐渐被诱发,他们便会主动停下脚步,重新思索戏剧中的深意。

在安全的心理氛围中,参与者更可能批判性地看待习惯化认识,促发改变和重构的意义。因此,间离也是陌生化的过程,通过艺术化的程序,分解熟悉情境中的表征和意义,带来新的意义和洞察的可能性(Stig,2011)。

3. 教育戏剧培养个体的审美感

教育戏剧活动过程特别适于引发仿似[①]活动。参与者投入戏剧表演中，扮演一个角色，用自己的方式理解和表演该角色，同时又根据角色的要求设计自己的表演，这样的表演过程，触发了参与者自我的改变，让其把角色的某些特征投射到自己身上，产生类似持久性模仿行为，这就为酝酿新的发展提供了条件。

在教育戏剧中，参与者将自己所扮演的"人物"作为审美对象，欣赏自己在戏剧中的表演，同时又把自己的想法、情感投射在表演中，融合丰富的审美体验，获得心灵的成长。

二、教育戏剧的基本框架与实用技术

（一）教育戏剧教学设计的四个过程模式

教育戏剧作为一种学习过程，显示了戏剧和教育的双轨过程。在设计教育戏剧活动时，应从戏剧的艺术形式和特点出发，可以参考课堂戏剧的四个过程模式来设计教学活动（李婴宁，2010）。

1. 起步点：引入内容（原始材料）

原始材料是戏剧过程的来源，激活、引发戏剧性的虚构世界。任何戏剧活动的原始材料都要以人类经验为基础。这种经验可以是真实的、想象的、报告式的或历史性的，比如：概念、新闻、影像、图画、故事、历史资料、诗歌、有关物件、音乐甚至只是一种感觉……合适的原始材料，需能确定虚构世界的性质和限制，为参与者提示角色和情境框架，引发对可能行动的期待，而非仅仅机械地表达一种思想或观点。

2. 心理过程：对材料产生心理反应，建立归属感

原始材料引发参与者兴趣，使参与者产生反应、激发想象，并从中探索、提炼出继续发展的元素，准备进入戏剧创作。

3. 积极想象：从反应到采取行动

参与者在已设定的戏剧情境和行动反应中进入戏剧的想象世界。教师引导共同建构，参与者对原始材料所提供的探讨范围、所激发的反应、所设定的戏剧情境，以及所规定的形式和角色达成共识，进入戏剧的符号层面，从而把自身经验带进行动和情境。参与者在想象的话语和行动中，以观众和演出者的双重身份，体验不同种类的戏剧风格和习惯模式。

4. 结构化戏剧：产生意义

戏剧作为一种独特的艺术形式，有其自身的方法和习用模式[②]。在不同的戏剧阶段之间，引导的教师要考虑：用什么样的戏剧形式；在特定的不同发展阶段，如何让参与者表现自己；如何使习用模式与戏剧内容相互配合、促进，进一步启发参与者的理解和体会。

---

① 著名的发展心理学家鲍德温（J. Baldwin）曾提出一种普遍存在于艺术和游戏中的心理现象，他称之为"仿似"（瓦西纳，2007）。仿似是一种个体内部与外部交互投射的心理现象，即在表现自己的同时，模仿着他人，在模仿他人的同时，也投射着自己。鲍德温之所以关注这种现象，在于他敏锐地洞察到其中存在着的个体发展机制。也就是说，仿似投射出"我"的内心倾向，也在模仿表现中形成着新的"我"。

② 英文是 convention，是一直在用的技术的意思，也可以简称为习式。

（二）教育戏剧结构化的五个过程

为便于实践操作，教育戏剧可以结构化为五个环节：热身活动、建构情境、叙事活动、诗化活动、反思活动①。

1. 热身活动

游戏活动能建立愉快活泼的情境，使参与者在易于交流的稳定框架中舒缓情绪、建立相互关系、增加自我控制水平。热身活动的主要功能在于破冰。热身活动在教育戏剧活动中需要破的"冰"有三层：①引导者与参与者之间的"冰"；②参与者与参与者之间的"冰"；③参与者和整个活动空间之间的"冰"。可用游戏、想象活动等形式调动参与者的投入状态，使参与者熟悉陌生环境，放松身体状态，积极投入活动。张晓华（2011）按照游戏功能将游戏分为六大类：暖身游戏、节奏性游戏、转换游戏、介绍游戏、专注游戏和传达信息游戏，教师可根据课程内容、参与者年龄和接受程度、教室空间大小等因素灵活选择和改编。

热身游戏可简单地分为体力热身和脑力热身。体力热身强调肢体的运用，激发参与者具身投入；脑力热身强调快速反应，调动紧张氛围，引导参与者集中注意力。在热身环节，一般是体力热身在先，脑力热身在后。值得注意的是，热身游戏活动应服务于整体的课程目标，不可过度追求气氛热烈而影响后续活动。

2. 建构情境

教师在引导参与者共同建构戏剧情境时，要寻找该情境中参与者可能的不同演绎。可以向参与者提开放性问题，在一步步的建构中，整合参与者带进来的经验和体验，并尊重参与者的回应，让其产生效果，而并非由教师说教、主导。

（1）情境构建策略：

① 结合戏剧情境，改编传统游戏，在游戏中引入角色和情节。

② 通过设定时间、地点、人物来建立情境。

③ 通过营造空间、光线、声音来创造情境。

④ 为作品寻找和创造象征和主题：展示一幅画作、意象、信件等。

（2）具体情境的构建方法：

① 集体角色：一组参与者都扮演同一个角色，自由抒发，参与建设此角色的对白。

② 集体绘画：小组集体创作一幅绘画，画中有戏剧中的地点或人物，并讨论、探索其意义，为想象中的人物或地方赋予形态。

③ 建构空间：所有参与者在有限的空间中运用有限的资源，共同讨论，表现戏剧地点、场面等舞台场景。

④ 线索材料：利用各种线索作为建构戏剧的材料，以探讨和发展主题、事件、意义。

⑤ 日记信札：根据所用故事编写角色日记、信札或个人反思，组织戏剧情景。

⑥ 巡回演出：参与者分为小组。每组都跟戏剧主角有关系，各自决定自己的角色和身处地点。每组参与者分别创作一段与主角的简短对话。教师入戏扮演主角，随意进入各组

---

① 本文所列的五个环节和习用模式参考：李婴宁：《教育戏剧概论》，上海戏剧学院 2010 年讲义（待出版）。更多习用模式详见此文。

即兴演出。

⑦ 见物知人：挑选一件物件并借此物件表现角色特性，从物件中寻求物主的性格特征和人物背景等信息；物主现身后，再对照人物和此前判断，重新认识或加深认识。

⑧ 定镜（定格）：用身体构成一幅图画，表现一个时刻、意念或主题的静止画面。如果有两个画面，则可以对比不同时刻或情景。

⑨ 涟漪：以事件顺序逐一展开多个画面，形成整个事件的相关联发展，逐渐揭示谜底。

3. 叙事活动

叙事活动通过发展、引入故事、安排情节、展开场面等方式，使参与者把焦点放在重要事件或场景上以进一步探索。它使参与者通过戏剧活动的大胆假设、小心求证，通过语言和符合情境的行为，推进故事情节的进一步发展。

以下是一些可供参照的活动方式：

（1）论坛剧场：演出者演绎一个探讨某种社会处境或议题的戏剧，观看者一旦觉得剧情或对白有不对劲、迷失方向、有争议的地方，可以让演出者中止演出，表达自己的意见，踏进表演区，取代他认为不合适的演出者，说自己想说的话，或者作为新角色加入，表达自己的意愿，从而引起争议、讨论与协商，让大家审视不同意见与态度。

（2）专家的外衣：让参与者扮演为戏剧情境而设的具有专业知识的专家，在规定情境中，运用专业技能尝试完成戏剧任务。赋予参与者能力和责任，使参与者受到尊重，从而去探索、认识、透析不同的专业知识。

（3）教师入戏：引导者扮演由戏剧情境提供的适当角色，在适当时机进入戏剧活动，从而引发兴趣、控制戏剧动作的方向、引起深思、提供选择等。

（4）焦点人物：犹如焦点人物访谈，角色接受参与者质询或访问。可以使参与者集中观察角色人物的行为动机、性格倾向，启发其思考人物态度与事件之间的关系，观察事件的发展如何影响人物的态度，深化理解主题。

（5）重要事件：找出戏剧人物生命中的重大事件，从而产生震惊、顿悟，或在戏剧中的人生转折点展示抉择，在剧情发展中，一步步澄清其间的是是非非。

（6）访问或盘问：两人一组，一方透过适当的提问，要求另一方给予回应。这是一种具挑战性、高难度的方式，目的是找出隐秘资料、态度、动机、倾向、能力等。

（7）场外音：参与者对付一个想象中的、未出现的敌人或访客，获得指令或躲避。这种急迫但无形的压力或危机能为戏剧提供张力。

（8）新闻报道：参与者进入传媒角色，运用新闻报道的形式、术语，演绎、表达事件内容。也可以置身戏剧之外旁观演绎被扭曲的事件。

（9）电话/无线电对话：两人一组创作对话，或单方面对话，以显示处境、发布信息、制造外来压力等。

4. 诗化活动

诗化活动指参与者用充满诗意的、艺术的表现形式，吐露角色的内心感受，侧重情绪、情感的抒发。当叙事活动进入到尾声时，可安排诗化活动，让学生超越戏剧的故事情节，有意识地跨越现实的叙事表现。值得注意的是，诗化活动依然是在角色内的演绎，参与者仍然是戏中人,用另类的沟通表达渠道,在象征层面演绎意义。诗化活动或许会留有一个悬念,也或许会提供开放式的结尾。

下面是可供参考的一些诗化活动的形式:

(1)心底话:两人一组,一人重新演绎叙事表演中主人公表现出的外在行为和语言,另一人在演绎的过程中,说出角色的心底话,凸显出两者的貌合神离,即表达出角色行为与感受的不一致。

(2)内心斗争:演绎角色面对抉择时的内心斗争,让参与者分别扮演主人公头脑中的不同声音、角度、立场等,交流、理清对主人公的各种感受与想法。

(3)外来角色:邀请一位参与者,扮演一个新的陌生角色,进入到当前的戏剧情境中,引导演员和陌生角色进行交流,吐露内心活动与感受。

(4)默剧:运用动作、位置和身体反应,不需语言的参与,表达角色内心的矛盾、冲突等情感。要运用肢体动作而不是语言传达情绪。

(5)声音舞蹈合奏:用一段选择好的配乐制造气氛,配合戏剧人物当下的情绪体验,或用歌声或舞蹈来表达人物的心情。比如,可以由团队合作的形式进行小组唱、多重奏或是集体舞的表演。

(6)对剪片段:设计和排练两个或以上戏剧片段,片段中的事件分别发生在不同的时间、地点,然后将这些片段像电影剪辑一样来回对剪,以凸显两者之间的联系、比较、并列、类同或矛盾。

(7)事件重演:将一个已知或已发生过的事件重演一次,以展露其中可能的细节,发现事件揭示的深层动态和张力。

(8)角色互换:演出者在戏剧进行中交换角色,展示某些人如何想象另一些人的反应。

(9)移形换影:把一个或多个戏剧人物的"外在"或"真实"的形象与"内在"或某一内心状态比较。教师可以先让参与者摆出外在真实形象的静止雕塑,邀请其他参与者与其搭配,塑造内心形象,然后移开外在形象,留下内心形象。

5. 反思活动

反思活动区别于诗化活动,参与者将跳出角色,回到现实中再来看待戏剧所呈现的话题,即从戏剧中抽身而出,对故事所呈现的话题进行讨论、反思。要鼓励参与者对角色的心理状态、动机、情绪等进行剖析,明白角色行为的真正意义。

在每一场教育戏剧工作坊中,并不一定要包含反思环节,可以根据课程进度来安排调整。而即使没有反思活动,参与者在一堂教育戏剧课后,也一定会有自己的思考,这些思考存储在参与者的记忆中,可能会在今后的生活中带给其某种顿悟。

下面是一些反思活动的方式:

(1)集体朗诵:将一篇与主题相关的内容或对白演绎成集体朗诵,利用各种声部、重复、歌声等凸显重要的、有启发性的文字。

(2)集体雕塑:参与者以小组为单位,摆放成契合主题要义的塑像,可以利用简单的道具,运用夸张的肢体语言,比如用"照片"、"纪念碑"、"雕塑作品"等形式,把主旨具象化。

(3)观点与角度:它适用于有两极选择的故事,教师可以简单地划定区域,让所有参与者在事物两极之间选择立场,显示群体中观点、角度、立场的不同,并请参与者叙述理由。

（4）目击证人：让参与者跳出角色,重新演绎一个旁观者,叙述作为旁观者看待整个事件的体会、思考,从全新的角度重新审视事件的意义、人物之间的关系等。

（5）真实时刻：反思讨论刚刚探索的戏剧事件,想象最后的关键场面,即兴演出富有张力的时刻。

（6）人际空间：将角色放在适当位置,以空间、距离来反映戏剧人物之间这一刻的关系,时间过去后关系的改变,为角色之间的关系命名。

（7）自圆其说：不同戏剧人物对同一重要事件的不同理解,可能为维护自身利益自圆其说。参与者可分头演绎同一事件的不同版本。

（8）墙上有耳：参与者排列成四堵人墙,运用对白、声音回旋,回想角色身上的重要事件,为个人的情绪反应寻找表达方式。

（9）讲故事：在戏中或戏外进行,以讲故事的形式交代事件的发展、营造气氛、说出看法、展开剧情、制造张力。

教育戏剧的重点不在故事戏剧化或表演,而在于如何引导学生进入想象情境,在情境中体验和学习。在学校情境中,教育戏剧可通过创造某个情境,引导学生即兴地扮演、体验各种角色,来学习某些事件、人物动机、观点、生活方式和准则,让学生探索其中的意义。值得注意的是,模式和环节的区分只是便于初学者结构化地掌握教育戏剧的一般过程,在实际的活动过程中,引导的教师要根据此时此地的情境动力和学生状态,灵活选取和调整不同环节和技术,切不可只看重环节、技术而生搬硬套。

三、教育戏剧的案例

案例1：自然教学　小学六年级　《日食》[①]

1. 教师入戏,扮演"A国神秘现象研究部"第十二小队队长,同学则是他的属下。队长说："我们A国中部某部落有一个传闻,每年当天空出现怪现象时,部落里的人都会生病,甚至死亡。国家现在派我们第十二小队进入部落,去看看真实情况。进入部落前,我们先看看国家提供的怪现象的片段。"

2. 同学们分组定格扮演,扮演部落的人看见"日食",而出现的害怕的表情。当老师重新播放影像片段、图片时,同学逐一按画面做出动作。

3. 焦点人物。将一把椅子放在讲台,邀请一位同学出来坐在椅子上,扮演"部落民"。老师及其他同学向他提问,如：你看到什么？当中有什么令你害怕？为什么？

4. 角色圆桌会。教师入戏,扮演小队长,请队员分组,整理刚才所看到的片段及访问。讨论：这是否是一种天文现象？当中包括了什么必要的元素？这几个必要元素引发了什么事？每个小队汇报所讨论的资料,队长整理事件当中的脉络。队长派发纸笔,每队同学利用身体动作,尝试去重组及演绎出这种天文现象的相关情况。

5. 论坛剧场。队长选一组出来,请他们重新演绎；在过程中,若有观众觉得他们的研究

---

① 本案例选自儿童教育戏剧专门网（Kids Theatre）：http://kidstheater.org。

有偏差,可喊"停",演出队伍便要立即停下来,而喊停的观众可出来代替出现偏差的角色,继续进行演绎。大家不断修改整个过程,直至整个天文现象被演完。

6. 老师离开角色,派发有关资料,讨论日食的成因。老师请同学利用所派物资(包括电筒、发泡胶球、圆形玻璃纸等),在组内重新研究及解说日食,若遇到困难及疑惑,可相互讨论及修整。

7. 专家会议。教师入戏扮演队长,感谢队员的研究;不过队长仍有疑问,展示三张图片,请队员说出它们的区别或让他们好奇的地方。同学分组讨论,队长引导队员讨论:日食可能有三种;三种日食的成因为何? 各组轮流汇报,说出重点。

8. 教师离开角色,播放 PPT,解说三种日食的成因。教师再一次派发物资,让学生尝试利用移动月球的发泡胶球,看看哪个位置能完全遮住太阳或不能遮住(分别指出本影区及半影区)。教师总结课堂。

案例2　故事教学　高中及以上　《渔夫和海豹姑娘》

"从前有一个渔夫,他每天都出海打鱼以维持生计。一天,他来到一片陌生的海域,看到有一群海豹人在沙滩上唱歌跳舞。渔夫被其中一位海豹姑娘漂亮的舞姿吸引住了,他偷偷爬到岩石后面,藏起了那位姑娘的海豹皮。太阳出来了,海豹人都急忙捡起海豹皮跃进大海。海豹姑娘找不到她的皮,向渔夫求助,渔夫撒谎说他没有拿走海豹皮,姑娘只好跟着渔夫回了家。他们在一起生活了七年,并养育了几个孩子。有一天孩子们在后院玩耍,翻出了渔夫藏好的皮。海豹姑娘穿上海豹皮,回到了大海。"

《渔夫和海豹姑娘》是北欧家喻户晓的民间故事,奥尼尔(C. O'Neil)将这一故事运用到了她的课堂实践中[①]:

1. 教师让学生分成小组做定格,呈现渔夫和海豹姑娘七年婚姻生活中的一刻。小组中扮演渔夫的学生延续所做的定格呈现一系列新的动作。

2. 教师邀请所有学生扮演故事发生之地的居民,居民们抱着对海豹姑娘的看法、态度、观点,在村庄里走来走去,相互耳语。

3. 将学生分为2人一组,一人扮演渔夫/海豹姑娘,另一人扮演孩子。孩子们围坐在乡村教师边上,乡村教师给孩子们布置一项关于大海的作业,要求孩子们让父母讲讲关于大海的故事和传说。渔夫/海豹姑娘在旁观看孩子与乡村教师的互动。孩子们回到家中(2人一组的小组中)要求父母讲故事,后回到学校七嘴八舌地分享听到的故事。扮演渔夫/海豹姑娘的学生在这一环节会体验到强烈的观众感。

4. 将学生分成两组,分别创作渔夫和海豹姑娘的梦。可以使用象征、浓缩等梦的表现形式来表达,小组完成后向另一组展示。

5. 邀请学生就目前为止所体验的经历写一首诗或一封信,可任选视角。

6. 教师叙事:很多年过去了,渔夫和海豹姑娘最大的女儿恋爱了,她很想知道父母的爱情故事。教师邀请学生在角色外用论坛剧场的形式决定渔夫和大女儿如何开场。学生们确

---

① 本案例选自 C. O'Neill. *Drama worlds: A framework for process drama*. Heinemann Drama, 1995. 因篇幅限制,在介绍时略有删减。

定开场地点和台词:"妈妈爱上你是什么时候?"两位学生自愿扮演渔夫和女儿,按照小组协商的台词和地点在论坛剧场中即兴表演。

7. 教师叙事:几代人过去了,当年的传说在一段舞蹈中被保留下来。教师将学生分为两大组,让他们创建关于这段故事的舞蹈,完成后在全组中分享。

8. 全体围圈,每人选择他人创作的诗或信,选取其中最有力量、最能打动人的字词、句子或段落,在全组中依次轮流读出来,拼凑成新的文本,引导进一步的反思。

附:

1. 体力热身游戏

(1)打招呼:全体同学在场地中自由走动,先以手势向他人打招呼,再用肩膀打招呼,再用臀部打招呼……教师可根据学生的完成状况不断升级难度,直到所有学生活跃起来为止。

(2)抢凳子:根据参与者人数放置板凳(板凳数比人数少一),让参与者伴着音乐围成圈绕板凳走,音乐骤停时必须坐到椅子上,没有抢到凳子的人即遭淘汰。一轮结束后可随机拿掉几把凳子,最后剩下一人胜出。

(3)照镜子:两人一组,相对而立。一人在下肢不动的前提下,做各种动作,另一人像照镜子一样随之而做,如出错即为失败,两人互换角色,继续进行。

2. 脑力热身游戏

(1)青蛙跳水:全班围成圆圈,一人开始说"一只青蛙",第二名接着说"两只眼睛",第三名接着说"四条腿",第四名接着说"扑通跳下水"。依此类推,不断增加难度。

(2)搬东西:两至三人为一组,共同协力搬运想象的某件东西,如一袋大米、一架钢琴、一桶水等。搬到指定地点后,其余同学可以猜猜他们搬的是什么。

(3)心爱之物:全班围成圆圈,教师拿出一个帽子或者盒子放在中间,邀请每位同学从帽子中取出想象的心爱之物,用动作表演出心爱之物的用途,让其他同学猜一猜是什么。

第八章 表达性艺术治疗技术在
学校心理辅导中的应用

人类天生就善于通过创作展现自己的情感与意念,甚至通过艺术的形式去表现自身与大自然的密切关系,在艺术创作或表现的过程中获得心灵的寄托、肯定自我存在的价值。心理咨询师会把绘画、音乐、舞蹈、戏剧等艺术媒介引入心理治疗,利用口语、非口语的表达及艺术创作经验,帮助当事人对自己有更深刻的觉察、释放被压抑的情感、处理情绪上的困扰,协助当事人重新接纳和整合外界刺激,使内心世界和外在世界更趋一致,这便是表达性艺术治疗。

我们活着,每时每刻都需要表达,表达是每个生命的渴望。人类在没有文字甚至语言之前,便开始在山洞的岩壁上用图画来描绘所看到的事物或表达对自然及宇宙的看法,在绘画中寻找生命的意义。但是我们常常因为各种原因,无法用言语将很多复杂的情感表达出来,一旦非常重要的情感得不到释放,郁结在心里,就会产生所谓的心理症状。心理疾病的根源也可以说是在于无法很好地表达,所以帮助来访者找到适合自己的表达方式充分地表达自己,便能使心理疾患得以修复和愈合。各种艺术形式能够创建一种无危险、无威胁性的环境,帮助当事人达成与自我的对话,完成心理治疗的任务。

由于表达性艺术治疗可以借助非言语的方式进行,所以对于语言能力弱的儿童或表达能力弱的来访者,是非常有效的跨文化的治疗技术,特别适合学校的青少年心理辅导工作。表达性艺术治疗借助各种艺术的媒介,帮助青少年构建一种心象思考,启发更多的想象及灵感,促进创造力及洞察力的产生;也可以帮助青少年减少心理防御,开放自己,更清楚地认识自己,获得洞察、学习和成长;还能帮助青少年借助作品来表达内心的情绪或意念,增加对这些情绪或意念的觉察,为自我整合提供可能。而且艺术作品可以被记录,尤其是在媒体记录技术发达的今天,声音、图像的记录方法非常丰富,这也使得治疗过程中的作品具有一定的持久性,可以被原状保持,比较不容易被记忆扭曲,从而有机会让个案完整地回顾或比较,从中产生新的、更深一层的发现及洞察。

这一章中,将介绍目前在学校心理教育和辅导中较为常用的几种表达性艺术治疗技术。

第一节 沙盘游戏在学校心理辅导中的应用

对很多学校的心理中心而言,沙盘已经成为心理器材的标配,然而,很多老师还不知道如何使用沙盘和沙具来为孩子做辅导,所以这一节中,我们将重点介绍沙盘游戏。

一、沙盘游戏概述

在学校心理咨询过程中,面对不同年龄段的来访者,咨询师常常会有两个难题:一是如何呈现和澄清来访者面临的问题,二是如何使来访者聚焦在此时此地。沙盘游戏可以较好地解决上述两个难题。

沙盘游戏是让来访者在咨询师的关注与陪同下,在安全、轻松、积极关注的环境中,从沙具架上自由挑选沙具,在盛有细沙的特制箱子里进行自我表现的一种心理咨询方法。沙盘游戏通过非言语的手段,帮助来访者再现其多维的现实生活,使来访者的无意识被整合到意识中,达到无意识的意识化。对孩子们来说,沙盘游戏是一种充满乐趣且意义深远的心理咨询方法,学校心理咨询师可以借助沙盘游戏活动,从孩子的无意识心理层面促进孩子人格的成长与改变。

(一)沙盘游戏发展的历史

沙盘游戏由英国伦敦的小儿科医生劳恩菲尔德(M. Lowenfeld)在 1929 年创立,他发现,孩子们通过沙和沙具能做出很多意外的作品,这种游戏一定程度上反映了孩子们的内心世界,随后他于 1939 年发表了相关论文。1956 年,荣格(C. G. Jung)的学生、瑞士心理分析家卡尔夫(D. Kaoff)将这种技术与荣格分析心理学理论结合起来,并汲取东方哲学思想(如中国的阴阳五行的思想、《易经》以及周敦颐的新儒学),创立了荣格学派沙盘游戏疗法。卡尔夫认为通过在沙箱内摆放沙具、塑造沙子,能建立一个与内心世界相对应的世界,通过这种有创造力而自由的方式,无意识过程就在一个立体的视觉化的世界中被显现出来。

1965 年,日本荣格学派的著名分析家河合隼雄将沙盘游戏疗法引进日本,并译作"箱庭疗法"。在以河合隼雄为代表的日本心理学家的带领下,箱庭疗法在日本发展迅速,日本成为沙盘游戏理论研究和咨询实践的主要地区。

20 世纪 90 年代,沙盘游戏传入中国,我国的临床心理咨询工作者在多项领域进行了沙盘游戏的研究与尝试。近 10 年来,沙盘已成为学校心理辅导的标准设备,在学校心理健康教育和辅导中已得到推广。沙盘游戏与谈话类的心理辅导相比,优势在于:沙盘游戏给予来访者更多象征层面的、非言语性的支持,可以绕过来访者的阻抗、深入个案的潜意识世界,洞察个案的心理轨迹,释放个案内在的情绪,处理隐藏在意识深处的情结,使其深层次人格得以表现。

自创立至今不到 100 年的时间里,沙盘游戏以其特有的优势在世界范围内得到了日益广泛的应用。目前,国际上已相继有几十个沙盘游戏组织和机构成立,沙盘游戏已经被普遍看作是一种独立的发展成熟的心理咨询体系,在世界范围内发挥着积极的影响与作用,尤其在学校心理咨询中,沙盘游戏更是得到了广泛的应用。

(二)沙盘游戏的材料

沙盘游戏最基本的配置包括一到两个沙箱(一个干沙、一个湿沙),以及各种各样的小型沙具模型,通常包括人物、动物、植物、建筑物、交通工具、家具设备、生活用品、抽象图形(如三角、五星、球体等)、自然界的物件(如石子)以及各种象征符号等。这些沙具模型可以表现人物、思想、状态、情感以及众多潜在的可能性。

1. 沙箱

沙箱是个有边界限定的容器,其大小规格以及尺寸和颜色有具体的限定。当前沙盘游戏中所使用的沙箱一般是规格为内侧 $57 \times 72 \times 7$ (cm)的矩形沙箱。有时为了便于一些年龄较小的儿童制作沙盘，也可以使用较小些的沙箱，这样，沙盘大体可以置于视线之内。也有为团体、家庭游戏准备的较大些的沙箱。沙箱外侧涂深色或木本色，内侧为蓝颜色，代表着江河湖海，目的是为了制作者挖沙时会有挖出"水"的感觉。生命离不开水，水是生命之源，沙盘游戏中，培养来访者对水的这种感受是很重要的。

2. 沙

沙在沙盘游戏中发挥了极其重要的作用，沙的介入对来访者的作用是许多其他心理疗法所无法比拟的。沙盘游戏所使用的沙子可以是海滩的或河边的细沙，也可以是建筑材料中的沙。不过，用在沙盘游戏中的沙子最好先洗涤几次，以免来访者不慎将沙揉入眼睛而引起感染，特别是儿童。当然，细密的沙子，会使来访者在触摸沙时产生一种儿童化的情感，或是回归母亲怀抱的温馨感，可以为来访者创造一种理想的触觉、运动觉的体验，使其放松，为来访者内心世界和外部世界架起一座沟通的桥梁。

3. 沙具

沙具是沙盘游戏的语言，是个案用以表现内心世界的形象物，可以让个案通过运用各种沙具将自己无形的心理有形化，觉察自己的内心世界，整合自我。沙具虽然是越多越好，但是沙具的积累是一个长期的过程，沙盘游戏工作室建立初期，只要具备基本的几类沙具就可以了。不同的沙盘游戏者对沙具的分类会有所不同，有的划分得非常详细，有的则只是划分为简单的几个大的类别，但并没有严格的标准，只要自己觉得适用就可以了。这里介绍常用的几类：

（1）人物类：人物类沙具常被来访者当作真实生活中人物的象征，或者被当作对其有影响的某种人格原型，同时也可能是个体人格的一个侧面。

（2）动物类：动物可以象征与理智、意志、判断完全不同的直觉和本能，来访者沙盘世界中的动物可以体现出人类本质的不同侧面。

（3）植物类：植物象征着生命的周期、生命的能量、死亡与再生。树木一年四季的枯荣，提醒人类季节的轮换和时间的流逝。植物生长于土地之上，被认为是与大地母亲和生产力有着亲密的关系。

（4）建筑物类：植物、动物是自然环境的组成要素，是不可或缺的。而建筑物作为社会环境要素，由于有了人的足迹而显得更为重要。在沙盘作品中，家可能被视作庇护和保护的象征，也可能是个体内心世界的真实写照。

（5）家具与生活用品类：各种家具和生活用品可以用来表现家庭内部构造，从而表现出来访者的内心秩序、人际界限、生活情趣等方面的内容。

（6）交通运输工具类：交通工具可能象征着移动和改变，可能代表着来访者生活中的控制、释放、逃离和力量。运输可以是精神或生理体验的一种比喻。

（7）食品、果实类：食物通常象征着滋润和营养，是维持生命所必需的。

（8）石头、贝壳类：石头是男性力量的象征，也有压力、稳定、恒久和坚固的含义。贝壳往往是女性的象征，是来访者经常会使用的。

（9）其他：对于不易用沙具表现的水、火、空气、土地，可以通过已有沙具或对沙具的加工来予以表现。如：用沙箱的蓝底色、船只、鱼、贝壳等表现水，用撕成条状的白纸、棉花表现瀑布和浪花；用火柴、蜡烛、炉灶表现火，或用红布条表现火焰；用隧道、推土机、铁锹、矿石、树木来表现土地；用帆船、飞机、羽毛、风车表示风或空气等。来访者在制作沙盘过程中的堆山、移动山、吹风等行为本身也是在制作沙具、表现内心世界，也应引起关注。

4．记录工具

沙盘室还应准备一些设计好的记录用纸，以便记录来访者在沙盘制作过程中的非视觉信息。若有条件的话，沙盘游戏室应配备一部一次性成像的照相机，以便将来访者制作的沙盘作品拍照后赠送给他们作为留念，也有利于日后分析和研究。如果有数码相机，可以将沙盘作品的图片在计算机上进行存放或处理，这样保存的效果会更好，使用起来就更方便了。

（三）沙盘游戏的原理

沙盘游戏的理论基于荣格的分析心理学和卡夫卡的整合性思想。沙盘游戏对于心理咨询的有效性主要体现在以下六个方面：

（1）咨询师的接纳。咨询师的接纳犹如母亲的慈爱、关怀、温暖、包容，母亲无条件接纳孩子，孩子也会把母亲当作自己。卡夫卡将这样一种状态称为"母子一体性"，咨询师在沙盘游戏中，通过无条件接纳，能与来访者之间建立一种"母子一体性"的关系，使来访者获得心理的满足，从而实现心理的成长。

（2）意象的表达。意象是荣格分析心理学的重要内容，沙盘游戏中的沙具在个案心中都有不同的象征意义，都是意象的表现。沙盘游戏的进行过程就是个体展现其内心潜能意象的过程。意象是人类与生俱来的内在潜能图像，如果被表现出来，将充满力量，持续性地对个体发展产生影响。

（3）自性力量的激发。在荣格分析心理学理论中，自性是人心灵世界整合性的、主导性的能量的原型，作用是保持心灵整体的平衡和完满。心理问题往往产生于意识自我对自性统合力的偏离，或者其他某些部分的分离、无序。而在沙盘游戏过程中，来访者的意识与无意识能够产生积极的对话，自性的力量就被激活了起来。

（4）自由与受保护的环境。沙盘游戏为来访者提供了一个自由、受保护的空间，在这里，来访者可以按照自己的想法做自己想做的事情。此时，他们的心灵感受是自由和安全的，无意识自然流露，在这样的状态下，他们能够体验到心灵的发展与变化，不知不觉中实现转化与治愈。

（5）"游戏"的治愈。游戏从古至今都是儿童乐此不疲的活动，让人无拘无束，不需要完成特定的目标，感受自由和愉悦。与充满规则的社会相比，游戏是天性使然的活动，令人体验到轻松。此外，游戏还可以将现实中无法控制和处理的情境变成可控的，从而使儿童获得自主感。对于成人，每个人的心底依然埋藏着童年时代游戏的感觉，这种感觉一旦被激发，一切烦恼和压力会随之烟消云散。沙盘游戏首先就是一种"游戏"，也具有与其他游戏一样的心理治愈作用。

（6）心理能量的宣泄。沙盘游戏是一个心理能量释放的过程。在沙盘游戏中，来访者可以制作冲突的场面，表现不被意识接受的丑恶、对抗等场景，从而释放心理能量，获得畅快感,使心理压力得到缓解、心理问题得以解决。

由以上我们可以了解:沙盘游戏的精髓是咨询师温暖、接纳、支持、无条件积极关注的态度。因此,具有一定文化水平的护士、小学或中学心理老师、大学心理咨询师、督导师等心理从业人员,在学习了沙盘的基本原理、掌握沙盘游戏的操作方法之后,通过短期有效的训练,都可以带领来访者进行 7—8 次的短程沙盘游戏,从而使来访者的心理健康水平明显提升。沙盘游戏对青少年学生的焦虑、抑郁、强迫、违纪、攻击性、性问题和社交退缩等方面的问题均有良好的改善作用。

二、沙盘游戏的操作

沙盘游戏一般在心理咨询室的沙盘室进行,每周带领个案进行一次,每次的游戏时间控制在一个小时之内。

（一）沙盘游戏的引入

在心理咨询中,如果突然引入沙盘游戏,个案有可能会引起抗拒。这时,咨询师向个案介绍沙盘游戏对其情绪的好处,就有可能引起个案的期待和配合。比如,咨询师可以说:"我也带过其他的同学做过沙盘游戏,他们玩过后,非常开心,你可以尝试一下。"

个案同意以后,咨询师可以详细地向个案介绍沙盘、沙具、沙以及游戏的过程,可以先让个案感受一下沙子,也可以给个案做示范,比如:移动沙子,露出沙箱的底部蓝色,向他解释这时候底部的蓝色看起来像水,箱子侧面的蓝色看起来像天空。

咨询师可以给个案展示沙具,告诉他可以用其中的一些沙具或者很多沙具,当然也可以不用,然后告诉个案沙具摆放的规则,帮助他比较容易地找到自己需要的沙具,也可以向个案说明,在结束之前,他可以对自己的作品进行任何改变,可以创造出他想要的任何东西。

咨询师可以根据个案感到舒服的方式调整沙盘的高度,让个案可以坐着或站着玩沙盘。在个案第一次做沙盘游戏的时候,咨询师可以告诉个案:"你可以在沙箱内做游戏,并且按照你的意思从沙具架上选择物件,如果你找不到沙具,可以问我,我可以告诉你在哪里可以找到,或者可以用哪些沙具代替。在制作过程中,我会一直陪着你。只要你遵守游戏的规则,不有意破坏玩具、不把沙有意从箱子里泼洒出来、不做有害你身体健康的行为,我不会干涉你,除非你需要我的帮助。"

关于沙具摆放,咨询师也可以给出一些更加详细的说明和引导:"你可以按照自己的意思在沙中创造任何你想象的世界,摆出任何场景或者图像。你可以编撰任何故事,想到什么就做什么。你可以选择那些吸引你的沙具,也可以选择一些你比较讨厌的沙具。不管你做什么都可以,做沙盘没有对错之分的,无需思考故事的合理性或是否被允许的问题。"

咨询师对于玩沙的时间可以与个案有一个约定:"你有××时间玩游戏,时间快到时,老师会提醒你。"

沙盘游戏的进行过程中,个案可以沉默,也可以说话或者要求咨询师给予协助。咨询师则只是作为一个陪护者,见证沙盘游戏的过程,不参与沙盘的制作。咨询师可以选择在整个过程中沉默,也可以在一边用第三人称轻轻地报告游戏过程,如:"我看到敏敏选了一头霸王龙放在了河边，敏敏在沙堆里埋了一条蛇。"

（二）沙盘世界的构建

向个案介绍完沙盘游戏的有关设置之后，就可以允许个案进行沙盘的制作了。在制作过程中，咨询师可以是一个静默的陪伴者，坐在沙箱的侧面，像一个见证者一样默默见证个案无意的流露和表达，虽然不说话，但是通过目光、身体语言以及偶尔的应答，给个案创造一个自由且安全的环境。咨询师也可以选择时不时地口头报告看到的个案的一些行为，或反应性地跟个案对话，以传递咨询师在身边陪伴并允许个案的沙游行为的信息。总之，要让个案在沙盘制作过程中体验到回到童年的感觉、像有家长在身边那样的安全而受保护的感觉，这对沙盘游戏至关重要。

咨询师需要有理解的态度，设身处地地体验个案的心理和情感感受。咨询师需要随着个案的思路走，而不是改变个案的想法。咨询师不要在个案制作沙盘的时候表现得无所事事，而是要让个案感觉咨询师，以一种欣赏的态度来对待个案制作的场景、给予个案无条件的积极关注。咨询师应使自己像一位和蔼温暖的妈妈，对于个案的制作过程、作品本身以及解释，总是慈祥地关注，并用欣赏、鼓励的眼神鼓励个案继续进行沙盘游戏过程，使个案坚信自己能够完成好沙盘游戏作品。适当的时候，也可以应个案的要求，给予一定的帮助。沙盘游戏的过程要尽可能留给个案一个人体验，咨询师要做的主要是传递信任和支持，不一定要通过语言和行为表达出来，有时只是简单关注就好。

在沙盘制作过程中，咨询师可以借助下面的"沙盘游戏过程记录表"（如表8-1所示）记录下个案沙具摆放的顺序，个案挑选沙具时的顺序和处理方式，以及个案喜欢哪些沙具、讨厌哪些沙具。

表 8-1　沙盘游戏过程记录表

姓名：
游戏开始时间：

沙具序号	沙具名称	沙具摆放位置	备注
1			
2			
3			
4			
5			
……			
n			

游戏结束时间：

在沙盘游戏制作的记录过程中，咨询师要全神贯注地观察个案的制作过程，注意以下细节：

（1）注意个案接近沙箱、选择沙具以及创作作品的方式，个案的个人特点也要记录。

（2）个案有时会对沙具进行一些移动，要注意个案移动沙具时候的形态举止。

（3）注意个案摆放的多个人或者对立的两人的朝向，也要注意整体沙具的朝向方向，留意是否偏离或朝向某些沙具,或是偏离或朝向咨询师或个案。

(4)注意沙具在沙箱的位置,如:沙具是被埋起来还是暴露在外面,沙具的摆放是在一起的还是分开的,沙具是否构成几个区域。

(5)记录沙盘制作开始的时间和结束的时间。

在沙盘制作过程中不用与个案进行探讨,作品完成后再与个案进行探讨。如果个案制作得过快,可以让个案花时间感受一下自己的作品;如果时间快到了,可以温和地提醒个案。

当个案完成沙盘作品后,沙盘游戏就可以结束了。

(三)沙盘世界的体验和重建

1. 体验阶段

这一阶段是一个安静反省的阶段。个案告诉咨询师自己的创作结束了,咨询师可以告诉个案:"现在你可以花一点时间感受一下你的沙盘作品,你可以不说话,也可以跟我说说你心里在想些什么。"这时候个案会再次转移到更深层次的思考。咨询师在这一阶段不做任何评价,而任务就是无条件接纳个案的作品,听个案讲作品故事。此时,咨询师只需要做出一些反应性的回应。

如果个案表现出一些情绪,咨询师不必解释,也不必提问题,可以进行一些引导:"做完沙盘你似乎有些特别的感受。"咨询师还可以建议个案围着沙箱走一下,从不同的角度看沙盘,就像从不同的视角看故事,这样也许沙盘中的人或事物会有所不同。指导语可以是:"你可以围绕着沙箱走,并且从侧面、上面等不同的角度看看你的作品,看看哪些地方有特别的感觉,也可以停下来多待一会儿。"

这个阶段一般可以持续5分钟左右,如果个案过快地结束本阶段,可以适当地建议其再一次感受下自己的沙盘作品。

2. 重新建造阶段

当个案体验过沙盘之后,他们可能希望改变自己的作品,这时咨询师可以说:"你已经全部体验过了,你可能发现你的作品就是你希望的样子,或者发现你想对它做一些改变。你可以移动沙盘中的玩具,也可以增加一些别的玩具,或把不想要的玩具挪走"。

个案进行调整后,咨询师要让其重新体验作品,同时,应记录下个案对沙盘所做的改变。

(四)对沙盘故事的讨论

沙盘游戏的作用机制之一就是将个案内心的东西表达出来,所以当个案最终完成作品后,咨询师可以跟个案就其作品做以下一些工作。

1. 倾听个案的故事

咨询师可先询问个案是否愿意向咨询师介绍自己创造的沙盘世界,以便了解个案的观点。这时可以说:"你是你的沙盘世界的创造者,我对这个世界不了解,你能不能带我游览一下,详细向我介绍一下这个世界是怎样的,又是如何形成的,并且介绍我认识你的这个世界中的人物和玩具。"此时个案可能只是做一个简单的回顾,咨询师则要尝试引导和帮助个案丰富其所创造的这个世界的信息,这对于个案心理健康水平的提升很有好处。

如果个案保持沉默,不想描述这个世界,咨询师就需要尊重他,可以说:"你想要告诉我这个沙盘世界的任何事情吗？或者只想陪它一段时间,而不想谈论它?"

由于个案所创造的世界是其无意识的流露,不管呈现的方式怎样,咨询师都需要对个案所描述的事情持开放的态度。咨询师对个案的沙盘作品是一无所知的,应表现出好奇与兴趣。在这个过程中,咨询师不能用任何方式来评论个案创造的沙盘作品,因为这是个案自己的世界,别人是不可能完全理解的,更不能把自己的理解强加给个案。

当个案描述完所创造的世界,咨询师要注意个案的面部表情和身体反应,这时候咨询师可以问一些话,但不要带有暗示性,而是以中性语言来问,比如:"你的身体哪个地方有感觉?"或者"你似乎看上去很难过(生气、不舒服……)?"如果个案表示没有,咨询师就不再继续。如果个案有情绪体验,咨询师可以鼓励个案停留在情绪中,个案可能不愿意停留在难过之中,这时,可以借这个机会,帮助个案把情绪和现实联系起来,这本身对个案也是非常有好处的。

有时个案会在沙中埋些沙具,或者不提到某些沙具,遇到这种情况,咨询师要在这个阶段询问这些漏掉的点。咨询师可以说:"我发现那里有个××,你能说一下关于它的事情吗",这时候要观察是否有和个案探讨的可能性,这些物体往往具有重要意义。

这个阶段咨询师所做的主要有引导、接纳、倾听,但不解释,通常需要 5—10 分钟,但这 5—10 分钟的活动非常重要,起着承上启下的重要作用,既是游戏阶段的结束,又是自我觉察和人际关系探索的开始。

2. 与个案就其作品进行对话

进入对话阶段,刚开始可以先问一些有关个案所创造的世界的问题,鼓励个案更广泛地去体验自己的沙盘世界或者沙盘中一个特定的场面。咨询师要将讨论集中在沙盘作品上,而不是个案本身,也不需要进行分析。比如,某个案可能会在沙盘中摆放一只正在靠近水源的老虎,个案表示老虎就是自己,并且说自己很饥渴,这时咨询师可以说"这只饥渴的老虎正靠近水源"而不是"你正靠近水源",因为只有这种中立的态度,才有利于个案充分表达自己的问题。

咨询师可以引导个案从某一个局部进行讨论,而不是从最情绪化的画面开始,然后慢慢深入,帮助个案探索自己的内心。若个案的分享不够主动,咨询师可以借助表 8-2"沙盘对话记录表"与个案进行讨论:

表 8-2　沙盘对话记录表

姓名:　　　　　　　　　　　　　　　　　　　　　　　　　对话时间:

序号	问题	应答	备注
1	你可以简单介绍一下你的作品吗?		
2	如果让你给作品起名字,你认为是什么?		
3	整个作品你最满意的部分是?		
4	记得第一个和最后一个放的是什么吗?		
5	哪个玩具对你意义最大? 是什么?		
6	摆的时候有没有哪里卡住了? 为什么?		

序号	问题	应答	备注
7	觉得有什么需要补充的吗?		
8	觉得还有什么没表现出来的吗?		
9	完成作品后,有什么感觉?		
10	其他		

这部分对话通常需要 10—15 分钟,当时间快到的时候,咨询师可以告诉个案:"今天的时间快要到了,现在你可以按照自己的意思保留这个世界,也可以调整这个世界,或者拆除这个世界。在拆除这个世界之前,请你再体验一下自己创造的世界。"

（五）沙盘游戏及相关讨论过程的记录

沙盘游戏的过程需要被记录下来,咨询师可以从中看到咨询的进程和沙盘对于个案的咨询效果,而个案也可以借由这些记录,增加与现实的接触和对自我的觉察。

咨询师可以将个案最终的沙盘作品用手机拍下,也可以将个案的沙盘照片发给个案作为留念,每一次沙盘作品的照片都要留存,有利于日后的分析和研究。可以让个案选择性地进行拍照,也可以让个案和作品进行合影。

而讨论阶段进行的对话,可以借助记录表,用纸笔记录下来,因此,沙盘室中可以准备一些设计好的记录用纸,以便于记录沙盘游戏制作过程中的非视觉信息,也可以在个案同意的情况下,对整个沙盘游戏过程进行录音保存,咨询结束后,再根据录音,将相关信息记录到表格中。

（六）退出沙盘游戏回归现实

沙盘游戏的退出,也是一个重要的环节,处理不得当,也有可能使得个案在一段时间里无法区分现实世界和其创造的虚拟世界,从而导致一些心理症状。有些个案在沙盘游戏中可能沉浸得比较深,完成沙盘游戏后,不容易退出来,依然长时间地停留在自己创造的想象空间里,这会干扰到个案当下的生活,所以,这就需要咨询师帮助个案从沙盘的世界过渡到现实中来。从沙盘游戏过渡到现实的方法是多样的,可以是仪式性的,也可以是简单的言语提醒,这需要根据当事人的情况来做出选择。比如,咨询师可以说:"你刚刚创造和经历了一个世界,现在我们回到你的现实生活中来,看看沙盘游戏中的哪些经验可以被我们用到现实生活中? 这些经验跟现实的生活有什么样的类似之处?"

这个环节旨在帮助个案把沙盘世界与现实世界的生活话题或回忆连接起来。这个部分很容易被咨询师忽视,不过,对于那些对现实和幻想的界限感到不清的个体来说,这是非常必要的,就如同心理剧中的去角过程。

（七）作品的拆除

一般个案在离开之前会选择拆除或者保留作品。拆除沙盘作品的过程也非常重要,它可以让个案在拆除他们自己创造的世界时感觉到,自己有力量停止和取消自己做过的和在做的一些事情,有补救自己的过错的可能。而对于另外一些个案来说,拆除沙盘世界可以使得沙盘游戏的过程变得完整。从无到有，从有到无，再恢复到初始状态，有利于他们进行下一次新的创作。

从技术上来说，如果个案不愿意拆除作品，而其又恰好是当天最后一个进行沙盘游戏的个案，那么可以将其作品保留到下次；如果后面还有别的个案要做沙盘，可以告诉个案，还有别的同学要做，建议以拍照留念代替，温柔地劝说其拆除作品，这对孩子理解他人的需要也是有好处的。

沙盘游戏，每周进行一次，可以一直进行下去，没有次数的限制。不过沙盘游戏作为学校的心理辅导的形式时，鉴于学校资源的有限性，可以以 6—8 次作为一个"疗程"，给个案一个阶段的概念，从而使其对自己的沙盘作品有一个创作规划。一般每周 1 次，每个学期差不多也就是 2 个疗程的时间。当然，咨询师可以根据对沙盘作品的观察评估，结合个案日常行为表现反馈，并根据个案的意愿，选择跨学期后是否继续邀请其进行沙盘游戏。

三、沙盘作品的心理评估

沙盘作品的心理评估可以根据"创伤"和"治愈"主题的数量来进行。沙盘游戏的主题，是对沙盘游戏模型所表现出的象征性意义的总结，一般可以归为两大类：创伤的主题和治愈的主题，分别代表消极和积极。主题可以告诉我们个案在沙盘游戏中表现或传达的基本意义。主题也是沙盘游戏过程的晴雨表，告诉我们个案内在心路历程的变化。表 8-3、表 8-4 分别为投射个案心理问题的"创伤主题"和"治愈主题"。

表 8-3 投射个案心理问题的"创伤主题"

创伤主题	主 题 表 现
混乱	将不同种类的沙具散乱地放在沙盘中，沙具之间没有联系；将不同种类的沙具堆放在一块儿，没有组织；将某一特定种类的沙具散乱地放在沙盘中；沙盘过分拥挤杂乱。
空洞	沙盘超过 1/4 的面积是空白的；整个沙盘的沙具比所提供的沙具少很多。
分裂	沙盘被明显地用栏杆、沙子或者水域分割成两个或两个以上的部分，而且中间没有桥等连接物；不同种类的东西按种类独立放置，而且中间没有联系或组织；不同种类沙具被对立摆放；关系密切的沙具被放在相距很远的地方，中间没有连接的工具。
限制	动物、人物被困在一个地方，与外界沟通不良；交通工具无路可走（飞机没有跑道可起飞，汽车没有路可走，船被困在很小的水域中）。
忽视	照顾者与被照顾者相距很远。
隐藏	危险性的沙具被藏在其他沙具后面；具有消极象征意义的人物或者动物被藏在暗处；用沙子把沙具埋藏起来。
倾斜	沙具倾斜。
受伤	动物或者人物被咬伤；人物或动物出事故；超人或具有正面意义的童话、神话人物被打败、受伤。
威胁	弱小的人物或动物受到攻击；凶猛水生动物出现，威胁船或其他鱼类；怪兽入侵；战争爆发。
受阻	人物或动物的前方有栏杆或者其他障碍物，不能前进；交通工具被障碍物堵住，不能前进。
倒置	沙具被反过来放在沙盘中；人物或动物卧倒在沙盘中。

创伤主题	主题表现
残缺	现实场景中没有人物或者动物出现;自然场景中没有动物或者人物出现;水生动物被放在沙子上,没有水源;动物没有食物或者只有餐具没有食物;家庭重要成员缺失;选择残缺的沙具。
陷入	人物、动物的脚陷入沙子中超过30%;交通工具陷入沙中超过30%。
攻击	两种动物或者两种以上的动物之间的互相攻击;人物与动物,或者人物与怪兽,或者超人与怪兽之间的战斗;准备战斗的士兵或者军队。
其他	饥饿的人物、动物在寻找食物;枯萎缺水的树木;具有创伤象征意义的头骨、蛇、木乃伊、坟墓、死气沉沉的树林;刻板地排列同类的东西;出现大批救护沙具,如救护车、消防车。

表 8-4　投射个案心理问题的"治愈主题"

治愈主题	主题表现
联合	被分裂的两个部分之间有桥等建筑物;用道路等连接建造物、人物和动物等沙具。
旅程	飞机有足够的跑道空间可以起飞;船、汽车有路可以出发;人物有明显的道路可以前进;动物有一定的方向可以前进。
能量	出现绿色的植被、绿洲;水源为植物、动物提供能量;出现可以吃的食物。
深入	有安全的水域或者畅通的河流(水中没有危险的沙具出现;宝藏、贝壳、珊瑚出现;挖井筑湖)。
新生	婴儿的诞生或者小鸟等动物的出生;花儿开放。
培育	母亲照顾孩子;鸟喂养小鸟;为树木浇水;照顾者烹煮食物。
变化	创造性地使用沙具或者沙子;将具有消极象征意义的沙具变成具有积极象征意义的沙具。
灵性	宗教人物的出现(佛、观音、天使);青蛙、蝴蝶、蝉等具有蜕变意义的动物的出现。
趋中	沙盘中央出现"圆形"的"组织";沙盘中对立或冲突双方得到沟通或者统一。
整合	沙盘突出统一的主题或者故事;不同种类的沙具有组织地结合在一起,形成和谐统一的组织或结构。
仪式	歌舞庆祝仪式;结婚仪式。

四、团体沙盘游戏的实施

在学校的心理辅导中,也可以将沙盘游戏以团体辅导的形式开展。团体沙盘游戏是个体沙盘游戏和团体心理辅导的结合,运用与个体沙盘游戏相同的环境和材料,根据团体心理辅导的原则来确定团体成员和建立团体契约。团体沙盘游戏适用于处理学生的社交焦虑问题、人际交往问题、考试焦虑问题、自尊与自我接纳问题等。在团体沙盘游戏过程中,会先呈现出各自为政的冲突阶段,然后是协调调整的阶段,最后是理解整合阶段。个体通过在团体沙盘中与其他成员的互动,可以达到自我探索与接纳的目的,建立良好的外部沟通协调能力,有效提升自身的成长。

团体沙盘游戏的特殊之处在于制作沙盘作品的是一个团体中的所有成员,大家按照事先抽签决定的顺序,每人依次完成一个沙盘动作。全部成员都进行完一个动作,算作一个轮次。一般团体沙盘的制作根据参与的人数,设置3—7个轮次。团体沙盘游戏中的咨询师更像一个见证人的角色,观察和记录所有成员完成的所有动作,并在作品完成之后拍照。

而辅导中最重要的步骤是咨询师作为见证人和全体成员一起分享讨论沙盘作品,在此过程中每个成员会对自己在制作过程中的思路更加清晰,对自己和同伴有更多的认识和觉察,慢慢理解自己在团体中的位置和作用,并且可以通过对团体其他成员意图的了解促进与团体中他人的相互理解,促进团体的和谐关系的形成,加强人际交往能力。作品的主题也由全体成员讨论决定,最后大家一起把玩具放回并抚平沙面。

这里要说明的是,如果团体是一个问题型团体,尤其个别成员在人际交往方面有较严重的问题时,领导团体的咨询师的其作用可能不只是充当见证人那么简单,还需要有较丰富的团体心理辅导能力。而对于一个有经验的团体辅导的咨询师来讲,团体沙盘游戏的确是一种很好的团体辅导形式。

五、沙盘游戏案例分析

1. 基本情况

小吴,女,今年11岁,在一个寄宿制学校读六年级。小吴的家庭背景十分复杂,据班主任透露,小吴是她父亲的私生女,生母在生下小吴后就抛弃了她,小吴一直由她的奶奶抚养。小吴3岁的时候,父亲和原配离婚了。小吴的父亲与朋友一起做着一些不正当的生意,且嗜赌成性,一直觉得小吴是个累赘,也是导致他离婚的原因,所以不允许小吴在外人面前叫他"爸爸",但会定期给小吴抚养费。小吴的奶奶很疼爱小吴,但很恨小吴的生母,一直向小吴灌输"仇恨思想"。小吴的生母有时会来看望一下小吴,但总是被小吴的奶奶赶走,所以小吴平时很少会见到她的生母。在班里,小吴有点像孩子王,但往往起到了一个坏榜样的作用。她的攻击性很强,常常拉帮结派,有时会联合别的孩子一起欺负某一个人,也常常会欺骗老师。但偶尔又会看到她一个人坐在窗户旁边,像是在想心事的样子。班主任告诉咨询师,因为小吴的爸爸会给小吴钱,小吴时常会请别的孩子吃东西,所以许多孩子都听小吴的话,有的还有些怕她。

咨询师对小吴的初步印象是:小吴给人感觉人际关系还不错,像是这些孩子的中心,但脾气比较暴躁,常常会大声呵斥别的孩子,有时也会动手打人。可能是因为某些原因,班里的一些孩子常常会讨好她,而小吴有时指使别的孩子一起去欺负他人,甚至是联合起来反对某位老师,给人感觉有些趾高气扬。小吴主动向咨询师提出要做沙盘游戏,咨询师希望通过沙盘游戏能改变她的某些问题行为。

2. 沙盘游戏过程

(1)第一次沙盘游戏:沙漠里的教堂。

由于小吴是第一次进行沙盘游戏,所以咨询师在游戏前先宣读了指导语,但指导语才念到一半,小吴就不耐烦地打断了咨询师,说:"别说了,真烦,快开始吧。"咨询师向其强调了游戏的规则,并坚持说完了指导语,小吴不太情愿地听着,并同意了游戏规则,然后开始了作品的制作。小吴先在沙箱的中央放置了教堂,然后在沙箱的右半部分放了几个人,或是坐着或是躺着,有一个人物的腿断了,她没有选择更换玩具而是仍旧将断腿放在沙箱中(残缺,创伤主题)。然后小吴又在右半部分放了一个锅子,往里面堆满了水果(能量,治愈主题),把所有人物都围着锅子摆放,接着又在右上角放了许多植物(能量,治愈主题),将一张床竖起来放在右下角(倒置,创伤主题)。小吴停下来想了想,把一些水果放到了恐龙的面前,像是在喂它们(培养,治愈主题),又将一些蛇和一些蝴蝶放在了恐龙的旁边,然后用栏杆将左半区域与右半区域分开(分裂,创伤主题)。最后,小吴把一些鱼排成一排,放到了沙箱的最左侧(残缺,创伤主题),然后告诉咨询师作品完成了,图8-1为小吴的第一次沙盘作品。

图8-1 小吴的第一次沙盘作品(见本书彩页)

咨询师询问她是否愿意体验一下作品,并分享一下感受。小吴不耐烦地说:"一群人骑着恐龙在沙漠里走,然后迷路了(限制,创伤主题),所幸找到了一个教堂(其他,治愈主题)。教堂里有水果可以吃。有人受伤了,需要休息(受伤,创伤主题)。现在是晚上,沙漠里有蛇会咬人,蝴蝶是毒蝴蝶(威胁,创伤主题),所以不能出去。"咨询师询问作品的主题,小吴回答:"沙漠里的教堂。"

表8-5 第一次沙盘主题出现序列

1	2	3	4	5	6	7	8	9	10	11
创伤	治愈	治愈	创伤	治愈	创伤	创伤	创伤	治愈	创伤	创伤

分析:

第一次作品中,创伤主题较多,数量为7个,治愈主题为4个(如表8-5所示)。沙漠里的教堂有寻求庇护之意。受伤的旅行者可能象征着小吴内心的创伤,结合教堂,有寻求保护的含义。选择恐龙作为坐骑象征着她内心的攻击性,而蛇和毒蝴蝶可能代表着现实生活中的某种威胁。堆满食物的锅子,象征着她对物质生活的追求。倒置的床失去了休息的含义,可能象征着小吴内心的一些扭曲的观念。栏杆象征着一种自我保护,将有威胁的动物与教堂隔离。将沙箱左右分隔开可能象征着父母关系的隔阂,而人物处于右侧、代表威胁和创伤的蛇置于左侧,可能象征着小吴对母亲的排斥。

另外,从小吴对咨询师的行为言语,可以看出她对人不尊重,以及有挑衅权威的倾向性。

(2)第二次沙盘游戏:家。

第二次沙盘游戏,小吴走进活动室后,问了咨询师一句:"可以开始了吗?"在得到咨询师的同意之后,便开始了制作。

小吴拿出了许多家具,在沙箱里布置了起来,可能是觉得沙子不平整,她用手将沙子拨开,在一片蓝色区域上摆放起家具。她好像对家具的摆放很有要求,摆了很久,改动了好多次,但摆放的家具集中在沙箱的左边下半部分,形成一个圈,显得比较拥挤(混乱,创伤主题)。在布置好家具之后,小吴又将一个桌子和三个椅子放在沙箱中,又在桌子上放了一些食物(能量,治愈主题)。之后,小吴从人物类玩具中找出了一个女性玩具,放在了一个椅子上,又将一个婴儿放到了床上。仔细观察,咨询师发现,小吴放了三张桌子和三个杯子,而餐桌上的人物却只有一个(残缺,创伤主题)。小吴看了一会儿沙箱,一边看一边用手拨弄着沙子。过了一会儿,小吴开始把沙子洒在沙具上(隐藏,创伤主题),桌子上、家具上都盖上了一些沙子。小吴洒了一会儿,告诉咨询师作品完成了,图8-2为小吴的第二次沙盘作品。

图8-2 小吴的第二次沙盘作品(见本书彩页)

小吴说作品的主题是"家",并告诉咨询师,家的下半部分是卧室,上半部分是客厅,坐着的女性是妈妈,而床上的是家里的孩子,孩子一个人在房间里(忽视,创伤主题)。咨询师问:"孩子一个人在房间里,妈妈不担心她吗?"小吴回答道:"那个妈妈在等她的老公回来吃饭。"咨询师经过观察,发现作品中沙具的摆放还是比较规则的(规则,治愈主题),但整个沙箱显得比较空旷(空洞,创伤主题)。

表8-6 第二次沙盘主题出现序列

1	2	3	4	5	6	7
创伤	治愈	创伤	创伤	创伤	治愈	创伤

分析：

这一作品中的创伤主题有5个,治愈主题为2个(如表8-6所示),创伤主题数量仍然大于治愈主题。作品比较简单,描绘的是一个家的情景。在这个家中,妈妈独自坐在客厅,而需要得到照顾的婴儿却独自睡在床上,表现出母亲对孩子的忽视。而桌上的食物与桌椅的布置,与母亲独自一人的场景形成了鲜明的对比,整个作品给人一种孤独、寂寞的感受。而小吴最后向沙具洒沙子的举动,象征着隐藏和压抑,可能是她在沙盘世界体验到了悲伤和痛苦,无意识间想要压抑和隐藏这种痛苦。整个作品可能是小吴创伤经历的再现,也反映出她内心的空洞和寂寞。

(3) 第三次沙盘游戏:森林里的天堂。

这次游戏前,小吴与她的一个朋友发生了冲突,原因是小吴让她的朋友不要与另一个孩子玩,结果那个朋友不肯,小吴就威胁她,要和她绝交,双方便发生了争吵。老师批评了小吴,小吴很生气,与老师闹起了情绪。咨询时,小吴主动走进了活动室,说要开始进行游戏。咨询师想了解听到的这个事件的缘由,小吴不愿意说,为了缓和气氛,咨询师同意先进行沙盘游戏。

开始游戏后,小吴明显地带着一些怒气,手在沙箱里用力地拨动沙子,有时候又停下来,像是在想着什么事情。咨询师在一旁静静地看着,也不打扰她。过了一会儿,小吴像是想到了作品的主题,开始了沙盘的制作。她先在沙盘的右半部分放了两把椅子,接着放了两个儿童,像是坐在椅子上一样,正在交谈(对话,治愈主题)。然后,将一条蛇放到了沙箱的下半部分(其他,创伤主题),但可能是改变了注意,她用沙子把蛇埋了起来(隐藏,创伤主题),又用大片的植物放在了蛇所在的位置上。小吴挑出了几个人偶,将这些人偶围成一个圈,像是在商量着什么,接着又用更多的植物将它们围了起来(限制,创伤主题)。小吴将一座山放到了右下角,又在山的旁边洒了一些石头,把一个小女孩放在了上面,像是在玩耍。小吴拿出了教堂,把它放在了沙箱的右上角,然后放了一对夫妇在教堂的门口(对话,治愈主题),接着在教堂的旁边依次摆了两座塔和一座风车,又在教堂的门口摆了一棵树(能量,治愈主题)。接着,又在沙箱的左上部分放了一排房子(其他,创伤主题),又放了一组桥在沙箱的中央(其他,创伤主题),然后放了一座塔在左上角,并在塔的周围放了三个女孩子,像是正在参观(对话,治愈主题)。

小吴告诉咨询师:"房子的外侧是外国(分裂,创伤主题)。"

她又放了两个人在左下角,说:"他们想去教堂但不知道怎么走。"

在寻找玩具的过程中,小吴发现了一个拿着盒子的人物,便把他放到了教堂的旁边,小吴解释道:"这是个小偷,在偷教堂里的东西(威胁,创伤主题)。"说完,她就向咨询师表示作品完成了,并告诉咨询师作品的名字叫"森林里的教堂"。

"教堂是个很重要的地方吧? 那找不到教堂的人一定很着急?"咨询师顺着她的思路问道。

小吴回答:"教堂里的人会帮助到那里去的所有人,但左下角的两个人因为树林的原因看不到教堂(受阻,创伤主题),而树林里的人则是迷路了,无法从树林里逃出来。"小吴的第三次沙盘作品如图8-3所示。

图8-3　小吴的第三次沙盘作品(见本书彩页)

表8-7　第三次沙盘主题出现序列

1	2	3	4	5	6	7	8	9	10	11	12
治愈	创伤	创伤	创伤	治愈	治愈	创伤	创伤	治愈	创伤	创伤	创伤

分析:

本作品中的创伤主题有8个,治愈主题有4个(如表8-7所示),数量与第一次游戏时持平。创伤主题中,受阻、限制一类的主题比较多,可能代表着小吴在现实生活中的迷茫和无助。位于右上角教堂象征着其精神上的追求,而从教堂里偷东西的贼可能象征着人际关系的危机,也可能象征着一种力量的流失。隐藏起来的蛇,使得这片森林变得十分危险,且这片森林将里面的人困住并挡住了外面的人的视线,说明这片森林无法再以能量来解释,而是代表着阻碍、危险和限制。作品中的建筑摆放十分刻板,均为横排摆放,且左半边的一排房子更像是一条分界线,小吴对分界线左边作出"外国"的解释,表明左边与右边的分裂状态。沙箱左边又象征着母亲、母性,这样的建筑摆放可能象征着小吴对母亲的排斥。

(4) 第四次沙盘游戏:大家一起过生日。

上次的游戏结束后,小吴主动去和与她发生冲突的老师道了歉,并与她的朋友和好了。事件过去之后,小吴与咨询师的关系也越来越好,可能是由于在她陷入人际危机的时刻,咨询师给予了她陪伴和关注。

这次一上来,小吴就开始在沙箱中放置了许多人物,各种各样的人物都有,并告诉咨询师,他们要办个生日宴会(仪式,治愈主题)。咨询师发现,在所有人物中,只有沙箱上部的一个小女孩是站着正对着大家的,而剩余的人都是背对或侧对着沙盘下侧。咨询师问:"这个女孩是生日会的主角吧,她是你吗?"小吴笑了笑,说:"你怎么知道,她今天过生日,正在招待朋友们呢(对话,治愈主题)。今天还有水果可以吃(能量,治愈主题)。"说完,小吴开始在沙盘中放入水果,每个人物面前都有一份。

接着,小吴在沙箱的下半部分放了一座山,放了一些植物(能量,治愈主题),并放了一座风车在植物群中(能量,治愈主题)。之后,小吴放了两个拿刀的人在山的后面,说:"这两个人很危险,他们会杀了这里的人(攻击,创伤主题)。"之后,又在右上角放置了一些家具,其中床仍然是竖着摆放的(倒置,创伤主题)。最后,小吴放了几只小鸭子在沙盘的上半部分,有几只鸭子有一半的身体被埋在了沙子里(陷入,创伤主题)。

咨询师问:"这两个坏人在这里,我们有什么办法吗?"

小吴想了想,说道:"宴会上有几个比较厉害的好人,可能可以把坏人抓住。"

咨询师:"你为什么想到要摆生日宴会呢?"

小吴害羞地笑了笑,表示因为下周就是她的生日,但她的家里人可能不会为她庆祝生日。

咨询师说:"那你可以到这里来过生日啊,我和别的老师、还有你的朋友们可以和你一起庆祝。"小吴听后很高兴,并表示下周会带个生日蛋糕来。小吴的第四次沙盘作品如图8-4所示。

图8-4 小吴的第四次沙盘作品(见本书彩页)

表8-8 第四次沙盘主题出现序列

1	2	3	4	5	6	7	8
治愈	治愈	治愈	治愈	治愈	创伤	创伤	创伤

分析:

这次的作品一共出现了3个创伤主题和5个治愈主题(如表8-8所示),治愈主题的数量首次超过了创伤主题的数量。能量类的主题出现较多,代表着在人际危机解决后,小吴内心能量的回归,而办生日会则是积极应对人际关系的举动。3个创伤主题在制作过程的最后连续出现,可能是因为沙盘中的某些体验唤起了她内心不愉快的回忆,也让咨询师决定对此进行干预。咨询师通过邀请小吴来机构过生日来缓解小吴心中的失望感,并希望通过生日让她在这里找到归属感。另外,在这次游戏中,小吴与咨询师的交流明显增多,表明信任关系开始建立。

(5)第五次沙盘游戏:宴会。

这次游戏之前,咨询师跟班主任沟通后,在班里为小吴举办了生日会,小吴也履行承诺带来了生日蛋糕。在生日会上，小吴玩得很开心，班主任告诉咨询师，今天的小吴是她看到过的状态最好的。生日会一结束，小吴便问咨询师什么时候可以做沙盘，咨询师表示现在就能开始，小吴便兴冲冲地拉着咨询师进了活动室。小吴先在沙盘的中间放了几个小人，每个小人前面放了一个贝壳，贝壳里放了几个水晶装饰，表示他们面前的盘子是各自带来的食物（能量，治愈主题），小吴说这些人正在举办宴会（仪式，治愈主题）。小吴又在下半部分放了盘子，盘子里放了桃子、石榴等水果，在果盘的旁边，又放了平底锅和煮锅，在平底锅里放了一些贝壳，小吴说这是宴会上可以吃的海鲜（能量，治愈主题）。在宴会的上半部分，小吴又放了一座教堂（灵性，治愈主题）。沙盘世界里的宴会正办得火热，小吴接着在沙箱的上半部分的教堂门外，放了一排恐龙（其他，创伤主题），表示这是门卫，会保护这个教堂（攻击，创伤主题）。小吴又在上半部分添上了一排植物（能量，治愈主题），最后放了几个蝴蝶在沙盘中（灵性，治愈主题），并表示这次不是毒蝴蝶了。图8-5为小吴的第五次沙盘作品。

图8-5 小吴的第五次沙盘作品（见本书彩页）

表8-9 第五次沙盘主题出现序列

1	2	3	4	5	6	7	8
治愈	治愈	治愈	治愈	创伤	创伤	治愈	治愈

分析：

这次作品共有2个创伤主题和6个治愈主题（如表8-9所示），治愈主题的数量明显增加，而创伤主题的数量明显减少，说明小吴的内心世界正经历着积极的变化。作品像是之前的生日会在沙盘世界里的再次举办。大量能量主题的出现，表示生日会给小吴内心带来了支持。恐龙的出现是其内心力量回归的表现，而蝴蝶的出现象征着灵性与蜕变。扛着十字架的人可能象征着心中的悔过之意，也可能象征着一种内心的责任感。

（6）第六次沙盘游戏：送信人。

这次游戏一开始，小吴便开始了一项大工程，用工具在沙箱里挖掘着，像是在挖一条河，挖了很久之后，小吴终于把河挖通了，然后将一些鱼、水藻、鸭子等放到了河里（深入，治愈主题)。沙箱的中央出现了一个圆形的小岛(趋中,治愈主题)。

接着,小吴在岛上与沙盘上半部分各放置了一座房子(其他,治愈主题),并在房子的门口各放了一个小女孩。"这两个女孩是朋友,但她们一个住岛上,一个住岸上,平时没法见面呢(受阻,创伤主题)。"小吴认真地说道:"不过有个信使可以送信。"小吴边说边用贝壳在两座房子之间铺出了一条路,并在水上筑起了一座桥(联结,治愈主题),接着拿出了一个手捧盒子的人物做信使,这个沙具之前是作为小偷出现,而这次作为信使出现(变化,治愈主题),小吴将信使放在了桥上,感觉正在赶路的样子(旅程,治愈主题)。然后,小吴在水里放了个木筏,将两个跳舞的女孩放在了上面,像是在游玩(对话,治愈主题)。最后,小吴在沙箱里放了许多植物(能量,治愈主题),并告诉咨询师作品完成了。图 8-6 为小吴的第六次沙盘作品。

图 8-6　小吴的第六次沙盘作品(见本书彩页)

表 8-10　第六次沙盘主题出现序列

1	2	3	4	5	6	7	8	9
治愈	治愈	治愈	创伤	治愈	治愈	治愈	治愈	治愈

分析:

本次作品中只有 1 个创伤主题,而有 8 个治愈主题(如表 8-10 所示),说明游戏干预的效果很明显。信使这一玩具,经历了沙盘世界中人物主题的变化,从小偷变为了信使,象征着个案内心的改变。如上图所示,信使正站在桥上,在沙盘世界中,人物立于桥上意味着个案内心正经历着某种蜕变,或面临着重大选择。信使这一角色的出现可能代表着小吴通过沙盘游戏进行了整合,内心逐渐产生积极的变化,这是沙盘游戏自愈性特征的体现。另外,河流的出现预示着小吴内心巨大的能量,原本隔开的区域实现了联结,也是治愈的表现。整个作品突出统一的故事主题,展现了沙盘游戏的整合性。

(7) 第七次沙盘游戏:清晨的小镇。

这次游戏之前,小吴告诉咨询师由于自己还有作业未完成,今天可能要快点结束。咨询师告诉小吴,时间或是作品的内容,她可以自己掌控,只要不超过规定的40分钟就行了。小吴告诉咨询师今天想摆一个小镇,咨询师表示同意。小吴先在左上部分放置好四座房子(其他,治愈主题),然后将风车放到了左下角(能量,治愈主题),将教堂放到了右上角,接着在中间下半部分挖了个小湖(能量,治愈主题),将三只小鸭子放在湖面上(灵气,治愈主题)。看得出来,她十分喜欢这几只小鸭子,把它们拿在手上玩了一会儿,之后开始在右下角布置了一些植物,并在左上角的房子旁也放了几棵树(能量,治愈主题)。最后可能觉得中间空荡荡的,小吴放了一座小塔在中央的位置,然后开始用彩色的石头铺路(联结,治愈主题)。路铺好后,小吴将上次代表母亲形象的玩具放到了教堂旁,并向咨询师表示作品完成了。图8-7为小吴的第七次沙盘作品。

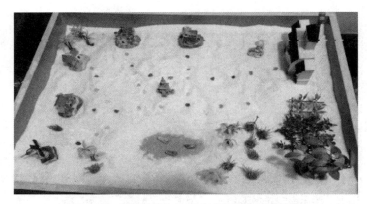

图8-7 小吴的第七次沙盘作品(见本书彩页)

可能是因为时间的原因,在制作过程中,小吴表现得比较安静,但可以看出她十分专注。在分享体验中,咨询师询问道:"小镇只有一个居民吗?人都去哪儿啦?"

小吴笑了笑,说:"没有啊,居民们都在睡觉呢,现在才刚刚是早上,不过太阳快要出来了。"

"那这个妈妈呢?她起得很早嘛。"咨询师感慨道。

"是的,她要上班赚钱,所以就早起了(培育,治愈主题)。"小吴笑着说道,"我住在红色的房子里面,是最漂亮的一座,右下角那块是个花园,可以去里面玩。"

由于时间关系,小吴表示要去做作业了,咨询师询问最近是不是有很多作业,小吴点点头,稍稍抱怨了几句,然后就去写作业了。

表8-11 第七次沙盘主题出现序列

1	2	3	4	5	6	7
治愈	治愈	治愈	治愈	治愈	治愈	治愈

分析:

本次作品共有7个治愈主题,而创伤主题没有出现(如表8-11所示)。作品比较简单,人物的活动不多,主要的人物活动为睡觉,这可能是因为她近期学业压力较大,内心比较疲惫,想要休息。整个小镇可以看出小吴的自我整合,攻击、争斗的行为没有出现,表明其内心的攻击性已逐渐消散,而在现实生活中,小吴近期在班里没有明显的攻击行为,与机构里别的孩子的关系也越来越好。整个小镇给人一种规划良好的感觉,房屋之间的距离也不显得拥挤了,一切显得井井有条,标志着她内心混乱状态的终结。右下角的花园是小吴内心的栖息之地,而右上角的教堂,则象征着她在精神上的崇高追求。塔立于中央,起着稳定全局的效果,也填补了沙盘世界里的空白之处,为这个世界带来了平衡,也起到了标志物的作用。处于右上角的母亲,可能代表着对母爱的追求和自身母性的回归,虽然她的奶奶很讨厌小吴的生母,但小吴的心中仍然保有对母爱的渴望。道路象征着连接,小吴用道路将作品中的各个部分串联起来,使这个世界成为了一个整体,这是其内心整合的表现,也是一种自我接纳的表现。沙盘世界的时间点为清晨,也有黑暗消退、万物苏醒的含义,使这个作品给人留下了积极的印象。

(8)沙盘主题变化分析。

小吴所创作的沙盘作品的主题变化情况如图8-8所示。从图中可以看出,创伤主题逐次减少,从第三次开始,治愈主题数大于创伤主题数,最后一次游戏中没有创伤主题,显示出沙盘游戏的有效性。

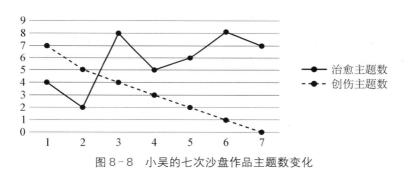

图8-8 小吴的七次沙盘作品主题数变化

(9)个案后续跟踪。

针对小吴的沙盘游戏一共进行了7次,咨询师与小吴协商后达成共识,可以不用每周连续地进行沙盘游戏。虽然只有7次,但小吴的转变是巨大的。原先趾高气扬的她,现在对人客气多了,也不会欺负别的孩子了,虽然她还是个孩子王,但往往能帮着老师一起管理好班级的秩序,老师也觉得她帮了不少的忙,让她担任了纪律委员一职,帮助管理孩子们的纪律问题。小吴有时会忙得不亦乐乎,可以看出,她对于责任的理解在一步步加深。

第二节 绘画治疗在学校心理辅导中的应用

一、绘画治疗的基本理论

(一)关于绘画治疗

绘画治疗作为一种表达性艺术治疗的方式,可以在不同流派的治疗理论的指导下进行,同时,对于艺术表达如何在心理辅导和咨询、治疗中发挥作用,也有一些专门的理论和方法来指导。

美国艺术治疗协会(American Art Therapy Assocation, AATA , 1969)对于艺术治疗的定义

是：艺术治疗不需要来访者具有艺术的天赋或是技巧,作品也不必一定具有美感,治疗的基石是创作的过程。艺术治疗的关系是三向的:借助艺术而表达出的意象是处于治疗师和来访者之间的。艺术治疗也是个体创作的过程,个体通过艺术的创造来解决冲突、发展人际技巧、控制行为、降低压力、增加自尊、促进洞察和领悟。这一过程包括:使用绘画、雕塑等视觉艺术,配合心理咨询和治疗的模型,以达到治疗的目的。同时,美国艺术治疗协会也对艺术治疗师的训练作出了指导:治疗师需要熟悉艺术和治疗两个领域的多种理念,需要学习如何运用各种艺术形式和艺术媒介来进行表达,熟知艺术创造的过程,理解艺术的语言的意义,同时,还需要了解心理治疗学的不同理论以及如何结合特定的理论,明白心理发展的阶段及其在艺术创造过程中的阶段性表现,理解艺术的自然性和潜在力量在治疗中的意义,熟悉自然的治疗关系如何帮助个案改变的基本原理(参见美国艺术治疗协会关于艺术治疗的定义)。

现代绘画治疗理论普遍认同绘画本身和绘画过程对心灵治愈的意义,认为绘画有以下作用:

(1)绘画有唤起意象思维的特殊作用:使用绘画治疗唤起的是意象思维,而意象是前置于言语的,用意象来思考,可以允许无意识得以展现。

(2)绘画可以克服言语表达的局限和困难:当我们遇到私密、尴尬或是创伤性的经历,很难与陌生人去详细讨论时,带有隐喻的绘画可以给我们安全的途径去表达和沟通。

(3)绘画可以打破言语的防御:绘画是一种不被人们惯用的沟通方式,它可以打破个案在生活中长期积累下的言语防御。那些被禁止的内容可以得到机会来展现,被压抑的早期记忆可以通过绘画被唤起。因此在作品中,我们常发现出乎意料的内容,这些都可以引发洞察、促进学习和成长。

(4)绘画活动中对未来的预期:当我们绘画的时候,我们也会想象,而想象往往是具有预期性的、指向未来的。回顾我们自发想象和创作的绘画过程,会发现我们其实在用意象和身体的能量去思考:我们想象的世界是什么样的?我们目前的困难是怎样的?我们怎样才能克服这个困难并走向未来?因此,基于自发创造的绘画艺术本身,带有面向未来转化的特性。

(5)绘画为我们的经验提供一种客体化与永恒的途径:经验是流动的,想象是转瞬即逝的。艺术作为人类的重要经验世代流传,其重要功用之一便是为经验提供永恒的客体化的印记。我们可以在体验内部心灵的同时,在画作上直接看到心灵被转化为永恒的客体。比起我们直接用语言捕捉经验来工作,借助外在艺术的容器,我们更易于体验到自身。当我们回顾一段时间以来的绘画作品,这些作品可以成为我们心灵历程的见证。人类创造艺术的能力是一种本能,其存在或许正与其自然的转化力和治愈力密切相关。

(二)绘画治疗的主要流派

针对绘画如何促进个案心灵的治愈,至少存在两种不同的观点,一种重视"绘画诠释",一种重视"绘画表达"本身。

支持"绘画诠释"的代表人物是经典的动力学派治疗师玛格丽特(M. Naumburg),她也是基于动力模型的艺术治疗理论的奠定人。这一理论认为,绘画治疗的主要作用在于它有助于治疗中对潜意识的发现与理解;同时,绘画可以体现出移情,可以作为分析移情关系的工具,促进治疗中的沟通。因此,绘画在这一理论中是无意识的窗口,治疗师可以通过解释绘画的象征意义和倾听绘画者自己的解释来进行动力学派的心理分析。在治疗过程中,玛格丽特鼓励个案自发性地自由绘画,从而让潜意识中被压抑的题材、情绪及冲突得以呈现和宣泄,然后她会对作品加以自由联想与诠释,特别是会借助绘画的表达来分析治疗师和被分析者之间的关系。于是,绘画成为精神分析的一个窗口,治疗师可以借此去开发更多可以诠释、解读和分析的内容,以达到精神分析的治疗目标。

主张"绘画表达"的代表人物是克拉玛(E. Kramer),她的理论为现代的表达性艺术治疗奠定了基础。不同于诠释的流派,克拉玛认为艺术创作的活动过程本身即具有治疗的效用,艺术的自然性及其潜在的力量可以让个体的身心能量获得释放。在现代的艺术治疗领域,无论艺术治疗与哪种心理治疗的理论结合使用,治疗师们大多认同艺术及艺术表达过程本身具有治愈性的这一观点。克拉玛不主张把艺术作为分析移情的媒介,而是把重心放在艺术品和创造过程之上。于是,在其治疗中,一幅绘画作品被当成"情绪的容器"。创造的过程中,个体的心灵得到升华与统合:个体可以通过创造艺术而将冲动、攻击及心灵的矛盾转为正向的表达方式;个体通过升华的过程,将现实和幻想、潜意识和意识以奇妙的形式统合起来。

在表达性绘画过程中,创作的自发性和精细性最受重视,创作者和治疗师都珍视最终的作品,对它进行仔细审视和欣赏。个体全身心地投入作品逐步呈现的过程中,这一过程既包含了丰富的情感张力,也充斥着饱满的神圣及美的体验。创造的过程是自发的,个案随时根据自己心灵的需求去对作品进行创造和改变,而治疗师的职责是积极帮助个案去创作更具表现性的艺术品。在克拉玛的治疗中,作品匆匆完成被认为是不可取的,个案会被鼓励去充分体验心灵,并尽可能地通过绘画精细地表达心灵,同时,她也会督促个案去审视绘画是否具有充分的艺术性。而此处的艺术性,指的是作品是否能够在全部细节上都统一一致地表达个体的心灵,而非为了迎合世俗的"美"的价值而呈现"好看"的东西。

对于绘画治疗的作用,克拉玛认为,绘画表达的过程让个体可以在安全的环境气氛下,发泄潜意识的能量,消除心理的防卫,发展和建设自我。治疗师则透过艺术与病人建立联系。治疗师用扮演个案部分自我的方法,来为对方提示那些被遗漏的信息,将这些艺术表达中呈现的新信息,融入到患者的艺术和现实生活,从而达到改变的目的。

最后值得关注的是绘画治疗的发展流派。这一流派以莱温菲尔德(V. Lowenfeld)为代表,莱温菲尔德基于皮亚杰的儿童发展理论,提出了"绘画发展阶段说",为儿童绘画治疗中的绘画诠释提供了基础,开创了艺术教育治疗的领域。这个流派主要应用于对身体残障或心理发育迟缓的儿童的干预方面,以帮助其认知和情绪等机能得到发展。现代的发展流派(即结合发展心理学的艺术治疗流派,以莱温菲尔德的儿童艺术发展理论为代表),也被用于成人的心理治疗,用以鉴别成年人心理发展阶段,治疗成年人发展阶段的固着和延迟,通常会结合成年人的不同心理发展阶段去选择绘画的媒介,以及指导绘画治疗中治疗关系的发展。现代的发展流派还可以与多个心理发展理论结合,包括弗洛伊德、埃里克森的理论等,并采用了大量实证研究,来论证不同绘画风格与不同发展阶段的对应,以协助治疗师进行个案评估。

现代的绘画治疗师,会充分运用艺术本身的自然治愈特性,采用综合的治疗理论,在治疗中平衡诠释与表达,适当运用绘画诊断性测验,同时又坚持非判断性的陪伴,而不会执着于诊断的结果。

二、用绘画表达心灵的基本练习

（一）认识不同媒介的表达性特点

从表达性治疗的理论视角来看，绘画治疗的治愈因素来源于心灵表达的过程，以及艺术本身所具有的治愈性功能。那么，绘画治疗就是要为来访者尽可能提供一个表达性的环境，以促进心灵在艺术媒介中的充分转化。咨询师的一个基本责任便是提供各种便利和支持，以促进这个表达性的过程自由地进行、充分地表现和贴切地表达。于是，治疗室应该尽可能提供丰富和充足的表达性媒介，以达成这样的治疗目标。这些媒介的供给，并不意味着来访者对材料的所有需求都必须满足，偶尔的不充足，也可以激发来访者用别的媒介去替代，在思索和问题解决的过程中，促进自身的体验和艺术性的创造。

尽管我们提供给个案的媒介不需要完全满足个案的所有需要，但仍然要保持充足性和丰富多样性。媒介的丰富多样性，可以从绘画材料的表达性特点上进行分类，也可以按照许多维度去进行分类。每个个案也会有自己非常独特的分类方式来诠释媒介的表达性特点。

这里我们将介绍一些咨询师常用的媒介分析维度。

1. 绘画媒介表达的自由性—控制性的维度

对于大多数成年人，相对于毛笔和液态的颜料，铅笔、勾线笔、记号笔的笔头细且硬，控制性更好。但对于小学低年级的儿童，铅笔、勾线笔和记号笔较为细和滑，不如蜡笔和油画棒容易抓握，因此，铅笔等的可控性又相对弱了一些。从纸质来说，宣纸遇到水性的颜料会晕开，存在很多不确定性，而画布遇到比较硬的铅笔会难以留痕，绘画者易产生困难的感觉，而一般的素描纸可控性则相对较好。若是让来访者将不同媒介组合在一起来作画，还会使他们产生不同的控制性体验，比如用铅笔在宣纸上画画，又比如用水墨在油画布上作画。需要注意的是并非可控性越高越好。绘画治疗注重的是媒介在表达心灵时的贴切度。有时个案需要有不那么具有控制性的媒介，来体验无意识的"偶然性"，并从中获得灵感甚至是由意外产生的震撼性的体验。有时候个案甚至需要控制性差的媒介带来的困难感，比如反复涂改、线条反复刻画时情绪的宣泄。在提供媒介的时候，需要参考个案的年龄、训练背景，考虑材料是否能够依照个案的心意受到自由的控制。

2. 绘画媒介表达的精细性—粗略性维度

可控性高的媒介通常也是有利于精细刻画的，而可控性低的媒介，则偶然性更高、粗略性更高。比如，画一个屋顶，用铅笔的时候，可以用许多线条来描绘一片片瓦片，但如果用颜料和毛笔，则可以一次性涂满，不存在太多的细节。但个案有时也会选择可控性低的媒介来进行精细的描绘，比如用毛笔勾勒线图，用多种色彩去晕染同一片树叶。精细的表达，体现了心理能量的投入和较低的表达性阻抗，而粗略性的表达则体现了更少的能量投入，具有更高的防御性，但同时，也体现了更安全的探索。在给个案提供媒介的时候，需要考虑到精细与粗略的维度，以适应不同的防御性需求。

3. 绘画媒介表达的激发情绪强—弱维度

媒介是否能够激发强烈的情绪，因人而异，一些媒介可能联系着特殊的个体经验，具有特别的情绪激活的意义。但总体来说,色彩浓烈,可控性低,有更多渲染效果,面积较大的绘画媒介,更能诱发强烈的情绪。有时候,个案需要情绪的激活与表达;有时候,个案需要情绪的节制与思考。有的媒介可以迅速激发情绪,然后让个案充分投入其中去倾诉、宣泄以及转化,比如用液态的颜料以泼撒的形式来作画,用宽大的画刷、厚重的油彩、大幅的画布来作画。有的时候,个案的情绪表达较为慢热,他们会选择控制性高、精细性高的媒介(比如铅笔)慢慢地画,边画边思索,边画边看,直到画作经过长时间打磨之后,才会逐步展现出情感的强度,这个过程中,情绪在慢慢被消化,以安静和安全的形式被诉说出来。

4. 绘画媒介表达的身体卷入深—浅维度

在表达性绘画治疗的过程中,我们需要个案沉浸其中,身体的卷入对一些个案来说至关重要。中国文化中,精神的困扰的表达更趋向于身体化的表达。通常,我们鼓励个案放下头脑的思维,用非评判性的环境来促进情绪的表达,用前语言的方式去探索心灵(即:对于情绪的呈现,不去评价好与坏、对与错,甚至也不轻易去对情绪命名。而前言语的方式指个体在心理发展过程中在语言发生之前所用的认知方式,它是基于具体意象和感知运动的思维方式。不同于语言的逻辑和理性,这种认知的方式使用的是同构的比喻,用"就犹如"的思路去探索人格中的动力和工作的模式,对于线性的、量化的、逻辑性语言思维是一种补充,可以启发个体创造性地解决语言思维未能解开的困境),而身体的卷入十分有助于这样的表达。通常,我们会随意找一张 A4 纸,放在桌子上,个案随便找来铅笔或圆珠笔,用寥寥数笔画出一幅简单的作品。这往往把咨询师和个案都导入了诠释的方向,使双方企图迅速找出画的"意义",进而继续使用理性来应对当前的困境。而我们常常一无所获,因为心灵的问题,常常是理性不能解决的,甚至对理性过度的执着,使得非理性的意义被忽略,导致了心灵的失衡。另一种情况是:简单的绘画之后,个案觉得这样的活动完全没有意义。一个没有真正让人卷入其中的绘画活动,的确不会带来意义感。绘画治疗的目标,不在于了解画作的"意思",而在于在作画过程中不断追寻意义的过程。所以,对于中国文化下的绘画治疗,促进身体的卷入特别重要。

促进个体投入绘画过程,特别是促进身体的卷入,有这样一些方式:将较大的画纸放在地上,让个案趴在上面作画,使得个案身体直接"融入"画中,时不时起身俯视作品的全貌,再置身其中继续创作,这样可以激活身体的卷入,以及切实地让个体投入画中。把大幅绘画贴在墙上,营造一种将作画者拥入画中的效果,也同样有效,特别是当采用了强烈情绪表达的媒介的时候,效果更为明显。使用手指颜料,直接用身体绘画,也很有效,厚重的油彩需要更多的腕力进行推动,也具有更强的触感。此外,在三维材料上绘画会涉及到不同的面,需要更多的身体移动,同样增加了身体的卷入。身体中蕴含着创伤的记忆,也蕴含着治愈的本能。身体不作理性的判断,却有自己独立的前语言的思考方式。身体具有最基本的表达能力,即使个体具有极强的阻抗,又或是有抒情障碍,也都可以用身体来表达。在绘画治疗的初期,应尽可能促进身体的卷入,以引入表达性的绘画治疗。

需要注意的是,不同媒介在表达时体现的特点,会因一些因素而变化,比如年龄、绘画训练背景、个人喜好等。不同的个体在不同的时刻,也会寻求不同性质的媒介来表达。

（二）尝试用不同媒介表达心理世界

1. 目标

（1）向来访者介绍绘画治疗，使其熟悉治疗的方法，理解治疗的原理。

（2）使来访者熟悉将感觉向绘画转化的过程，熟悉不同媒介在表达不同心理状态时的特点。

2. 过程

（1）引入阶段：为来访者准备多维度的绘画材料，告知来访者活动的目标。然后，带领来访者尝试不同的表达媒介。

（2）活动阶段：相对简单的活动方式是先由咨询师根据事先准备好的感受列表，选取一个心理状态，然后让来访者选择一种媒介来表达这种状态，之后再换一种媒介来表达这个状态，看看有什么不同。可以根据来访者绘画的速度来限定每个状态所需要的时间，但不宜太长，这个活动需要变换多个状态和多种媒介来探索，所以要预留足够时间探索不同的媒介。一般一个状态的表达在5分钟左右比较合适。在选择了一定数量的心理状态来进行表达后，咨询师可以提出一些挑战，比如指定来访者用未曾尝试过的媒介。可以看到使用不同媒介对心理状态进行绘画时表达的难度是不同的。比如，愤怒、焦虑等常见的情绪相对容易理解和表达，而自责、专注等状态就比较难。咨询师可以从容易的入手，根据个案的情况逐步加大难度。活动也可以变换多种方法，比如：可以每次不仅仅选择一个状态，而是选择一对相反的状态；可以由每个绘画者自由选择表达媒介，也可以由带领者有针对性地指定一种媒介或多种媒介。

这个活动也很适合放到小组中进行，由小组成员轮流选择一个状态，其他组员一起表达这个状态。每名组员都有机会来为大家做一次选择。小组活动的乐趣在于，每个人选择的媒介都很有自己的特色，组员之间可以互补，让大家可以尝试很多自己意想不到的表达方式。

总之，这个活动的目的是让人体验不同媒介在表达不同状态时的特点并进行充分的比较。

（3）总结阶段：用讨论的形式来进行总结，总结内容包括：个案是如何选择媒介的，在表达的时候感觉是怎样的？个案更倾向于使用什么媒介，为什么？哪个媒介更容易让个案有不舒服的感觉，为什么？大家可以比较用不同媒介表达同一个心理状态时的差异，也可以比较用同一种媒介表达不同状态时的感受。

小组在进行绘画活动时，也同样可以对以上问题进行探索。小组成员还可以进行配对游戏，互相向对方展现自己之前的绘画（前提是这两位组员之前坐得比较远，或分属于不同的小组，因此并不知道对方的绘画），然后互相猜每幅画所要表达的心理状态是什么，猜完了以后，互相告知答案，并互相分享刚才用不同媒介画不同状态时的感觉。比如，可以说一说自己最喜欢的媒介是什么，为什么喜欢，它适合于表达自己什么感受。小组最后可以按照不同维度来评估刚才尝试的媒介的表达性特点。

3. 材料

表8-12　心理状态列表

紧张—放松	安静—嘈杂	焦虑—宁静	恐惧—安全	和谐—对立
专注—神不守舍	责备—原谅	愤怒—平静	欢乐—难过	安稳—扰乱

本书所列心理状态表（如表8-12所示）只是一个例子，咨询师可以创造自己的表格，或是根据个案的心理特点为个案量身设计一套情绪状态表。

表8-13 绘画材料

素描纸	水彩/水粉	平头画刷
水粉纸	油画/丙烯	细头毛笔
宣纸	蜡笔/油画棒	橡皮
油画布	记号笔/水彩笔	三维材料
画板	黑白铅笔/碳棒	
棉织布料	彩色铅笔/水溶性彩色铅笔	
	手指画/蛋彩画	

4. 注意事项

媒介的探索不仅仅是熟悉表达性的特点，很多时候我们可以借由这个活动观察到个案的表达倾向性、心理发展阶段、防御特征、主要的情绪困扰等等。

5. 适用群体

这个活动适用于一对一的治疗，也适用于二人以上的团体互动；对小学低年级学生至大学生均适用。

学生作品案例：

图8-9和图8-10是两幅同一学生用丙烯颜料画的不同主题的画作。丙烯是速干的油性颜料，色彩厚重，涂刷起来不容易晕染开，也容易层层叠叠地覆盖。如果用了这样浓厚的颜料，可以体会到推动时的力气。有人喜欢用它来表达比较强烈的情绪。同时丙烯颜料绘画技能也比较容易掌握。

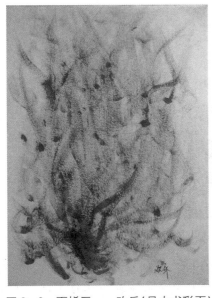

图8-9 丙烯画——欢乐（见本书彩页）

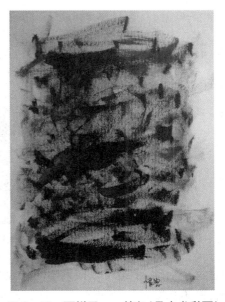

图8-10 丙烯画——愤怒（见本书彩页）

下面两张作品用的是水粉颜料。图 8-11 是用水粉颜料描绘的轻松和紧张。图 8-12 中,绘画者表达了"初吻"的感觉。

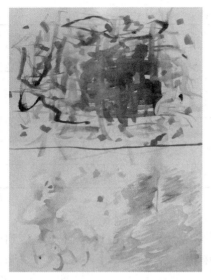 

图 8-11　水粉画——轻松和紧张(见本书彩页)　　图 8-12　水粉画——"初吻"的感觉(见本书彩页)

水彩作为水性颜料,容易晕染开,色彩清透、融合。水彩画不容易掌握,画错了就不像丙烯颜料一样还能覆盖修改。很多人喜欢用它表达清淡的、放松的情绪,它还可以用来表达紧张。水彩画颜色比较清透,看起来没有丙烯的张力,但绘画者仍然可以从线条的力度、方向以及用色上去表达紧张这种情绪。

图 8-13 是一幅团体绘画作品,由小组的一个成员提出"画什么情绪,以及用什么材料画",其他小组成员则根据这个成员的指令完成画作。

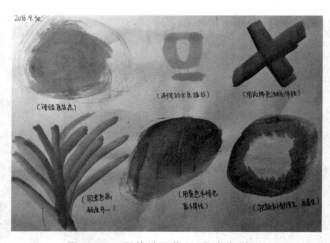

图 8-13　团体绘画作品(见本书彩页)

通过这个活动,小组可以探索不同的媒介在表达同一种情绪时有什么差别,也可以探索最适合自己表达某种情绪的媒介。这些经验有助于艺术教育者通过作品去理解个案,也有助于每个体验者去探寻自己心灵的多重表达方式。

（三）音乐绘画的通感练习

1．目标

（1）向个案引介绘画治疗，使其熟悉治疗的方法，理解治疗的原理。

（2）借助音乐激发情绪体验，帮助个案唤起自发的情绪体验。

（3）让个案通过练习通感能力，感受心灵的内容如何在基于不同感官的媒介中表达，深入体会心灵转化的过程。

2．过程

（1）引入阶段。介绍活动目标：用艺术的形式来表达情绪，把内在的感受转化为外在绘画形式，以艺术化的形式来固定一种无形的感受。

（2）活动阶段。先请个案听一段音乐，要求其尽情沉浸在音乐里，感受这个音乐唤起的身体体验、情绪体验，并感受是否有记忆或意象的唤起。之后，一边放音乐，一边让个案选择合适媒介来表达音乐唤起的感受。一段音乐绘画结束之后，可以换一段不同气氛的音乐，再画一幅。可以画在同一张纸上，也可以画在不同的纸上。

（3）总结阶段。讨论不同音乐所带来的不同感觉、意象、回忆。回顾听不同音乐时绘画的过程。将不同的画进行比较，体会不同的音乐感受以及不同的媒介在表达性上有什么差异。若是在小组中进行，也可以配合前面提到的小组间的合作，请其他人猜猜画与音乐的对应关系。

3．材料

音乐要选择不同情绪、不同风格、不同乐器、不同形式的，如独奏、交响乐或人数较少的小重奏。具体可选：舒曼的《梦幻曲》、贝多芬的《命运交响曲》、柴可夫斯基的《船歌》、萨拉萨蒂的《流浪者之歌》等。可以选多个乐曲，也可以只选一个乐曲。

4．注意事项

这一活动需要强调在音乐中沉浸、体验，将体验外化为绘画。个体绘画时选择抽象或具体的风格都可以。

部分个体可能不擅长通感的能力，需要一步步地引导启发，比如：

（1）这个音乐用什么颜色来形容更合适？

（2）如果用线条来描绘这个音乐，你想用什么样的线条？

（3）你在听这段音乐的时候，头脑中有什么想象吗？

作为咨询师，你可以鼓励个案用不同媒介做不同试验，看看哪种媒介更能够对应不同的音乐感觉。除了音乐和绘画的媒介，也可以借助更多媒介来体验通感的过程，如听故事做插图、舞动结合绘画、绘画结合雕塑，等等，目的是扩展不同感官和媒介间的转换，以发展情绪表达与情感转化的能力。

5．适用群体

此练习适用于一对一互动或二人以上的团体互动；小学高年级学生至大学生都可以使用。大多数低年级的小学生比较难以理解通感的理念，但通过引导，小部分学生能够明白并通过听音乐进行绘画创作。

三、学校心理辅导中使用绘画治疗技术的案例

（一）改善人际关系的绘画活动

学校心理辅导中的另一个常见问题是学生的人际交往问题，学生之间的矛盾和冲突常常是因为他们缺乏与他人在同一个空间下共存的经验和技巧，缺乏沟通的方法，对社会规则不敏感，不理解他人的界限，特别是缺乏共情的能力。这一部分提供的辅导方法适用于团体心理辅导。团体共同绘画的艺术创造活动，借助团体绘画的活动激发小组动力的展现，借助此时此刻的小组问题及个体所表现出的状态，来帮助学生反思自身的人际交往特点，获得理解他人的机会，并把学习到的技能迁移到现实生活中，解决生活中的人际冲突。

这些活动可以特别针对人际交往方面的心理辅导与心理教育，也可以作为各类团体心理辅导活动的开始，从而促进团队的形成。

1. 目标

（1）学习社交规则：学会尊重他人的人际界限，按照普遍的社交规则进行人际交往。

（2）学习沟通方法：学习非言语的倾听与回应，认识到个体不同的表达和理解过程。

（3）获得共情能力：理解他人的感受，理解破坏界限时对方的感受。

2. 过程

（1）我的花园迷宫。每个成员参照迷宫图示例，各自画一个自己的迷宫，迷宫一端是入口，出口处是迷宫主人的家。可在迷宫的不同结点画出各类障碍，如"我的美丽花园"、"我存宝藏的地方"等（需要找到绕道而行的路才能通过），并设置"关于我的谜题"（需要正确回答与我有关的问题才能通过）。问题可以是"向我提要求时怎么做会让我觉得被尊重？""我不喜欢别人怎样对我说话？""当你想与我玩的时候你需要怎么做？"等。

迷宫画好后，成员自己先试走，或让老师协助检查，确保迷宫确实走得通，然后再和小组成员互相交换迷宫，轮流走对方的迷宫。别人走的时候，迷宫花园的主人在一边介绍自己的迷宫，如果遇到有谜题需答，则还要决定答案是否正确，或在猜了几次还不对之后要向对方解释答案。

互换迷宫可以多次配对的方法进行，教师需要注意协助每个成员参与，特别是由于不懂人际界限而被排挤的学生。可以设计随机配对的机制，以免有的学生不被接受。这个活动对不懂人际界限的学生的交往技能训练十分有益，同时也会促进其他学生与他们进行有效的沟通，并接受他们。

这个活动借助隐喻，帮助学生实现人际界限的学习，同时配合游戏的活动来让学生互相交流各自的社交规则。通过根据他人的规则走迷宫，在隐喻层面练习尊重他人界限的交往行为，个体会切身体会到，了解和遵守这些界限，才能够进入他人的世界。

小学低龄儿童的迷宫示例可以简单一些，而对于年级大些的儿童，迷宫的设计示例以及谜题都可以复杂些。老师也可以给出更多言语的总结。

（2）背对背绘画。这个活动借助此时此刻的小组动力，使成员们认识自己以及小组的倾听与表达模式，并促进小组凝聚力的形成。

可以请一位同学一边画一幅画，一边用语言指导别的同学复制一幅和自己的一模一样

的画,但所有同学都要背对背坐,不要互相看,也不要有任何交流,全程只有一个同学在说话。画完以后,大家转过身来展示各自根据指导画的画,比较异同,回顾绘画的过程,在老师的引导下交流刚才各自的倾听与理解的模式,指导的同学反思自己的表达模式和方式。小组成员轮流做指导者,每个主题画 5 分钟,再讨论 15 分钟。绘画的主题可以由指导者自己确定,也可以由教师指定比较普遍的主题,如房、树、人。

教师可以引领指导者做这样的反思:

① 我在表达的时候有什么感觉?

② 我在表达的时候最大的困难是什么?

③ 我希望别人如何支持我的表达?

④ 我觉得其他人可以怎样做来帮我更好地表达自己?

教师可以引领跟随者做这样的反思(所有人都要发言):

① 我在倾听刚才的指导者时有什么感觉?

② 我倾听时最大的困难是什么?

③ 我希望指导者如何帮助我更好地理解?

④ 我在交往中怎样做可以支持刚才的指导者去表达自己?

最后,经过几轮的指引和绘画过程,教师可以带领大家对讨论进行总结:

① 个人总结:通过活动,你的沟通有改进吗?你对自身的沟通方式多了哪些了解?你从活动中学到了什么?你希望有怎样的改变?

② 小组总结:活动中,我们的小组沟通有哪些共同的特征,有什么问题?你们发现了哪些改进小组沟通的办法?

案例一:

图 8-14 中,第一幅为引领者的绘画,画的主题是同伴间的冷漠和漠不关己的情绪。通过这个活动,引领者体会到了被共情的温暖。其他几幅是小组成员随后画的,通过欣赏别人的画,大家感知到每个人对同一件事情的感受都有很大差异,扩展了对他人心理的理解。

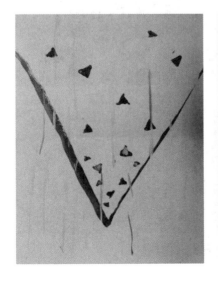

图 8-14　绘画示例一(见本书彩页)

案例二：

图 8-15 左上角第一幅图是引领者的绘画。该案例中的引领者注重了情绪表达，并没有清晰地说出自己的具体画法，却取得了意外的沟通效果。

图 8-15　绘画示例二(见本书彩页)

引领者边画边讲着一个故事：在一个公园的湖边，有一场波诡云谲的风暴。它带着让人沉睡的和迷惑的颜色，像一个巨大的漩涡……在画面的中间有一个幼嫩的形象，它给我纯洁的感觉。在它的左边，有一个原始野蛮的哺乳者，她的形象让我感到，她就是这个风暴的中心。她用无法抗拒的线条攫取那个幼嫩的形象。漩涡中的它成为漩涡的一部分，它的身体变深，它开始和这个哺乳者交融。而在它的右边，有一个比它还要幼嫩的形象，我想那个才是它的妈妈：她是漂亮的，是文明的女儿，如今已经带着不合时宜的纯洁，从边缘开始解体……我感到这种危险，正在我身上发生。

这次的小组成员们的作品画法差异很大，然而，引领者反馈说，虽然大家画得和自己的很不一样，但是他们画的都有比自己更真实的部分，因为当自己描述画面的时候，心里总在回忆那个具体的场景，想更多地去描绘记忆中的客观事件，而回应者不会受到这个具体事件的形象的干扰，反而更能把能量集中在感受的表达上，所以更加真实地再现了自己的感觉。

（3）盒子内外的自我表露。为了促进个体对自身产生更多层面的自我意识，以及发展小组的信任关系，还可以引入自我表露的活动，让每位组员以纸盒为材料，围绕"我是谁"作画，要求在盒子外面的六个面分别画上自己对外展现的自我，再在盒子里面画出别人不太了解的自我。画完之后，小组成员轮流介绍自己的盒子，先讲外面，再介绍里面。个体在介绍盒子的时候，如果涉及到隐私，或个体觉得不够安全，可以选择只呈现自己的画，不一定要说出背后的故事、想法、感受。其他成员在倾听的时候，个体要注意运用在背对背绘画中所学习的技能，以及领悟到的道理，用共情的方式去回应对方。图8-16为盒子内外的自我表露示例。盒子外面的画，表达了个体展示在外、希望别人看到的那一面；盒子里面的画，则是个体隐私的部分，带领者需要注意保护。

3. 材料

（1）所有活动都需要为团队成员准备充足的绘画材料，种类要丰富。

（2）"我的花园迷宫"活动需要多种现成的迷宫图协助个案设计迷宫。

（3）"盒子内外的自我表露"活动需要为每个成员准备带盖子的纸盒。

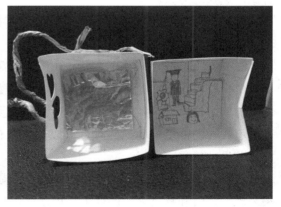

图8-16　盒子内外的自我表露示例（见本书彩页）

4. 注意事项

人际关系主题的团体辅导对教师有较高的要求。教师需要负责监控小组安全的空间，守护每个人的界限，促进群体的沟通和共情，同时又要执行规则，做到公正。教师还需要具有较多人际交往方面的知识和技巧作为基础，把人际交往的心理学原理运用到团体绘画的活动之中。

5. 适用群体

小学低年级的学生到大学生均适用。但教师需要根据参与者的年龄阶段给予合适的引导和总结。

对于低年级的小学生，在花园迷宫的活动中，或许会需要一些帮助才能画出迷宫，教师可以提供预先准备好的多种迷宫模版。在盒子内外绘画来进行多层次自我表露的活动对小学低年级的学生来说会有点难理解，可以把题目改成"在外面和在家里时我的样子"，即用不同情境中的自我来联系不同层面的自我。

（二）帮助来访者应对人生选择的绘画

选择困难也是在咨询中经常遇到的一个主诉问题，这些选择往往都是重大的人生抉择，比如该不该选择某个专业？是读书还是工作？是与心爱的人分手还是继续在一起？坚持理想还是面对现实？这些都是来访者经常纠结的困扰。

心理咨询师无法替来访者做出选择，只有来访者自己才能做出这些决策，而来访者却总是患得患失的，因为往往很难选择。来访者的决策困难更多地是因为心灵未能成长，或是受情结的蒙蔽而一时无法看清自己的心意。

咨询师可以通过绘画治疗，有效帮助来访者成长，并应对现实的问题。绘画治疗可以用于对一般群体进行心理教育，处理个体暂时性的困扰，也可以缓解心理疾病患者的焦虑。

1. 目标

（1）用非言语的方式对困难和选择做充分的探索：表达选择的困难，探索不同选择的感受和意义。

（2）目标不在于找到解决的方案，而是把选择的困难作为成长的机会，通过探索让心灵有做出选择的力量。

（3）做出选择的时候，不是基于冲动或赌博心理，而是在对问题有更多的理解之后做出理性取舍。

2. 过程

（1）对困难的探索和表达。可用"困难就犹如……"来表达当前的感受。"犹如"体现了比喻的能力，当个体可以用比喻的能力借助意象来思考，就会从言语的局限中走出来，看到事情不一样的许多层面。此时也可以建议来访者选择不同的绘画媒介，这会有助于表现冲突与差异的感受。

（2）明晰期待的目标。可以让来访者探索困难时与解决困难之后的样子，分别画两幅画来表现困难时和解决之后的样子。可以建议来访者尝试用不同的绘画媒介来表现前后的不同。这个步骤的重点是帮助来访者将注意力放在心灵的努力目标上，而不是这个目标是否现实或是是否会被实现目标过程中那些小的细节所羁绊。治疗师需要不断强调要先关注对目标的反思，暂时不去考虑是否现实。用意象思维的方式，个体会更加明晰自己的目标，有时会领悟到自己之前所设定的目标并非心灵真实想要的。对人生重要抉择的明晰，也意味着心灵的成长。在这些目标明晰之后，来访者便会很容易地明确努力的方向，选择如何达成目标便不是难事。

（3）探索不同选择下可能的状况和感受。可让来访者分别画两幅画，来表现不同选择下的状况。咨询师要鼓励来访者去用绘画和语言表达不同选择下的自我是什么样的境遇、感觉是怎样的、有什么不同与相同，这个部分的绘画会包含某个选择情境下的现实思考，同时更多地会包含对某个选择的想象或幻想，既有美好的也有恐惧的。咨询师在这一过程中要帮助来访者去觉察到面临不同选择时个体体验到的恐惧。我们无法区分或是预测哪些焦虑是现实存在的，哪些又纯粹是恐惧的幻想诱发出来的，但我们可以觉察到对所有可能发生的情况的感受。觉察的目的，不是马上能够做出选择，而是在选择的时候能够明晰促使自己做出选择的心理原因，即知道自己在做什么、出于什么样的感受这样做。来访者会在探索过程中，觉察到自己的有些感受是不必要的，有些恐惧是幻想诱发出来的，自己完全可以预期自己有能力避免不好的事情的发生。于是，来访者不会仅仅为了逃避最急迫的焦虑而做选择，而是在充分探索的基础上做出更理性的选择。

3. 材料

咨询师多种绘画媒介，最好提供在某些表达性维度上相对立的不同媒介。可以参照来访者自身在探索不同媒介表达特性的练习中的反馈，协助来访者选择适合的不同媒介来表达不同情境下的经验。

4. 注意事项

个体主诉选择困难时，面对的往往不仅仅是一个独立事件中的困境，更多的是心灵成长的需要，因此，并非一次的绘画活动就可以帮助到来访者。这里介绍的三个活动的过程，可以分别作为独立的单个治疗过程，在若干次治疗中分别进行，每个步骤可以多次重复，留下充分的反思和探索的时间。咨询师需要帮助来访者克服做选择的冲动，治疗的表层目标是帮助来访者明晰内在和外在的境况，以便在清楚的情况下做出决断。同时，咨询师也需要提醒来访者，个体需要自己承担选择的责任。治疗的深层目标是帮助来访者发展出承担选择的后果的能力，促使来访者成长为一个可以为自己的选择负责的人。

5. 适合群体

这一活动适合小学高年级以上的个体。个体需要根据个体认知情况进行判断，需要具有进行多维比较的能力，能理解因果关系，能预期行为后果，对未来进行一定的计划能力，对自己深层的体验可以觉察。

（三）来访者的自我成长史绘画

在治疗中，特别是接触个案的初期，我们需要了解个案成长背景。这时我们会使用与个案成长历史有关的绘画活动。这些活动也可以促进对话深入，帮助个案建立信任关系，以及帮助个案实现自我探索、自我觉察。个案将动用前语言的思维来回顾自身历史，以及表达过往的经验，所获得的信息未经过言语过滤。个案的表达将具有更加丰富的细节并带有情感的色彩，不同于极具逻辑性的言语信息的抽象、简洁和概括的特点。这些非言语的表达，更可以避开防御机制的干扰,展露更多之前不被觉察的无意识内容。

1. 目标

(1)借助非言语的途径收集个案的背景信息。

(2)促进咨询对话的深入,建立信任的关系。

(3)使个案获得自我觉察和自我探索的经历。

2. 过程

(1)引入阶段。请个案以"我的成长经历"为题画一幅画,选择什么绘画材料都可以。由于个人历史具有较强的个性特征,同时,临床的个案在回顾自身历史的时候往往也会触及创伤的经历,所以咨询应尽可能进行开放的指引,由个案自主选择。

(2)活动阶段。个案可能会采用不同的表达形式。有的个案会选择在一张纸上按照年龄发展来绘制,有的个案会选择印象最深刻的时期开始绘制。如果个案不知从何入手,可以引导个案从感觉最安全的事件开始。个人历史的表达往往会直接触及创伤经验,从安全的地方入手可以让个案不会有被迫显露创伤的感受,也可以营造一个防御较低的表达空间。个案会一点点地试探表达环境的包容度和安全性。表达性绘画可以疗愈创伤。当个案觉得不会被咨询师随意评判,容器的保护度足够也足够自由后,就会慢慢借助绘画来表达和转化创伤。

如果个案觉得有太多内容不知如何全部表达,咨询师可以向个案说明,不需要画出所有成长的经历,可以把一些自己认为最重要的经历画出来。在个案完成一些过往经历的绘画之后,如果时间还够,咨询师也可以适当地询问某些未被涉及的成长阶段,或许,会帮助个案探索出一些被忽略了的重要生活事件。

个案也可能会很理性地,用简笔画或通用符号表达出最一般性的内容,比如按照年龄段画出出生、入学、毕业、结婚。又或者个案会草草了事,很快就画完了。这可能是由于防御的作用,也可能是由于个案还不擅长前语言的意象思维,此时要鼓励个案表达更多细节以及在一些时刻的感受。如果遇到较大的防御,则仍然要鼓励个案从最安全的记忆开始表达。

(3)总结阶段。在绘画结束之后,咨询师可以与个案进行一些围绕绘画的访谈。咨询师可以给个案机会了解绘画治疗的共情陪伴的工作方式,让个案有不被评价,同时被保护和被理解的感受。在个案访谈结束的时候,应进一步向个案强调自身的反思,强调用绘画来表达自己对于自我成长是十分有意义的,也要感谢个案对咨询师的信任,让咨询师聆听和陪伴。

访谈的过程也是收集信息的过程,可以借助这些信息来评估个案的家庭关系、依恋类型、个人成长历史中的重要事件,个案对事件的情感体验和解读,这些事件对当前生活或症状的影响。咨询师可以判断个案的心理发展阶段,看看个案是否在某个时期存在发展的停滞,也可以结合咨询师自己所熟悉的心理治疗理论,对个案的状况进行初步的分析。

这些评估的内容不需要与个案分享,不过咨询师需要注意,这不是终结性的分析评估。个案的状况在不断发展,情境也会干扰个案对事件的表达和解读,心理的表达如同剥洋葱,随着治疗的深入,会一层层地显现。治疗师通过个人历史的绘画作品,可以形成初步的假设,帮助个体制定咨询的初步方案。这一假设和方案在咨询过程中是需要不断调整和改变的。

在询问之外，咨询师也需要对绘画进行共情性的回应。这些回应可以将一些情绪反映给个案，促进个案对自身情感的认知。咨询师基于自身专业的观察也可以给个案以回应，从而促进个案对自身历史的领悟，比如："从小把你带大的外婆离开你，把你送回父母家上学的事情，开始时你并没有画出来，可是后来你想起这件事的时候，我们发现这件事其实对你影响还是很大的。"

3. 材料

咨询师应尽可能提供多种媒介，由个案选择任何适合的绘画媒介。个案有时需要不止一张纸才能完成作品。随着探索的展开，有时需要让个案把许多纸放在一起来展示个人成长的不同经历。

4. 注意事项

个人历史的绘画最需要注意的是控制安全的探索范围，正如儿童的成长存在一个最近发展区，一个"跳一跳可以摸得到"的发展可能区域。在对个人背景的探索中，对所涉及的创伤性经验，也需要控制一定的度，过度的探索会导致严重的防御，乃至使个体再度受创。咨询师需要明白，对个案背景的探索，不仅仅是为了收集足够多的资料，心理咨询不是外科医生解剖式的研究，而是让个案对难以下咽的创伤经历进行慢慢的消化，对隔离出去的经验进行逐步的整合。咨询师不可急功近利地去不断挖掘过往经历。

心理咨询师需要在个案展示个人背景经历的时候，时刻关注个案的防御反应，如果遇到防御能力失效，比如个案陷入深深的自责而无法自拔，或者对极度悲伤、抑郁等破坏性的情绪无法调控，又或者对绘画任务不做任何回应，在对话中明确表示不愿意继续，或用过度美好和健康的画面来掩饰的时候，则需要调整问询的策略或暂缓对创伤的探索。要用自由和保护的空间陪伴个案探索，让个案在绘画活动中找到一处自由、安全、不被控制的空间。用意象化的、前语言的方式和艺术的力量来探索时，咨询师会发现，随着治疗的推进，与治疗初期比较起来，个案心理在自发地发展，对过往经历的体验和解读都在发生转化。

5. 适用群体

这一活动适用于高中生、大学生，即有了一定人生经历的群体。对于较低龄的群体，如小学生，他们当前的生活处于成长的关键期，学校心理咨询师"现在生活的绘画"已经可以观察到当下他们的经历以及对经历的理解。而婴儿和幼儿阶段的历史，他们难以回忆，如果咨询师需要了解，可以通过家长访谈来获取。年龄稍大些的初中生，特别是进入了青春期的孩子，为了解决埃里克森所说的自我同一性的危机，形成稳定的自我认同，往往会自然地开始回顾自己的成长，甚至有些孩子会自发地撰写自传。此时也可以让他们运用个人成长历史的绘画主题。如果孩子处于初中低年级，对个人历史的主题不太理解，难以表达，咨询师可以采用"我小时候的记忆"这一替代性主题。

第九章　学校心理健康教育课程与
团体心理辅导的实施

根据埃里克森八阶段的人格发展理论可知,今天我们的学校教育覆盖了学生人生前期的5—6个发展阶段,所以,学校的心理教育呈现出很强的年龄段的共性特征,共同的发展任务,相似的矛盾、冲突和困惑等,团体心理辅导和心理健康教育的体验性、针对性、实效性在学校教育和管理中也显得更为突出。这一章将就学校心理教育课程和团体心理辅导、训练的组织与实施做一些介绍。

第一节　学校心理健康教育课程的组织与实施

在学校开设心理健康教育课程是目前学校心理健康教育的主要形式,尤其在基础教育阶段,更是学校心理健康教育首要和主要的工作内容。青少年若对心理和心理成长问题缺乏必要认识,就不会产生主动寻求心理辅导帮助的行为,所以心理和心理健康概念的教育的普及是心理咨询和辅导服务正常开展的基础。但是,目前一些学校对心理健康教育课程的开设还缺少统一的认识和规划,比如开在哪个年级,开设哪些课程内容,有哪些必要的知识点,需要学生掌握哪些心理健康的能力……

全国各地的学校关于心理健康教育的实践尚处在自发的阶段,并没有规范性的全国和省市的大纲,教材也多为校本教材。心理健康课程具有相对的自主性、灵活性,有校本化特点,不过教育质量受限于相关的教师的素养、水平、能力,以及学校领导给予的重视程度。如何开设好心理健康教育课程,便是这一节希望介绍和探讨的问题。

一、学校心理健康教育课程概述

心理健康教育课程是指教育工作者以课程的形式,向学生传授心理保健的知识、训练学生的心理素质、陶冶学生的心理品质,以达到全面提高学生心理健康水平的目的。课程以个体经验为载体,以活动为中介,旨在促进学生身心健康,帮助学生获得学习、生活、社会适应与发展的技能。课程以个体的发展为基本出发点,努力调动学生学习的主动性和创造性。

2011年5月,教育部办公厅印发了《普通高等学校学生心理健康教育课程教学基本要求》,该文件对高校学生心理健康教育课程的课程性质与教学目标、主要教学内容、课程设置与教材使用、教学模式与教学方法、教学管理与条件支持,以及组织实施与教学评估等都作出了明确规定。这是高校实施心理健康教育的指导方针。2012年12月在《中小学心理健康教育指导纲要》颁布十周年之际,教育部对原指导纲要进行了修改,并颁布了《中小学心理健康教育指导纲要(2012年修订)》,纲要明确指出心理健康教育课程是学校心理健康教育的专门途径之一。

（一）心理健康教育课程的价值

首先，心理健康教育课程的首要价值体现在促进全体学生心理健康的发展性目标上。课程帮助学生认识成长过程中共性的心理问题，如人际交往、学习适应、青春期烦恼、情绪调节、休闲与消费、危机应对等，了解解决这些问题的可能方法与途径，提高心理自助能力。

其次，课程可以落实心理辅导的全员性策略。从培养学生健全人格的角度来看，每一位教师都是心理辅导工作者，这不是要求教师承担专职心理辅导工作者的任务，去诊断和矫治学生的心理障碍，而是要求教师增强关心学生心智成熟的意识，在课程教育实践中，同步学习心理学知识，形成对心理健康的科学态度，熟悉心理辅导的基本理念、方法和技术，提高教育、教学的能力与效果。

第三，课程体现当前新课程改革的教育理念。学科取向的课程体系，强调系统的学科知识体系、整齐划一的教学目标，难以顾及个体发展的差异性和需要。德育工作若过分倚重灌输和说教，就难以将道德规范内化为学生的信念和行为。心理健康教育课程是以个体发展的取向为主，以个体的经验为载体，以活动为中介，帮助学生通过参与、体验和感悟，认识自己，开发自己的潜能，获得自助能力，因此可以极大地调动学生的主动性。教师在教学过程中，不仅要传授知识和技术，而且还要为学生一生人格的发展提供体验性的经验材料，以帮助学生获得知行合一的心理的成长。心理健康教育课程可以体现以人为本的新课程理念。

（二）心理健康教育课程的特点

心理健康教育课程相对于传统意义上的学科课程，有如下鲜明的特点：

1. 体验性

体验性是学校心理健康教育课程的基本特征，课程的实效性很大程度上取决于学生主体是否产生真切的体验，以及体验的程度。体验所指向的不是活动的结果，而是活动的过程。心理健康教育课程是以学生为主体、以活动为轴心来进行的，但是学生不能只为活动而活动，所追求的不应是活动本身，而是借助活动这一载体来丰富心理体验。心理健康教育课程强调学生自身的体验性不仅是一种学习的方式，也是将外在的物质力量内化为学生心理品质的基础。

体验是情境陶冶与内心感悟的有机融合，是基于经验与直觉的内在提升。体验能激发心理的内化机制，帮助人达成心灵的成长。因此，教师在课程中需要确立学生在课程中的主体地位，更多地营造、创设能让学生"亲身经历"的体验活动，促使学生去体悟、琢磨、探究，从而促进其心理的建构。

2. 生成性

心理健康教育课程把学习看作是学生主体对自身心理进行主动建构的过程，而主体的发展就体现在建构过程之中。所以，课程不应该是事先设定好的静止物或成品，而是"一个不断发展的过程"。学生心理建构的过程就是自我不断生成的过程，自我的生成又不断地促进心理建构。心理健康教育课无法在事前借助现存资源和答案进行"完备"设计，教师无法绝对控制课程的进程。对于学生来说，当其进入心理健康教育课程时，也并不希望听命于某种固定的程序，而是期待着某种发现、感悟或帮助，希望能尽情表达心灵深处的情感。所以，学校心理健康教育课程的设计是一个生成，而非预成的过程，是教师与学生借助现实活动进行协作的过程。

3. 生活性

"回归生活世界"是现代教育的走向，心理健康教育课程的内容从学生的心理实际出发，在生活世界中选择适合学生心理特点的典型材料，在具有生活化的活动情境中通过让学生自主地认知、体验、反省来提升其心理品质。从这个意义上说，心理健康教育课程是发端于生活世界又依附于生活世界的一种新型课程，其课程内容并不追求文本的知识性、学科性和结构性，而是注重心理生活场景的设计和情境的渲染，呈现具有生活气息的心理空间。

（三）心理健康教育课程实施的原则

心理健康教育课程是以发展和提高学生的心理品质为目标的，开设这门课程，必须从心理健康教育的根本目的出发，遵循学生的身心发展规律，反映心理健康教育的基本要求，重在引导，保证心理健康教育的实践性与实效性。因此，在课程设计与实施过程中需要遵循以下几项基本操作原则：

1. 面向全体学生，关注个别差异

以班级为单位的集体教学方式，需要教师面向所有学生。与个别咨询相比，心理健康教育课程重在预防和发展，且能让更多的学生受益。在教学内容的设计上，心理健康教育课程必须着眼于全体学生的发展，以绝大多数学生的共同需要和共性问题为出发点。心理健康教育课程以全体学生的参与为载体，以学生自身的体验、感受和领悟为中介。因此，活动的设计和实施过程要面向全体学生，教师要鼓励每一位学生积极参与，最大限度地让尽可能多的学生参与所有活动，引导学生自我体验和发展。

课程要关注和重视学生的个别差异，如年龄差异、性别差异、学习差异、思想差异和心理差异等。教师在课程的实施操作过程中，可以根据不同学生的不同特点和需要灵活采用不同方法、手段和技术，开展形式多样、针对性强的心理健康教育活动，以提高学生的心理健康水平。

2. 整体设计目标，重视学生发展

课程实施过程中，教学的设计、操作要求教师要有对心理健康的系统、整体的观念。课任教师需要关注学生人格发展的完整性，重视学生身心素质的全面提高，使学生在知、情、意、行各方面协调发展。教师还要运用动态的观点引导和帮助学生发展个性，完善自我。不同于个别心理辅导或咨询对象的特殊性，课程服务于全体学生的正常发展需要，其教学目标是预防和发展，侧重于学生心理潜能的开发、心理品质的培养，既要帮助学生认识成长过程中遇到的各种发展性问题，又要帮助学生形成正确的自我观和良好的人际适应、完善自我，促进全体学生的心理在原有基础上得到可持续的、全面的健康发展。

3. 强调活动过程，倡导体验分享

课程不是纯知识传授，而是通过创设活动情境，调动学生参与活动，将知识融于丰富的活动的操作体验，促进主体将内在体验与外在活动经验加以协调整合，形成个体内在的心理素质。课程中丰富多彩、形式多样的活动是引发学生主动参与的必要条件，如游戏、情境扮

演、绘画、想象、小组讨论、演讲、辩论赛等。有参与便有体验,个体的体验和领悟是心理健康教育成功实施的前提,也是心理健康教育课程有别于其他学科教学的主要特征。

在心理健康教育课程中,活动只是一个载体,重要的是让学生在教师的引领下,通过参与、合作、感知、体验等方式,在相互反馈和分享的过程中促进自我的觉察和成长。因此,教师要重视利用团体气氛来调动学生参与活动的热情,鼓励学生积极分享和反馈,这对教师掌握团体带领的技巧提出了较高的要求,教师需要有必要的学习和训练。

4. 以学生为主体,营造良好氛围

心理健康教育课程的基本功能在于促进学生成长和发展,而成长和发展从根本上说是一种自觉和主动的过程,必须依赖于主体自身的主观能动性和自我教育,依赖于主体自身与外界环境之间的交互作用。因此,学生的主体意识发挥程度如何,直接影响心理健康教育的成效。

教师是心理健康教育课程的主持者和教学方向的引导者。教师要与学生建立平等、尊重、理解的师生关系,与学生真诚相处,保持接纳认可的态度,充分尊重每个学生的人格和发展潜能,尊重每个学生的权利,承认每个学生都是不同于其他人的独立的个体,给予学生无条件的接纳和关怀,耐心启发、积极转化和有效疏导,不将自己的观点和选择强加于学生,认真虚心地听取学生的意见和建议,并理解认可学生的不同意见与分歧。和谐、平等、民主的课堂氛围有助于学生身心健康成长。

(四)心理健康教育课程的内容和阶段目标

目前常见的心理健康教育课程的内容有学习辅导、人格辅导、生活辅导和升学择业辅导等。

学习辅导旨在帮助学生提升学业成就,提高其学习心理品质与技能,并对学生与学习有关的各种心理问题进行辅导。学习辅导可以分为促进学生发展的辅导和纠正不良学习习惯的辅导,前者是对学生的学习技能、学习方法、学习习惯和学习动机的态度进行训练与辅导,培养学生良好的学习心理品质。后者针对学生学习中产生的障碍行为进行矫正,如帮助学生克服厌学心理,矫治注意力障碍、自卑自弃心理、学校恐惧症等。

人格辅导旨在帮助、促进学生适应社会,实现人格健康成长和发展,即实现个性与社会性发展。个性发展即努力培养适应社会现实要求的生活态度、价值观念和社会行为模式。心理健康教育课程要重视学生耐挫能力、合作与合群品质、终身学习的态度和能力、多元化价值观以及独立判断和选择能力等的培养。社会适应是社会性发展的主要体现,它既是人格成长与发展的基础和条件,又是人格特征赖以展现的载体,个体人格的稳定性和行为模式都直接体现在个体的社会适应中。个体要有良好的社会适应,充分认识自己以及自身之外的周围环境,包括自身之外的他人、物理环境、社会组织、社会文化等,积极主动地寻求彼此的沟通和融合,达到个体与环境的良性互动和协调。人格辅导的主要内容包括自我意识辅导、情绪辅导、人际交往辅导、青春期及性心理辅导等。

生活辅导包括两方面内容:一方面是通过丰富的日常休闲活动,培养学生健康的生活情趣;另一方面是帮助学生应对负性生活事件,培养乐观的生活态度。这对于学生将来获得幸福而充实的生活具有潜在的影响,同时对他们发展个性、增长才干、提高学习效率也具有正向迁移作用。

升学与择业是人生发展的必然过程,事关青少年的个人发展。生涯辅导是为学生未来的生活做准备的,旨在帮助学生在了解自己的能力、特长、兴趣和社会就业条件的基础上,确立自己的职业意向,进行职业选择和准备,为今后顺利地踏入社会打下良好的基础。它通过生涯认知、生涯导向、生涯试探、生涯选择、生涯安置、生涯进展等一系列有步骤、有阶段的辅导活动,实现使学生生涯成熟的目标。

根据小学、中学和大学年龄段青少年身心发展的特点,课程既有内容、目标的差异,也有程度和深度的不同要求。一些知识技能是循序渐进、逐步深化和养成的,心理健康教育需要遵循青少年身心发展的规律。下面简单介绍一下小学、中学和大学阶段的心理健康教育课程目标,当然,更加细致的课程大纲要求可以参看政府教育部门的指引文件。

1. 小学阶段

学习辅导的教学目标着重于小学生的学习兴趣和态度的辅导,培养小学生对知识的兴趣,帮助他们以积极的态度解决学习中的问题,重视对学生进行发散性思维、选择性注意和记忆策略的训练,培养学生良好的学习习惯,引导其运用所学的知识解决问题。

人格辅导的教学以认识自我和人际交往为重点。要创造条件帮助小学生多角度合理地评价自我,增强他们的自尊心、自信心,同时,培养他们的积极情绪。小学生从对父母的依恋、依赖逐渐过渡到同伴相处,同伴关系是这个年龄段逐步构建的重要人际关系,教师要帮助他们在同学之间形成更多的共同语言,学习人际交往的社会规则和技能,培养乐群助人等积极的心理品质,使他们更加自由、自主地体验和探索群体生活。

《中小学心理健康教育指导纲要(2012 年修订)》明确指出,小学阶段心理健康教育的具体目标如下:

小学低年级主要包括:帮助学生认识班级、学校、日常学习生活环境和基本规则;初步感受学习知识的乐趣,重点是学习习惯的培养与训练;培养学生礼貌友好的交往品质,乐于与老师、同学交往,在谦让、友善的交往中感受友情;使学生有安全感和归属感,初步学会自我控制;帮助学生适应新环境、新集体和新的学习生活,树立纪律意识、时间意识和规则意识。

小学中年级主要包括:帮助学生了解自我,认识自我;初步培养学生的学习能力,激发学习兴趣和探究精神,树立自信,乐于学习;树立集体意识,善于与同学、老师交往,培养自主参与各种活动的能力,以及开朗、合群、自立的健康人格;引导学生在学习生活中感受解决困难的快乐,学会体验情绪并表达自己的情绪;帮助学生建立正确的角色意识,培养学生对不同社会角色的适应能力;增强时间管理意识,帮助学生正确处理学习与兴趣、娱乐之间的矛盾。

小学高年级主要包括:帮助学生正确认识自己的优缺点和兴趣爱好,在各种活动中悦纳自己;着力培养学生的学习兴趣和学习能力,端正学习动机,调整学习心态,正确对待成绩,体验学习成功的乐趣;开展初步的青春期教育,引导学生进行恰当的异性交往,建立和维持良好的异性同伴关系,扩大人际交往的范围;帮助学生克服学习困难,正确面对厌学等负面情绪,学会恰当地、正确地体验情绪和表达情绪;积极促进学生的亲社会行为,逐步认识自己与社会、国家和世界的关系;培养学生分析问题和解决问题的能力,为初中阶段学习生活做好准备。

2. 中学阶段

中学学习辅导的目标着重在学生的学习动机、意志和方法策略的训练和辅导。许多研究表明,学生在学习中碰到的最大"敌人"其实是遇到困难和挫折时产生的情绪问题和动机障碍,随着中学生自我意识的发展,学习中的自主性也显得日益重要,自我计划、自我调控成为重要课题。中学生需要通过心理健康教育课程树立自主的、积极的学习动机,养成良好的克服困难的意志品质。

中学阶段,青少年进入青春期,情绪波动性大,容易产生消极情绪,如得不到及时辅导,就会形成长期抑郁、过于自卑等心理障碍。课程需要从认识自我、欣赏自我、情绪调节、正确面对挫折等方面对中学生开展自我意识和情绪辅导的教育活动,帮助学生积极地接纳自我和身边的同伴、师长,学习健康地处理自己的情绪、管控自己的行为,从而更好地适应环境。

要让学生学会宽容、学会倾听、学会沟通,学习积极的异性交往、师生交往、亲子互动等。学生良好的同伴关系的构建,能给学生带来安全感和归属感,有利于促进学生的学习和心理健康。要重视促进学生与成人之间的互动,纠正孩子对成人不合理的看法,教授与父母师长间积极的沟通方式,这些对于这个阶段的孩子,至关重要。

在生活辅导方面,需要引入合理消费的理念和方法,让学生学习安排自己时间,包括闲暇生活,帮助学生学会自主地选择消费和休闲方式,学会生活,培养健康的生活情趣。

生涯辅导则需要帮助学生在了解自己的能力、特长、兴趣和社会需求的基础上,进行专业和职业的选择和准备,为今后顺利踏上社会打下良好的基础。相关的心理辅导课程在这方面有积极的作用。

3. 大学阶段主要目标

2011 年教育部办公厅关于印发《普通高等学校学生心理健康教育课程教学基本要求》[1]的通知中明确指出,大学的心理健康课程需要集知识传授、心理体验与行为训练为一体,开设公共课程也已经成为基本的要求。大学生需要明确心理健康的标准及意义,增强自我心理保健意识和心理危机预防意识,掌握并应用心理健康知识,培养自我认知能力、人际沟通能力、自我调节能力,切实提高心理素质,促进全面发展。

高校需要通过课程教学,使学生在知识、技能和自我认知三个层面达到以下目标:

(1)知识层面:让学生了解心理学的有关理论及基本概念,知道个体心理发展规律及异常表现,清楚心理健康的标准及意义,掌握自我心理调适的基本知识。

(2)技能层面:让学生掌握自我探索技能、心理调适技能及心理发展技能。如学习发展技能、环境适应技能、压力管理技能、沟通技能、问题解决技能、自我管理技能、人际交往技能和生涯规划技能等。

(3)自我认知层面:使学生树立心理健康发展的自主意识,了解自身的心理特点和性格特征,能够对自己的身体条件、心理状况、行为能力等进行客观评价,正确认识自己、接纳自我,

---

[1] 对此的解读,参见岳中方:《从"柔性要求"到"刚性规定"——〈普通高校学生心理健康教育课程教学基本要求〉解读》,《北京教育:德育》,2011 年第 12 期,第 52—55 页。

在遇到心理问题时能够进行自我调适或寻求帮助,积极探索适合自己并适应社会的生活状态。

大学的心理健康教育课程需要注重培养学生实际应用能力,把重点放在帮助大学生建立自尊自信的自我意识、培养健康正常的健全人格、提高生涯规划和自我管理能力、加强情绪管理和人际交往能力上,使大学生增强压力管理与危机应对能力,更好地应对学习、生活、情感等方面可能遭遇的挫折与挑战。

二、心理健康教育课程的教学实施

课程教学实施包含教学过程和教学组织。

教学过程是指教师和学生为实现教学目标共同进行的动态活动过程,由相互依存、相互作用、同时不断展开的教和学两方面构成。心理健康教育课程的教学过程相对于传统的学科教学过程,更加强调学生的自我探索和自助发展。教师应注重分享讨论、情感交流和心灵沟通,而不是进行灌输和说教式的教学。心理健康教育课需要以尊重、理解为基础,通过心灵的沟通来强化学生自我反省与自我完善的意向,促进其健康成长。简而言之,心理健康教育课的教学过程以平等尊重的关系为前提,以讨论沟通为基本手段。

课程的教学组织是指为完成特定的教育任务,师生按一定要求组合起来进行活动。教学有一定的活动结构,包括:教学准备、教学导入、教学展开和教学结束。传统的知识技能教学,教师的课程组织的精力聚焦在学生对知识的获得上。传统型的优秀教师,可能在教学中想得更多的问题是:"如何针对不同年龄阶段和发展水平的学生设计出最适合的课程?""我能为学生设计出一套好课程吗?""怎样才能激发学生对该课程的学习动机?""用什么方式能使学生学到知识?"等。

基于前面介绍的心理健康教育课程的特点可以看出,心理健康教育课程的教学需要突出的是一种创造性的过程,教学效果取决于师生双方的创造性活动,教师需要在"尊重学生人格"、"助人自助"、"完整接纳每个学生"的教育理念下,努力实现"参与、体验、分享、感悟、自助、发展"的教学境界。所以这时,教师更多地把自己放在了学生学习的辅助位置,在教学中思考的是:"学生希望学习什么?""什么事情使他们困惑?""他们希望解决什么问题?"等,从这个意义上来说,教无定法,教师应具有以学生为中心的人本主义教育理念,从学生本身的需要出发,努力引导他们进行自我思考、自我指导和自我评价,把课程变成满足学生成长和个性整合需要的过程。

(一)心理健康教育课程的教学准备

1. 了解学生

教师在课前和课上,应通过观察、访谈、聊天、小型座谈和简单的书面调查等了解:

(1)学生的年龄特点、心理特点和该年龄段学生容易产生的心理矛盾和心理期待。

(2)学生近阶段关注的热点和需求,已经产生或可能产生的困惑。

(3)学生对心理健康教育课的要求,如学生有哪些需要、有什么具体问题、有什么期待、迫切程度如何以及喜欢的活动形式、对课程的建议等。

(4)发生在学生身边和周围的、引起大家关注或可用来讨论和引导的典型案例。

这些信息、素材能为提高教学效果提供依据。

2. 确定主题

心理健康教育课程的特点决定了课程要从学生的实际出发,因此课程的主题选择不像其他学科那样必须根据教材按部就班地来实施,而是更强调根据学生当前呈现的主要问题和这个年龄段的心理成长特点来发现和选择。所以,教师在课前对学生进行了解后,既可以选择学生感兴趣的话题,也可以结合学生的年龄特点、心理需求来选择生动活泼、富有情趣和内涵的话题,同时要注意兼顾社会热点和校园时事动态,注意时代性和启迪性。

主题确定后,标题要清晰、简洁、生动、贴切,并尽可能采用学生的语言和口气,让学生一看到主题,就有一种要参与的欲望。具体来说,定标题要注意以下两点:

第一,非灌输式、指导式的标题。在题目的设计上,教师要注意变化自身的立场和思维方式,即进行角色置换,从学生的认识角度提出问题,避免以成人对于问题的理解来代替学生的理解;要打破以往教育常见的那种生硬的、灌输式的标题设计,如"早恋的危害"、"远离聊天室"等,这样的题目不容易贴近学生。

第二,趣味性、探索性的标题。标题设计要能吸引学生的注意,调动学生思维的积极性,拓展想象空间,使学生一看即感觉"有意思"、"这正是我想知道的",从而产生浓厚的兴趣。如果一个标题让学生感到无非是老生常谈,或与自己无多大关系,那么,它是不可能产生作用的。

每个主题都需要有一个明确的切合实际的目标。例如,在"我们都是好同学"这个主题名称下面,可以确定如下目标[①]:

(1) 帮助学生了解同学之间和睦相处的重要性。

(2) 促进同学之间的相互了解、相互认识,促进同学团结。

(3) 教会学生一些必要的人际交往常识。

实际工作中,一些教师在确定活动目标时容易拔高求全,结果却是欲速则不达。比如:有教师指望通过一堂课的情绪教育,让学生从此不仅自己能保持良好的心境,而且能帮助别人摆脱情绪困扰;有教师认为通过气质测量、性格分析,就能塑造出良好个性……这些目标显然都不切合实际。

3. 选择内容

教学内容的设计要做到选材适宜,紧扣主题,贴近生活,亲近学生。具体的应着重把握以下几点:

(1) 选择与学生成长有密切关系的或已引起学生普遍关注的内容。青少年学生在成长过程中会遇到许多困惑和难题,如:有关性及性别角色、异性相处的问题;自我评价、自我定位问题;同学相处、师生关系、亲子沟通问题;直接由学习状况引发的关于自我评价、自我期待的偏差的问题;网络游戏和网络社交沉溺行为、校园高消费攀比、校园暴力欺侮行为等。这些问题对青少年成长造成了极大的危害。

(2) 选择与学生经历有密切联系,并符合学生思维水平的内容。总体内容的设计上,可

---

① 吴增强著:《现代学校心理辅导》,上海科学技术文献出版社 1998 年版,第 217 页。

以从心理发展的形式、内容以及各年龄段的不同表现、特征两个维度来进行。心理发展的形式、内容有：自我认识、自我体验、自我调节,生理自我、社会自我、心理自我,等等。

（3）选择对学生心理品质优化有积极意义,可以培养学生乐观进取品质的内容。课程应该带给学生积极的影响,使学生对自己的状态和发展有信心,提高学生对生活的满意度和幸福感,让学生对自己在成长过程中所获得的一切关爱和帮助抱有由衷的感恩之情,增强自我价值感和自我效能感,悦纳自我、相信自己、敢于负责、勇于创新。

4. 活动准备

一个主题所需课时通常是1—3节不等,一般根据主题内容的多少确定课时。心理健康教育课的活动场所并不局限于教室,可以根据实际情况选择适当的场所,通常会选择学校的团体辅导室或户外场地。

教师需要综合考虑活动内容的适合性、学校的各项硬件条件、时间、地点和精力是否许可等多方面因素,选择最佳活动方案。课前需要做的准备工作还包括：教学所需的电教设备和材料,教学游戏活动或短剧表演所需的道具,角色扮演的台词,等等。

一般情况下,心理活动课的教学很多是以小组的形式进行的,因此如何组成小组也变得重要了,通常一个小组的人数以6—8人为宜,划分小组有以下方法：

（1）全班报数,根据数字的组合方式来组成小团体或小组,比如逢单逢双,或者1—N报数后相同数字的人组成小组,等等。

（2）根据一些特殊要求来组合小组,例如,要求每个小组中男女各半,或者由同一月出生的人组成一个小组,等等。

（3）按教室的位置来划分小组也是在班级中用得较多的,例如,可以由前后两对同桌形成一个4人组,或者按教室的东南西北方向来分组,等等。

（4）充分考察个体的参与情况后分组,例如,把积极参与心理健康教育活动的同学和不积极参与心理健康教育活动的同学平均分配到一组中去,等等。

（5）让学生根据自己的意愿选择小组。

在座位的安排上,可以打破传统的秧田式座位排列方式,采用环形、矩形、马蹄形、梅花形等排列方式。座位排放的方式应尽可能使同学们有机会面对面地直接交流和沟通,又便于与老师实现无阻隔的交流与沟通,从而有助于推动课程的展开。

（二）心理健康教育课程的教学导入

上课伊始,教师的主要任务是激发学生参与活动的积极性,让同学们提高兴趣和有所期待,以便能更好地开展教学。

1. 热身法

在课程开始时,可采用唱唱跳跳或听听音乐等方式,来调试原本比较严肃或紧张的气氛,以"激活"学生参与活动的积极性,并使学生注意力集中、精神抖擞、调整心态、准备上课。热身活动的内容,一般都与本课的主题有关,热身活动的形式要根据学生的年龄特点来设计。

2. 开门见山法

教师可以生动有趣、简洁清晰的话语作一个开场白,一开始就直截了当地引出要讨论的主题,以解除学生的困惑,增强其活动的意识性和目的性。例如,一堂主题为"天生我才"的心理辅导活动课,教师在一开始上课就说:"你生来就是冠军,一出生你就成功了。在你的人生道路上,你是一步一步走向更大的成功的,这就是今天这节课的主题:天生我才。请你说说你对'成功'的理解,你认为什么是'成功'?"

3. 发问法

教师可通过提出与主题有联系的设问导入主题。例如,一堂专题为"思维陷阱"的初中心理辅导课,开始上课时教师即对同学们提问:"什么老鼠用两条腿走路?"学生马上会回答:"米老鼠。"老师接着问:"什么鸭子用两条腿走路?"学生又立刻回答:"唐老鸭。"话音刚落,学生马上就发现了问题,因为所有的鸭子都用两条腿走路。老师就在同学们的笑声中引出了本节课的专题:思维陷阱。

4. 案例法

教师可选择发生在学生身边的事情,通过教师讲述、展现事先用摄像机拍下的部分场景或让学生用小品表演等形式引入专题。

5. 故事法

教师可通过讲故事,或者播放事前剪辑好的影片片段,讲完或看完后提出一些相关的问题,从而引出主题。

6. 自我袒露法

教师可通过向学生真诚地袒露发生在自己身上的事情以及感受来导入主题。例如,一位小学教师问同学们:"你们已经注意到老师今天的情绪不好,想不想知道我的心情为什么不好……这次是我第三次去参加普通话考试了,心里一直很紧张,不知道自己这一次能否通过,心情很不好……有谁能帮助我吗……今天我们的活动主题是'解心结'。你们是否也有与我一样的烦恼和困惑呢?"

此外,如果条件和精力允许,还可以尝试使用引导回忆法、自我测试法、游戏活动法、悬念法、创设情境法等。总之,在心理健康教育课开始阶段,教师应力求营造一种平等、轻松、和谐、愉悦、开放的课堂气氛,让学生从中体验到课程的特点和吸引力,使其带着期待和希望进入角色。

以下是一个关于自我袒露的让人心痛的典型教案[①]:2011年7月2日上午,南京市第一中学的黄老师在经历了女儿在留学荷兰期间自杀的事后,返回工作岗位。她给初中部的家长、学生上了一次特殊的生命教育课。她在课上用自己的亲身经历叮嘱学生要能够学会面对生命中的痛苦、挫折、不幸,无论遇到什么挫折,都要珍惜生命,因为生命只有一次,只要活着,就有希望。同时,黄老师也向家长传递了自己的教育理念:学会欣赏子女,看到他们的独特之处,给孩子充分的信任和鼓励,尽可能地陪伴孩子成长的每一步。

(三)心理健康教育课程的教学展开

1. 常用的教学方法

虽然心理健康课的一些教学方法看似与其他课程一样,如讲授法、谈话法、集体讨

---

① 选自:http://learning.sohu.com/20140610/n400645620.shtml,有改动。

论法、演示法、实验法、参观法，等等，但心理健康课重活动、重学生参与、重师生互动，因此为了能充分达到提高学生心理素质的目的，即使是同样的教学方法，也有一些有别于其他学科的特殊要求。

（1）讲授法。讲授法就是通过语言或借助其他手段把心理健康知识传授给学生的方法。讲授既可以是教师的口头讲解，也可以采用多媒体的教学手段，以及通过墙报、广播等形式进行；既可以采取班级的组织形式，也可以采取小组的、个别的组织形式。值得注意的是，讲授不能简单地理解为教师讲、学生听。在学校心理健康教育中，十分强调教、学双方的沟通，为此，讲授中穿插谈话、讨论等方法是非常必要的。引用微视频、影视片段赏析、生命故事分享也是较多应用、穿插在讲授法授课中的技术。

（2）集体讨论法。集体讨论法是通过引导和组织，让学生对某一专题发表自己的看法，表述自己的意见，进行研讨的一种教学方法。通过讨论可以沟通意见、集思广益、解决问题。在心理健康教育活动中常用的讨论方法有以下几种：

① 小组讨论法。针对某一问题情境，教师将全班学生分成若干小组，每个小组内成员均可充分发表自己的看法、畅所欲言，然后形成小组意见，接下来小组与小组讨论或辩论，或每小组发言人做交流，其他学生可补充，最后由老师做总结。

② 辩论式讨论。将全班学生分成两组，就一个讨论话题分成正反两方，意见对立。学生根据自己所在方的立场，与对方辩论。

③ 配对讨论法。就某一主题，两个人先讨论，得出结论，然后与另外两个人讨论协商，形成 4 个人的共同意见，再与另 4 个人一起讨论，获得 8 个人的结论，之后，还可以推选出代表参与全班的讨论。这种讨论方法让每个学生都能参与，还要求学生有独立的见解，善于辩论、协商，因而讨论的效果会比较好。

④ 脑力激荡法。此方法允许学生对一个问题自由地考虑可采用的方法。它利用了集体思考和讨论的方式，目的是在一种兴奋、有趣、安全及接纳的气氛下使思想观念相互激荡，发生连锁反应，以引出更多的意见或想法。教师应鼓励学生真诚地提出意见，不管有无价值，甚至对开玩笑或引人注意的意见也要接纳，并特别鼓励有创意的学生。

（3）角色扮演法。角色扮演法就是让学生扮演或模仿一些角色，重演部分场景，使学生以角色的身份，充分表露自己的人格、情感、人际关系、内心冲突等心理问题，进而增进自我认识，减轻或消除心理问题，提高心理素质的一种教学方法。角色扮演有澄清问题、疏解情绪、塑造行为和使心智成长的功能。角色扮演的基本阶段包括准备阶段、实施角色扮演阶段和终结阶段，实施角色扮演有教师、剧本、扮演者、观察扮演的学生、舞台五大要素。角色扮演法在低年级学生群体中尤其受到欢迎。前面有介绍过教育戏剧，不过一般的学校出于课时的原因要完整做剧不可能，所以一般心理课上更多地用到的是一些情境的表演。课程中经常应用的角色扮演方法有以下几种：

① 哑剧表演。此方法要求学生不以语言或文字来表达其意见或感情，而用表情和动作来表情达意。表演可以是一人或多人，可表演"见面时"、"生气时"、"幸福时刻"、"等待"等。这种方法可以促进学生非言语沟通能力的发展。

② 角色互换。角色互换有两种涵义：一是在剧中 A 和 B 交换各自的角色，通过角色交

换,A 理解 B,B 理解 A,同时也理解了两人的关系,理解了自己。二是扮演一个与自己现实生活中的角色完全不同的角色。例如,现实生活中总欺负人的学生,表演一个总被欺负的学生,可以通过表演,加深对他人的了解以及自我理解,学会与他人共情,学会用他人的眼光看自己。

③ 镜像扮演。这是指看别人扮演自己的方法。例如,爱说粗话、不讲礼貌的 A 看到 B 表演自己的所作所为,通过看别人演自己而客观了解了自己生活中角色的言行,激发了改变的主动性,促进自己改变不适当的行为。

④ 小品表演。这种方法是指把幽默、讽刺或赞许的语言与滑稽的动作结合起来,展示学习、生活中的一些事情,显示其中的道理及处理问题的方式等。小品表演大多是由多位学生参与的,接近生活,情境显得较真实,富有感染力。例如,表演"同学病了"、"同学来我家做客"、"给妈妈过生日"等内容。

⑤ 空椅子表演。这种方法在前面的章节里多次提到,这里就不展开了。通常这种方法用于增加扮演者的自我知觉和对他人的知觉。

(4) 行为操作法。这种类型的教学方法主要是通过学生的言语和动作的操作活动来达到心理健康教育的目的,常见的有以下几种形式:

① 自述法。学生自己述说事情的经过和感受,能达到情绪宣泄和增进自我认识的目的。在心理课上,教师可有意识地引导学生讲述自己对某一件事情的感受、自己的某一次经历、自己的成长过程等。针对低年级学生,还可以借助"自画像",让学生认识自我。学生通过自述,可以把情绪感染给大家,让大家产生情感共鸣,这不仅可以培养学生个人自我认识、自我反省的能力,增强学生的自信,还可锻炼学生的思维能力与口头表达能力,而且学生在这个人际互动的过程中,通过认识自己、了解他人,能产生认同感,这对于克服自卑、消除焦虑等十分有益。

② 游戏法。游戏是学生普遍喜欢的活动,寓教于乐,这是这种方法最大的特点。好的游戏能带给参与者尊严、宽容参与者的真情流露、满足参与者施展自我的需要,它具有欢乐性、自主性、创造性、契约性和互动性等特征。游戏法可应用在很多主题的教学中,常用的游戏有交往的游戏、增强团队凝聚力的游戏、促进学习效果的游戏、增强耐挫力的游戏、增强自我意识的游戏等。游戏法的实施一般可分为选择游戏、学习规则、观察行为、调节情绪、澄清讨论和再来一次六个步骤。

以上这些方法的分类不是绝对的,不同种类的方法之间有一定的交叉或包含关系。一般说来,一节心理健康教育课,单用一种方法进行教学活动是极少的,这是由学生心理现象的复杂性、活动方法的多样性所决定的。这就要求教师根据教学目标和每种方法的特点,合理地选择和编排,以使教育活动达到最佳的效果。

2. **教学实施的要点**

(1) 引导为主。在教学过程中,教师应善于引导学生投入角色、投入活动之中,积极参与讨论。教师可以注意以下一些要点:

① 需要习惯于离开中心的位置,让更多的学生站到那个焦点位置,自己在课程中扮演一个穿针引线但看起来比较次要的角色。

② 要注意自己的站位或坐位,要融入学生当中,面向全体学生,与他们"平起平坐"。

③ 要注意自己的语言、语调,尽量体现出亲和力、亲切感,用商量、尊重、接纳的态度来引导学生。

④ 在学生思考问题前后,可以用诸如"你是说……"、"你觉得……"、"你相信……"等话语,引导学生思考并充分表达自己的情感和想法,以促进团体的分享和沟通。

⑤ 促进讨论并对讨论活动进行适当调节,保证讨论不离题、不冷场。

⑥ 用正确的方法来引导学生深入讨论。要做到这一点,教师要有精深的专业知识,还要有深厚的语言功底和严谨、敏锐的思维能力,这需要教师学习、再学习,实践、再实践。提问的时候,要让学生感受到教师对他们的信任和期待,感受到教师对他们的关爱和理解,这就要求教师特别注意讲话的神态、语气、表情和肢体语言。

(2)及时反馈。反馈就像一面镜子,可以清楚、真实地把学生的情感和想法反映出来,这面镜子也给学生提供了自觉、自动修改自己意见、观点的机会。因而,教师的反馈要注意以下要求:

第一,要注意及时效应。教师要及时准确地把握学生所表达的思想情感,并将其反馈给学生,使学生感受到被关注、接纳和理解,同时,也要使学生能更好了解和澄清自己的思想。

第二,要用询问、征求意见的语气。反馈是一种认可,更是一种引导,教师询问式的反馈,可以让学生进一步去思考、去分析、去比较、去判断、去选择。例如,在学生交流分享了自己的感受后,教师可以问:"×××,你是说……对不对?"也可以请另一个同学来概括前一个同学的想法,等等。

第三,适当运用教师的"自我表露"。在交流分享的过程中,学生的有些感受与领悟可能与教师自身的经历有相似之处,但学生的思考又不够深入、比较肤浅,教师可以用反馈的方式让学生分享自己的亲身经历与感悟,这既能体现师生之间真诚平等的交流,又可以启发学生深层次的思考与领悟。教师运用"自我表露"时要做到真有其事,不要虚假编造;要适当、适度,不要喧宾夺主。

第四,要注意教师情感投入的"三情":真情、激情、煽情。心理健康教育课非常注重师生之间的心灵沟通和情感交流,非常强调师生之间的情感表露和沟通分享,这些都集中在一个"真"字和一个"情"字上,因而对于教师来讲,特别要注意真实情感的投入。教师要有真情,而不要虚假;要有激情,而不要无情;要善于煽情,而不要无动于衷。"情"要体现在教师对学生的反馈之中,只有这样,心理健康教育课才有感染力,才有吸引力,才会真正受到学生的欢迎和喜爱。

第五,要根据班级、学生的特点选择不同的方式。不同的班级有不同的班风,不同的学生有不同的性格。有的班级氛围活跃,很容易引起讨论,那么,可以直接给他们一些开放性的问题,让他们自由发言、讨论;有的班级比较沉闷,可以先用封闭式的问题,让同学选择,然后再找到同学之间观念上的分歧,"刺激"他们展开讨论。比如,在讨论中学生恋爱现象时,可以先请比较赞成中学生恋爱的同学发言,再请不太赞成中学生恋爱的同学发言,最后让双方分别阐述理由,引发争议。

（四）心理健康教育课教学的结束部分

课的结束只是课堂活动和讨论的结束，并非心理教育的结束，更不是学生心理成长的结束。一节课的结束，只是一次教学活动的结束，往往学生的心理成长是在课后的实践、体悟中，在两次课间的练习、思考中实现的。所以心理课的结束部分对于课程依然有着重要的影响和积极的作用，作为心理教师，不能虎头蛇尾，忽视了教学的结束部分。教学的结束部分需要包括下列内容。

1. 回顾与反省

师生可共同回顾刚进行过的活动和讨论，引出最有感受的部分，并提出自己的看法和建议；也可检讨一下刚才活动的过程中有哪些需要改进的地方。这不但可以培养学生的责任感，而且也可以增强学生在心理健康教育课中的参与感，提高学习的积极性。

2. 计划与展望

教师可以引导学生在课后（或今后）对自己进行规划和展望，激发其改变和实践的积极性；也可以让学生对以后的课程内容和方法提出希望和建议。这样做，有助于促进学生对学习的意义的发现，让学生在一定程度上参与选择有关的学习活动内容，更体现了心理健康教育"以人为本"的基本指导思想。

3. 作业与练习

作业是课后需要去完成的任务，可以使学生将课堂中的体验、总结和思考延伸到课后，并有机会在生活中实践，这也是将知识转化为技能的必要条件。在任何一门学科的学习中，要想掌握可以运用的技能，作业与练习都是必不可少的，心理课程当然也不例外。不过心理课的作业练习形式多样，可以是观察记录、问题思考、心得体会，可以是用文字记录的，可以是口头言语的，也可以是行为实践，比如一些行为练习、语言习惯练习、服务活动等等。好的作业可以促成学生行为的改变。当然，作业练习的任务依然要保持趣味性、能得到学生的主动响应。教师可以给学生一点压力，但不能让作业变成学生抵制的负担，而且教师要善于帮助学生发现作业给学生们带来的改变，给学生积极的肯定。

4. 祝福与激励

课程结束后，师生之间、同学之间，可以自制一些小卡片、小礼物互相赠送，也可以通过教师对学生、学生对学生讲一些祝福语等方式，互相鼓励。

三、学校心理健康教育课程的教学评价

（一）学校心理健康教育课程评价的思路

心理健康教育课作为专门的课程，同样有课程的评价问题。一般来说，对心理健康教育课程的评价要注意以下问题：

1. 评价的目的

作为一门课程，首先需要解决根据教学目标来评价学生的活动情况和教师的教学效果的问题。但更重要的是，心理健康教育课的教学不同于一般的学科教学，它的评价不是落脚于教师知识点的传授和学生对知识的掌握，而应着重于学生心理素质的增强和教师教学水平的提高，这是心理课程的独特之处。因而，课程评价的重点，是检查课程教学能否达到目

标,以及达到目标的程度有多高,即课程教学是否改善了学生对自我的概念、是否增强了其自我教育和自我完善的意识和决心、是否提高了行动的积极性和自觉性。教师应明确为了更好地达到目标需要做些什么改进,改进的目的则是为了更好地促进学生心理的健康发展。

2. 评价的范围

心理健康教育课程的评价大致可以分为对教学活动的评价和对学生活动的评价两个部分。对教学活动的评价以教师的教学指导思想和对心理健康教育课程的组织管理为主要内容。具体来说,对教学活动的评价可以包括:教师的教学指导思想与设计,教学目标的达成,教学内容的适切性,教学方法的多样性,教学组织的合理性和灵活性,教学准备的充分性和恰当性,教师自身的能力和素养。对学生活动的评价可以包括:学生对参与活动的态度、学生对教学活动的反应、学生情感和能力的表现。

3. 评价的原则

心理健康教育课程评价的原则,是指开展课程评价时所要遵循的基本要求,这些要求既反映了教育评价的一般规律,也体现了心理健康教育课的特点。心理健康教育课以促进学生健全人格的发展为宗旨,因此心理健康教育课程的评价要以人为中心,既要关注教师,更要关注学生。

心理健康教育课程的评价原则主要有:

（1）客观性。评价要客观公正、科学合理,不能主观臆断,掺杂个人情感。

（2）过程性。心理健康教育课的终极目的是提高学生的心理素质、培养学生的健全人格,而心理素质的提高不是一朝一夕的事,要经历一个较长的发展过程,因此,心理健康教育课程的评价不能追求"立竿见影"的效果。课程注重的是让学生在活动中逐渐去领悟,看重的是学生参与的过程,而不关注其参与的结果,即不是以成败论英雄,而是注重主动投入、积极思维。

（3）发展性。评价应着重于教师教学理念的转变、教学水平的提高,学生精神面貌的振奋、心态的良好和对课程的兴趣度、参与度。

（4）指导性。评价的目的是为了不断提高教师执教心理健康教育课的水准,更好地为提高学生的心理健康水平服务,因此,评价应对教师专业化水平的提高有指导意义。

根据以上的目的和原则,心理健康教育课的评价主要是过程性的评价,也就是说,是在过程进行中实施评价,评价时要收集教师和学生两方面的信息,对照教学目标,检查效果。看目标的达成度时,主要是看学生参与活动的情况,学生对活动课的满意程度和兴趣,在活动课上学生的情感体验、心灵沟通、观念认同、情绪调节和心态把握的情况等。对这些方面的评价,能让教师及时总结经验教训,更好地改进教学过程、提高教学质量服务。

（二）心理健康教育课程评价的实施

一节心理健康教育课的评价,大体可从以下几个方面实施。

1. 教学目标的达成——目标要清晰、具体

教学目标是课程的灵魂和核心,一节成功的心理健康教育课必须有明确和清晰的目标,而且目标要适应时代需要,要符合学生的年龄特点和实际状况,要具体和有层次,切口要小,

并贯穿整节课的全过程。否则的话,目标过大过空,就会导致一节课无中心、无主题。

2. 教学内容的适切——内容要适宜、贴切

教学内容是为教学目标服务的,因而教学内容是要围绕教学目标进行选择的。在选择教学内容时,要注意适应性、针对性、及时性和有效性。具体来说,适应性是指内容要紧扣主题,要有明显的时代特点,适合时代发展的要求;针对性是指内容要适应学生的年龄、心理特点,并能为学生所理解和把握;及时性是指内容要关注学生成长和发展过程中的需求和现象,贴近学生当前迫切需要了解和解决的问题;有效性是指内容要贴近学生的生活,亲近学生的心灵,让学生有一种亲近感、有兴趣参与,并且感到内容与自己的生活实际密切相关,从而活跃思维、热烈讨论,最终带来教学实效的提高。

3. 教学方法的实效——方法要合适、多样

教学方法应服从教学内容的需要并为教学内容服务。教学方法并不是越新颖、越离奇、越花哨越好,要符合学生的年龄心理特点,满足学生的需要和喜好。为了调动学生参与的热情和积极性,教师可围绕教学目标,根据教学内容,采用生动活泼、富有情趣的活动,强调全员性参与和体验性学习,实现生生之间的平等和谐,让学生在轻松、活跃的气氛中,在欢声笑语中,获得体验和感悟,互助、自助和提高。在一节心理课中,教学的方法和形式要有一定的变化,注意动静相宜和应用灵活,以免学生因单调而感到乏味,但变化也不是越多越好,教师要根据主题的需要,把握好节奏和手段的变化。教学媒体的制作和选择要恰当,并为教学内容服务。

4. 教学效果的显现——效果要明显、即时

对一节心理健康教育课的评价,重要的是看学生参与的态度和表现的情况,看学生显现出来的对教学的满意程度。首先,要看学生的关心度,即学生对本课讨论的关注程度和责任感。其次,要看学生的参与度,即学生参与活动的情况(是否达到全员参与,学生是否摆脱了事不关己的旁观者角色,带着责任感或兴趣投入活动,并成为积极的行动者)。若大多数学生是观众或听众,哪怕这节课活动设计得再多、再新颖、再有趣,也不是一节成功的课。再次,要看学生的进取度,即学生在活动中参与的热情、思维的活跃、兴趣的浓厚、气氛的融洽、真情的袒露、交流的坦诚等都是评价课堂效果的指标。除此以外,还可评价一下学生在活动中表现出来的人际交往能力、语言与沟通能力、协调与合作能力以及学生的自主能力与创新能力等。当然,整堂课安全、接纳、温暖、尊重的团体气氛,民主、平等、合作的关系,广泛的生生、师生之间的互动也都是良好教学效果的表现。

5. 教学能力的体现——能力强、素养好

上好心理健康教育课,对教师的要求是很高的。共情、真诚、关注是心理辅导老师应具有的人格特质。教师自身的素养如何,教师的专业化水平如何,教师的教学能力如何,在一节心理课中都会体现出来。评价过程中,首先要看教师的备课及教学材料的准备是否充分,教师是否了解、熟悉学生;其次要看教师的教态、语言和仪表是否恰到好处,教师是否公正、宽容、平等、有亲和力,能否取得学生的喜欢和信任;还要看在组织教学的过程中,教师的思路是否清晰、条理是否清楚,教学环节的连接是否自然顺畅,教学过程的组织是否有序灵活,教师是否具有相当的机敏性和应变性、是否有较强的驾驭课堂的能力等。

（三）案例示范

这里列举《特别的黑点》①课例供参考，该课曾获上海市第四届学校心理辅导活动课大赛一等奖。

1. 教案

【活动目标】

（1）知识和技能：知道每个人的一生中都有各种缺憾（生来就有或者后续发生）。

（2）过程和方法：参与活动，观看视频，交流分享。

（3）情感、态度、价值观：用接纳的态度面对人生中的缺憾，激发内在的"正能量"。

【活动对象】

高中学生。

【活动准备】

白纸、笔、剪刀、浆糊、彩笔、修正液等，视频。

【活动过程】

（1）导入：白纸上黑点的 N 种处理方式。

师：（手持印有一个黑点的白纸展示给学生，并给每人发一张有黑点的白纸）请大家用自己的方式处理白纸上的黑点，可以利用提供的笔、剪刀、浆糊、彩笔、修正液等材料。

学生自由处理黑点，并分享处理的不同方式，如剪掉、修正液涂改、添加图案。

教师结合学生的交流，引导学生思考不同的处理方式对黑点和白纸的影响：有的会让白纸变得更加好看、更好地发挥作用，有的会让白纸遭到破坏等。

（2）特别的黑点。

师：如果我告诉你，这张白纸不是普通的纸，是我们每个人仅有一次的人生，黑点也不是普通的黑点，它代表我们人生中不可避免的缺憾，你又会如何处理？

教师发给每个学生一张白纸，请同学一边思考一边在白纸上以黑点的形式画下自己人生的缺憾。

征求学生同意后，请同学交流自己的黑点并表达对黑点的感受。

（3）用视频启发，引申思考。

观看视频《一个美好生命的启示：尼克·胡哲》

师：尼克的人生有一个大大的黑点，八岁时他觉得难以承受这个黑点，怀疑这张白纸的意义，十岁时想毁灭这张纸，但后来他用智慧找到了他处理黑点的方式。在视频中

---

① 杨琳琼：《特别的黑点》，《中小学心理健康教育》，2013 年第 24 期，第 25—26 页。

你印象最深的是哪句话？

学生分享感悟。

（4）致"我的特别的黑点"。

师：这节课我们对黑点和白纸作了很多思考和探索，现在请各位同学带着你的感悟写一句话给自己或自己的黑点。

同学交流每个人的思考。

（5）小结

师：我们是世上独特的一员，这也意味着我们不是这个世上最完美的一员。我们拥有许多特质、优势与资源，同时也要用一颗开放的心看到自身的限制和不足。坦诚地承认和面对自己的不足和限制，是积极悦纳自我的一种表现。"金无足赤，人无完人"，我们总是在不断地成长和发展，不断地充实和完善自我。要接纳自我不可改变的限制和不足，因为这也是鲜活生命的组成部分。不断改变与超越，用积极的优势和资源弥补现存的不足，这是生命的动力所在。

2. 教案点评

（1）教学目标的设计：这节课的教学目标明确，帮助学生理解每个人的一生中都有各种缺憾，切入点小、具体，能够在40分钟内达成。

（2）教学内容的选择：课程主题是要学生学习接纳不完美的自己，用接纳的态度面对人生中的缺憾，对于高中生来讲，这个主题符合年龄段的自我意识发展的成长需求，能激发内在的"正能量"，所以这个主题有意义。

（3）教学方法的效果：整节课围绕"黑点"设计活动，几个环节层层递进，紧紧围绕教学目标展开，所有学生都能参与其中并积极分享，充分发挥自主性。教学中用到的视频材料，展现了一个典型生活案例，推动和强化了学生从体验中获得的经验，并与学生对人生的思考相联系，教学方法使用得当。

（4）教学效果的体现：学生在课程活动中都能积极参与，人人有话可说，有自己的见解，交流分享有深度。

（5）教师的教学能力：教师在教学过程中，能关注不同学生的差异，积极引导每个学生的思考，表现了较好的教学基本功。

第二节　团体心理辅导活动的组织与实施

学校心理健康教育课程是由学校统一组织落实、排入教学计划，面对全体学生开设的，尽管目前心理课就开在哪个年级、开多久、用什么教材、如何安排进度等并没有统一的规范，有很强的校本化特点,但是它毕竟是写进课程表的课程,即使是校本化的,也有学校自己的学期课程规划、选用的参考教材等,面对的是特定的年级、班级,而不是存有一些共性问题或个性问题的学生群体。学校心理咨询师,除了要承担心理健康教育课程外,还需要组织和开展一些更为深入的团体心理辅导活动来服务一些特定的学生群体。这一节主要介绍一下团体心理辅导的组织与实施。

团体心理辅导介于心理课和团体心理咨询之间,适合于学校的社团活动和一些专项的心理训练。团体心理辅导与心理课在形式、主题上有一定的相似性,但是团体心理辅导的对象更有针对性,学生对辅导活动的参与具有选择性,围绕主题开展的辅导的深度较心理课也更深,辅导中带领者跟学生个体的互动更直接、机会也更多,这些使得每一个参与的个体能得到远比心理课上更多的关注。团体心理辅导活动具有优异的互动性、灵活性、系统性和实效性。在团体心理辅导中,团体成员进行互动体验,激发潜能,收获分享环节的反思,自我觉察也更为深入。

团体心理辅导也不同于团体心理咨询,团体心理咨询建立在个体心理咨询的基础上,主题更加聚焦,对象往往存在着一定的发展性障碍,比如社交恐惧、人际交往障碍等,更倾向于使用心理咨询的技术和方法。相较于个体的辅导和咨询,团体心理辅导会更多地考虑和引入团体动力因素。

一、团体心理辅导方案的设计

团体心理辅导相较于团体心理咨询,有较多活动,更强调由活动给成员带来的体验、反思,而不只是成员间日常生活经验的分享。所以教师需要对活动有精心的设计,考虑团体性质与目标、参与人员及对象、活动流程、时间频率、场地布置等一系列相关元素。方案设计的好坏会直接影响到活动的效果。

(一)团体心理辅导的性质与目标

团体心理辅导的性质决定着团体辅导方案设计的大方向。学校里开展的团体心理辅导活动,以面向成长中的学生群体为主,以开发心理潜能、促进人格成长、增进心理健康为主要目标。也有一些面向部分心理素质薄弱的学生的预防性团体心理辅导,以训练学生某方面技巧、提升某方面能力为主要目标,如情绪管理团体、生涯规划团体等。

按照团体心理辅导的程序化程度,可以将其分为结构式与非结构式两种。发展性和预防性团体心理辅导多采取结构式团体辅导形式,团体带领者需要事先做好充分计划和准备,提前安排好固定程序的活动,引导团体在预定的时间内按照预定的方向循序渐进地达成目标。

团体辅导目标对团体领导者具有"地图"的作用。在确定由团体性质决定的总体目标的基础上,需要确定团体每次辅导的具体目标。目标必须具体明确、具有可操作性。只有根据目标设计相应的活动,让学生经历不同的体验性活动,并设置解说、讨论、反思等环节,才能达到辅导的目的。

例如,两性交往探索团体的辅导目标可以是:

（1）协助成员自我探索：了解自己具有哪些吸引异性注意的特质，思考自己希望培养哪些特质以受异性的欢迎，知道自己欣赏何种类型的异性。

（2）协助成员了解他人：了解其他成员欣赏的异性类型及特质。

（3）在了解异性之间互相吸引因素的基础上，学习与异性有效沟通的合适方法。

（二）团体的规模

团体的规模会影响团体心理辅导的效果。团体人数过多可能会影响成员的参与度和亲密度，团体人数过少可能会使人际互动不充分。设定团体规模需要考虑以下因素：

（1）团体成员的个人特征及背景经历。基于成员年龄的增加和成员心智成熟度的提升，可以适当增加团体人数。参与者的性别比例、身体状况、人格特征都将影响团体的规模大小及在方案设计时对活动强度等方面的考虑。

（2）团体的同质性状况。同质性团体中，成员拥有共同的问题和背景，较容易相互认同和产生共鸣，有较强的团体凝聚力和较少的冲突，但可能看待问题的视角比较类似。异质性团体中，各种背景和特质的混杂将为成员提供更为丰富的信息与经验，但成员间容易发生冲突矛盾，可能需要经历更困难的磨合过程。

（3）团体带领者的经验和能力。对于经验丰富、能力较强的带领者而言，团体规模可适当扩大。如果配有协同带领者，亦可以增加少量的成员。对于经验尚浅的带领者而言，团体的人数需要适当控制，但不要少于5—6人，可以8—10人作为基数。

（4）小组的类型和团体性质。一般来说，开放性的团体人数可以多于封闭性团体，发展性的团体人数可以多于训练性团体。发展性团体人数以 12—20 人为宜，训练性团体人数以 8—12 人为宜，而咨询治疗性团体人数以 6—10 人为宜。

（三）团体心理辅导的时间及频率

不少研究者认为，预先设置并告知成员团体辅导的时限是非常有必要的。团体带领者可以根据团体性质来决定选择短期或长期团体。短期团体辅导适用于发展性和预防性的目的，一般共开展 6—20 次；而长期团体辅导更适用于团体咨询、治疗，可以持续一年，甚至数年。

绝大多数团体的模式是细水长流型的持续式团体，例如各种心理工作坊或心灵成长小组，团体定期开展活动，并持续一段时间。活动的间隔及每次活动的时间长短可以依团体对象的不同而有所不同，团体带领者可根据具体情况灵活掌握。过于密集的安排，可能会使团体成员在时间协调上出现困难而且没有足够时间将团体中的体会和收获带到现实中加以检验；而过长的间隔时间，则可能难以维持成员间的关系和团体的连续性。所以青少年团体通常每周开展 1—2 次活动。每次活动的时长亦可灵活调节。为了既确保团体有足够的时间发现和解决问题，又有效防止成员疲惫、厌烦和走神，通常每次活动时间安排在 1—2 个小时。对于年龄稍小的团体，可考虑将每次活动时间缩短为 30—40 分钟。

另一种团体的模式是高度密集型的集中式团体，例如心理成长营或假期训练营等。团体成员在连续时间内被限制在某个环境里，进行充分的自我暴露，与他人频繁而深入地互动，甚至被要求用餐、睡觉都不能离开。集中时间的长短视团体目标与学生特点而定，短则

1—2 天,长则 3—7 天,最多不超过 10 天。这种高度密集的团体辅导时间安排旨在加速团体的发展,催化成员的自我开放,但就其辅导效果能否有效迁移至现实生活中,仍需后续团体追踪或回访。

在条件允许的情况下,团体领导者可以考虑通过持续式团体与集中式团体模式相结合的方式开展团体心理辅导活动。

(四)确定团体心理辅导的场地和材料

理想的团体心理辅导地点需要给人安静、温馨、安全、舒适的感觉,一方面让学生能身心放松、情绪稳定,另一方面让学生能集中精力进行活动。学校中开展的团体心理辅导,室内的场地通常为心理活动室或多功能教室等地,而户外的场地需要有所选择,校内不宜选择人流过多、喧闹嘈杂的地方,如食堂、体育场、主干道旁等,校外的话,则不适宜选择不便于寻找的偏僻角落。集中式团体心理辅导,则可以选择远离闹市区、风景优美的地方,这样既能有效排除干扰,使成员集中注意力,又能有效促进成员情绪放松。

场地大小因学生人数及活动设计而定。在选择场地时要注意:既需要让学生有足够的空间可以自由活动,避免产生压抑感和窘迫感,又应避免因场地过大导致团体成员产生空旷感和不安全感,以及给团体带领者增加控场的难度。

场地的安全性也是团体带领者非常需要重视的一个方面,室内的木地板和室外的草地都是不错的选择。室内还要求采光良好、空气流通和温度适宜。可采用可移动的桌椅,也可准备坐垫供团体成员直接坐在地上。

团体心理辅导的开展,还需要准备必要的设备、物品和专业器具。多媒体设备,可用于播放背景音乐、观看相关视频、展示成员作品或活动指导语等;一面涂鸦墙或白板,可方便带领者与成员互动沟通。

团体带领者还需根据活动需要,提前搜集相关图书、音像资料,事先准备图片、饰物、服装、道具等器材。道具可分为活动使用道具和奖励性道具,前者种类很多,包括绳子、眼罩、呼啦圈、秒表、齐眉棍、气球、纸张、彩笔等,后者用于调动团体成员参与的积极性或强化积极正向的行为,例如奖励贴纸、明信片等。

(五)团体心理辅导的活动流程

活动流程是团体心理辅导的主体部分,团体带领者需要事先搜集与阅读和团体主题相关的理论研究,以相关理论研究为基础,将团体目标细化,分解为若干个小的单元目标,然后仔细斟酌它们的重要程度和相互间的逻辑关系,构建出团体活动的主要框架,再根据目标选择相应的活动流程。整个辅导活动的过程及具体步骤都应有具体的说明。

带领者应针对不同年龄、文化程度、成熟度、预期需求的团体,选择合适的活动流程。如:对低龄、心智成熟度不够的青少年团体,可多设计些动态的活动,同时让成员有适度的挑战;对心智成熟、熟悉并接受团体辅导的团体,可增加静态的活动和成员的自省、成员间的言语分享。

团体辅导并不是一个活动只对应一个主题,带领者可以通过活动顺序的组合、活动规则的改编等,使同一活动适用于不同的主题。当然,这还需要在活动方案实施之前,对所带的团体和设计的活动有更多了解，了解该团体是否参加过类似的活动、谁带领的等等。同时，对带领的活动也要更多地进行熟悉，最好可以通过同行实验或小组模拟的方式操练一下。刚开始带领时，可以与同行、督导讨论一下，听取可供借鉴的带领经验、需要注意避免的问题以及相关的修改意见，将方案完善后再实施。

需要注意的是，带领者对团体不熟悉、带领经验少、对带领的活动不熟悉时，对活动需要的时间通常无法准确估算，也难以准确推测活动和引导分享环节可能出现的各种问题，所以进行活动准备时，需要准备一些备用活动，以便在现场根据团体活动的进展有弹性地调整原先的设计。

二、团体心理辅导的实施

团体心理辅导包括开始阶段、主题实施阶段和结束阶段等，即使是单次的团体辅导活动也一样。每个阶段都有一些需要解决的问题和特定的活动目的，都需要对应的活动和训练。

（一）开始阶段

团体辅导不同于班级的心理课，成员间可能认识，也可能不认识，即使认识，也有可能并不熟悉，所以，在团体辅导活动的开始阶段，首先要解决团体成员之间的熟悉的这一问题，这看似普通，但往往是辅导能否取得效果的关键，成员间的不熟悉会带来成员间相互的不信任、焦虑，一些人会担心自己不被接纳，甚至担心自己在他人面前出丑，甚至存在冷漠、无奈、抗拒等心态，这样的情形下，再好的活动设计都难以取得应有的效果。即使是成员彼此熟悉的团体，辅导主题不同，成员没有做好准备、没有进入团体辅导的活动状态，同样会影响团体辅导活动效果。所以，开始阶段可以选择一些相对简单、容易上手的破冰、暖身活动。

1. 破冰

破冰，是指"打破坚冰"。破冰、暖身活动可以消除团体心理辅导开始阶段成员彼此关系中的冷漠和紧张，同时带来温暖的气氛，催化、增进团体成员之间的互动和了解，协助成员尝试开放自我、建立相互接纳与信任的基础。在活动过程中，团体成员还能了解团体结构，学习团体运作程序，制定团体契约，快速进入活动状态等。团体带领者最好选择自己比较熟悉的活动，这样能快速、顺利地带领成员进入团体，使成员对带领者产生信任。

开始阶段的活动可以分为静态和动态两种，静态以问题讨论为主，动态以活动为主，具体选择哪类，则需要参考主题活动的类型。如果主题活动需要较多的语言表达，可选择静态的，如果主题活动需要较多的肢体运动，或者组员年龄偏低、心智不够成熟，可选择动态的活动。

破冰活动的结果和对错并不重要，关键是符合团体的特点，让成员既感觉到有趣、有挑战，又感觉到被接纳和公平，乐于参与到活动中，享受活动的过程。

2. 团体契约的制定是开始阶段的重要任务之一

团体规范是指团体成员共同遵守的、对其行为具有约束作用的各种行为准则。契约的制定可以采取事先准备、明文规定、签字遵守的方式，也可以采取开放的方式，邀请成员共同讨论，并在团体活动过程中不断补充完善。守时、保密、倾听、参与、注意安全、不做人身攻击言行等事项需要反复强调说明。在青少年团体心理辅导活动中,让成员在团体中感受到个人的人格和权益可以得到尊重和保障,尤为重要。团体辅导的活动是为了促进个体觉察与成长,不是为了带给学生心理创伤,这也是学校团体心理辅导活动有别于一些成功学培训的魔鬼训练的地方。

这里特别强调一个选择性挑战原则。团体心理辅导相对于心理课程,更突出参与者在辅导过程中的自主权,所以可以给成员参与活动时的"选择性挑战"的机会,即让成员自主地决定是否参与活动和以怎样的角色参与活动,允许每一个成员以不同的角色接受活动的挑战,参与到活动中去,可以作为主要的参与者或者小组的组长,也可以作为支持者、保护者,甚至也可以作为旁观者、记录者跟随活动。但是要注意,要让每一个成员都能以不同的身份、角色参与活动,身处活动的现场。在分享环节,也同样要让成员有分享的自主权。出于对成员的尊重,如果成员不想分享或没有做好分享准备的,可以允许成员告诉大家自己没有做好分享准备,更愿意倾听他人的分享。

这里推荐选择性挑战和全方位价值契约①。

选择性挑战(Challenge by Choice)

体验式团体训练项目的另一个重要理念是"选择性挑战"。这表示参与者可以选取与自己水平相符的挑战。没有人会强迫参与者做他们不愿做的事情。但与此同时这并不意味成员有权随时选择退出课程。应该在活动的一开始就向全体成员说明这个理念:团体成员有权不参加自己不喜欢的活动。如果有成员不愿参加某个活动,组织者要尽量想法帮助其鼓起勇气尝试这一活动,或者至少让其以某种方式融入这个活动中,比如可以让其协助做一些裁判工作,进行记分什么的,或者在一旁鼓励其他队员完成任务。也许,那个起先不愿加入的成员看到大家在游戏中如此尽兴,就会慢慢地加入进来。

体验式团体训练项目组织者的责任之一就是鼓励团体中的每个成员在一定程度上都能参与游戏。

全方位价值契约(Full Value Contract)

全方位价值契约是探索活动中最有价值、最重要的观念之一。它基于下列的信念:团体中的每个成员与团体本身均有价值,这些价值进而结合为团体的行为指导方针与规范(Ellmo & Graser, 1995)。因此,全方位价值契约体现了以团体成员的共同努力发觉正面积极价值的一种进程。它通常表现在鼓励、目标设定、团体讨论、宽容精神,以及冲突处理上。全方位价值契约促使团体肯定下列四种价值:自我、他人、学习团体和学习的经验/机会。因此,在成为探索活动团体的成员时,每个人均须同意承诺团体所制定的价值契约。

---

① http://wenku. baidu. com/link? url=H4YczszlppHZyfwqPeUdcmHX60XK97IMuy4lW1zZ30UcPzkJrAJAeqL8t GGg3 Y8CxTn5CcMT5I5VG3VDFk0svWpJUWuHyeXQXmAxsO3Xsci.

以下分述全方位价值契约的主要理念和行为规范（Schoel，Prout，& Radcliffe，1988）：

（一）全方位价值契约的主要理念

（1）确保团体成员的身体及心理的健康安全，并让其遵守团体行为规范。

（2）使团体成员同心协力达成个人与团队的目标。

（3）使团体成员能真诚地给予、接受积极或消极的回馈，并致力于改变或达成适当的行为。

（4）使团体成员能抛弃负面想法及感觉，积极地参与学习及成长过程，与他人间建立良好的互动关系。

（5）借着鼓励肯定、目标设立与达成、团体商议讨论、面对冲突处理，使得团体成员肯定自我及他人价值，找出每个人的正面特质，进一步肯定团体及其中的学习经验和学习契机。

（二）全方位价值契约的注意事项

（1）出现（Show up）：让成员把握参加活动的机会，尽可能将重心放在课程学习上，排除任何会让人分心的人、事、物的干扰。

（2）专心（Pay attention）：让成员将全部的注意力放在体验及了解活动上，聆听其他人说的话，更聆听自己内心的话，这些话所要传达的想法常常是丰富且具有启示性的，这对于个人的成长将会有很大的帮助。

（3）说真心话（Speak the truth）：让成员说出真心话。每个人在活动中的经验和感受都是独一无二的，而且对于全体的学习经验都是重要的。每个人的感觉及想法，对于自己及他人而言都有潜在的学习价值。

（4）开放的态度（Be open to outcomes）：每个人对活动都有预期的想法和恐惧感，大家可试着忘却预设立场，以开放的态度来面对活动中发生的状况，并且避免在活动结束前做任何的评断。若能如此，则学员可能在活动结束后，发现自己在心智上有意想不到的成长和收获。

（5）注意身心的安全（Attend to safety）：团体中每个人都有责任确保学习环境的安全无虑，不论在口语上或肢体行为上，都要注意考虑他人生理上及心理上的安全需要，同时竭尽所能给予伙伴最大的鼓励与支持，相信他人也会以真心扶持来回报。

（二）主题活动实施阶段

主题实施阶段是整个团体心理辅导的核心阶段，该阶段？成员开始融于团体而不失自我，并企图寻找自己在团体内的位置。因而，这一阶段的主要任务是在开始阶段打下良好基础的条件下，鼓励成员尝试问题解决、自我探索、冲突管理等，引导成员互相支持、互相适应、团队合作，从而找到他们在团体中的相互关系和位置。

这一阶段的活动形式可因辅导目的、问题类型、对象的不同而有很大差异。一般说来，发展性团体大多通过一些有趣的活动，利用活动过程中的感受体验及活动结束后的交流分享来帮助团体成员实现个人成长。

自我探索、价值观探索、团队合作等都可以成为活动主题。团体活动是团体成员互动的媒介，也是达到目标的媒介。

自我探索常见的活动有：我是谁、生命线、自画像等。

价值观探索常见的活动有：临终遗言、价值观拍卖、生存选择等。

团体活动的带领者对活动的成效有至关重要的影响，因此带领者应注意以下要求：

（1）带领者应根据之前的活动设计，在确保团体成员身心安全的前提下，以清晰简明的语言说明活动情境及指导语，有需要时配合现场演示和模拟练习，待成员明确活动规则之后，开始进行主题活动。

（2）整个活动过程中，带领者既要确保活动的进程及规则遵守，也要观察每位成员在活动过程中的表现及彼此的互动，以便顺利进行之后的引导分享环节。在活动过程中如果出现个别成员情绪失控或冲突过激的情况，可让助手帮助处理，以免影响整个活动的进程。如果出现的问题在团体成员中具有普遍性，而且时间充足，则可以暂时中止主题活动，把冲突的情况作为一个新的相关主题来进行讨论。

（3）学校团体心理辅导面对的是青少年，确保成员在活动中的体面、尊严尤其重要，这是对带领者的一个重要提醒。尊重不仅是带领过程中言语上的尊重，也是贯穿于活动过程的尊重，包括了对团队契约的执行、对青少年成员的呵护。尤其是对于处在极度敏感的青春期的孩子，带领者在活动中要非常关注他们的表情和非言语行为，尽力避免一些让他们出丑或反感的行为，比如让有脚臭的孩子在活动中脱下鞋子，让敏感期的女生跟男生之间有紧密的身体接触等，要确保学生在活动中生理和心理的安全。

（4）有经验的团体带领者，在控制好整个活动走向、调动好团体成员参与的积极性后，还需要具备一定的解说带领技巧。团体心理辅导活动不是简单地完成团体活动任务，活动只是触发个体体验学习的媒介，所以活动的引导与解说非常关键，解说是让成员将活动经历转化为体验学习的重要环节，能让成员用新的视角重整经验，重新理解和学习。

解说有以下五个作用[①]：

① 赋予意义，推动前进——引导成员正面分享经验，肯定每个经验为生活所带来的意义，激发成员继续向前。

② 解除疑虑，开拓视野——成员在分享自己的经验时，可重新审视自己；在聆听他人分享时，可得到发现自己的新视角。成员之间的交流，可以澄清误解与疑虑，丰富对人对事的视野。

③ 检视目标，发展技能——帮助成员检视所达成的目标，获得鼓励和肯定。成员回顾体验历程，可增强观察和自省的能力；表达个人意见，亦可锻炼表达和聆听能力，促进个人沟通技巧。

④ 表达关心，激励学习——引导成员聆听及回应他人分享，感觉到自己是被尊重的，经验是有意义的、受重视的，可激励他们成为更好的学习者。

① 麦淑华，邓淑英著：《成长体验》，（香港）突破出版社 2007 年版，第 24—25 页。

⑤ 互相支持，改善关系——不论体验成功与否，他人表达的肯定和支持有利于建立互信的支持系统，让成员安心分享，从而对人建立信任，改善人际关系和建立友情。

解说是经验学习法的重要环节。依据经验学习法的理论，团体心理辅导就是以团体活动中获取的共同具体经验为起点，通过观察和反省，深入处理和转化该经验，使之成为与个人有关系和意义的学习信息，继而将其运用于实践，检验其正确性的过程。而实践中获取的真实经验又将引发另一次的经验学习循环。

这里介绍"四F解说技巧"①（"Active Reviewing Cycle"），如图9-1所示：

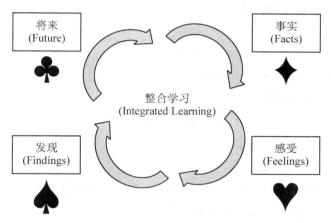

图9-1　动感回顾循环图

◆ 事实（Facts）：以钻石（它坚硬，有多折射面）来比喻事实，是因为事实本身是不容置疑的，若从不同角度去看则有不同的看法。在该环节中，参加者只需透过五官观察描绘发生的事件和经验，暂时不需要多做解释。

♥ 感受（Feelings）：红心代表由心而发的感觉或情绪，代表在具体经验的过程中所有的情感触动点。在该环节中，参加者要超越一些表面、外观的描述，集中检视个人内心的感受及情绪反应。

♠ 发现（Findings）：黑桃的形状像一把铲子，可以用来翻泥土掘宝藏。在该环节中，黑桃象征我们要竭力探索自己的内心，并要总结经验对个人与群体带来的意义和价值。

♣ 将来（Future）：梅花是多瓣的，代表我们的未来有很多选择和可能性。该环节专注于怎样把发现和获得的经验，转化和应用于未来的生活中。

"四F"提供了一个简洁的解说带领框架，展示了一个有系统的渐进流程，适用于对解说技巧不太熟练的团体带领者。解说通常可以从"事实"或"感受"开始，考虑的关键是从团体成员最有触动的"F"开始，当然这不是绝对的规则，也可以有例外。解说过程可以是多个四F的循环，这样有利于经验的更好沉淀。随着带领经验的积累和不断的反思总结，团体带领者会越来越深入体会团体成员的处境，了解他们的状态，灵活自如地运用"四F"。

───────────────

① 麦淑华，邓淑英著：《成长体验》，（香港）突破出版社2007年版，第35页。

案例：

在开展人际信任活动"蒙眼寻亲"之后的解说。

事实：

（1）你们小组事先是如何讨论游戏做法的？

（2）刚才蒙眼过程中你听到了哪些声音？

（3）在游戏过程中出现了哪些问题？

（4）你是如何与他人沟通信息的？

（5）摘下眼罩之后你看到了什么？

感受：

（1）当有人在你手心写字时你有什么感受？

（2）现场长时间一片寂静时，你的心情如何？

（3）活动过程中你最深的感受是什么？

（4）别的小组已经完成任务时，你的感受又是什么？

（5）有没有人的感受被忽略了？

发现：

（1）在这个活动过程中，你认为大家有什么新的学习和体会？

（2）从小组讨论、决策、沟通、执行等过程中，你对自己有哪些发现？

（3）你最欣赏小组中的哪个成员？为什么？

（4）在这个活动环节，你对你们小组有什么样的评价？

将来：

（1）如果该活动重新来一次的话，你的做法会有哪些不同？

（2）在现实生活中有哪些类似活动过程中的情况发生？你是如何处理的？

（3）你有哪些好的意见或建议想告诉你的伙伴们？

（4）这个活动带给你哪些启示和思考？

（三）结束阶段

对于任何一个团体来说，有一个很好的结束都是很重要的。结束阶段的活动目的在于巩固团体辅导的成果，让成员思考如何将所学带入实际，并做好分别的准备。实际上，团体成员能否深入掌握在团体内取得的经验，对团体留下美好的回忆，以及能否真正把学习成果运用于现实生活，得到真正的成长目标，很大程度上取决于团体心理辅导结束阶段的活动。团体带领者不要仓促地结束团体，而是要充分而有效地利用各种形式把握结束的时机，使团体心理辅导画上一个圆满的句号。

团体结束阶段可以是单次活动的最后部分，也可以是系列活动的最后一到几次，是个动态的过程。过于仓促或过于拖拉的结束，都会影响团体心理辅导的最终效果。一般说来，团体存在的时间越长，团体成员之间的关系越紧密，结束阶段也应越长，因为需要处理的事项较多，成员也可能对团体终结产生较强烈的情绪反应，有依恋不舍，有担心恐惧，还有回避抗拒等。当然，也有些成员会采取积极的态度来应对团体结束，如对其他成员表达感谢和祝福、肯定自己在团体中的收获、积极地提议如何延续团体成员之间相互支持的人际关系等。

在结束阶段，带领者需要首先处理好自己的分离情绪，适当暴露自己对分离的感受，继续保持开放积极、尊重支持的态度，对团体辅导做简要回顾和总结，让团体成员有机会回顾团体经验，彼此给予与接受反馈，也可以帮助他们讨论和处理分离情绪与未完成事项，帮助他们整理所得，制定或修改行动计划，相互祝福、增强激励等。

结束阶段常用活动有总结收获、分享改变、真情告白、离别赠言、写给未来、化装舞会等。活动结束后，也可以加入追踪辅导或定期回访环节，在必要时召集成员重新聚会，进一步交流所学在实际生活中的运用，巩固团体心理辅导的后续效果。

团体心理辅导按计划完成自然最好，但有时也有例外情况。有些团体会遇到一些困难或问题而不得不提前终止，包括成员间出现不可调和的纷争、某些成员或带领者因故须离开团体等。此时，需要带领者及时处置，以避免团体突然结束给成员带来的新问题或新伤害。带领者可以召集全体成员报告团体中发生的困难，引导大家讨论自己的感受和想法，征询大家的意见（如是否终止辅导）。若事出紧急，带领者可以提出自己的意见，允许成员保留意见，约定好后续的处理时间和途径，终止或暂时停止当下的活动进程。一些不适合在大组处理的成员冲突或其他特殊问题，在活动暂停或终止后，可以通过个别辅导的形式及时进行处理。

三、团体心理辅导效果的评估

团体心理辅导效果评估是团体的一项重要内容，它将有助于带领者了解团体辅导运作情况、团体辅导实际效果等，从而为今后改进团体领导技能和团体设计方案提供参考。评估并不仅限于团体结束时，而是贯穿于团体心理辅导全过程，或者至少是在团体发生重要转变时需要采取的一项工作，因为它可以用于动态追踪团体和团体成员的总体发展过程。

（一）团体评估的内容

团体心理辅导效果评估包括结果性评估和过程性评估。

结果性评估主要是指对个体目标和团体目标达成情况以及成员获益水平等的评估，可以评估实际发生在成员生活中的改变、成员在团体辅导过程中的收获等，评估时可以使用成员的主观报告，也可以借用一些相关的心理评估手段。不过在现实操作中，过程性评估的应用更为广泛。

过程性评估侧重于对团体互动过程的评估，评估者可以考虑从团体目标清晰程度、团体成员参与度、团体凝聚力高低、团体成员互动方式、带领者风格及技巧等方面进行评估。

（二）团体评估的方式

为了减少评估的主观性和片面性，戴伊（Dye，1968）将团体评估的方法分成四大类：团体内成员的自我报告、团体外成员的自我报告、团体内他人的观察反馈和团体外他人的观察反馈。[①]

1. 团体内成员的自我报告

团体内成员的自我报告即成员在团体进程中以书面或口头言语的方式对自己及团体做

---

① 徐西森著：《团体动力与团体辅导》，世界图书出版公司 2003 年版，第 212 页。

出评价。

在团体的开始阶段和过渡阶段,团体带领者可以邀请成员运用数字、颜色、词语、动作等对团体的舒适度及自我参与度、情绪状态等做出评价,然后根据成员的反馈适度调整团体活动计划。例如:

(1)请你选择从1到10中的一个数字来表示你在团体中的舒适程度,1表示最不舒服,10表示最舒服。

(2)请你选择1—2种彩笔的颜色来代表你在团队中的心情,并说明理由。

(3)请用一两个词语来描述你处在这个团体中的感受。

(4)想了解你现在的精神状态:如果精神很好,可站立示意;如果精神一般,可坐下示意;如果很劳累,可蹲下甚至坐在地上示意。

(5)请用一句话来回顾一下刚才活动中你感受最深的一点。

在团体结束阶段,团体带领者可以通过活动环节来帮助成员总结自己在团体中的收获与改变,或者通过事先设计好的问卷或选定的量表来了解成员对团体的满意程度、对团体活动的看法、在团体中的感受及行为变化状况等。例如:

(1)你最喜欢团体活动中的哪个环节?

(2)你最不喜欢团体的哪些方面?

(3)你认为团体中的哪些活动对你最有帮助?

(4)团体让你印象最深刻的是什么?

(5)在团体互动中,你觉得自己最大的改变是什么?

(6)参与这个团体对你的生活产生了哪些影响?

(7)团体带领者在活动中的哪些表现是你喜欢的?

(8)你认为团体在哪些方面可以做得更好?

(9)如果以后还有类似的团体,你还愿意参加吗?

2. 团体外成员的自我报告

团体外的自我报告即成员在团体活动前后以书面或口头言语的方式对自我和团体做出评价。与团体内自我报告相比,团体外的报告更多采用书面的形式。

带领者可以鼓励成员记录团体活动心得,促进他们细微体察和巩固团体经验,邀请成员完成相关调查问卷,以搜集他们对团体活动过程、活动内容、目标达成、领导技巧等的评价。

如果想用量化的方式评估团体活动对成员的影响,带领者需要事先选定标准化量表,在团体开始之前和结束之后分别对成员施测,以便收集数据,做进一步分析。

为了更好地巩固团体辅导效果,还可以开展追踪性评估,可以是一对一面谈,也可以是安排团体重聚,亦或是定期重新施测,以了解团体活动对成员是否产生持续的有利作用、产生令人满意的持久改变。

3. 团体内他人的观察反馈

团体中的带领者、协助者、观察员、督导师及其他成员均可以作为团体内的他人对团体成员提供观察反馈。团体带领者在活动结束后有必要花一点时间记录团体活动的过程,包括活动流程的完成情况、团体成员互动状况、带领技巧的运用情况等,进而不断洞察和反思整个团体的发展历程。在团体活动过程中和团体活动结束阶段,团体带领者可以邀请成员反馈他们对其他人的观察及感受等,或者采用社会测量法了解团体成员之间的关系和团体凝聚力等。协助者、观察员、督导师等的观察和反馈对于团体更好的运作同样至关重要。

4. 团体外他人的观察反馈

团体外他人的观察反馈即在成员参加团体之前或之后,成员的重要他人(父母、老师、好友等)通过书面或口头报告的方式评价成员的变化与团体的效果。相对于团体成员的自我报告,他人的反馈可能更加客观,可以通过面谈、填写调查表或召开反馈会等方式进行。

(常见团体心理辅导活动集锦,见本章附录。)

第三节　团体心理咨询的技术与应用

团体心理咨询是通过团体内的人际交互作用,促使个体在团体交往中通过观察、学习、体验,认识自我、接纳自我,调整、改善与他人的关系,学习新的态度与行为方式,以发展良好适应性的助人过程。团体咨询的优势在于能够为青少年学生提供互动平台,能够模拟社会情境,这对于青少年心理问题的解决和长远发展具有重要意义。与个体心理辅导相比,团体心理辅导具有以下特点:第一,感染力强,影响广泛;第二,效率高,省时省力;第三,效果容易巩固,特别适合于人际适应不良的个体。比起心理健康课程及团体心理辅导,团体心理咨询服务更专业,相应地,对团体带领者专业水准的要求也更高。

一、带领者人格特质与能力准备

团体心理咨询的带领者是团体的核心人物,引领着团体发展的方向,把握着团体发展的动力,是团体咨询成败的一个关键要素。带领者的素质、能力、风格、经验、培训方法、态度等都会影响团体咨询的发展与效果。要进入团体心理咨询,首先需要胜任个体心理咨询。带领者不仅要能熟练运用个体心理咨询基本技术,还要通过专业理论学习,结合实务训练,了解团体复杂的动力过程,掌握团体咨询的知识技能,熟悉团体咨询的专业伦理,进一步完善个人的人格特质。

(一)带领者的人格特质

成员在团体中学习时,第一个模仿对象便可能是团体带领者。国内外学者一致公认,团体带领者本身的人格特质和个人素养,直接影响团体的动力、发展和效果。带领者首先需要具有稳固的人格统一性和成熟的情绪把握能力。带领者良好的人格特质有助于凝聚团体动力、营造安全气氛、催化团体进程、促进成员成长;而不良的人格特质可能会导致团体缺乏安全感、成员人心涣散、团体停滞不前和成员防御阻抗等。林孟平(1993,2005)肯定地说,在整个咨询过程中最重要的并不是一个人的学位、资历、理论和技术的纯熟,而是咨询师本身的修养。

团体心理咨询带领者应具备以下一些特征:

(1)了解自我,悦纳自己,自爱自信,自我欣赏。

（2）有敏锐的知觉，觉察自身，把握环境。

（3）投入参与，身体力行，表里一致。

（4）积极关注，信任团体。

（5）愿意面对个人需要，不断更新成长。

（6）勇敢有力，具有创造力和开拓精神。

（7）尊重接纳，鼓励尝试，激发交流。

总之，一个有效带领者的人格特质包括：真诚、温暖、关怀、勇敢、自我开放、积极自信、敏感灵活、平稳包容等。团体带领者的表达能力、真诚热情的品质、理解和接纳的态度、敏锐的察觉和应变能力等都是营造良好团队氛围的关键，也是团体干预机制的重要方面。当然带领者也不需要十全十美，而是要能不断自我审视、自我探索和自我完善，给成员树立良好的表率和典范，这更能激励成员和促进团体发展。

（二）带领者的能力要求

团体咨询具有其特殊性，好的个体咨询师未必能胜任团体心理咨询工作。因为团体咨询并不是个体咨询的简单相加，虽然娴熟的个体咨询技术可以为开展团体咨询奠定良好基础，但并不能直接转化为团体治疗技巧。团体中错综复杂、千变万化的人际互动要求团体带领者掌握足够的专业知识和技能才能驾驭。

美国团体工作专家协会（Association for Specialist in Group Work，ASGW）的《团体工作者训练专业标准（Professional Standards for the Training of Group Workers）》明确指出，成为团体工作者需要接受一定时数的专业培训课程，以帮助学习者系统地获得促进团体发展所需的必备知识和专业技巧。

1. 必备知识

（1）认识有效团体领导者的个人特质，并了解自己的优缺点和价值观等。

（2）熟悉团体历程，能描述团体发展历程中典型阶段的特征。

（3）能描述团体成员可能采取的促进性和抑制性的行为。

（4）了解影响团体治疗效果的因素，懂得评估团体及其成员的重要性。

（5）知晓团体咨询特有的伦理问题等。

2. 专业技巧

（1）善于设计团体活动计划及评估方案。

（2）做好团体活动的启动和结束工作。

（3）在团体发展的不同阶段中适时展现所需要的技术，如鼓励成员参与、适度自我表露、维持团体聚焦、处理各种移情、给予和接受反馈等。

（4）能够帮助成员总结团体经验并将所学运用于生活中。

（5）在团体实践中表现出遵守职业道德的能力等。

（三）带领者的成长路径

团体咨询对带领者在人格特质与能力上有全面的要求。带领者进行单一的理论学习显然是不够的，需要有丰富多样的实践经验和一定时数的个人体验经历。一个团体带领者的培养途径大致可以包括以下几个方面：

1. 接受个人成长体验

作为团体带领者，需要对自己的人格特质有全面的认识，了解哪些人格特质有利于带领团体，哪些人格特质可能会妨碍团体有效运作，同时还要挖掘自身潜质，完善自身人格，为团体成员做好榜样。接受个人成长体验，可以增进自我了解，辨识自身盲点，处理未完成情结，以免自己在团体中的反移情反应干扰团体正常发展历程，影响团体咨询效果。

2. 接待个体心理咨询

正如前文所述，娴熟的个体心理咨询技能将为团体心理咨询奠定良好基础。缺乏个体心理咨询经验的带领者，在团体咨询中将遇到很大瓶颈。以个体心理咨询师的身份，一对一地与各种来访者进行面询，能够帮助带领者扎扎实实地掌握倾听、复述、澄清、面质、共情等心理咨询基本技术，以便将来灵活运用于团体心理咨询中，并将更多精力集中于团体心理咨询特定技术的学习。

3. 体验团体心理咨询

要成为一名成功的团体带领者，首先要作为一名成员参与到团体之中，亲身体验团体的动力过程，敏锐地感受自己在其中的体验、情绪、感受、启发、触动和收获，使其成为自己作为带领者时理解团体成员的直接经验。研究者认为这种团体体验有诸多好处[①]，如：有助于从情绪层面去学习过去只能以理智理解的事情；体验团体的力量（包括伤害的力量和治愈的力量）；懂得自我表露的必要性，领会分享自我的困难；学会欣赏自己的优点和缺点；了解自己在团体中喜欢扮演的角色、习惯性的反移情和潜藏在整个团体和系统后面的问题；觉察成员对带领者的依赖和不现实的评价。

4. 观摩团体心理咨询

观摩经验丰富的团体咨询师带领团体也将使新手获益良多。新手既可以选择在单向玻璃后观察或采取场外观看现场直播的方式观察，也可以将团体活动过程摄像之后回放并讨论，还可以在现场直接观察。现场观察的前提是观察者坐于团体圈子的外围，并保持沉默，不打扰团体活动进程，并拒绝回答团体成员可能提出的问题。不论采取何种方式，从咨询伦理的角度必须告知团体成员观察者的存在及其目的。观摩结束后，观察者需要展开讨论，结合临床素材探讨团体咨询的基本原理。

5. 练习带领团体咨询

"纸上得来终觉浅"，只有通过不断实践才能真正提高有效运用各种技巧的能力。在有经验者的持续督导与评估下反复练习带领团体，这是团体带领者成长的必经之路。练习实践应循序渐进，可以从尝试带领成长性团体开始，待技术娴熟之后再挑战咨询性团体；可以先作为协同带领者辅助带领团体，再逐渐过渡到独立带领；可以先带领人数较少的团体，感觉能胜任之后再扩大团体规模；可以先尝试结构式团体，再考虑非结构性团体。对于新手而言，犯错不可避免，无须自责，而应努力从错误中学习。

---

① ［美］Irvine D. Yalom，［加］Molyn Leszcz 著，李敏、李鸣译：《团体心理治疗：理论与实践（第5版）》，中国轻工业出版社2010年版，第334页。

6. 接受团体咨询督导

团体实践经验的增加并不必然带来专业技能的提升,督导确实能对新手带领者产生有价值的独特贡献。有效督导能够帮助新手及时解决在团体咨询中出现的难题和困惑、及时积累经验,有利于新手更快地进步。团体咨询结束后越快督导越好,如若不能及时督导则建议被督导者做好详细记录,以帮助记忆。督导既可采取个别督导,也可采取团体督导。团体督导的好处在于:督导者能聚焦于被督导团体的互动和团体动力,被督导者能接受同伴的支持,同伴也有机会站在督导者的角度观察与思考,从而获得更多成长。

二、团体心理咨询的发展阶段与带领者的任务

团体心理咨询一般会经历形成期、风暴期、工作期和结束期四个发展阶段,这些发展阶段并不是截然分开的,有时可能几个阶段交叉重叠、同时并存。由于团体带领者的带领风格、团体成员的组成特点及团体动力等的不同,团体发展不一定遵循标准化的模型,而会表现出每个团体所特有的历程。但无论如何,团体带领者都需要清晰把握团体发展各个阶段的特点,知道每个阶段团体最可能需要解决的问题和潜在危机,了解促进和影响团体进程的相关因素,掌握干预时机,完成各阶段的带领任务,积极推进团体的发展进程,帮助团体和成员实现各自的目标。

(一)团体准备阶段及主要任务

虽然团体成员尚未正式进入团体,但是团体带领者需要完成一些基本任务,以迎接成员的到来,主要包括:

(1)确定团体辅导的总体目标、性质类型、规模对象、时间频率等。

(2)设计明确的团体辅导计划,构建团体框架。

(3)进行团体辅导宣传和成员招募。

(4)甄别和筛选团体成员,并确定最终名单,使最能获益的成员参与,同时排除不适合参与的成员。

(5)做好团体辅导的心理、物资、时间、场地等准备,与协同带领者充分沟通。

(6)获得团体成员的知情同意,告知团体活动可能遇到的情况。

(二)团体形成阶段及主要任务

当团体正在形成时,团体结构尚未确立,成员常会很谨慎地观察及试探哪些行为是被团体允许和接受的,同时可能表现出对带领者的依赖。此时正是个人由自我转换成团体成员的阶段,也是团体带领者领导方式接受测试的第一阶段,需要团体带领者完成的主要任务包括:

(1)告知团体辅导的基本原理和积极参与的一般指导方法。

(2)通过结构化或非结构化的方式促进团体成员间相互熟悉。

(3)及时回应和关照成员的心理需求,营造安全、信任的团体氛围。

(4)鼓励团体成员坦诚相待并尝试开放自我,帮助成员表达他们的情绪和感受,开诚布公地处理成员的担忧和问题。

（5）协助团体成员澄清对团体的期望,明确个人的具体目标。

（6）帮助团体成员了解各自在团体中的任务和角色,澄清责任分工。

（7）制定和解释团体咨询的一些基本规则和规范。

（三）团体风暴阶段及主要任务

最初的陌生感消失之后,团体成员之间情感张力急剧变化,焦虑和自我防卫增强。团体成员不仅会出现自我内心的挣扎,不知该在哪种程度上自我暴露,而且会出现彼此间的明争暗斗,或针锋相对、相互指责,或潜在竞争、互相猜忌,还可能出现对团体带领者的敌意与不满。这一阶段团体带领者既要提供必要支持,又要协调矛盾冲突,进一步增强团体的信任度和凝聚力,具体任务包括:

（1）告知团体成员情绪管理的重要性,教导其如何觉察和表达自己的负面感受。

（2）协助团体成员辨析自身的自我防御和阻抗表现,帮助其处理影响成长的问题和现象。

（3）鼓励团体成员积极面对和解决冲突,创造一种建设性的冲突处理氛围,使冲突变成推动团体发展的动力。

（4）坦率真诚地处理任何针对团体带领者的挑战,为团体成员树立一个榜样。

（四）团体工作阶段及主要任务

这一阶段是团体历程的核心阶段,团体结构趋于稳定,团队规范达成共识,团体凝聚力增强,成员对团体有强烈的认同感和归属感,人际情感联结更为紧密,彼此信任开放,互动直接深入。团体成员能够感受到团体的支持和鼓励,并愿意尝试自我探索和行为改变。这是成员获益最多的阶段。团体带领者在工作阶段的干预相对减少,因为成员对带领者的依赖大不如前,团体能够自发并有效地运作。这一阶段主要任务为:

（1）对推进团体凝聚力和创造性工作的行为给予强化。

（2）教会成员如何基于此时此地的观察和感受以有效方式提供反馈。

（3）鼓励成员更深入地自我探索,并将领悟转化为行为。

（4）发现团体成员中普遍存在的共性问题,正面引导讨论。

（五）团体结束阶段及主要任务

有效运作团体的结束会更加困难,成员之间有了相互支持的亲密关系,分享了大量的思想和情感,可能表现出各种分离时的伤感和焦虑情绪。带领者需要更多时间来总结回顾、澄清目标、检查未完成事务,最终为成员巩固所学、承诺未来并有效结束,确保成员感觉平和而圆满。团体带领者的主要任务是:

（1）鼓励成员表达自己面对分离的复杂情绪,并给予接纳与处理。

（2）帮助成员回顾并总结团体经验,评估成员的改变和成长。

（3）肯定和鼓励成员做出的改变承诺,让他们感受团队支持。

（4）协助成员将团体所学迁移到日常生活中,必要时帮助其制定具体计划。

（5）提供机会让成员表达感谢与祝福、对未来的展望,帮助成员处理未完成事务。

三、团体心理咨询的带领技术

团体咨询带领者需要掌握一些团体心理咨询中特有的带领技术。研究者曾具体提出，团体带领者必须通过不断实践，掌握 22 项团体带领技术，积累有效使用技术的自信心，逐步形成自己的团体带领风格。

吴秀碧、许育光、洪雅凤、罗家玲（2004）通过对非结构团体带领技术的研究，归纳出基本沟通技术、深化探索技术、过程催化技术、行动介入技术四大类带领技术。该研究显示：团体初期需要利用基本沟通技术帮助成员熟识并顺利构建团体，接着要利用过程催化技术帮助团体升温并使成员投入，进入团体工作期后要加强深化探索技术，配合行动介入技术，使团体成员进行自我洞察与行动改变。

随着团体咨询的日益发展成熟，对于基本沟通技巧或个别咨询技术的介绍已经越来越简化，呈现点到为止的情况，而团体互动过程中的相关技术，尤其是促进团体进展的技术，开始受到越来越多的关注与强调。团体咨询比个别咨询需要更多的示范、联结、引导、聚焦、保护、阻止等催化技术，以增加互动的多元性、体验性，促进个体改变。领导者不仅要在团体历程中设法运用好这些技术，也要适当通过示范，教导成员学习使用这些技术，以提升团体成长的效能。

团体带领技术大致可以分为反应技术、互动技术和行动技术三大类型。

（一）反应技术

反应技术包括了积极倾听、复述、同感、澄清、提问和总结等技术，这些技术在个体咨询中也是基本的常用技术，用于帮助咨询者构建积极的咨访关系、探索来访者的心理问题并引导来访者觉察。跟个体咨询时不同的是，团体咨询中带领者除了关注分享的当事人之外，还要照顾到整个的小组，为其他成员示范对当事人的接纳和尊重，同时运用团体动力，通过一个当事人的经验的澄清来触动其他成员的觉察，发挥团体动力优势。

1. 积极倾听

这项技术与在个体咨询使用时的要点相似，重点是不仅要听言语信息，还要观察非言语信息，同时还要向当事人反馈自己听到的信息，让当事人知道自己在听。稍有不同是，带领者除了关注当事人之外，还要分一点心留意一下小组的整体情况，引导和鼓励小组成员一起来倾听。

2. 复述

带领者需要了解的是复述的内容不只是说给当事人听的，而是说给所有小组成员听的。复述既可以体现带领者对当事人的关注，也能有助于其他成员学习倾听他人的分享。

3. 同感

作为心理咨询中最重要的技术之一，同感在团体咨询中同样不可或缺。带领者对任一成员的准确同感，都能激发出积极的团体动力，使团体成员间更好地达成共识，让所有成员都有被带领者重视、理解的感觉，从而增加关系中的相互信赖，促使成员进行深层次自我探索。

4. 澄清

这个技术应用到团体咨询时,带领者需要协助某一成员厘清思绪、重新整理遗漏和混淆信息,这同时也是在帮助其他成员正确理解表达者的思想和情感,尤其当其他成员给出暧昧的、含糊的信息时。团体成员的表达能力因人而异,带领者需要通过澄清和具体化,为成员示范自我探索与自我表露。

案例:

> 成员 A:"我前不久交了一个男友,但是最近我觉得他怪怪的,我感到挺不舒服的,不知道应不应该继续和他交往。"
>
> 成员 B:"你怎么会和那种怪怪的人交往?"
>
> 带领者:"(对 B)我知道你关心 A,让我们来听听她的具体看法好吗?(对 A)你刚才说你的男友最近怪怪的,你指哪些方面? 能不能具体一点,比如个性、处事态度、行为方式……"

5. 提问

在团体咨询中,每个成员本身都是非常好的资源,团体带领者可以通过提问将问题抛给团体,促进成员互动,同时对成员的回答予以支持、肯定。其中,开放式问题更能激发成员深入讨论,引导成员学习"如何"探索自己的思想、行为与情绪,协助成员探索更"具体"的事实,启发成员挖掘解决问题的新资源与新策略。

案例:

> 成员 A:"遇到这种情况,我该怎么办呢?"
>
> 带领者:"这确实是个难题,不过,你能否先说说你认为怎么办好?"或者"(环顾整个团体)对于 A 提出的问题,你们有什么想法吗? 可不可以试着分享一下?"

6. 总结

总结是指带领者将团体成员的口语叙述、情绪感受和行为表现进行分析综合,以提纲挈领的形式将团体活动的过程或内容表述出来,通常可以在团体需要转换主题或结束时使用。总结具有归纳活动内容重点、衔接各种活动、维持各项活动连贯性等功能,好的总结有助于深化焦点,防止团体讨论过于宽泛,也给了成员重新审视过程的机会。

案例:

> 带领者:"目前为止,我们谈到一些自己在生活中想做的改变:A 和 B 谈到了学习方法的改变;C 说想在某些方面改进与同桌的关系;D 想报一个补习班;其他几位想改变一下自己的性格。现在我希望大家花 5 分钟时间仔细想想:自己最盼望的改变是什么? 为了得到自己想要的,需要在现状中放弃些什么?"

（二）互动技术

互动技术包括解释、联结、聚焦、阻止、保护、反馈、引导、自我表露和折中等一些技术，在团体中使用时，有特别的意义，是带领者利用团体动力开展工作的具体技术。

1. 解释

团体带领者应对自己、成员或团体提出补充性的说明，或针对成员的看法、情感和行为提供可能性的解释，对团体成员言语行为或非言语行为赋予意义。解释的目的在于鼓励成员深入自我探索，促进自我改变，发现新的选择和思考问题的角度。解释需要选择合适的时机，当成员有求知意愿时应以试探性的方式进行，并采用清晰、准确、简洁的语言。解释并不是下定论，而是提供某种思考。带领者要留给成员机会评价解释的正确性。

案例：

（1）经过一段时间的讨论后，带领者请大家停下来："好，现在先停一下，我们看看刚才发生了什么。团体活动进行了 20 多分钟，看上去大家谈得很热闹，但是谈论的内容却是与团体无关的人和事。大家没有谈自己的事，这是否与我们的信任程度有关系？"

（2）团体出现沉默，所有人都不说话了，过了一会儿，带领者说："我认为，团体这样长时间沉默的原因之一是我们缺乏对团体目标的讨论，且因为怕谈论的事不太合适而有所迟疑。"

2. 联结

联结技术对于整个团体过程，特别是最初阶段非常重要。带领者应将成员表达的观点、行为或情绪的相似或关联之处加以衔接，或将成员未察觉到的一些关联的片段资料予以串联。这可以帮助成员了解彼此异同，增加彼此认同感，重新检视个人资料，获得新的领悟，还可以促进团体讨论共同关心的问题，提升团体效能与凝聚力。带领者运用联结技术，还可以鼓励成员间彼此直接自由沟通，使成员们产生与其他成员及团体联结的感觉。

案例：

成员 A："我交友认真慎重，对'不求天长地久，只求曾经拥有'的说法不太赞同，毕竟是人生大事，需要三思而后行。"

成员 B："如果我遇到满嘴甜言蜜语、行为却极不负责的人，我是不会和他交往的。"

带领者："你们两人对交友的看法好像有一些共同之处，都是态度认真、重视人品，可以多说一点你们的考虑和各自的感受或想法吗？"

3. 聚焦

聚焦包括建立、固定、转移或深化焦点。带领者要有能力判断此时团体的焦点为何，了解此时此地最适当的焦点，运用活动或练习来建立团体焦点，灵活使用绕圈或配对的方法聚焦。遇到话太多的成员，需要巧妙地转移焦点至其他成员或主题上。对于符合团体目标、有利成员成长的主题,可以根据团体进程适当深化。

案例:

> 带领者:"A,我了解你所讨论的话题,这个问题很好,我想听听其他人对这个问题的感受和看法。你们遇到过类似情况吗?当时的反应是什么?后来是怎么处理的?"
>
> 带领者:"我非常欣赏大家刚才的讨论,然而我感觉你们中有些人还有一些个人问题想讨论,有没有想要提出新的议题的?"

4. 阻止

阻止是团体带领者为防止团体或部分成员的不适当行为而采取的措施,是为了保护其他成员,或让团体朝一个更好的方向发展。当团体中出现攻击未出席的成员、讨论某成员的闲话、穷追不舍地逼问等情况时,带领者需要坚定但温和地予以制止。阻止不是针对成员个人的,也应避免给被阻止的成员贴标签。

案例:

> 成员 A:"晓玲今天缺席,一定是去收拾她的新房了。上次在团体中,她讲了买房子的维权经历。花了那么多时间,一点都不顾及我们的感受。"
>
> 带领者:"晓玲今天没来是有点意外,大家有一些情绪想表达也是可以理解的。但是真正缺席的原因还不清楚,建议大家不要做没有根据的推测,这样不合适。我们可以在团体下次聚会时再当面与她讨论,请她告诉我们。还有,她今天不在,我们先不谈论她的事情,我们需要等到她在的时候直接与她沟通。"

5. 保护

保护是为确保成员在团体中免于不必要的心理冒险或不必要的身心伤害,团体带领者所采取的必要的、安全性的反应。团体中难免会出现冲突或其他负向行为,例如在成员没有准备好的情况下过于深入地聚焦等,需要带领者及时察觉,并安全疏导。

案例:

> A 因为求职失败很沮丧,其他成员七嘴八舌地盯着她问这问那,使她面露难色,明显表现出不耐烦。带领者:"大家好像非常关心 A,很想帮助她,但现在她看上去心情不太好,一定很难过。不知道有谁愿意先来分享自己类似的经验,给大家参考?"

6. 反馈

反馈也称回馈,指带领者通过对成员行为过程的观察和了解,做出具体而真实的反应,为个体表现提供外在信息。它有利于成员自我调节。反馈时机的把握须恰当,言语应尽量不带批判。团体带领者不仅要自己给出真实具体的反馈,而且要邀请成员学习如何给出反馈,更可鼓励成员自发给予反馈。

案例:

成员 A 和 B 先后发言之后,带领者说:"感谢 A 的分享,尤其是你能自我接纳,让我印象深刻。当然 B 愿意把自己的烦恼说出来,足以证明我们团体是多么温馨,相信他此刻也想再听听其他伙伴的意见,哪一位愿意说说看呢?"

7. 引导

带领者应促进成员参与团体讨论,使成员更充分地卷入团体。成员可能会因为许多理由而保持沉默,包括感到害怕、心不在焉、没准备好、困惑、缺乏投入、感觉威胁等。团体带领者可运用直接引导发言、采取活动、直接普遍邀请所有成员、指名等方法,或用眼神或其他手势等非言语技术引发成员讲话。引导技术的使用,关键是带领者对团体及成员状态的准确判断,带领者需要让被引导者感觉到他们的发言很重要,带领者与其他成员非常有兴趣、很想了解他们,但绝不能强迫发言,以免他们感觉有压力而更加退缩。

案例:

带领者:"(试探性地)A,我注意到你一直保持沉默,不确定你是否想要发表一下你的想法。如果刚才讨论的主题与你有关,你也感到舒服的话,我们愿意听听你想说的。"

8. 自我表露

自我表露也称自我开放,是指带领者在恰当的时机表达出对团体中此时此地的事件的感受或过往人生经历中与团体主题相关的经验、看法等。适当运用自我表露,有助于带领者与成员建立良好关系,促进团体气氛,同时引导成员自我开放,增加团体互动的深度。最有效的自我表露应该与团体活动紧密相关。带领者要在成员展示个人信息时引发成员更多地表露自己。

案例:

带领者:"团体中三个人都谈到儿时的生活经历造成今天与父母关系的冷漠。我也有同样的经验……但我现在明白了我父母其实很关心我,只是不知如何表达。如果我自己主动一些,情况就会改善很多。"

9. 折中

带领者应以客观公正的立场,邀请团体中的成员表达不同的看法,以确保所有的意见都有一个被听到的公平机会。折中并不意味着带领者每时每刻都要保持中立,很多时候需要带领者出面做一些直接、坚决的制止。

案例:

带领者:"似乎团体里对这件事有两种看法。我们刚听完反对学生宿舍晚上集中熄灯的意见。赞成熄灯意见的人,你们的意见是否也能说说?"

(三)行动技术

促进来访者行为改变的心理咨询技巧在团体心理咨询中的使用,可以最终推动个体做出行为的改变,从而影响到个体的心理发展。与个体咨询不同的是,这里行动的对象不只一人,带领者要推动的是小组的全体成员,需要更多地运用到团体动力的引导和激活。具体的行动技术有启动、设立目标、示范、面质、调停、建议、结束等。

1. 启动

一般在团体初期、团体动力停滞时或团体方向发生转变等的时候,带领者需要在适当时机介入团体,帮助团体成员更快地进入状态。启动时可以采用活动的方式,增强成员的参与感,获得积极的团体动力。

案例:

> 带领者:"刚才大家普遍反映当前觉得有些疲惫,注意力不太集中,现在我想邀请伙伴们站起来围成圈,我们来玩一个名叫'乌云与乌鸦'的小游戏。"

2. 设立目标

带领者可能在团体活动开始之前就已经制定好明确的团体主题,但每个团体成员的个人目标可能各不相同,带领者需要协助成员确立具体且有意义的目标,并配合每次团体的进行、团体特殊事件、团体发展方向及成员需求,制订阶段性目标。

案例:

> 带领者:"好像我们在座的每位伙伴都有人际交往方面的困扰,大家愿意利用此次团体活动来讨论一下有效的沟通方法吗？ 如果愿意的话,你们期待在本次活动中有哪些收获和启发?"

3. 示范

示范是指通过电影、录像及带领者、同龄人的适当行为,为团体成员提供效仿的榜样,以矫正不适当行为。在团体咨询中,无论带领者是否愿意,其行为都会为团体成员起到示范作用,即所谓的言传身教。

带领者还可以邀请与团体成员有类似背景、但适应良好的志愿者为团体提供一个良好的学习和模仿榜样,这往往能产生特殊的效果。

4. 面质

带领者应针对成员在言语与非言语信息、前后看法上的差异或矛盾,与成员更深入地探讨,促使其更坦然地面对自己、增进自我觉察,协助其直面想逃避的思想、行为或感觉。进行积极、建设性的面质时需采用接纳与支持的态度,来帮助成员探讨自己尚未察觉的部分或潜能并将观念转化为行动。面质运用不当则可能让成员感到受攻击和受威胁,引发强烈抗拒。面质必须以良好关系为基础,面质时态度要和蔼、语气要坚定、内容要具体正确。

案例：

> 带领者："你一直说团体成员不支持你，老师可以了解你的心情。然而，当伙伴们想关心你时，你却表现出一副不在乎的样子，低着头看地板，也不答话。当别人讲话时，你也是如此。不知道你有没有觉察到？你愿意说说是怎么回事吗？"
>
> 成员A："现在的研究生教育很成问题，老师忙自己的事，学生整天混日子，根本学不到真本事，简直就是浪费生命。"
>
> 带领者："你觉得现在研究生教育水平不行，读研在浪费你的生命，但你仍然在读，能告诉我们其中的原因吗？"

5. 调停

当团体的时间使用不恰当，团体进行的方向与步调偏离主题时，团体领导者所采取的干涉行动就称为调停技术，它可以用于团体发展速度太快、成员不习惯或难以忍受团体气氛、团体讨论跑题等情况。需要采取调停技术的情况包括：成员反应含有敌意，大多数成员意见不正确，团体成员被迫接受团体决定，团体制造过分紧张或顺从的压力等。如果有人漫无边际地聊天、高谈阔论、袖手旁观、漫不经心，带领者需要采取行动把团体的焦点转移到团体相关内容上。

案例：

> 带领者："刚才A在谈自己童年的经历时，B情绪反应非常强烈，以至于大家都去关注她，说明我们团体成员间非常友爱。但是，A还没说完，我们还是把注意力先集中到这里，继续支持她自我探索吧。"

6. 建议

带领者应透过提供信息、意见、方法、观念和指导，帮助团体成员建立一套可选择的思维或行动模式。恰当的建议有助于成员发展多元性、选择性的问题解决方向及思考模式。建议可采用提供信息、布置作业、鼓励尝试等形式。而过度建议或不当建议可能引发危机，使成员过度依赖或盲目崇拜带领者。

案例：

> 带领者："A，上周伙伴们给你的建议，你确实试过了，你很努力地与室友沟通，显然效果不如预期理想。你想过可能是交谈时间和地点不合适吗？也许听听室友的想法是个不错的主意。"

7. 结束

何时安排结束、以何种方式结束也是一项技术。带领者需要帮助成员做好准备，迎接团体外的各种挑战，建议成员在日常生活中整合、运用在团体中习得的知识技能，同时提供跟踪评估及后续求助的方式，必要时可继续进行个别咨询。积极向上的团体气氛可能更有利于团体活动顺利结束。

案例：

> 带领者："在过去的几个月里，团体里很多人悄悄发生了改变。你注意到哪些成员（当然也包括你自己）在哪些方面的变化呢？你觉得这些不同对他的生活会有什么益处为什么？"

> 带领者："我们的团体辅导即将画上一个圆满的句号，感谢你们用心完成团体活动，希望你们享受在团体里度过的时光，既更深入地认识自己，也学会更理解他人。请大家把收获带走，运用到你们的现实生活中，伴随着你们继续走好未来的人生之路。"

附录

常见团体心理辅导活动集锦

一、新生适应团体辅导活动[①]

1. 滚雪球（又称叠罗汉）

活动目的：尽快记住成员姓名，增进彼此的了解。

步骤与规则：围坐一圈，由带领者示范如何自我介绍，内容可包括姓名（昵称）、身份、特点等（例如"我是来自××的、喜欢××的××"），同时可以配合动作，然后由任意一位成员开始顺时针依次介绍自己，后一位成员介绍自己前需要先介绍前一位或几位成员，直到最后一位介绍完毕。

注意事项：本活动要求每一位成员认真倾听其他成员的介绍，而且越往后介绍难度越大，可以允许其他成员给予提示。如果人数过多可以分组进行，以降低难度、提高速度，同时活跃团体氛围。

2. 名声飞扬

活动目的：引导学生互相认识，建立成员间的归属感。

步骤与规则：围成一圈，第一轮边介绍自己的名字边抛球给左手边的成员，从第二轮开始，全体成员将双手举在胸前，从任意一位成员开始，边叫出任何一位其他成员的名字边将球抛给他，抛出球后双手放下，接球者继续边叫名字边抛球给下一位成员，直至所有成员都接过球为止。

道具准备：可以是软性球，也可以是毛绒玩具。

活动变化：这一活动可以多进行几轮，并可增加计时环节，促进成员互动。

3. 生日排队

活动目的：团体之间进行非言语沟通，加强相互了解，营造轻松氛围。

---

① 改编自：叶斌、曾强、张麒编《抗逆力：青少年抗逆力培育手册》，华东师范大学出版社 2011 年版，第 83、90、105、121、126 页。

步骤与规则：请团体成员按照自己的生日的月份和日期排序，指定 A 点是 1 月 1 日，B 点是 12 月 31 日，全过程中所有成员均不能说话。待全体排好后，带领者从 A 点开始检查位置是否站正确，每位成员大声报出自己的生日，如有人站错位置，则需做个小表演。

讨论问题：(如果仅为破冰，无须讨论；如果用于沟通，可尝试讨论)你认为活动中反映出什么问题？可以如何改进排队过程？最先完成的成员有什么经验可以分享？

注意事项：可事先做好铺垫，以应对不遵守规则的情况。如遇成员当天生日，可唱生日歌庆祝。

4. 松鼠搬家

活动目的：营造活泼的气氛，感受合作的力量，消除陌生感。

步骤与规则：成员分别扮演大树、松鼠，每两人手心相对架起大树，树下蹲着一只松鼠，带领者可请助理或团体成员做示范。

指令是"松鼠搬家"时，所有树保持不动，松鼠们跑出树底，跑到其他大树下；指令是"樵夫砍柴"时，松鼠不动，树枝拆开，重新组合成大树；指令是"森林大火"时，所有树和松鼠都要跑动。

每次未能找到位置的成员进行自我介绍，然后带领者重新发出指令。

注意事项：留意成员数目，最好是 3 的倍数多 1；活动前询问成员的身体状况，并提醒成员注意安全，避免肢体碰撞；可通过要求每组必须有男有女增加难度，促进异性交流。

5. 进化论

活动目的：激发参与兴趣，提升参与动机。

步骤与规则：活动开始时，全体成员蹲下化身鸡蛋，然后两两猜拳，胜者晋升一级，变为小鸡，再找同级的成员继续猜拳，直至变为人类；相反，负者需退化为前一级，再找同伴继续猜拳。

进化共分四级：鸡蛋(蹲着，双手抱头)；小鸡(半蹲，双臂在身旁做翅膀状)；猩猩(身体前倾，双拳捶胸)；人类(身体直立，双手交叉于胸前)。

讨论问题：最快完成进化的感觉如何？有何成功经验？直至游戏结束还是鸡蛋的成员心情如何？游戏过程更快乐，还是进化结果更重要？这一活动对你有何启发？

活动变化：可以改变规则为"负者直接退化为鸡蛋"，增加活动挑战性。

6. 天使行动

活动目的：增强成员关注他人的意识，让成员学会如何表达对他人的欣赏。

步骤与规则：请每个成员抽取一张写有成员姓名的小卡片，卡片上的成员就是抽取者的主人，而抽取者是守护他的天使。在接下去的活动中，天使需要鼓励、帮助、欣赏主人，同时不能让主人知道天使是谁。

在活动最后，将揭晓答案。选一位成员开始猜想自己的天使，并说出理由，然后请天使飞出来，介绍主人最打动他的一件事。主人表示感谢后，天使留下继续猜想他的天使，直至天使全部揭晓。

讨论问题：这一活动给你最深的感受是什么？你最欣赏天使的哪种做法，为什么？在平常生活中，你是如何关注他人的？你学会了哪些新的表达方式？

道具准备：事先准备写有成员姓名的小卡片。

注意事项：可能出现天使不喜欢主人的现象，可以提醒成员"生活中有很多事情是无法选择的，把它看成一种挑战，看看自己会有什么新的发现"。带领者既要理解学生对天使身份的好奇，也要避免活动过程中的打探行为，培养成员的耐心。

二、团队协作团体辅导活动[①]

1. 心有千千结

活动目的：学会倾听，学会问题解决，体验团队合作。

步骤与规则：

(1) 成员肩并肩围圈而站，拉住旁边成员的手，并记住自己的左手和右手分别牵的是谁的右手和谁的左手。

(2) 带领者要求全体成员迅速随机变换站位，肩并肩组成新的圆圈，并确保左右两边的成员与之前不同。

(3) 请所有成员双脚站着不动，双手伸向圆圈中间，找到之前分别牵拉的成员的左手和右手。要求全体成员在整个过程中双手不能放开，通过身体移动解开这个"千千结"，恢复到初始状态。

讨论问题：看到"千千结"，你有什么感觉？游戏很难吗？活动过程中，大家的想法发生了什么变化，有什么新的感受？最后成功解开，大家有什么体会？从这个游戏中你学到了什么？这个游戏对我们的生活有什么启示？

注意事项：提醒成员注意安全，照顾彼此的感受。

活动变化：

(1) 可增加活动难度，将指导语换成"先举起你的右手，握住对面那个人的右手，然后再举起左手，握住另一个人的左手，但要注意不要握住同一个人的左右手。现在要求你们在不松开手的情况下，想办法把结解开"。

(2) 成员实在解不开时，可使用魔法棒，即成员有机会决定松开某一对相握的手然后马上闭合。

2. 默契报数

活动目的：体验团队的默契度。

步骤与规则：所有人围成大圈，同时面对圆心向内走五步，碰到人则让开继续走。走完之后则立定，然后开始从1报数到30。从任意一个人开始报数，同一个人不可连续重复报数，若有两人或多人同时报数，则从头再来。整个过程中成员间不可互相沟通、提醒、暗示或使眼色。

讨论问题：你对"默契"是怎么理解的？"默契"的达成需要哪些元素？什么原因让大家都选择保持沉默？当有人出错时，你们的感受是什么，为什么？如何在团队中创造一种环境，让成员更敢于尝试？

注意事项：成员人数以5—15人为宜。尝试时间长短可视情况而定。

---

① 改编自：张麒著：《青少年环境适应团体训练手册》，北京师范大学出版社2006年版，第31页。

3. 齐眉棍/乾坤圈

活动目的：在问题解决中体会团队合作及人际关系、领导作用等。

步骤与规则：

(1) 让小组成员站成相对的两列，并排的一列亦可，小组成员全部伸出食指，将双手举到成员中身高最低者眉头的位置，带领者将轻质塑料棍放在每个人双手食指上，并让大家保持塑料棍水平。

(2) 要求小组成员在保证每个人的食指都在轻质塑料棍下面并和棍接触的情况下将轻质塑料棍往下移动。一旦有人的手离开轻质塑料棍，任务就算失败，需要将轻质塑料棍放回起始位置，重新开始。

(3) 给成员十分钟的尝试时间，时间到时，不管是否完成任务，都停止活动并进行讨论。

讨论问题：

(1) 活动开始时，你觉得这个活动容易吗？

(2) 活动中你看到了什么，听到了什么？你的所想和你的所做一致吗？

(3) 活动中出了什么问题？为什么塑料棍无法顺利向下移动？

(4) 团队合作中有类似情况吗？你有什么新的想法？

道具准备：一根轻质塑料棍（最好可伸缩），亦可用呼啦圈或报纸卷筒代替。

注意事项：带领者应严格执行游戏规则，一旦发现问题及时指出。游戏结果不重要，讨论分享才是关键。

4. 诺曼底登陆

活动目的：体验冲突的产生，增强成员间的沟通与合作。

步骤与规则：将场地划分为三个区域，团体成员分成"侦察兵""通信兵""工程兵"三种角色，每种角色只能在相应的区域内活动。将事先准备好的积木模型放在侦察区内的一个隐蔽位置，只能由侦察兵观察。侦察兵将看到的信息传递给通信兵，再由通信兵传递给工程兵。工程兵根据听到的信息在工地上搭建积木。当全体成员确认任务完成后，带领者当场比对成品与样品。

讨论问题：刚才发生了什么？完成时存在哪些困难？活动过程中有冲突出现吗，你们是如何处理的？如果再来一次，有哪些可以改进的地方？

道具准备：乐高积木若干。

注意事项：跑动过程中需注意安全，避免冲撞；注意严格执行规则，可增设"监督员"加强监督，让不同角色各司其职；注意爱护积木，以免损坏。

活动变化：可以通过改动积木模型样式来调节游戏难度；可分多组同时进行，增加游戏的紧张度。

5. 穿越沼泽地

活动目的：培养参与意识，提升团队协作能力。

步骤与规则：成员利用带领者派发的木砖或硬纸板（数量为人数＋1），从起点出发尽快走到终点。穿越过程中若有人身体任何一部分触及地面，全体成员须返回起点重新开始。

讨论问题：你认为什么因素对完成任务很重要？生活中有类似片段吗？当你失误时感

受如何？你希望伙伴如何对待你？整个过程中你最欣赏的一点是什么？

道具准备：木砖或硬纸板。

注意事项：这个活动难度大且有比较密切的身体接触，须考虑团体的熟悉度和所处阶段。

活动变化：可通过增加木砖或硬纸板的数量、请某成员戴上眼罩、规定木砖或硬纸板无人触及将被冲走等方式调节活动难度。

6. 风火轮

活动目的：强化合作意识，尝试问题解决。

步骤与规则：

团体成员在规定时间内利用材料制作纸圈，然后组员必须全部踏在纸圈上从起点前进到终点，形式类似坦克履带。如果有成员踩到纸圈外，或纸圈破裂，必须修补好之后从起点重新开始。

讨论问题：刚才遇到了什么困难？你们是如何解决的？哪位成员的哪些表现让你最为欣赏？这个过程中你学会了什么？这对你平日的生活有何启发？

道具准备：大量报纸、胶水（透明胶）。

注意事项：可以通过控制报纸数量的方式增加难度，同时减少浪费现象的发生。

三、生涯规划团体辅导活动

1. 职业竞猜

活动目的：了解职业内容，认识工作性质。

步骤与规则：请成员在纸条上分别写上2—3个自己感兴趣且能说出相关职业信息的职业，经过初步筛选后将纸条随机粘贴在每个成员的后背上，让成员通过提问与回答来猜出纸条上的职业。

提问与回答的规则是：一位成员每次只能问同一成员三个问题，之后需要变换提问对象；问题可以针对工作性质、环境、对象、责任等，但回答只能为"是"、"不是"、"差不多"、"思路对了"四种；如果问过12个问题还无法猜出正确答案，成员可以要求给提示。

讨论问题：你问了哪些问题从而成功猜到答案？在过程中遇到了哪些困难？问的过程中有哪些发现？关于职业，你还希望获得哪些信息？

道具准备：纸条、记号笔、透明胶等。

2. 生命线

活动目的：回顾成长历程，体会逆境中的成长价值。

步骤与规则：

成员听着背景音乐，跟随带领者的话语放松冥想，开始回顾自己的成长历程。指导语可以是："随着我讲话的声音，想象自己正坐在一片寂静的草地上，手里捧着一本记录你人生经历的书。现在，请你翻开第一页，那是你出生的日子，迎接你的是……请继续往后翻阅，此时，你看到自己走进幼儿园，开始与小伙伴相处……接下来，你看到自己第一次背着书包，踏入小学的校园，开始了学生生涯……然后，你考入了初中……发生了哪些令你感触的瞬间呢……接下来，你进入了高中……或许过着紧张忙碌的学习生活……后来，你接到了录取通知书……继续往后看,你来到了大学校园……想想那些令你愉快的事……那些让你感伤的事……最后,你看到了一页空白,这是你今后生活的起点……好,请你慢慢睁开眼睛,继续回味刚才的冥想体验。”

成员根据总体感受在白纸上画出生命线,代表自己的生命发展过程。把纸横放好,在白纸的顶端写上“×××的生命线”,在中部画一条长长的横线,起点为“0”,终点为“现在”,在左边画上一条与横线交叉的竖线,表示“我的心情”。把从出生到现在生命中发生过的重大事件用笔标出来,比如7岁上学了,就找到和7岁对应的位置,填写上学这件事。注意如果觉得是快乐的事,写在横线的上方。如果觉得快乐或痛苦无比,就把这件事的位置写得更高或更低些。例如,17岁高考失利,痛苦不堪,就在生命线的下方相应进行记录。依此操作,用不同颜色和不同位置,记录自己在今天之前的生命历程。

讨论问题:线上事件多还是线下事件多?请选择一个面临逆境的生命故事,与小组成员分享,说说后来你是如何走出生命低谷的。听了别人的故事,你有什么新的发现?

道具准备:白纸、彩笔、背景音乐。

注意事项:成员分享时,请其他成员有意识地给予积极的回应、支持和鼓励,有时只需一句或半句话就足够。

3. 小小动物园①

活动目的:促进自我探索,加深对自己以及周边环境的认识。

步骤与规则:假设团体是一个动物园,请每个成员思考哪种动物最能代表自己,在卡片上写出动物的名字,等所有成员写完后同时亮出身份。

讨论问题:哪些动物与自己相似,哪些与自己不同,在动物园中感觉如何? 为什么选择这种动物代表自己? 它在气质、性格、能力、兴趣、需要、价值观等方面与自身有哪些相似之处? 代表你的动物生活在丛林中,而你生活在现实社会中,你怎样看待自己的家庭环境、学校环境、社会环境? 哪些环境因素对你来说是有利的,哪些对你来说是不利的?

道具准备:纸片、笔。

4. 时间馅饼

活动目的:评估目前时间使用情况,提升时间管理效率。

步骤与规则:请每位成员绘制一张“目前时间饼图”,整个大圆代表24小时,以圆心为基点,划分出睡眠、学习、上网、运动、吃饭、交通等生活内容所占据的平均时间。可以同时绘制一张“理想时间饼图”。

讨论问题:哪些活动在“目前时间饼图”中所占的比重较大? 这些活动意味着什么? 解读“目前时间饼图”后,你有什么发现? 它体现了什么样的生活方式? 对比两张时间饼图,有哪些可以改进的地方? 可以如何改进?

道具准备:“时间饼图”练习纸、笔。

5. 价值观大拍卖

活动目的:深入探讨自身的价值观,根据价值观思考生涯规划。

---

① 改编自:周圆,崔丽莹,吴燕霞编:《团体辅导:理论、设计与实例》,上海教育出版社2013年版,第396页。

步骤与规则：

带领者发给每位成员一张"拍卖会"练习纸（如表9-1所示），请大家根据自己的想法填上相应的标价。然后由带领者担任拍卖师，主持喊价拍卖。规定好每个人拥有的总钱数、拍卖的起拍价和最低加价，每次出价最高者购得该项价值观。

表9-1 拍卖会

	排序	预算价格	购得价格
1. 具有吸引力，让每一个认识的人都喜欢自己。			
2. 拥有健康——长寿而且没有疾病。			
3. 拥有至高无上的权力（如成为总统、国王、教皇等）。			
4. 每年至少赚100万美元。			
5. 成为有名的人（如电影明星、作家、太空人等）。			
6. 拥有一个幸福美满的家庭。			
7. 为自己的宗教信仰献身。			
8. 有无数的车票、戏票，能欣赏各地的音乐、舞蹈和戏剧等演出。			
9. 消除世界上所有歧视、欺骗和不公正。			
10. 为贫疾人士服务，创造一个能让人自由给予和付出爱的氛围。			
11. 什么时候都可以做自己喜欢的事情。			
12. 有一份稳定的工作和收入。			
13. 能够寻找到生活的意义和真谛。			
14. 精通专业，在所做的一切事情上都取得成功。			
15. 拥有一个万能电脑和一座藏书无限的图书馆。			
16. 在世界上最美的地方有所属于自己的房子。			
17. 冒险、迎接挑战，过一个精彩的人生。			
18. 产生新思想，创造新的行动方式。			
19. 自由决定工作的条件、时间、位置和着装等。			
20. 制作有吸引力的物品，为世界增添美丽。			
21. 休长假，什么都不用做，只要开心玩乐、享受生活。			
22. 谈一次最完美的恋爱。			
23. 成为世界上最聪明的人。			
24. 创造使人不再有心理困扰的药物。			
25. 拥有倾国倾城的美貌。			

讨论问题：从成交价最高的项目开始，请得标成员分享竞拍原因及购得心情；请其他竞

拍者说明竞拍原因及为何未能拍得。在所有价值观中每个成员最看重的是什么？这对自己的生涯规划与职业选择有何影响？

道具准备："拍卖会"练习纸、笔、拍卖槌。

活动变化：可以适时终止拍卖，引发对生涯发展的思考。

6. 探索兴趣岛①

活动目的：澄清个人喜好，了解职业兴趣。

步骤与规则：请成员仔细浏览事先贴在室内六个不同位置的岛屿介绍；然后站在自己最想去的那座岛屿介绍前，站定后与选择相同岛屿的成员交流和讨论。带领者可随机指定成员分享讨论结果。之后成员可加入其他类型岛屿的聚会，也可尝试在每个岛屿逗留和攀谈。最后，每个人记录下最吸引自己的三座岛屿对应的职业类型，并排序。

讨论问题：你平时喜欢做哪些事情或参加什么活动？这些事给你带来的快乐和烦恼是什么？你对自己喜欢做的事怀有怎样的职业梦想？

道具准备：岛屿介绍告示②、透明胶。

A 岛风景秀丽，充满艺术气息，许多文艺界朋友来此寻找灵感；

S 岛居民温暖友善，互助合作，重视教育；

E 岛居民显赫富庶，经济高度发达；

C 岛现代繁华，居民冷静有序，善于组织规划；

R 岛自然原始，生态保护甚佳，居民以手工制作见长；

T 岛空旷幽静，居民喜好深思，追求真知，喜好与哲学家、科学家等交流。

---

① 改编自：赵小青著：《你为职业生涯做什么准备》，上海书店出版社 2003 年版，第 316—318 页。

② 改编自：吴芝仪著：《我的生涯手册》，经济日报出版社 2008 年版，第 48—49 页。

第十章　学校心理咨询个案概念化与个案报告的撰写

在了解了心理咨询实践中常用的面谈技术和一些心理咨询理论与技术后,本章作为教材的总结单元,将通过介绍个案记录报告的撰写,进一步介绍心理咨询理论在个案心理问题的概念化上的作用,并回顾之前介绍过的心理咨询过程的理论与技术,旨在帮助学习者学习评估案例咨询实践,并能在此基础上寻求督导支持。

第一节　个案记录报告的撰写

个案记录包括机构的工作记录、咨询师的业务档案、来访者的咨询档案、咨询师个人的咨询过程记录、咨询师的督导案例记录,还包括专业督导、讨论学习的案例报告、用于咨询师业务考核的案例报告和用于公开的科普案例报告,等等。所以,根据个案记录的不同用途,个案记录和个案报告的要求与内容侧重都有不同。

机构的工作记录、咨询师业务档案和来访者咨询档案通常被作为咨询机构的业务档案,有各机构的要求和文本格式规范,总体内容包括:案例的发生时间、地点,咨访者的姓名或代号,接案次数,个案性质,是否为危机个案,依据机构流程的处理方式等。要求简洁、明确,便于统计和数据化管理。另外,对档案的保管有要求,需要集中放置、专人专柜保管,严格执行档案保密措施。

咨询师个人在心理咨询过程中以及每次心理咨询面谈后的案例记录,通常用于咨询师备忘,以及用于个人业务学习、督导,偏个人化。案例记录需要征得来访者的同意,如果涉及录音、录像或用于案例督导、讨论、报告或发表的话,必须签署相关的知情同意书。在案例的记录内容和形式方面,可以根据咨询师个人的风格和需要来决定。而用于参加认证答辩的个案记录,另有一定的格式建议。这一节将介绍常用的案例记录的一般原则,以及答辩个案的撰写格式。

一、个案记录的一般原则

一般个案记录的整理在咨询后进行,就具体个案记录,有下列参考原则:

1. 个案记录,知情同意

咨询师做个案记录,需要征得来访者的同意,跟来访者明确交代和解释缘由,消除来访者的猜忌,减少不信任。如果咨询过程需要录像、录音记录,更要做必要的说明解释。一般来说,录音、录像前都要和来访者签订相关协议。

2. 记录内容,简洁扼要

个案记录要便于记忆提取,如果内容繁复、重点不突出,会影响再次阅读的效率,最终会影响使用。详细的逐字稿记录，一般用于个案报告、个案研究和个案督导。根据工作需要，记录要求略有不同。

3. 记录描述，用词客观

个案记录主要描述的是可以被观察的事实和症状、现象，应尽可能避免过度记录咨询师个人的看法，尤其是对来访者的评价，避免主观臆测和对来访者的投射，这些会影响再次阅读时的思考。例如："来访者咨询时无法与咨询师目光接触"是可以观察的现象，而"来访者胆怯、退缩，害怕与人交流"是咨询师的感受，是咨询师对来访者的主观猜测。

4. 来访隐私，谨记保护

这也是心理咨询伦理的要求，个案记录中尤其要注意对事关第三方的一些隐私的保护。个案记录是咨询师的工作记录，相关信息的记录是为了帮助咨询师更好地理解来访者、和来访者一起工作。个案记录不是小说读物，不需要取悦观众。这里特别提醒的是，需要防止对第三方隐私的无意扩散，例如与来访者的问题无关的第三人的职业身份、家庭隐私等等。咨询师要了解的家庭情况，只是那些对来访者造成影响的家庭生活事件，咨询师不能从来访者的口中去调查其他人的隐私，例如通过学生了解其导师的个人情况，或者通过来访者了解他的朋友的隐私等等。

5. 好恶评价，力求避免

过度记录咨询师个人的看法，尤其是对来访者的评价，甚至出现一些可能会伤及来访者的言语，都是不可取的。比如"这是一个邪恶的想法"、"他太贪得无厌了"、"他简直就是一个人渣"等言词偏离了咨询师中立的立场，也会影响咨询师与来访者的关系。

6. 记录重点，不忘来访

咨询笔记记录了关键字词，辅以一些线条，帮助咨询师理清案情或记忆一些关键点。但千万不可忙着一字不落地埋头做笔记，而忽略来访者，这可能影响来访者对咨询的感受，让来访者觉得咨询师更关心故事而不是来访者本人，同时这也背离了来访者中心原则。同时，记录时也不适合遮遮掩掩，以免让来访者以为有什么不适当的内容，给来访者一种"你无权知道"的暗示，同样影响信任关系。

另外，如果要录音、录像，那么过程中咨询师自身的自然、放松也是必要的，可以帮助来访者尽快适应记录环境与记录过程。

二、日常个案的记录

一些咨询师需要记录个案用于备忘，因为个案的咨询通常不止一次，时间久了或者个案多了，可能无法清楚地记得个案的一些重要细节。这样的备忘个案记录可以记录以下一些信息：

（1）来访者的基本信息，包括学校和家庭的情况、主要人际关系、重大的生活事件等。有时候，这些虽是基本信息，但依然可以从侧面反映来访者的一些基本状况，比如从来访者中学里被分在某些特殊班级，可以大概猜测来访者的学业水平，从来访者作为独生子跟随母亲姓，可以推测来访者家庭状况信息等。这些信息的获得对于快速了解来访者、分析来访者是有积极意义的。

（2）来访者的主诉问题，涉及事件的概述、情绪状况、对事件的想法、事件带来的影响等，可以从知、情、意、行几方面来记录。

（3）对来访者的观察，包括对来访者的身体语言、来访者陈述过程中的情绪反应、来访者对一些提问的回答方式等的观察。这往往是录音记录缺失的信息内容。有时候，一些非言语的观察，对培养来访者的觉察非常有帮助。

（4）对来访者的问题的简单分析与处理措施，包括对来访者问题的诊断、说明，对问题成因的理论分析，对问题处理的设想，对咨询方案的设想以及向来访者提出的具体建议等。

（5）对来访者对咨询的反馈情况的记录，同样包括言语的和非言语的。

这样的记录便于全面了解个案的情况，以及咨询的进程与方向，以便在必要时提供督导或转介。

三、SOAP 个案记录

SOAP 是一种常用的咨询记录模板，"SOAP"是主诉情况（Subjective Data）、客观数据（Objective Data）、分析评估（Assessment）、咨询计划（Plan）的英文首字母组合，显示了个案记录的四项主要内容。

1. 主诉情况（S）

它指来访者告诉咨询师的内容，包括了基本信息、事件、来访者的想法和感受，其中有来访者对生活事件的主观感受，也有来访者对与重要他人的关系的主观感受。记录时注意尽量使用来访者自己的语言和言语方式。

2. 客观数据（O）

它指咨询师对来访者的观察记录，相关的测量、诊断报告以及他人的情况反映，包括：

（1）来访者的外表、言谈举止等。

（2）临床量表的测量结果等。

（3）家长、老师、领导、同事、同学等来访者生活中关系密切的人对来访者行为的描述，以及转介的咨询师提供的书面报告等。

（4）其他相关信息，包括其他医疗档案、学籍管理信息等资料。

这里需要强调的是客观数据报告内容的客观性。报告记录的应尽量是观察到的信息而不是主观臆断的内容或猜测、想象。所谓观察到的，是指由咨询师自己或由第三者转述的看到、听到的关于来访者的行为、表情等的信息，不包括咨询师和他人对来访者的评价。这些内容信息往往很重要，当它们跟来访者主诉对照在一起的时候，往往会反映出很多容易被忽视和掩盖的信息，它们反映了来访者和他人对环境的不同心理建构。这部分信息对于后面的评估分析来说也非常重要。

3. 分析评估（A）

咨询师的分析评估包括可能的临床评估、危机评估，最主要的还是对来访者心理状态和心理问题的评估和分析，它们能帮助咨询师判断咨询内容是否是心理咨询和心理辅导范围内的内容，或者其中哪些是心理咨询能解决的和支持的，哪些是需要转介的。这部分的分析需要有工具的辅助和专业理论的支撑，不可以是个人的主观想象和随意的标签化。测评需要提供数据,诊断需要进行症状描述和排除症状的分析等等。分析时需要注意理论模型的完整性,不可以进行拼盘式的没有逻辑关联的分析,乱贴一堆标签。

4. 咨询计划(P)

咨询计划是根据 S、O、A 所做出的个案问题的处理计划,内容包括可能的心理咨询策略、心理咨询的时间及周期、咨询中会用的技术方法、需对来访者采取的必要的防护措施,以及家庭作业等。

当然,咨询计划的记录还包括计划执行的反馈,即:计划是否得到了实施?计划实施是否顺利?实施结果跟预期有什么差异?之后又有什么调整?等等。

SOAP 只是个案记录的一种模式,适合咨询辅导的初学者学习使用,适用于日常的咨询工作反思和个案工作的督导。

四、答辩个案的记录

对于参加认证答辩的上报个案,考评专家需要借由详细的个案报告考察咨询师的咨询实践情况以及咨询师对咨询技术的应用情况,对咨询师的咨询技能掌握水平进行评价。所以,这份个案记录是一份详细的临床个案记录,包括基本信息、简要分析、过程记录和个案评价四个部分。

在正式个案报告上,需要咨询师写下自己的相关信息,比如姓名、学校、工作性质、从事咨询工作年限、实习接案数量、曾接受督导的时间,以及督导机构信息等。

1. 基本信息

这一部分主要介绍来访者的一般身份背景,来访者的主诉,以及初步测试结果或诊断情况。

(1)一般身份背景情况。包括:来访者的称呼(一般使用化名)、性别、年龄、学校类型及年级。咨询师还要大概地写一些有关的家庭状况,包括主要的家庭成员以及他们跟来访者的关系,比如来访者长期跟谁一起生活、监护人的一般情况、父母的大致情况、来访者对亲子关系的表述,等等。

例如:爱莲,女,15 岁,初三学生,一直跟外公外婆生活,关系亲近,老人们身体健康。父母在国外工作,和爱莲每周通话一到二次。爱莲对父母没有什么特别的眷恋,感觉有点陌生。

(2)来访者的主诉。这也就是来访者自己对来咨询的问题的说明。

例:"我考试时总是很紧张,本来知道的,一到考场就全忘了,等考试结束以后,又明白了。总是这样,我现在越来越害怕考试了。"

这里要特别说明的是,有时咨询师会把自己对来访者的印象、看法当成来访者的主诉写进个案报告,比如:"来访者的问题是考试焦虑",甚至还会根据其他信息加以推测:"来访者自我要求太高导致考试焦虑"。

如果咨询师有这样的意识，能区分来访者的主诉问题和咨询师自己对来访者问题的解读，将有助于咨询师更加客观地了解个案情况。例如：

> 来访者："我以前打游戏，功课落下了。现在我想好好学习了，但是我的基础差，现在难度大了，我怕自己跟不上。"

在以上这段表述中，来访者的重点是目前自己想读书，要求上进，但没信心。但是如果咨询师的理解是来访者把大量的时间用在游戏上，缺少学习动力和自控能力，那在之后的工作中，工作重点就会非常不同。因此，在个案记录中，咨询师需要区分来访者的主诉和咨询师对来访者问题的判断，以及来访者给咨询师留下的印象。

（3）初步的心理测试结果或咨询师的诊断情况。如果来访者做过心理测试，咨询师需要注意测试的结果。比如来访者在咨询前做了 SAS 问卷，她的焦虑得分超过 42 分，显然偏高，我们就要在报告中提及其焦虑得分情况，并要求特别留意对来访者的诊断。

不过，并非每个来访者都必须做心理测试，做心理测试也需要咨询师获得相关测评的使用资质。所以，不是每个来访者都会有一个测试报告，这时，就需要咨询师根据来访者的心理评估或者精神科给出的诊断情况，判断来访者总体有什么样的问题：是精神疾病还是神经症？是否属于人格障碍？是一般性适应障碍还是发展性问题？并且说明有关的诊断依据。不过，根据相关法规的规定，学校心理咨询师无权对来访者做出心理异常的病理学诊断，所以，咨询师在报告中可以建议性地写下某一心理问题，而不是直接报告个案的心理疾病诊断。比如："主诉进入大学 2 周后，跟同学关系处不好（目前学期快结束了），晚上一直只睡4—5 小时，对学习生活都没兴趣，觉得自己没用、不受欢迎，极端的时候想过还不如死了算了……"符合 4 条以上 CCMD 关于抑郁症的诊断标准，并且症状持续时间超过 2 周的，可以建议考虑抑郁症。

不过多数个案的症状并不典型，而且有的咨询师缺乏经验，很难给出一个明确的诊断建议，这时咨询师也可以采用排除法报告，指出来访者有哪些症状，其中哪些症状不明显，怀疑可能是什么问题等。这一步也可以在咨询结束后，对照有关的诊断标准来写。

个案报告基本信息撰写示例（小张）：

> 咨询师信息：
> 　陈×，男，上海××大学咨询中心兼职咨询师，从业 2 年，曾经接案 21 例，接受本校咨询中心专职咨询师的督导（每 2 周 1 次）。
> 　来访者信息：
> 第 1 次咨询记录
> 　小张，男，22 岁，上海××大学本科三年级学生。
> 　家庭成员：生父，50 岁，高中文化，乡镇企业家，健康；继母，40 岁，小学文化，家庭主妇，健康。

来访者主诉的问题：

我最近特别容易紧张、担心，感觉自己心脏负荷特别大，有时觉得喘不过气来，有时觉得心脏好像悬在半空，荡了一下，怀疑是不是得心脏病了。我性格内向，容易害羞，加之最近确诊身患腰肌劳损，情绪很糟糕，为此很烦恼，很想摆脱这种状态。

最近面临的生活事件有：准备4月的德福考试，很担心自己考不过，不能去德国实习；由于身体不好刚刚拒绝了一位同班女生的追求，却对高中喜欢过的女生念念不忘；作为一名毕业生对于将来的就业和发展很迷惘，不知道自己可以做什么；经常有紧张、不安的感觉，失眠，身体疲劳，注意力不集中，手心容易出汗、冰凉。我很担心身体的这些状况，觉得自己会不会得了什么严重的疾病，以后什么都做不了了。

心理评估及诊断：

根据来访者的陈述和经验，来访者表现出的是焦虑症状。他面临的许多生活事件给他带来了很多的压力，让他处于一个较高的应激水平，容易焦虑不安。经医院诊断，已排除器质性心脏疾病或其他生理疾病导致的继发性焦虑。

施测了焦虑自评量表（SAS），统计的初步结果为45分，高于正常临界水平40。数据表明，来访者焦虑情绪明显。来访者被焦虑情绪困扰。焦虑原因涉及本身个性特点、应激事件（考试、就业、感情等）。

2. 简要分析

这一部分需要咨询师在评估的基础上，根据咨询的结果，简单地给出对来访者问题成因的一些分析看法，如果能结合一定的咨询理论来描述则更好。在此基础上，咨询师可提出咨询的目标设置和咨询的计划。

（1）个案的基本分析。结合心理咨询的相关理论，指出咨询师对来访者问题背后的成因的看法。例如：

> 爱莲以前成绩一直保持在班级的前3名。老师夸她学习自觉、努力，让同学们向她学习。父母不在身边，外公外婆对她要求严格，但是没有能力辅导，爱莲学习完全靠自己。初二开始，学习科目和难度都增加了，爱莲觉得学习有点力不从心。爱莲的心理负担很重，为了不让老师、家长失望，每天都不断做题，晚上睡得很晚。因为长期睡眠不足，胃口也不好，她常常感觉很累。进入初三后，考试频率增加，爱莲更加担忧，尤其是爱莲连续两次物理测验成绩都不理想，只排到第10名之后。此后，爱莲每逢考试（小测验）便开始出现严重的焦虑症状，担心不能取得好成绩。最严重的一次，她看试卷时，只觉得眼前字迹模糊不清，头脑中一片空白。
>
> 爱莲的焦虑源于要满足家长和老师对自己的期待，对自己的要求也高。这说明她对学习和考试的重视。她努力了，但是效果不明显。考试失利的经验让她感到紧张，她也没有更多的经验处理焦虑情绪，在考试时更多考虑的是结果，导致过度紧张，影响考试的发挥。这样的恶性循环，加重了爱莲考试时的焦虑症状。

（2）制定与来访者达成共识的心理咨询目标。咨询师要根据对来访者问题的分析，找到可以通过心理咨询来调整的咨询目标，向来访者解释，跟来访者商量是否把这一目标作为咨询的目标，双方一起努力，来完成咨询计划。例如：

> 爱莲的个案是要消除考试焦虑的症状。从分析来看，快速提高学习成绩比较困难，而改善焦虑症状，降低对自己过高的期望，接纳"达不到老师、家长要求"的自己，把注意力集中在学习知识的本身，不再过分看重成绩排名，也许是短时间内可以达成的咨询目标。

> 根据这一分析，咨询师要和爱莲讨论她考试焦虑的根源，教给爱莲一些可以缓解焦虑的放松方法。另外，一起讨论合适的自我定位以及规划未来的学习目标，将有助于爱莲减轻考试焦虑症状。咨询师要征询爱莲意见，如果爱莲接受，就开始下一阶段的咨询。

（3）心理咨询计划的实施及心理干预后的反馈。一旦来访者接受咨询目标，下一步就要向来访者介绍心理咨询的计划，帮助来访者实施计划，并在多次的咨询过程中获取咨询计划实施的效果反馈情况。

> 在爱莲接受咨询目标后，咨询师教给爱莲一些可以操作的放松方法，并让她回家练习。咨询师和爱莲一起探讨了她未来的发展计划、评估她的兴趣和优势，同时也鼓励她与外公外婆、父母以及老师交流，听听他们对自己的真实期望，并把自己的痛苦告诉他们，听听他们的回应。结果第二次咨询时，爱莲告诉咨询师，家人的回应非常积极：外公外婆虽然要求严格，但是更希望她身体健康，知道她一直很要强，也一直在为她担心。她不管考第几，他们都不会认为她是不努力。父母也知道爱莲是努力的，他们打算在她初中毕业或高中毕业后接她到国外读书，只要她愿意，读什么他们并不介意。不能亲自照顾爱莲，父母感觉对爱莲欠了很多，他们希望能跟孩子一起生活，只想她开心一些。当得到这些信息后，爱莲紧张的心宽松了许多。只是她的压力还没有完全解除，需要与班主任老师有进一步的交流……

以上所列出的各个方面，目的在于提供分析与思考的方向。在操作中，可根据个案的具体情况有所偏重、甚至有所取舍。

个案报告简要分析示例（小张）：

> **基本分析：**
> 小张内心对自己的期望值很高，但是对自己目前的状态又极不满意：身体有病痛，人际交往不顺，还有多次感情挫折。对此，他自己找不到原因和解决办法，随着时间的持续和一些时间节点的到来，不能满足的内在需要演变成一种弥漫性的焦虑状态，甚至以躯体症状来表达，最终躯体不适成为他解释挫败感和不如意的理由。

心理咨询目标：

基于以上的分析，建议：

1. 教授小张学习身体放松技术以缓解躯体的紧张焦虑症状。

2. 在认知上，帮助小张认识自身的发展需求，调整生涯规划，接纳自己的内在要求。

● 首先，帮助小张分析现状，区分哪些因素是自己可以控制的，哪些是不受自己的意志转移的，接受差距的客观性，从而真正地对自己负起责任，做好可以做的，坦然接受结果。

● 然后，和小张一起制定下一阶段的生涯规划，具体到可以落实的行为。

心理咨询计划与干预情况：

咨询分为3个阶段：

1. 第一阶段：了解小张的基本背景情况，讨论他对自我的看法与要求的来源。教会小张身体的放松技术，缓解焦虑症状。

2. 第二阶段：与小张一起分析遇到挫折时，包括身体出现各种症状时他的想法和感受，帮助他明白这些想法是如何影响自己的情绪的。然后让小张学习区分在带给他负面情绪感受的想法中，有哪些想法是夸张失真的，从而探讨自己改变的可能性与方向。接着，讨论如何进行职业生涯规划。

3. 第三阶段：与小张一起检讨生涯发展计划的实际执行情况，并进一步讨论计划的可行性，进行修正，明确下一阶段自身发展的主要目标。同时让小张检查身体的状况是否得到改善，如果产生效果，可以询问其是否有新的咨询要求，如果没有进一步的请求，可以结案。

来访者实际情况反馈：

1. 第一阶段进行了2次咨询。咨询师教小张学会放松。放松练习时小张感觉效果明显。但是，作为家庭作业的放松训练小张只做了两次，没有耐心继续练习，效果不佳。咨询师进一步强调了来访者自身参与的重要性，增强小张的参与性和求询动机。与咨询师的讨论让小张比较放松，感觉得到理解、接纳、支持和陪伴。

2. 第二阶段进行了2次咨询。小张认为对于想法和情绪的探讨有启发，但是要放弃那些对自己过分的要求有点难，但他愿意尝试。小张可以从实际情况制定自己目前的学习计划。小张在职业生涯的规划方面，愿意根据自己的兴趣、专业、特长了解目前可能的职业选择和职业要求。焦虑的症状缓解，心脏的不舒服也缓解了。

3. 第三阶段进行了2次咨询。小张可以完成制定的计划，有兴趣把制定计划的方法用于其他的学习过程。但是他对自己有些担心：是否有能力坚持。在得到咨询师的鼓励后，小张愿意继续努力，巩固有效的行为。小张报告身体症状明显改善。他对今后的职业发展有了一些想法，表示自己愿意先做一些思考和尝试，如果以后遇到进一步的困难，还会来寻求帮助。咨询师与小张做结案告别。

3. 过程记录

咨询师进行个案答辩时，需要通过咨询过程的呈现来了解咨询师的基本会谈技术与咨询技巧的应用能力。对个案的分析能力不足以替代心理咨询的实践能力,就像考核外科医生不可能仅考书面知识和理论分析一样,心理咨询的实践能力主要体现在与来访者的语言交流过程中,通过对话记录可以了解咨询师对咨询过程的实际掌控能力,体现咨询师的实际经验与咨询水平。也有一些咨询技术的使用需要通过状态的描述来展示,比如要展现脱敏、放松、空椅子等具体的方法时,还需要描述来访者在接受咨询师语言引导后的非言语反应,如表情、行为等,这些可以作为过程记录的一部分,用不同的字体来标识说明。

对于个案的对话部分,理想的是采用录音或录像来记录,音像材料可以更加直观、真实地体现咨询师的水平,但是由于目前硬件条件的限制,主要还是采用文字来记录。建议选择相对最能体现咨询师的咨询风格或技术应用情况的过程来记录,采用对话的直接引用方式来表现。节选的对话要求真实,能够体现咨访关系的构建、咨询目标的商榷过程,或者可以展示某一心理治疗技术的应用,或者可以体现对来访者的引导、分析。

示例1:

来访者:我现在很急,也很痛苦。周围有的同学谈朋友了,或者开始找工作了。我这样可能会对自己将来的生活有不好的影响。

咨询师:我感觉到你的担忧和内心的挣扎。一方面很想做些什么,一方面又不知道做什么好。让我们一起来努力试试吧,也许状况会有所好转。你以前做过咨询吗?

来访者:没有。听说过,但是也不知道具体怎么样,只是我憋了好久,实在没有什么办法,想来试试。

咨询师:我们可以根据你的情况一起讨论,希望你能在其中有所获益。我可以陪你走过这段时期。你觉得怎么样?

来访者:那我们试试吧。你告诉我,我该怎么办?

咨询师:那我先把心理咨询的工作方式(一般设置)给你介绍一下。一般来说,心理咨询不是一次就完成的,一般会根据问题的不同需要进行一段时间的咨询,频率是每周一次,每次进行的时间大约为 45 分钟。除了一些特殊情况外,我会为你的情况保密的。

来访者:这样啊! 那我要多久呢?

咨询师:那我要先对你有所了解。在今天咨询的最后 10 分钟,我会就我所了解的情况跟你具体讨论,你看怎么样?

来访者:好的,好的! 从哪儿开始说呢?

咨询师:你的困扰听上去和你目前的状态以及周围同学的状态有关,可以具体谈谈吗?

(在这一过程中,咨询师向来访者阐述了心理咨询的一些程序及相关设置,做了一个结构化的工作。为了进一步了解来访者的处境,可以让来访者具体谈谈情况,把问题具体化,这样在进一步的工作中更有针对性。)

示例2：

来访者：如果在最需要的时候他不在身边,那就谈不上是我的男朋友。我们为此发生了很多次的争吵,最后一次,就是前天他提出了分手(默默流泪)。

咨询师：(等待了来访者1分多钟)我感觉似乎你对于他有些不满,同时你自己也很不好受。如果5分表示心情很好,0分表示心情很差,你现在给自己的心情打几分?

来访者：2分吧,反正心情很低落,整天也不想上课,老是发呆。没有兴致,不想动弹。

咨询师：听起来你最近状态不太好,心情有些糟糕,似乎还沉浸在难受、委屈之中,很难走出来。失恋让你最难受的是什么?

来访者：少了个人关心我、宠我、疼我。我的爸爸在一年前过世了,他又能挣钱,也疼爱我,从小我就受宠。现在再没有人疼我了。我很孤独。

  (此段对话可以体现出咨询师的共感促进了关系的建立,同时也显示了咨询师对情绪评估技术的灵活使用。)

示例3：

来访者：我现在很困惑,不知道女孩子是怎么想的。她要么直接拒绝我,干脆点,我也就不那么纠结了。

咨询师：你现在似乎很想了解女孩子的心思,而这种不明不白的关系似乎让你很痛苦。现在你的生活有没有受到影响?

来访者：影响了我的睡眠质量,有时很难入睡。其他还好,上课的时候,有时会走神。

咨询师：那我可不可以这样理解:你现在就是由于这个女孩子对你的态度不明确而感到困惑,希望通过咨询来理清思路,使你摆脱目前的这种困惑。

来访者：嗯,是呀。

  (此段咨询记录中,咨询者在初步了解情况的基础上,对咨询目标进一步确认,双方达成共识。对话也展示了咨询师的倾听技术和共情能力。)

示例4：

咨询师：我想了解一下你最近的感觉如何啊?

来访者：很糟糕,我感觉很低落而且焦虑,我不知道我应该怎么做,有时候都不想去上课了。

咨询师：你能说得更具体一点吗?什么问题对你的生活产生这么大的影响,使你感觉非常糟糕?

来访者：我感觉班上的同学都在疏远我,排斥我,我和他们之间有很多距离。而且与寝室同学也相处不好。

咨询师：他们怎么排斥你?

来访者：上课的时候，当我把目光移过去的时候，他们马上躲开我的目光，装作没看见。这样，我更没有办法专心听课了，就会不断地去瞄别的同学有没有在看我。我真的很想改掉这个毛病。

咨询师：哦，你怎么知道他们发现了你的行为？

来访者：他们会避开我的目光，或者装没看见。有时，旁边的女同学要么把头转过去，要么把头发放下来，遮住脸。

咨询师：这样的情况从一开始到现在，持续多长时间了？

（这段对话记录，表现了咨询师对来访者问题的敏感，展示了评估性的问话技术。但是评估问话不完整，最终到底是要评估为妄想还是评估为强迫，没有完成。如果是节选对话，希望有意识地完整地节选，自己思考完整："我需要通过这段对话展示什么"，不要让对话缺乏完整性，变得没头没脑。）

4. 个案评价

对咨询过程进行反省，做出较为客观的评价是个案报告中非常重要的一部分，能反映咨询师对咨询过程的自知能力，也是使咨询师在职业道路上进一步成长的重要特质。咨询师的自知能力在考核中也是极其重要的一个指标，它既反映出一个咨询师运用已经学过的理论技术的能力以及咨询师职业生涯的成长空间，也能预示该咨询师是否适合开始独立的咨询接案工作，是咨询师职业专业能力的特征之一。

个案评价的目的在于发现咨询过程的不足或遗漏，从而改进与提升咨询的专业水平。咨询没有标准答案，能对来访者产生积极效果，就是好的，没有最好。任何一位咨询师在实际咨询过程中，总会存在这样或那样的遗漏，但也总有收获。即使是咨询名家，在面对一些个案时，也会有所疏漏，甚至会出现自己书中所批评的问题。所以，只有来访者能感受咨询的作用，没有人可以对咨询做出好坏成败的绝对评判。咨询师可以通过自我评估咨询过程，发现遗漏的信息，找到新的视角，发现更有价值的线索，也可以检讨不足之处，发现影响积极咨访关系的因素，找出技术使用中可以改进的地方，最终更好地处理个案，客观地了解自己的咨询实践经验和咨询能力。

在对个案进行反省评价时，可以从多方面着手进行：关系的建立、目标的商榷、咨询技术的使用、来访者的改变，咨询师个人的特点对咨询的影响，等等。而这些方面可以是该个案成功的亮点，也可以是做得不够的地方。甚至某些情况下，咨询本身效果也许并非很理想，但咨询师在反省评价中可以就咨询过程中一些技术的使用、情绪察觉、咨询的推进速度等问题有所意识，并在反省评价中思考改进方向。有时，咨询师的某些特点是不可改变的，例如性别，咨询师也需要意识到这些特点对来访者或者对咨询的进程的影响。相反，对咨询中的较大失误不能察觉是非常危险的。咨询师个人对个案的反省和接受督导后对个案理解的深入，都能体现咨询师的自省能力。

另外，咨询伦理问题也是个案报告中需要检讨和反省的内容，例如对于知情同意原则、保密原则的执行、危机干预的处置与转介、多重关系的界定与处理、未成年人的特殊问题，等等。

示例：

来访者：反正在家里没劲，和他们在一起开心。我就愿意和他们在一起，和他们交朋友。我想这也没有什么不好。

咨询师：我明白了。你做事只凭自己的感觉，从来不考虑对与错，是吗？照你这么说，饥饿的时候去偷东西也是情有可原的？

来访者：老师我是不是很糊涂，不分是非，总凭感觉。是这样吗？

咨询师：你说呢？

来访者：好像是吧。我妈妈平时总是这么说我的，说我稀里糊涂，心血来潮，不动脑子。

咨询师：你这次出走的原因又是什么呢？

来访者：我问妈妈要钱去买一件看中好久的衣服，可是她就是不给钱，还打了我一顿，我就跑出来了。

咨询师：你妈不给钱，肯定有她的道理。你有没有替你妈想过？

对话是咨询时发生的，咨询师不可改变，但咨询结束后，可以进行反思。

在以上这段对话中，咨询师面对一个离家出走的学生，更多地站在一个长辈的角度进行说教，没有共感，未体察和接纳来访者的感受与想法，有明显的价值观倾向，未能与学生建立良好的咨访关系。可能的改进是：带着对来访者的关心，进一步探索来访者对一些具体人物、事件的感受，尽可能把自己放在来访者的位子上，增加对来访者的接纳和同感理解。咨询师可以了解来访者对父母的态度、期待，与父母的关系以及感受，来访者与朋友的关系以及感受等，减少或消除对话中直接评判的语句。

总之，个案可以做得不尽如人意，但如果在个案报告中能对咨询的过程进行充分的反思，及时发现问题并找到今后的突破口，那么这份个案报告依然是成功的。

第二节　个案概念化

如同中西医关于同一生理疾病的理论和概念完全不同，使得病因解释和处理疾病的方法大相径庭一样，心理咨询理论的不同体现在对同一心理现象或心理问题的不同概念表述与理论规律阐释上，如精神分析和行为主义对于抑郁的理论解释和使用的概念完全是两套体系。所以，心理问题的概念化反映了其背后的咨询理论思想与假设。而个案概念化则为对个案的理解提供了一种框架，为个案的处理提供了思路。咨询师的个案概念化能力体现了咨询师对心理咨询理论的理解、掌握和运用水平。本节将通过介绍如何运用不同的心理咨询理论对同一案例的不同个案进行概念化来帮助大家回顾复习这些理论，并进一步帮助大家在比较中领会心理咨询理论的实践应用，提高心理咨询的实践应用能力。

一、个案概念化

个案概念化是指心理咨询师依据特定的心理咨询理论，使用该理论的概念来对来访者的问题进行分析和理论假设。个案概念化需要咨询师熟悉特定的心理咨询理论,然后用这个理论的概念来对来访者的问题进行调研、访谈。咨询师需要确定要获得哪些信息、如何对获得的信息进行综合分析,利用信息进行临床预测和假设,并通过这种预测和假设进一步形成咨询计划和策略。打个比方,概念化就像给物件装上了把手,把手不影响物体的本质,却能帮助人们更方便地搬动、整理。个案的概念化便是对来访者的经验现象做整理,并予以命名,以便让来访者自己和咨询师快速地检索到这些经验或者对这些经验进行梳理,从中找到问题所在,为咨询辅导策略的形成提供帮助。

个案概念化的水平是咨询师心理咨询技能评价的重要指标,是咨询师应用心理咨询理论的能力和水平的体现。个案概念化也为咨询师寻求和接受专业的督导提供了基本的技术话语基础,保证了督导工作的效率和层次。对咨询师的案例考核其实是对咨询师的专业能力的考核,所以,个案的概念化是个案报告的专业基础。

二、个案概念化在咨询中的功能

（一）有助于做到准确共情

共情是一种能力,使咨询师能准确地感知他人内在的参考构架,并能够将他人内在世界的情绪要素和意义表达出来。准确地共情有助于咨询师和来访者建立良好的工作联盟,工作联盟是咨询工作的基础。如果咨询师不打游戏,也不知道什么叫"打副本"、"满血复活"、"做任务",也就很难想象他如何与一个沉迷网络游戏的来访者进行有效交流。如果咨询师对网络游戏成瘾的相关理论有了解的话,便能将网络成瘾青少年的心理现象和行为规律概念化,以此来指导自己更快地了解来访者的沉溺程度、发现来访者沉溺行为背后的家庭亲子关系、学校的人际交往和学业能力水平等情况,了解来访者的感受,从而更好地同感来访者的孤独、恐惧、无助、无奈等感受和体验。

又如,咨询师有了扭曲情感的概念后,就能迅速识别出来访者愤怒情绪背后的真正的哀伤情绪,能更深层次地共情到来访者。准确地共情有助于咨询师对来访者做出准确的评估,从而使用有效的咨询技术帮助来访者。

（二）有助于选择恰当的工作切入点

通常来访者的主诉很多,实际上来访者的内心冲突有不同的表现形式,如果看不到它们之间的联系,咨询师便很难找到咨询方向。例如,来访者小马在生活中不断与人产生冲突,一会儿是和任课老师因对某概念的理解不同产生争论;一会儿是认为篮球队队长偏袒其他队员,与对方大打出手;一会儿是怀疑班长给自己小鞋穿,心怀怨怼;甚至认为楼组长说洗衣机坏了,是故意不让他用。咨询师如果看到这些冲突对象的特点都是具有某种权威特征,那么探讨小马和生命中早期权威形象(通常是父母)的关系,可能就会成为咨询的焦点议题之一。如果看不到这些冲突事件的内在联系,可能就会一直纠缠于对解决人际冲突的人际技巧的讨论。此时,利用动力分析、家庭治疗等咨询理论对这一案例概念化就能帮助咨询师把握来访者的核心议题,有助于咨询师选择适当的工作切入点,并对干预策略的效果有适当的评估。

（三）有助于确定适当的干预方向

咨询师可通过对来访者的问题的概念化，准确共情并找到合适的切入点，同时明确咨询的干预方向，根据把握的核心议题，选择适宜的干预策略和干预技巧，让技术得到更好的应用，提高干预的效率。

就像前面提到的，若咨询师能觉察到来访者愤怒背后被掩盖的哀伤，那咨询师便会陪伴来访者探讨他内心的哀伤，并将哀伤表达出来。但是，如果来访者的愤怒是受到侵犯后的真实的感受，那咨询师要做的是肯定愤怒情绪的保护意义，与来访者一起寻求表达不满的有效方式。

对于前面提到的小马的案例，在找到他早年与父母、权威的关系的切入点后，有两条路径可以选择：一条是探索他与父母的关系，帮助他在现实中改善父子或母子关系，从而改善他和其他具有权威特征人士的关系；另一条则是帮助他区别现实中其他关系与亲子关系的异同，从而选择更现实的处理方式。可以两条路径同时展开。概念化背后的理论会起到方向指引的作用。

（四）有助于把握适当的进程

在咨询中难免有不顺利或进展缓慢的情况，这些情况有的是来自于来访者的防御和阻抗，有的是来自咨询师的反移情，有些是咨询师和来访者的互动导致的，有些是咨询过程中必然出现的。当对个案有了概念化的认识以后，咨询师在咨询不顺利的时候，便有了理解阻力来源的框架和工具，可以知道阻力背后的原因，对推进个案进程也就有信心和耐心了。

例如，咨询师发现来访者无法完成咨询中承诺的家庭作业之后，可能发现：

（1）来访者可能并不想完成承诺的事情，只是习惯于讨好权威，而在生活中来访者也常常因为答应不想做的事情又完不成，而使自己陷入尴尬的境地。

（2）由于咨询师喜欢挑战难一些的任务，所以布置的家庭作业对来访者而言，难度过大。

（3）可能来访者之前的几次家庭作业也没有完成，咨询师也没有与来访者讨论，听之任之了。

（4）来访者低估了作业的难度和完成作业所需要的时间。

显然针对这四种不同的可能，需要用不同的处理，来推进咨询进程。

三、个案概念化的方法与步骤

个案概念化并非一蹴而就，它是一个动态的过程，是在咨询师和来访者的互动过程中不断形成和完善的。

个案概念化的工作在咨询师和来访者接触之初就开始了，咨询师有自己的理论学习背景，有在此基础上掌握的概念，就像每个人都至少掌握一门语言（不管是中文还是英文、法文、西班牙文……），用来给不同的事物命名，用来与人沟通和表达自己的思想、情感。随着与来访者的接触，咨询师便开始描述来访者及其故事，然后会根据自己的经验，把这故事进行概括总结。随着不断地概念化，咨询师对来访者的故事有了越来越清晰的解读，甚至可以以往经验通过概念化引导自己去预见故事的发展和结局，或者给出不同的结局，对来访者形成影响。心理咨询的过程也是如此,咨询师根据自己学习到的心理咨询理论中的概念,来理解和解读来访者的故事和问题,用所学的关于心理问题的理论来分析个案的情况,并提出可能的假设,之后,便跟来访者一起核对假设的真实性和来访者对假设的接受性。假设被证实,咨询师便深入一步,假设被推翻或拒绝,则尝试用新的概念化来解读和假设。最终咨询师会贴近个案、贴近个案认同的"真相",从而让来访者感受到被人理解和接纳,或者通过咨询师的解读,借助咨询师的概念重新理解自己的问题,同时也改变自己原来的建构。概念化便是这样随着咨询的进程,伴随着与来访者的互动、概念交换,逐步建立起来的。

心理咨询的过程是一种科学,即个案的发展遵循着一定的个体发展规律;同时也是一门艺术,每个个案的叙事有自己的特点,每位咨询师的工作也有特定的风格。两个人相遇后,只有通过两个人共同努力、共同建构,心理咨询才能达到最好的效果。与个案确认概念化的准确性和可接受性,有助于增进个案对自己的理解,也会增进咨询师和个案的咨访关系,使咨询取得效果。

需要特别强调的是,个案的概念化不是由咨询师给来访者强行扣上标签,那是心理咨询中的野蛮分析。这样的野蛮分析会引起来访者的阻抗,破坏咨访关系。个案概念化是用来帮助咨询师理解来访者的,而不是让咨询师用专业术语"解剖"他人,没有得到允许的概念化,会成为伤害来访者的利器。对来访者的尊重是咨询师的基本职业操守,是无论哪个流派都特别强调、毋庸置疑的要义。个案概念化是专业的要求,而其根本是出于对来访者福祉的考虑。

个案概念化的具体步骤可以是:

(1)广泛收集来访者及其主诉问题的资料,确认来访者最突出的问题。资料一般包括与来访者相关的人口统计学信息,主诉问题及重要事件,如:来访者为什么选择现在来咨询?在问题出现前后的时间线上的相关事件排列,来访者的成长史、重大生活事件、重要的人际关系、生活环境、人格特征等。

(2)将收集到的信息进行归类,划分为有意义的组群,并形成个案假设和主要议题。这是一项系统性的工作,这一归类方式根据各个不同的咨询理论流派各有不同,详见下一节的个案概念化示例。咨询师要继续收集信息,支持假设,同时根据新的资料修改假设,思考这些议题如何在情绪、认知、行为等层面影响来访者、对来访者的意义何在。

(3)尝试以某种心理咨询理论统合和解释来访者的问题,以此为基础确定咨询目标,选择适当的方法和技术。

第三节　个案概念化示例

在本节中,将利用一个案例,用心理治疗理论来介绍个案概念化在心理咨询中的实际运用,为大家展示不同咨询理论取向的个案概念化过程,这同时也是对心理治疗理论的复习。

一、案例介绍

(一)个案基本信息

王小明(化名),男,某大学二年级,工科类专业学生。

(二)个案主诉情况

"我最近开始失眠,总是想着:我该怎么办?但是没有什么答案。对自己的专业课没有什么兴趣,缺了几次课以后,跟上课程有点吃力。晚上睡不着,导致早上起不来,起来上课也是昏昏沉沉的。听不懂老师在讲些什么。一年级时,我虽然成绩不是最差,但是我知道,这是因为自己高中时期的底子还可以,有好多基础课是在吃老本。但是这个学期,开学两个月以后,我开始上课走神,课后作业不会做。开始还勉强自学,但是后来越掉越多。我看到其他同学会抄作业,但是,我和同学的关系一般,没有特别好的朋友,也不好意思开这个口。"

(三)个案背景资料

小明并不喜欢自己的专业,他比较喜欢画漫画。但是,小明的爱好并没有得到家人的支持。小明的妈妈认为,只有考上大学才是正道,然后找一个好的工作,有一份稳定的收入,画画出不了名的话,找工作都难,并不能当饭吃,那是富家子弟的消遣。在高考复习最紧张的时候,小明想画画缓解一下,妈妈也会斥责他不务正业。在妈妈的监督下,小明把画的画都撕了。妈妈认为,多亏她管教严格,小明才考上了重点大学。

小明目前的专业是母亲帮他选的。来到大学以后,小明没有了母亲每天的耳提面命,在学校里参加了美术社团。只要画画他就很愉悦。业余时间里,小明自己都没什么感觉,时间飞快,一画就是好几个小时。

小明和班级的同学并不是非常热络,和他们相处时客客气气的。小明看得出来,有些同学是真心喜欢自己的专业,有时寝室里的同学也会为了题目争到面红耳赤,但是小明没什么兴趣。小明也不擅长社交,跟同学没什么话,大家见面只是笑笑,来往并不多。刚入学的时候,有几次板报评选,板报是小明画的,所以,同学知道小明爱画画,但是之后,再没有这类的评比或比赛,小明也就淡出了大家的视线。社团的同学觉得小明有一手,鼓励小明花更多的时间画画,老师也觉得小明有潜质。小明因为去采风落下了几节课,后面专业课就学得很吃力。他对自己越来越没有信心。他也不敢说换专业。小明心里很矛盾。

在小明4岁的时候,父母就离异了。小明的妈妈带着他回到娘家。虽然妈妈的家里人没有明说,但是小明也感受到了异样的眼光,他感觉到了什么叫做看不起。妈妈在家里也是没有地位的。舅舅家的小妹妹很跋扈,小明觉得比他小10岁的小屁孩也欺负他。长大点以后,小明从姥姥姥爷的只言片语中知道,他们不同意妈妈的婚姻,妈妈离婚回到娘家,更是印证了他们的预言。小明觉得自己就是妈妈的拖油瓶,大大降低了妈妈再婚找个好人家的可能性。妈妈没有再婚,一边工作一边一个人带大小明。上小学时,有一次学校要唱关于爸爸的歌,小明没有参加。有的小朋友就开始说小明是野孩子。从此,小明变得与人疏离。

　　小明妈妈从小就教育小明"要争气"。小明也决定争口气,为了妈妈。中学二年级以后,小明慢慢从一个默默无闻的学生,变成了班上的尖子生,他考上当地的重点高中,然后,进入到重点大学。能在毕业后找一个好工作,赚钱、养家,让母亲不要太辛苦,也是小明的期望之一。小明曾经提过想学画,但是母亲一边哭一边骂他为什么喜欢这么不靠谱的东西,坚决反对,认为小明不务正业。小明也知道,学艺术要花很多钱,而且不一定能找到好工作。从此,小明不敢再提把画画变成专业。现在的专业,找工作是没问题的,毕业的师兄起薪也比平均工资要高很多,的确是踏实稳健的专业。

　　大二的功课越来越难,不花时间也是学不好的。但是小明也不太想放弃好不容易得来的学习画画的机会。最近的一次小测验他不及格,眼看着要期中考试了,他觉得自己的状态越来越差,越来越没有心思学,看书时也是发呆。他非常焦虑,晚上在床上翻来覆去睡不着,白天都是昏昏沉沉的。小明非常担心自己的状况,觉得对不起母亲,但是他也不知道何去何从。他也没什么朋友,连说话的人都没有,他有时候想,有个朋友就好了。

　　辅导员觉得他状态不对,推荐他来学校心理咨询中心做咨询。

二、SOAP 个案记录

　　SOAP 个案记录不是个案概念化的过程,但是它有助于咨询师进行个案概念化,下面是小明第一次咨询后的 SOAP 个案记录表。

表 10-1　小明的 SOAP 记录

姓名:王小明	性别:男	年级:大学二年级	专业:计算机

S	● 主要症状:焦虑、失眠,感觉迷茫。 ● 咨询目标:希望找到学习动力,改善人际关系。 ● 情况介绍:觉得自己应该孝顺母亲,学好专业。但是,上课听不进去,成绩逐渐退步。想到母亲为了自己做出很多牺牲,对自己有很多期望,自己却不能达成母亲的期望,感到愧疚和自责。 同时又觉得,自己不能做自己喜欢的事情,生活没有希望。 在情绪低落的时候发现,自己没有朋友,都没有人可以去讲讲,也没有人理解自己,感到很孤独。所以也希望能够和同学交朋友,但是又担心自己成绩不好,同学不喜欢自己。 缺乏建立人际关系的技巧。
O	● 来访者穿着整洁,行为拘谨,特别是在咨询刚开始的时候,讲话还有些结巴。讲完一段话后,谨慎地看看咨询师,在咨询师安抚他,让他"慢慢讲"以后,才逐渐顺畅起来。 ● 来访者在叙述中,用了很多书面语,语调干涩,声音低沉、轻。这和他 1.8 米的个子形成鲜明对比。 ● 来访者在咨询过程中经常陷入沉思,显露出迷茫和痛苦的神色。
A	● 对照危机干预手册可知,来访者目前没有危机状况产生。 ● 根据观察,来访者主要表现出焦虑情绪,伴随有抑郁倾向。 ● 来访者不习惯寻求他人帮助,很多时候都是自己解决问题,对咨询将信将疑。看到咨询师一直专注地听自己的讲述,慢慢地,他的语言变得更加连贯了。咨询师需要不断巩固咨访工作联盟。

P	针对来访者的情况,做下列的咨询计划: 1. 做抑郁和焦虑的医学评估。 2. 降低焦虑,改善来访者的睡眠状况。(针对来访者的情况,已经教会来访者放松方式,并要求其作为家庭作业进行练习。) 3. 和来访者探讨其职业规划以及人生理想。 4. 与来访者探讨他与母亲的关系和与其他重要他人的关系。

三、沟通分析理论对小明个案的概念化分析

沟通分析理论主要呈现了人格理论和脚本理论,两者又是彼此联系的。该理论涉及的概念有自我状态、沟通分析、安抚、应该信息、禁止信息、早期决定、扭曲、漠视等,下面就来具体看一下这些概念是怎样对应和应用到小明的个案中的。

(一)人格与沟通分析模型在小明个案中的应用

1. 小明的人格结构分析

(1)小明的人格。小明面对咨询师时表现拘谨,驼着背坐在沙发上,双手不停地互相搅动,回答问题时常常字斟句酌,不太主动说话,只是等着咨询师问问题的时候才回答。他选择的词汇大多都是书面语,像在背书。可以看出,在小明的人格结构中,更多地呈现出的是 C 的状态,其中有更多 AC 状态。相应地,在他身上 A 就很少出现,他缺少处理当下问题的能力,也没有 FC 的任性,所以做事缺乏主动和热情,即使对画画,也享受不了乐趣,处在自责、犹豫和矛盾中。他偶尔表现出的叛逆行为,也是出自 AC,而不是 CP。即使他对母亲的照顾,也不体现 NP 状态,而是 AC 状态。所以总体上,小明的人格结构中,P 和 A 被排除了,心理能量被固着在 C 了。

(2)对小明与母亲的沟通的分析。小明与母亲之间的沟通(如图 10 - 1 所示),多数呈现出 P 和 C 之间的交流,母亲常常是从 NP 和 CP 出发指向小明的 C,要么照顾他的生活,要么对他提要求,甚至把自己被污染的 A(画画没出息)传递给小明。母亲在家中得不到他人的照顾,跟小明相依为命,长时间的生活,已经让她和小明形成了共生关系。母亲的 C 被隔离排除了,母亲的 P 和 A 跟小明的 C 形成了共生关系,两个人的人格变成了一个共生体。

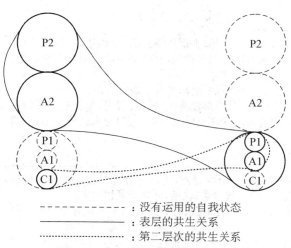

- - - - - - - - -:没有运用的自我状态
————————:表层的共生关系
·················:第二层次的共生关系

图 10 - 1 小明与母亲的人格自我状态的共生关系

2. 基于小明人格的心理干预策略

既然小明的人格固着在 C,尤其是 AC 中,辅导的一个方向便是激活小明的 P 和 A,甚至是鼓励小明使心理能量从 AC 向 FC 流动。在咨询中,咨询师不宜长时间应用 P 对 C 的沟通

与小明交流。或许刚开始的时候,需要通过咨询师和小明间 NP 对 C 的平行沟通(如图 10-2 中的①所示)来建立咨访关系,但是,当与小明建立关系后,则需要有意识地使用交错沟通,从 A 状态(如图 10-2 中的②所示)和 C 状态(如图 10-2 中的④所示)出发,去邀请小明的 A 和 P,甚至可以邀请小明的 FC(如图 10-2 中的③所示)。比如可以邀请他客观地叙述自己在学校的情况,可以通过 FC 对 FC 的幽默,也可以通过向小明讨教画画方面的问题,来邀请他的 P。当然还可以给小明布置行为作业,让他在跟同学相处的过程中有更多机会去释放他的 P 和 A。

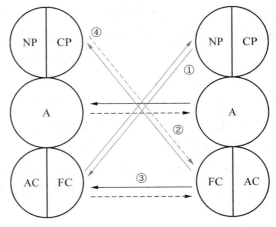

图 10-2 基于小明人格的自我状态的心理干预沟通示意图

- 可以从 A 邀请小明用 A 客观地叙述自己在学校的情况。
- 可以通过 FC 对 FC 的幽默,邀请小明的 FC。
- 也可以通过向小明讨教画画方面的问题,来邀请他的 NP。
- 当然还可以布置行为作业,让他在跟同学相处的过程中有更多机会去释放他的 P 和 A。

总之,要鼓励小明对自己的行为负责,提高面对现实处理问题的能力,同时也激发他去关心同学。

(二)小明个案中的安抚及其应用

小明在成长过程中,得到来自家族的安抚很少,有的也多是类似表妹给的负面安抚,所以他更容易通过退缩的时间结构来安抚自己,但是,自己一个人想得越多,则越发容易焦虑。

咨询中,可以鼓励小明以更多的其他方式来获取安抚,如消遣和活动,同时让小明学习接受来自咨询师的安抚,并允许小明通过画画来安抚自己。

(三)脚本理论在小明个案中的应用

沟通分析的脚本理论非常丰富,在小明的个案中有很多应用。

1. 来自父母的应该信息和禁止信息

(1)应该信息。来自母亲的应该信息是明显的:要争气、要努力、要听妈妈的话、要多挣钱来照顾妈妈。

(2)禁止信息。母亲家族对母亲和自己的态度,以及不出现的父亲,给了小明"不准存在"的禁令。此外,他也没有好朋友,跟同学情感交流也很少,得到了"不准亲近"的禁令。母亲对他的管束和照顾,又给了他"不准长大"的禁令。

(3)驱力。小明的驱力构成中,主要有"要取悦妈妈"的取悦他人的驱力。

(4)早期决定。通过对小明的驱力、禁止信息进行组合,可以得到小明的早期决定:"如果能取悦母亲、取悦他人,我就能存在、就可以一直做小孩了。"

（5）基于禁令和早期决定的咨询策略。咨询师可开放禁令，给出允许：① 通过咨访关系跟小明建立情感连接，开放"不准亲近"的禁令；② 通过咨访关系，让小明看到自己可以承担一些责任，可以长大；③ 给小明积极的安抚，告诉他无需讨好任何人。

2. 漠视的觉察与应用

小明存在着对问题、选择的漠视，漠视了它们的意义、改变的可能以及自己的能力，所以，小明看不到自己成功的可能，更多地依赖母亲。他甚至漠视了刺激的存在，让自己陷落在焦虑的情绪中，看不到要解决的问题。

所以咨询师可以通过各种实验来帮助小明觉察被他漠视的刺激、问题和选择。可以从刺激的觉察开始，布置相关的作业，打开他的感觉通道，从接受外界的刺激开始，逐步引导他做觉察练习。

3. 扭曲的感觉和真实的感觉

小明在小时候学习到的是：不可以表达哀伤。当他伤心的时候，母亲的回应是：不许哭！要勇敢、要靠自己。哭泣得到的回应是：不理睬，甚至打骂。小明认为哭是没有出息，不可以请求，不可以讨好，他通过一个人待着生闷气，来代替愤怒。所以在小明的情绪中，可以看到很多焦虑、恐惧、抑郁、自责、愧疚等被扭曲的情绪，而看不到被遗弃的悲哀和对母亲的愤怒。

因此咨询师可以在咨询中协助他表达真实的感受。

4. 心理游戏与心理地位

小明认为自己是受害者："我不好，所以我被父亲遗弃了"。之后的生活中，被同学瞧不起，被亲戚家的孩子嘲讽，被外公冷落，都成为小明认为自己不好的证据。这也是小明扭曲的脚本信念。

同时，小明的母亲说过，要不是因为你，我的生活可能会有改变，都是为了你，所以我没有再嫁人。所以小明认为，让母亲快乐是自己的责任。

小明较容易玩的是"我是笨蛋"和"都是你害的"的游戏，咨询师需要小心小明抛出的饵，避免上钩进入他的心理游戏，去扮演拯救者帮助他。

小明不断地积累"我这是什么都做不成"的点券，不断验证"我会被遗弃"、"我是不值得被爱的"。他的心理地位是"我不好，你好"，这是一种以自己为破坏对象的心理地位。

了解到小明的心理游戏和心理地位后，咨询师可以不给小明点券，不抛饵给他、让他去再一次证明自己没能力做到，也可以不上他的钩，不去否定他，而可以听他分享他的感受，帮助他面对他的问题，去选择解决问题的办法。

对于小明的案例，沟通分析还可以做很多细致的概念化工作，每一个概念都可以带来咨询的切入点，不同的概念可以带来不同的干预策略。

四、完形治疗理论对小明个案的概念化分析

完形治疗基于现象学探究方法，对过程和现象的关注更多，强调体验的连续性，问题现象不断从背景中浮现，然后又随着时间的流动而退回到背景中去。所以完形取向的心理咨询师应关注咨询室中当下来访者所有浮现的现象，而不只是语言。所以对小明个案的概念

化,不仅仅强调语言的内容,更强调来访者的觉察,重视实验探索,这会同样反映在小明的案例中。

完形治疗理论相信如果一个人能够去体验一种较为持久的改变,那么这个背景最终将会受到影响,那些完形的部分将会回到背景,而不再成为未完成的事件。完形咨询的目标是来访者有更多觉察。下面便根据完形治疗的核心概念来分析小明的案例。

1. 悬搁、描述、水平化等现象学探究在咨询中的应用

咨询师关注小明在咨询中的整个状态,而不仅仅是言语,帮助小明觉察整个现象场的情况,更多地呈现对小明的好奇。

(1)悬搁概念的应用:

在咨询开始时,咨询师留意了小明的样子:拘谨地坐了2/3个沙发椅,呼吸短浅,显得局促和紧张;开始讲话的时候,会不自觉地摸一下鼻子;陈述一段事实后,会看一看咨询师。咨询师感受到小明的紧张,所以,不对他当下的言语进行反应,而是询问:"你有点紧张,我给你什么感觉? 你对我有什么问题要问吗?"以此鼓励小明说出焦虑情绪,随后再问他:"面对哪些人时,会有同样的身体紧张的感受?"

咨询师引导小明去观察压力情境,使小明能回想出生活中压力情况下的反应,当这些图像被激活后,之前对咨询师的紧张反而退回到背景中去。这里便是悬搁的概念的应用。

(2)描述概念的应用:

在咨询过程中,咨询师注意到小明一直伛偻着,但说到表妹的跋扈时,小明显然直了一下腰,身体有些颤抖起来,头也略略扬起,不过很快又低下了下去。这时,咨询师把自己的观察告诉了小明:"我看到你刚才直了一下腰,身体也有些颤抖,但你的头马上又低了下来。你的脖子、身体是什么感觉?"

"我不知道,可能有点激动吧,不过我现在感觉身体很软,没有力气。"

"我看你说这句话的时候,你的左手搭在了右肩上。"

小明右手伸向了左腰,双臂斜着环抱在身前,这是一个回射动作,他想被拥抱。

"我感到很孤单。"

这里咨询师通过完形治疗的概念描述,让小明从对事件的描述转移到对身体感受的关注,带出了小明的一丝愤怒,以及更多的无力和孤单的体验,使它们不再被隐匿在背景中。

(3)水平化:

小明谈到自己读小学时,在一次班级活动中,小组选了一首《大头儿子小头爸爸》的歌表演,因为自己说没有见过爸爸,不唱,于是同学笑话自己是野孩子。在谈到这个时,他的声音变得很低,而且有努力抿嘴的动作,于是咨询师把这个观察反馈给小明。顿

时，眼泪开始在小明的眼窝里蓄积。咨询师接着问他："我看到了你的眼泪，它想告诉你什么？"小明的眼泪止不住了，他感受到了悲哀，他和妈妈被父亲、姥爷嫌弃了。

水平化概念提示咨询师，要引导小明关注自己身体的反应，让他通过流泪把他内在的悲哀释放出来。

2. 接触干扰概念在咨询中的运用

（1）完形循环圈的接触阻断概念。

① 小明对父亲的需要被阻断在知觉和觉察阶段，已经被长时间压抑了。小明生活中只有他和母亲，他的悲哀通常一闪而过，代之以对同学、妈妈家里亲戚的不满。

② 小明想画画，但是被告诫没有前途，他画画的理想被阻断在了觉察和动员阶段，他在生涯发展中没有考虑画画。

③ 小明想要读好专业，以后找一份收入高的工作，但是却无法专心投入学习。在动员和行动之间，存在阻断。

④ 他即使参加了社团的画画活动，也没有释放的感觉，反而有不务正业、浪费时间的自我责备。行动和满足间存在阻断了。

⑤ 他无法停止思虑，入睡困难，表明满足与消退之间存在阻断。

（2）接触连续谱上的调整。

觉察了小明的循环阻断后，可以根据接触调整的概念进行处理：

① 低敏感—高敏感。可以通过描述等方法，让小明增加对自己身体感受的敏感度，觉察自己被阻断的需要。可以将他对于他人对自己的言语态度的高敏感，采用悬搁和水平化等技术，转移到低敏感的身体和情绪觉察上去。

② 偏离—接受。一方面小明的整个身体，都毫无觉察地紧绷。他对"有什么感受"这一类的问题很难回答，无法找到确切的词汇描述。但另一方面，他对其他人对待他的态度比较敏感。他害怕别人的挑剔，从而选择避免和人交往，来回避尴尬。在咨询中让小明增加对身体感受和情绪的敏感，有助于小明调整对觉察的偏离。另外在咨询中应关注小明以"妈妈要我……"开头的说话方式，提醒小明注意改为用"我"开头来叙述，正视自己的感受，承担起自己的责任。

③ 内摄—拒绝。在动员到行动阶段，应关注小明经常出现的"应该"言语，比如"要孝顺"、"应该要听妈妈的话"等。同时，在专业和职业的选择等事情上，小明也全盘吸收了母亲的看法，这涉及完形治疗中接触干扰的内摄概念。同时，小明对于咨询师、社团师生的支持和鼓励，采取的是将信将疑的态度，他害怕被控制和被批评，于是也拒绝了跟他人之间的积极互动。可以借助空椅子和应该外化试验等技术来提高小明的觉察。

④ 投射—拥有。小明把对自己的嫌弃投射到了同学身上，觉得同学不会喜欢他。另一方面，他把找好工作、以后赡养好母亲看作自己对母亲的回报和责任，这是拥有。这里可以通过他对后果、未来的想象和脑力激荡的方法，让投射外化，从而让小明自己觉察，承担起自己真正需要承担的责任，而不是停留在思考的纠结上。要促使小明将学习的行为和生涯规划的行为落实为行动。

⑤ 回射—冲动。回射是行为不能满足需要时的接触阻断。对于小明来说,他的循环绝大多数被阻断在行动之前了。由于前面所提到的各种接触干扰的存在,小明的行为通常不能满足自己的需要,于是有很多回射的行为发生,即使他意识到了自己的一些需要,最后也没有勇气去实现,特别是在情感需求方面,他压抑了很多自己的情感,从他紧缩的身体上也可以看到那种压抑。前面也介绍过他会谈中出现的环抱自己的回射反应行为,他不敢要求别人拥抱自己,而是自我拥抱。所以,咨询师有必要在处理这个层面的接触阻断前,先推动之前的循环接触体验的构建,鼓励小明对自己的需要、偏差行为等有更多的觉察,鼓励他珍视自己的需要,选择合理的行为去满足。

⑥ 自我中心—自发性。之前的循环被阻断了,所以小明缺少学习的自发性,对自己有贬低且不自信。

3. 僵局和未完成事件

(1) 小明的僵局是,一方面想听从自己内心的声音,有自己的选择,完成自己想要完成的专业期待,另一方面,抗拒改变,习惯性地服从和完成母亲的交代,有一个内射的信念。

(2) 因为循环的阻断,小明有许多未完成事件,包括对父亲离去、抛弃自己的创伤性事件的解释。

对于僵局和未完成事件,可以通过行为试验去处理,空椅子、叙事都是很有效的方法。

4. 环境和关系

完形治疗看重过程,注重在体验的过程中接触个案,完形咨询师需要对来访者的所处的环境以及自己跟来访者的互动有很好的觉察。

(1) 咨询师对与小明的关系的觉察。小明在与咨询师的互动中小心翼翼,显得温顺又胆小。他愿意和咨询师谈论自己的事情,但是对咨询师是否能够真的帮助自己心存疑虑。尽管如此,咨询师在提出建议后,还是观察到小明接受了咨询师的建议。咨询师觉得,小明是在讨好自己。咨询师在回应小明的时候,感觉他很脆弱。咨询师虽然可以给他支持,但是有时候,觉得也需要字斟句酌,因此会觉得很累。当小明越来越开放地谈论自己的时候,咨询师也觉得有一些放松。

(2) 小明的生活环境。① 目前的冲突环境。小明自己的想法和母亲的期待之间有冲突。小明正好处于自我认同形成,又需要建立亲密关系的阶段。小明认为应该孝顺母亲,听妈妈的话。对于不能学好专业,他认为,是自己的错,自己没有用,有羞耻感和罪疚感。但是另外一方面,他又开始有了自己的想法,但是这部分很不确定。小明没有其他人际关系,尤其是同龄人的同伴群体的缺乏,让他感到孤独。② 重大的历史事件。小明4岁的时候,父母离异,从此以后,再没有父亲的音讯,他由母亲独自抚养。③ 以往的关系。在小明其他的重要人际关系当中,姥姥、姥爷对他相对比较冷淡疏远,让他觉得自己是个多余的人。④ 文化因素。小明身上有传统的孝文化的影响。同时,小明在讲到一些伤心的事情的时候,并没有落泪,而是身体有些颤抖,这可能是受传统观念中"男儿有泪不轻弹"的影响。受家庭文化的影响,小明也不能表达愤怒,这时候他也是颤抖的,感觉不是表达愤怒而是表达害怕。也有些时候小明会因此转移话题,谈论哀伤和难受可能是小明的禁忌。

五、家庭治疗理论对小明个案的概念化分析

家庭治疗的流派众多,各有侧重。与个体治疗不同,家庭治疗更关注家庭系统。通常一个家庭来做治疗的时候会出现一个家人认为的索引来访者,对于家庭治疗师来说,会把整个家庭作为工作对象,这个索引来访者的症状是对整个家庭系统进行了解的入口之一。家庭治疗师的评估除了聚焦于了解个体的情况之外,还聚焦于系统,包括系统是如何运作的,系统内部的子系统、个体之间是如何互动的,子系统的边界如何。一般来说,重点考虑夫妻子系统。有孩子的夫妻,也会被看作是父母子系统。亲子子系统也是评估的重点(包括母子系统、父子系统、母女系统、父女系统),对多子女家庭也会评估孩子们形成的兄弟姐妹系统。家庭中的每三个人会形成三角关系,通常需要关注的三角关系是父母和一个孩子形成的三角关系。三角化往往是在三角关系中出现症状的原因之一。

简单来说,咨询师要通过症状去了解家庭成员之间的关系。咨询师要了解:这些关系的模式如何?这些关系模式是如何发生以及被维护的,和家庭成员的过去经验有什么联系吗?在对个案进行评估,进行了概念化之后,咨询师可以开始和家庭一起探索如何改善目前的状态,有什么不一样的可能性。家庭治疗的治疗重点可能会放在调整人们之间的关系以更适合当前的状况上。

因为家庭治疗流派众多,概念也相应地比较多,我们只能罗列一部分可能性。对个案有比较全面的考量当然会让咨询师更深入地理解个案,但是在实际操作中,可能不是每个点都能深入讨论的。所以,一方面咨询师要有自己的地图,借以评估个案或者进行个案概念化工作;另一方面,咨询师要跟随家庭的需要,做更聚焦有效的工作。下面,我们对小明的个案做概念化分析,第一部分我们尽量给出一个概括的框架,第二部分我们会假设在学校背景下小明个案的可能焦点。

1. 个案对应的家庭治疗的一些概念

家庭类似适应性机体,家庭结构是某种形式的家庭内部组织,是一套看不见的功能性需求,它决定了家庭成员怎样、何时以及与谁相关联。家庭成员的相互作用和互动模式构成了家庭结构。家庭治疗要对来访家庭的结构进行了解、概念化和评估。

家谱图可以让咨询师直观看到家庭成员的构成,也是家庭治疗中对家庭进行评估的重要工具,咨询师可以按图找到家庭的脉络,并开始工作。画家谱图基本在访谈的初期就开始进行。咨询师可以和个案一起画,也可以根据个案的叙述,自己画。了解个案家庭信息的过程,也是建立良好咨访关系的契机。图10-3是小明的家庭图。

在小明的家谱图中,我们可以逐一对以下议题进行个案概念化。请注意有下划线的部分是需要重点考虑的部分。可以按照从家庭结构的两人关系到三角关系,再到其他主要关系的顺序进行。

(1)小明和母亲的关系(亲子关系):小明和母亲是小明最重要的人际关系。他们两人的关系非常紧密、纠缠。平时基本上是母亲做决定,小明执行。小明虽然有些许自我意识的流露,但是仍然囫囵吞枣般地接纳母亲关于学习、专业以及工作的信念。

小明害怕母亲,希望跟母亲保持一些距离。他听从母亲的安排,选择目前的专业,同时

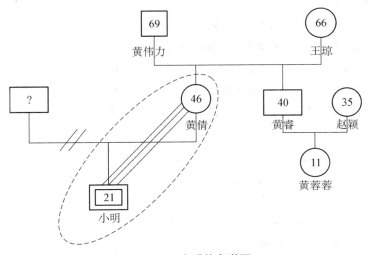

图 10-3 小明的家谱图

又选择了离家最远的城市读书。他有能力学好专业,偏偏把自己搞得一塌糊涂。小明这样的情况可能有两个解释:一是小明希望母亲关心他,只有他"不好",妈妈才会注意到他。二是小明在保护母亲,他这样可以把母亲"召唤"过来(如果超过一定的科目不及格,学校会通知家长),母亲就不会因为小明的长大或者离开而"失业"(不再行使母亲的保护照顾职责)。

小明的母亲要求儿子的电话要保持畅通,每天哪怕只有问候,也要通话。只要小明说在学习,她就满意地放下电话。母亲对小明有很强的控制。

由此可以看到,小明和母亲的关系基本上是融合共生的关系。小明到目前为止没有完成自我分化的任务。

(2)小明和父亲的关系:小明说,不记得 6 岁以前的事情,他可能是在回避与父亲的关系中的痛苦回忆。母亲没有再婚。也没有其他重要他人替代小明父亲的角色。但是,这些都并不意味着小明跟父亲就不再有任何关系。小明对父亲有什么想象,他期待中的父亲是怎么样的,他对父亲所作所为的感受是什么(愤怒、哀伤)等,都是需要和小明进一步探讨的。

(3)小明的父母之间的关系:小明的父母离异了。其中父亲也斩断了和孩子的关系,这在众多的离异家庭中还是有些不寻常的。小明的父母是怎么认识的? 婚姻关系怎么样? 因为什么离异? 这些信息,在这个家庭中是作为秘密隐而不谈的。小明可能对此也会有些猜测。要了解这些,咨询师可能只能从母亲那里得到信息。

(4)家庭中的三角关系:小明的母亲是一个没有丈夫支持的妻子,没有父亲合作的母亲,她就是在这样的情况下独自抚养小明的,缺少来自外界的支持,所以这个家庭的结构简单,但这也导致功能的缺失。母子关系是非常紧密、纠缠的,也只有这样,才可以相依为命。母亲看护小明,小明同样也看护母亲,完成母亲的意愿,顺从母亲。

父母的关系,在这个家庭当中,被当做是一个不可言说的秘密。父亲在和母亲离婚以后就离开了,在孩子的生活当中就再也没有出现过,而且成为不能言说的禁忌,但是禁忌和秘密的影响不会因为不说就不存在。这在很大程度上,影响了孩子的成长。

母亲为了孩子没有再嫁,是否对孩子有怨怼?儿子长大了,来自父亲的遗传肯定是存在的,看到那个男人的影子,母亲是什么心情?这些情绪对儿子有什么影响?

(5) 家庭功能:这个家庭中没有父亲,很容易给人父亲功能缺失的印象。但是这个家庭在过去可以正常运作,那么除了母亲的功能以外,母亲是否也承担了一部分父亲的功能?孩子在家庭中又承担了家庭的什么责任和义务?目前母子遇到了家庭成长周期的转折期,这是巨大挑战,家庭如何继续运作下去?在这个家庭中有什么资源能够帮助他们走出困境?这些都值得进一步探讨。

(6) 家庭成长周期:这个家庭目前到了空巢期,儿子的离开,宣布了这个家庭中的母亲进入空巢期,母亲到了中年危机的时候,也处于更年期。儿子离开家,将要开始自己的人生新旅程。这是家庭成长的重要的转折点。

家庭中的水平的压力在于,孩子要离开家开始自己的独立生活,而母亲需要跟下一辈有一个分离,这对于母子双方来说都是非常艰难的过程。儿子真的能独立吗?母亲真的可以放手吗?他们各自能作为相对独立的子系统分别良好运转吗?这个家庭如何继续运作,母子关系将走向何方?

(7) 家庭弹性:在这个家庭当中,母亲说了算,处于控制的地位;小明长期顺从。这样的母子互动,导致家庭弹性比较低。所以小明在面对自己的学业选择时,不知道有什么办法可以帮助自己,他的思考相对缺乏弹性。

(8) 界限:这个家庭中的界限非常模糊,子女的将来是由母亲给予的,母亲具有强有力的控制和指导权。而从表面上看,孩子似乎也接受母亲的这种控制和指导。

儿子和母亲组成的这个系统与外界之间有一个非常明晰的僵硬的界限。他们不允许其他人轻易介入他们的生活。咨询师发现要进入这个家庭是一件非常不容易的事情。在和小明谈论他的家庭时,小明最初的回答是,他的这些情况以及出现的症状和家庭没有关系,都是他自己的错。可见外人或者外力要介入这个家庭,是非常困难的。

(9) 自我分化:小明和母亲的自我分化程度低,融合程度高。小明的自我分化程度大概在 25 分左右。他将自己和母亲的情感相融合。他让情感主导他的生活、决定自己目前的状况,丧失了独立思考能力。小明虽然有目标导向的行为,但执行的目的在于获得母亲的赞同。他倾向于讨好母亲,缺少自主能力,以安全为主要的需求,尽量避免冲突。小明独立达成决定和解决问题的能力较弱。

(10) 核心家庭情绪系统:在小明的家庭系统中,由于父亲的功能的缺失,母亲基本上担任所有的家庭职责,而且母亲将注意力全部放在小明的身上,在某种程度上也忽视了她自己,因而缺乏分化。家庭中的情绪以压抑、焦虑为主。核心家庭情绪系统不稳定。

(11) 家庭投射历程:在小明的家庭中,小明是母亲焦虑投射的主要的、也是唯一的对象,这导致小明的分化程度低。小明的母亲要稳固家庭系统,对小明有过度的控制和保护。小明反过来也变得需要保护,而且功能受损。这在某种意义上亦可以理解为小明希望保护母亲不被伤害。

(12) 情绪截断:小明上大学离家可以看作是一种情绪截断的表达,他在不能对自己的议题给出合适的解决方案和选择的时候,并没有寻求家庭的帮助,而是自己默默地忍受。他和母亲之间的关系纠缠。一方面，面对过度的融合，他希望拉开距离以求自保，他没有把自己的真实情况告诉母亲；另一方面，他目前的状况，很可能会导致校方通知他的母亲，或者引起母亲更大的焦虑而吸引母亲的注意。

（13）家庭规条：小明家有很多的家庭规条，例如：必须要听母亲的话，否则就是不孝顺；必须要努力，要让人看得起，不能丢脸！

（14）需要注意的母亲的个人议题：母亲的原生家庭情况如何？有哪些因素影响了她自己的家庭？母亲对于分离、抛弃是怎么看的？母亲是怎么看待这个儿子的？儿子长得是否像他的爸爸？母亲会不会想起她的前夫？母亲对孩子一方面是保护的、控制的，另外一方面，会不会有愤怒？

（15）子系统：虽然这个家庭只有两个人，但是我们看到有多个子系统在运作。一个子系统是父母系统，但在小明的家庭中，缺失了父亲，这个系统是母亲一个人在运作。夫妻子系统不存在，但成为秘密影响着这个家庭。另外一个子系统是作为子女系统的小明本身。母子系统，纠缠、自我分化低，母子的相互陪伴导致了一部分亲职化的功能的出现。这个系统关系紧密，所以当人们要打破这个系统原有的平衡时，常常会使用罪疚感的策略来阻止想要离开的人离开。我们可以看到当小明有自己想法的时候，接下来他就会出现罪疚感，无疑这个策略已经起效了。

（16）家庭秘密：家庭中的禁忌——父亲，以及与父亲相关的各种关系，虽然不允许被提及，但是它的力量却无时无刻不在影响着这个家庭。

（17）家庭的外部压力：这个家庭的现实的经济问题成为母亲帮助孩子选择现有专业时的重要考量。经济的压力可能在一段时间内长期存在于这个家庭。

2. 概念化在小明案例中的应用

（1）对个案的分析。不同流派的家庭治疗师对小明的个案的具体处理可能会有所不同。高校学生的短程咨询可能关注的重点在于：小明的自我分化、小明的家庭结构、小明和母亲的关系、小明原生家庭的家庭成长周期、小明的家庭核心情绪系统以及情绪截断给小明及母亲带来的影响。

对于个案概念化中出现的关于小明的父亲部分，咨询师既要做到心中有数，又要在工作中有节制，只有在当事人希望在这个议题上做工作，或者必须要谈及这个议题时，才能进行探索。如果小明的情况改善了，小明和母亲的互动有了变化，彼此相互适应，而且当事人都没有意愿谈及小明的父亲，那么所有关于小明父亲的议题就可以不去触及。

（2）可能的切入点和干预方向。从大的方向上来说，咨询师的工作目标是帮助小明实现自我分化，使他在现实中能够处理自己的事务，更加独立。小明和母亲的互动方式需要改变，母子间需要合适的距离，同时又要相互联结。母子关系是循环因果的根本原因，之前的情况可以说是恶性循环：

小明状态差，母亲担心焦虑，母亲更控制，小明更内疚、更焦虑，小明状态更差，母亲更担心、更焦虑……

要改善小明目前的状态：母子间的关系要拉开一些，母亲要放手，小明要独立。母亲的放手有助于小明自我分化的实现。但是母亲对小明是不放心的。咨询师可以帮助小明，或者和他一起探索如何在现实问题的处理上多用一些技能,更好地处理自己的情绪。小明在现实中的成功可以帮助他实现个人成长、获得信心,也可以让小明的母亲对儿子多些信任和放心。如果小明的状态改善了,母亲的放手也会容易些。

学校咨询中通常是学生个人来进行咨询,家长如果在外地,能够加入咨询的几率不高。所以小明很可能是他一个人进行咨询的。即便如此,家庭治疗师也应从系统的角度看待小明,小明的个人子系统运作良好,也会有助于他的家庭系统的良好运作。家庭结构对小明的影响必须考虑在内。

工作中的难点在于,小明的家庭系统的边界僵化,而且排斥他人的介入,所以在开始的时候,咨询师可能难以进入。开始工作以后,咨询师需要注意自己和小明、小明母亲组成的这个三角关系中的互动。咨询师可能会被作为父亲功能引入,小明和母亲可能都会信赖甚至依赖咨询师,听从咨询师的建议。这时,母亲的合作有利于孩子的成长。也可能因为小明的自我分化、要求独立,而使母亲再次体验被抛弃的恐惧感,认为咨询师在和自己抢孩子,那么咨询师可能成为母亲的对立面。这些情况可能在咨询的不同阶段出现,咨询师需要有所觉察。

后 记

　　心理健康是学生成长发展过程中的重要影响因素,也是学校对学生进行全面素质教育的必要内容。为了进一步提高学校心理咨询人员的专业理论水平及实践能力,我们根据《上海市学校心理咨询专业技术水平认证考试标准》,编写了《学校心理咨询技术与实务》,对上一版《学校心理咨询实务》的内容、结构方面都做了较大的改编。本书与《学校心理咨询专业理论与技术》在内容上各有侧重。本书将重点落在了面谈沟通技术与个案处理技术的实务指导上,另外补充了精神分析、行为主义和人本主义三大心理学思潮,以及对心理咨询实务工作影响较大的几个咨询理论与技术,如完形治疗、沟通分析理论、心理剧和表达性艺术治疗等,这些理论与技术,适用于学校心理教育和辅导的工作实践,可以帮助心理咨询的初学者开阔眼界,丰富对心理辅导的认识。本书适用于心理咨询的初学者、学校的教师和从事社会心理援助的人士,也适用于心理咨询、社会工作等专业的实务教学。

　　本书的编写,要衷心感谢诸多上海高校心理咨询界的同行和心理专业的研究生。各位编写者虽然无法从中获得更多实质性的利益,但是大家依然充满热情地投入到了本书的编写中,拿出了自己近年来学习和研究的成果。第三章"学校心理咨询的半结构化流程与效果评估"包含了张亚近年关于心理咨询疗效因子的研究成果;第四章"家庭治疗技术在学校心理辅导中的应用",由多年来潜心于家庭系统治疗实践的姚玉红编写;在第七章"心理剧、心理情景剧与教育戏剧在学校心理辅导中的应用"中,李晓文指导编写了教育戏剧部分,王琪把她多年心理剧导演训练和大学生情景剧指导的实践经验编入了心理剧部分;第八章"表达性艺术治疗技术在学校心理辅导中的应用"中的沙盘游戏部分由徐淦编写,绘画治疗部分由陈侃编写;第九章"学校心理健康教育课程与团体心理辅导的实施",由许静和朱蕾共同编写;第十章"学校心理咨询个案概念化与个案报告的撰写",由张磊组织编写。第一章"学校心理咨询师的成长"、第二章"学校心理咨询的面谈技术"、第五章"沟通分析理论在学校心理辅导中的应用"、第六章"完形治疗技术在学校心理辅导中的应用",由张麒负责编写,这几章的相关编写工作得到了蔡艳君、陈丹丹、戴明磊、洪司棋、陆佳颖、荣彩、王娇、王霄薇、夏婷婷、徐林、徐双双、薛寅申、应晓默、赵惠颖等研究生们的大力支持。另外,教材的编写离不开上海市教育人才交流服务中心和华东师范大学出版社等各方面的热情支持与帮助,在此致以特别的感谢!

　　个体健康的心理是健康的社会文化的产物,个体的心理问题是社会文化问题的呈现,健康的社会文化环境需要社会的所有成员共同来维护。希望借由本书让更多的人真正理解什么是心理、什么是心理问题,以及如何维护健康的社会文化环境。

张　麒

2017 年 5 月

主要参考文献

1. 林孟平著：《小组辅导与心理治疗》，上海教育出版社 2005 年版。
2. 刘慧著：《大学生团体心理咨询实务》，中国人民大学出版社 2015 年版。
3. 申荷永，高岚著：《沙盘游戏：理论与实践》，广东高等教育出版社 2004 年版。
4. 石红著：《心理剧与心理情景剧实务手册》，北京师范大学出版社 2006 年版。
5. 魏广东著：《沙盘游戏疗法》，东北师范大学出版社 2011 年版。
6. 叶斌，曾强，张麒编：《抗逆力：青少年抗逆力培育手册》，华东师范大学出版社 2011 年版。
7. 张麒主编：《学校心理咨询实务》，上海人民出版社 2008 年版。
8. 张麒著：《青少年环境适应团体训练手册》，北京师范大学出版社 2006 年版。
9. 张日昇著：《沙盘疗法》，人民教育出版社 2008 年版。
10. 张昕，李岚，曹莹文著：《阳光加油站：中学生如何编演校园心理剧》，江苏凤凰教育出版社 2014 年版。
11. 周圆，崔丽莹，吴燕霞编：《团体辅导：理论、设计与实例》，上海教育出版社 2013 年版。
12. 邓旭阳，桑志勤，费俊峰，石红编著：《心理剧与情景剧理论与实践》，化学工业出版社 2009 年版。
13. 胡永萍，汪小琴，陈美荣编：《学校心理健康教育（第二版）》，中山大学出版社 2010 年版。
14. 樊富珉著：《团体心理咨询》，高等教育出版社 2005 年版。
15. 陈顺森，张日昇：《儿童原型理论与沙盘疗法》，《信阳师范学院学报（哲学社会科学版）》2005 年第 6 期，第 23—26 页。
16. 田敏：《现代艺术治疗理论研究》，《西南民族大学学报（人文社科版）》2009 年第 9 期，第 257—261 页。
17. 游金潾著：《把爱找回来——心理剧在悲伤辅导上的运用》，（台湾）心理出版社 2014 年版。
18. 陈珠璋，吴就君著：《由演剧到领悟——心理演剧方法之实际应用》，（台湾）张老师文化事业有限公司 1985 年版。
19. 王行，郑玉英著：《心灵舞台——心理剧的本土经验》，（台湾）张老师文化事业有限公司 2014 年版。
20. ［美］Adam Blatner 著，张贵杰，陈静美，林慈玥等译：《心理剧导论》，（台湾）心理出版社 2008 年版。
21. ［美］Arthur Robbins 著，孟沛欣译：《作为治疗师的艺术家——艺术治疗的理论与应用》，世界图书出版公司 2006 年版。
22. ［美］Augustus Y. Napier, Carl A. Whitaker 著，李瑞玲译：《热锅上的家庭：家庭问题背后的心理真相》，北京联合出版公司 2015 年版。
23. ［瑞士］Carl Gustav Jung 著，成穷，王作宏译：《分析心理学的理论与实践》，译林出版社 2008 年版。
24. ［瑞士］Carl Gustav Jung 著：《荣格文集》，改革出版社 1997 年版。
25. ［美］Denise Boyd, Helen Bee 著，范翠英，田媛等译：《发展心理学：孩子的成长》，机械工业出版社 2011 年版。
26. ［美］E. Berne 著，刘玎译：《人间游戏：人际关系心理学》，中国轻工业出版社 2014 年版。
27. ［美］Ed E. Jacobs, Robert L. Masson, Riley L. Harvill 著，赵芳等译：《团体咨询：策略与技巧（第 5 版）》，高等教育出版社 2009 年版。
28. ［美］Edwirl C. Nevis 主编，蔡瑞峰，黄进南，何丽仪译：《完形治疗：观点与应用》，四川大学出版社 2007 年版。
29. ［美］Eva Leveton 著，张贵杰，林瑞华，蔡艾如译：《心理剧临床手册》，（台湾）心理出版社 2008 年版。
30. ［美］Froma Walsh 主编，刘翠莲等译：《正常家庭过程：多元性和复杂性（第四版）》，上海三联书店 2013 年版。
31. ［美］Gerald Corey 著，刘铎等译：《团体咨询的理论与实践（第 6 版）》，上海社会科学院出版社 2006 年版。

32. 〔美〕Goldenberg 著,李正云等译:《家庭治疗概论(第六版)》,陕西师范大学出版社 2005 年版。

33. 〔美〕Ian Stewart, Vann Joines 著,易之新译:《人际沟通分析练习法》,(台湾)张老师文化事业有限公司 1999 年版。

34. 〔美〕Irvine D. Yalom,〔加〕Molyn Leszcz 著,李敏,李鸣译:《团体心理治疗:理论与实践(第 5 版)》,中国轻工业出版社 2010 年版。

35. 〔美〕Lisa B. Moschini 著,陈侃译:《绘画心理治疗:对困难来访者的艺术治疗》,中国轻工业出版社 2012 年版。

36. 〔美〕Michael P. Nichols, Richard C. Schwartz 著,林丹华等译:《家庭治疗基础(第二版)》,中国轻工业出版社 2005 年版。

37. 〔美〕Monica McGoldrick 等著,霍利钦等译:《家谱图:评估与干预(第三版)》,当代中国出版社 2015 年版。

38. 〔美〕Muriel James, Dorothy Jongeward 著,田宝,叶红宾译:《天生赢家》,清华大学出版社 2013 年版。

39. 〔美〕Paul Holmes 著,谢珮玲,杨大和译:《客体关系理论与心理剧》,(台湾)张老师文化事业有限公司 2002 年版。

40. 〔英〕Paul Wilkins 著,柳岚心译:《心理剧》,中国轻工业出版社 2009 年版。

41. 〔瑞典〕Peter Felix Kellermann,〔美〕M. K. Hudgins 主编,陈信昭,李怡慧,洪启惠译:《心理剧与创伤》,高等教育出版社 2007 年版。

42. 〔瑞典〕Peter Felix Kellermann 著,欧吉桐,韩青蓉,陈信昭译:《心理剧的核心——心理剧的治疗层面》,(台湾)心理出版社 2008 年版。

43. 〔英〕Phil Joyce, Charlotte Sills 著,叶红萍等译:《格式塔咨询与治疗技术(第三版)》,中国轻工业出版社 2016 年版。

44. 〔英〕Phil Joyce, Charlotte Sills 著,叶红萍等译:《格式塔咨询与治疗技术》,中国轻工业出版社 2005 年版。

45. 〔英〕Susan I. Buchalter 著,孟沛欣,韩斌译:《艺术治疗实践方案》,世界图书出版公司 2006 年版。

46. 〔美〕Thomas A. Harris 著,林丹华,周司丽译:《沟通分析的理论与实务——改善我们的人际关系》,中国轻工业出版社 2013 年版。

47. 〔瑞典〕Thomas Ohlsson, Annika Björk, Roland Johnsson 著,黄佩英译:《人际沟通分析——TA 治疗的理论与实务》,四川大学出版社 2006 年版。

图书在版编目(CIP)数据

学校心理咨询技术与实务/张麒主编.—上海:华东师
范大学出版社,2017

上海市学校心理咨询考试用书

ISBN 978-7-5675-6564-7

Ⅰ.①学… Ⅱ.①张… Ⅲ.①教育心理学—心理咨
询 Ⅳ.①G448

中国版本图书馆 CIP 数据核字(2017)第 121564 号

学校心理咨询技术与实务

主　　编　张　麒
策划组稿　翁春敏
项目编辑　师　文
审读编辑　张艺捷
责任校对　张多多
装帧设计　俞　越

出版发行　华东师范大学出版社
社　　址　上海市中山北路 3663 号　邮编 200062
网　　址　www.ecnupress.com.cn
电　　话　021-60821666　行政传真 021-62572105
客服电话　021-62865537　门市(邮购)电话 021-62869887
地　　址　上海市中山北路 3663 号华东师范大学校内先锋路口
网　　店　http://hdsdcbs.tmall.com

印 刷 者　昆山市亭林彩印厂有限公司
开　　本　787×1092　16 开
印　　张　22.5
字　　数　520 千字
版　　次　2017 年 8 月第 1 版
印　　次　2019 年 6 月第 2 次
书　　号　ISBN 978-7-5675-6564-7/G·10422
定　　价　58.00 元

出 版 人　王　焰

(如发现本版图书有印订质量问题,请寄回本社客服中心调换或电话 021-62865537 联系)